Sven Eisermann

CITY|TRIP PLUS
WIEN

Nicht verpassen! Karte S. 3

2 **Stephansdom [G6]**
Das Monument des Wiener Katholizismus war einst das höchste Gebäude des Mittelalters und zieht bis heute Millionen Besucher in seinen Bann (s. S. 80).

22 **Albertina [G7]**
Meisterwerke von Dürer bis Kandinsky und zusätzlich spannende Sonderausstellungen (s. S. 113).

29 **Kaiserliche Schatzkammer [G6]**
Gut gesichert lagern hier einige der wertvollsten Kunstschätze des Abendlandes, unter ihnen die Kaiserkrone des Heiligen Römischen Reichs (s. S. 122).

33 **Kunsthistorisches Museum [F7]**
Für Kunstliebhaber der Renaissance ist das Museum an der Ringstraße ein absolutes Muss (s. S. 126).

57 **Wurstelprater und Riesenrad [I5]**
Die Wiener lieben ihren etwas schrulligen Vergnügungspark mit viel Gastronomie, gruseligen Geisterbahnen und dem berühmten Riesenrad (s. S. 156).

65 **Leopoldsberg**
An dem geschichtsträchtigen Ort genießt man einen traumhaft schönen Blick über die Weinberge hinweg auf das Wiener Becken (s. S. 169).

66 **Kirche am Steinhof [S. 272]**
Otto Wagners Gotteshaus am Stadtrand ist ein Meisterwerk des Wiener Jugendstils (s. S. 172).

67 **Schloss Schönbrunn [A9]**
Das Traumschloss der Habsburger verzaubert durch seine barocke Pracht und die herrliche Parkanlage (s. S. 173).

72 **Zentralfriedhof [S. 272]**
Er ist einer der größten Friedhöfe der Welt und bietet den Besuchern neben prachtvollen Mausoleen und den Ehrengräbern der berühmtesten Wiener viel Natur (s. S. 187).

78 **Stift Klosterneuburg [S. 272]**
Eine romantische Legende und Kunstwerke aus Mittelalter und Barock machen einen Ausflug vor die Tore Wiens zu einem einzigartigen Erlebnis (s. S. 199).

Leichte Orientierung mit dem cleveren Nummernsystem
Die Sehenswürdigkeiten sind im Text und im Kartenmaterial mit derselben **magentafarbenen ovalen Nummer** ❶ markiert. Alle anderen Lokalitäten wie Geschäfte, Restaurants usw. tragen ein **Symbol und eine fortlaufende rote Nummer** (🏠1). Die Liste aller Orte befindet sich auf S. 268, die Zeichenerklärung auf S. 273.

Wien auf einen Blick

9 Das Beste auf einen Blick

- 10 Wien an einem Tag
- *11 Das gibt es nur in Wien*
- 12 Wien an einem Wochenende
- 13 Wien in fünf Tagen
- 14 Zur richtigen Zeit am richtigen Ort
- *15 Spielwiese der Eitelkeiten: der Wiener Opernball*

17 Auf ins Vergnügen

- 18 Wien für Citybummler
- 19 Wien für Kauflustige
- 25 Wien für Genießer
- 40 Wien am Abend
- 46 Wien für Kunst- und Museumsfreunde

50	Wien für Architekturinteressierte
52	Wien zum Träumen und Entspannen
55	Wien für den Nachwuchs

57 Am Puls der Stadt

58	Planet Wien – das Antlitz der Stadt
61	Von den Anfängen bis zur Gegenwart
66	Leben in der Stadt
68	Die Wiener an sich
70	*Helmut Qualtinger, sein Sohn und der Herr Karl*
72	150 Jahre Ringstraße – das Mammutprojekt des 19. Jahrhunderts

75 Wien Entdecken

76 Rund um den Stephansdom – im Herzen der Stadt

76	❶ Stephansplatz ★★★ [G6]
78	*Rundgang durch die Innere Stadt (Stephansplatz – Freyung – Ringstraße – Staatsoper)*
80	❷ Stephansdom ★★★ [G6]
82	*Sagen rund um den Stephansdom*
87	❸ Graben ★★ [G6]
89	❹ Michaelerkirche ★★★ [G6]
90	❺ Minoritenplatz ★★ [F6]
91	❻ Rund um die Freyung ★★ [F6]
92	❼ Tiefer Graben und Hohe Brücke ★ [G6]
93	❽ Maria am Gestade ★★ [G6]
93	*Wiens exklusives Liebesnest*
94	❾ Judenplatz ★★ [G6]
96	❿ Am Hof ★★ [G6]
97	⓫ Peterskirche ★★ [G6]
98	⓬ Neidhart-Fresken ★ [G6]
98	⓭ Hoher Markt und Ankeruhr ★ [G6]
100	⓮ Rund um den Kornhäuselturm ★★ [G6]
101	⓯ Ruprechtskirche ★★★ [G6]
102	*Wiens geheimnisvolle Unterwelten*
103	⓰ Schwedenplatz ★ [H6]
105	*Gassengewirr voller Magie: Spaziergang zwischen Griechengasse und Theodor-Herzl-Platz*
107	⓱ Mozarthaus ★ [G6]
108	⓲ Stadtpark ★★ [H6]
110	⓳ Kärntner Straße und Neuer Markt ★ [G6]
110	⓴ Jüdisches Museum ★★★ [G6]

112 Der Hofburg-Komplex
- 112 ㉑ Kaisergruft (Kapuzinergruft) ★★ [G6]
- 113 ㉒ Albertina ★★★ [G7]
- 115 ㉓ Albertinaplatz ★★ [G7]
- 116 ㉔ Augustinerkirche ★★ [G6]
- 118 ㉕ Prunksaal der Österreichischen Nationalbibliothek ★★ [G6]
- 119 ㉖ Michaelertrakt ★★ [F6]
- 119 ㉗ Spanische Hofreitschule ★★ [G6]
- 120 ㉘ Kaiserappartements, Silberkammer, Sisi-Museum ★★★ [F6]
- 122 ㉙ Kaiserliche Schatzkammer ★★★ [G6]
- 123 ㉚ Heldenplatz ★★ [F6]
- 124 ㉛ Burggarten und Schmetterlinghaus (Palmenhaus) ★ [G7]

125 Kaiserpracht und Prachtmuseen: die westliche Ringstraße
- 125 ㉜ Wiener Staatsoper ★★ [G7]
- 126 ㉝ Kunsthistorisches Museum (KHM) ★★★ [F7]
- 128 ㉞ Maria-Theresien-Denkmal ★★ [F7]
- 129 ㉟ Naturhistorisches Museum (NHM) ★★ [F6]
- 130 ㊱ MuseumsQuartier ★★★ [F7]
- 132 ㊲ mumok ★★ [F7]
- 132 ㊳ Leopold Museum ★★ [F7]
- 133 ㊴ Kunsthalle Wien ★ [F7]
- 133 ㊵ Parlament ★ [F6]
- 134 ㊶ Volksgarten ★★ [F6]
- 135 ㊷ Burgtheater ★ [F6]
- 136 ㊸ Wiener Rathaus ★ [F6]
- 138 ㊹ Votivkirche ★★★ [F5]
- 139 ㊺ Mölker Bastei ★ [F6]

140 Zwischen Ring und Gürtel: vom Servitenviertel zum Arsenal
- 141 ㊻ Strudlhofstiege und Servitenviertel ★ [F4]
- 142 ㊼ Mariahilfer Straße ★ [E7]
- 143 ㊽ Haus des Meeres ★★ [E7]
- 144 ㊾ Naschmarkt ★★ [F7]
- 145 ㊿ Secession ★ [G7]
- 146 ㊶ Karlskirche ★★★ [G7]
- 148 ㊷ Schwarzenbergplatz und Denkmal der Roten Armee ★ [H7]
- 149 *Russland in Wien*
- 150 ㊳ Schloss Belvedere ★★★ [H8]
- 152 ㊴ Arsenal und Heeresgeschichtliches Museum ★★ [I9]
- 153 ㊵ Hundertwasserhaus ★ [I6]

Inhalt

154 Wiens bunte Insel: Riesenrad, Augarten und Multikulti
- 154 **56** Prater (Grüner Prater) ★ [J6]
- 156 **57** Wurstelprater und Riesenrad ★★★ [I5]
- 158 **58** WU-Campus ★ [K5]
- 159 **59** Franz-von-Assisi-Kirche (Mexikoplatz) ★★ [J4]
- 160 **60** Rund um den Karmelitermarkt ★ [H5]
- 161 *Die wilde Lust am Wienerlied: Der Nino aus Wien, Wanda, Ernst Molden & Co.*
- 162 **61** Augarten ★ [G4]
- 163 *Unheimliche Betonmonster: die Wiener Flaktürme*

165 Der Wiener Nordwesten: Weinberge, Weitblick und ein Arbeiterpalast
- 165 **62** Karl-Marx-Hof ★ [F1]
- 167 **63** Grinzing ★ [S. 262]
- 169 **64** Kahlenberg ★
- 169 **65** Leopoldsberg ★★★
- 170 *Wald, Weinstöcke und Weitblick: Stadtwanderung zum Kahlenberg und Nussberg*

172 Der Wiener Westen: Schlösserpracht, Natur und Kirchen der besonderen Art
- 172 **66** Kirche am Steinhof und Baumgartner Höhe ★★★ [S. 272]
- 173 **67** Schlossanlage Schönbrunn ★★★ [A9]
- 180 **68** Tiergarten Schönbrunn ★★★ [A10]
- 180 **69** Weindorf Mauer und Wotrubakirche ★★ [S. 272]

182 Tief im Süden: Friedhöfe, Gasometer und ein Mini-Prater
- 182 **70** Gasometer ★ [S. 272]
- 184 **71** Böhmischer Prater ★ [S. 272]
- 185 *Spaziergang zwischen Stadt und Land: vom Böhmischen Prater nach Unterlaa*
- 187 **72** Zentralfriedhof ★★★ [S. 272]
- 189 *Die Legende Falco*
- 191 **73** Friedhof der Namenlosen und Albemer Hafen ★ [S. 272]

192 Wien jenseits der Donau: Entdeckungen in Transdanubien
- 192 **74** Donau City ★★ [K3]
- 193 **75** DC Tower ★★ [K3]
- 194 **76** Vienna International Centre (UNO-City) ★ [K3]
- 194 **77** Donaupark und Donauturm ★ [K2]
- 195 *Schauplatz Kaisermühlen: (Bade-)Spaziergang zwischen Neuer und Alter Donau*

199 Entdeckungen im Wiener Umland
- 199 **78** Stift Klosterneuburg ★★★ [S. 272]
- 201 **79** Stift Heiligenkreuz ★★★ [S. 272]
- 202 **80** Karmel Mayerling ★ [S. 272]
- 203 **81** Schloss Orth ★ [S. 272]
- 203 **82** Carnuntum ★ [S. 272]

Inhalt

205	**Bratislava (Pressburg)**
207	⑧③ Bratislavaer Burg (Bratislavský hrad) ★★★ [S. 210]
209	*Spaziergang durch die Altstadt zur Burg*
212	⑧④ Martinsdom (Dóm svätého Martina) ★★ [S. 210]
212	⑧⑤ Promenade (Hviezdoslav-Platz, Hviezdoslavovo námestie) ★★ [S. 210]
213	⑧⑥ Elisabethkirche (Blaue Kirche, Kostol svätej Alžbety) ★★ [S. 210]
213	⑧⑦ Hauptplatz (Hlavné námestie) und Altes Rathaus (Stará radnica) ★★★ [S. 210]
215	⑧⑧ SNP-Brücke (Most SNP) ★★ [S. 210]
216	⑧⑨ Slavín ★
218	⑨⓪ Burg Devín (Hrad Devín) ★★★ [S. 272]
219	⑨① Sandberg ★★ [S. 272]

221	**Praktische Reisetipps**
222	An- und Rückreise
223	Autofahren
226	Barrierefreies Reisen
227	Diplomatische Vertretungen
227	Geldfragen
227	*Wien preiswert*
228	Informationsquellen
231	*Meine Literaturtipps*
232	*Die schönsten Filme und Serien*
233	Internet und Internetcafés
233	Medizinische Versorgung
233	Notfälle
234	Öffnungszeiten
235	Post
235	Radfahren
236	Schwule und Lesben
237	Sicherheit
237	Sport und Erholung
239	*Wandern in Wien*
240	Sprache
240	Stadttouren
242	Telefonieren
243	Unterkunft
246	Verhaltenstipps
247	Verkehrsmittel
250	Wetter und Reisezeit

251	**Anhang**
255	Register
260	Der Autor
260	Impressum

261	**Cityatlas**
262	Detailkarten: Grinzing, Schönbrunn
263	Wien, Zentrum
268	Liste der Karteneinträge
272	Wien, Umgebung
273	Zeichenerklärung
274	Nahverkehrsplan Wien
276	*Wien mit PC, Smartphone & Co.*
276	*Unsere App-Empfehlungen zu Wien*

Zeichenerklärung

★★★ nicht verpassen
★★ besonders sehenswert
★ wichtig für speziell interessierte Besucher

[A1] Planquadrat im Kartenmaterial. Orte ohne diese Angabe liegen außerhalb unserer Karten. Ihre Lage kann aber wie von allen Ortsmarken mithilfe der begleitenden Web-App angezeigt werden (s. S. 276).

Vorwahl

Die Wiener Vorwahl lautet **01**, aus dem Ausland wählt man **+431**. Die Vorwahl Wiens wird nachfolgend immer weggelassen, die von anderen Orten und Mobiltelefonen dagegen angegeben.

Für Sie entdeckt

„Wien bleibt Wien" lautet ein geflügeltes Sprichwort, in dem auch ein wahrer Kern steckt. Doch seit dem Fall des Eisernen Vorhangs hat sich Wien wie kaum eine andere mitteleuropäische Metropole entwickelt. Nagelneue Sehenswürdigkeiten locken Besucher an, moderne Gebäudekomplexe und ganze Stadtteile entstehen und einst unscheinbare Viertel wurden aus ihrem Dornröschenschlaf erweckt. Speziell der 2. Bezirk (Leopoldstadt) hat sich zu einem spannenden Entdeckerziel entwickelt: Zwischen Karmelitermarkt (s. S. 160) und Wurstelprater (s. S. 156) trifft moderne Urbanität auf liebenswert verstaubte Wiener Nostalgie.

Moderne Architektur
Mit dem WU-Campus (s. S. 158) ist ein Konglomerat aus futuristischen Gebäuden entstanden; auf der anderen Seite der Donau überragt mit dem DC Tower (s. S. 193) Österreichs höchster Wolkenkratzer die Donau City und zieht Besucher in seinen Bann.

Gastrotipps
Entdecken Sie versteckte Heurigenlokale in Mauer (s. S. 180) oder urige Wirtshäuser wie Heidingers Gasthaus (s. S. 29). Dorthin verirren sich kaum Touristen und man kann die Wiener Gemütlichkeit mit Leib und Seele genießen.

Wiens kleine Schwester fasziniert
Verbinden Sie Ihren Wien-Urlaub mit einem Abstecher ins nahe gelegene Bratislava, die quirlige slowakische Hauptstadt! Tipp: Besuchen Sie neben der Altstadt auch die eindrucksvolle Burg Devín (s. S. 218) an der Marchmündung!

DAS BESTE AUF EINEN BLICK

Wien an einem Tag

Eines vorweg: Wien an einem Tag zu bereisen, ist prinzipiell nicht möglich. Selbst London kann man im Rahmen einer Fahrt auf der Themse an einem Tag besser verstehen als die österreichische Donaumetropole. Wien ist einfach viel zu **facettenreich** und ganz elementare Sehenswürdigkeiten befinden sich nicht im Zentrum, sondern in den Außenbezirken. Selbst wenn der Autor hiermit ambitionierte Kurzurlauber verschrecken dürfte: Nicht einmal an einem verlängerten Wochenende kann man sich ehrlicherweise ein aussagekräftiges Bild der östlichsten deutschsprachigen Metropole mit ihrer einzigartig zentraleuropäischen Seele erarbeiten. Was allerdings möglich ist an einem Tag: ein Überblick über die **Innere Stadt**, also den Ersten Bezirk inklusive **Stephansdom** ❷ und **Hofburg** (s. S. 112). Eventuell ist auch ein Abstecher zum Naschmarkt ㊾ und zur Karlskirche ㊱ möglich oder alternativ ein Besuch im Prater ㊶ und ein Heurigenbesuch am Abend.

Schloss Schönbrunn ㊻ zusammen mit der Inneren Stadt sind ehrlicherweise schon zu viel für einen Tag. Deshalb hier ein subjektiver Vorschlag, um zumindest einen Einblick in den Wiener Kosmos zu erhaschen beziehungsweise einem Wien-Unkundigen einen Überblick zu verschaffen:

◁ *Vorseite: Der prächtige Platz „Am Hof"* ❿ *darf bei keiner Fiaker-Tour fehlen*

▷ *Blick vom Nordturm des Stephansdoms* ❷

Wenn es ein Wiener Gebäude gibt, das sich als zentrales und alles beherrschendes Bauwerk der Altstadt und Weltwunder des Mittelalters manifestiert hat, ist es der Stephansdom mit seinem Südturm, dem Steffl. Doch Vorsicht: nicht blindlings hineinrennen, sondern das Monument in aller Ruhe zunächst äußerlich auf sich wirken lassen, sich an den gewaltigen Monolith gewöhnen, ihn umrunden und dann in aller Ruhe die Erhabenheit des Kircheninneren genießen! Bei schönem Wetter lohnt sich der Aufstieg auf den **Südturm** – im Mittelalter zwischenzeitlich das höchste Bauwerk der Welt. Wer es gemütlicher haben möchte, fährt mit dem Aufzug auf den Südturm. Vom hektischen **Stephansplatz** ❶ geht es über den **Graben** ❸ und den **Kohlmarkt** [G6] zur **Hofburg** (s. S. 112). Auf dem Weg befinden sich einige Kaffeehäuser, wie das Café Hawelka, das Café Bräunerhof oder das Cafe Korb (s. S. 39), in denen man sich erden und in die Wiener Gemütlichkeit eintauchen kann. Am **Michaelerplatz** sollte man einen Abstecher in die äußerlich unscheinbare, innen aber faszinierende **Michaelerkirche** ❹ nicht versäumen, ehe es durch das Tor der goldenen Kuppel in die **Hofburg** geht. Kunstliebhaber dürfen sich die **Schatzkammer** ㉙ nicht entgehen lassen. Über den **Heldenplatz** ㉚ gelangt man zur **Ringstraße**.

Diese zu Fuß abzuwandern, ist nur etwas für Menschen mit guter Kondition. Deshalb sollte man am Dr.-Karl-Renner-Ring **in die Straßenbahnlinie 1** einsteigen und die Ringstraße bis zum **Schwedenplatz** ⓰ entlangfahren, wo der Donaukanal die Wiener Innenstadt küsst. Mit der U1 sind es von hier nur zwei Stationen

Das gibt es nur in Wien

> *Wiener Kaffeehauskultur:* mehr als nur Verkaufsraum für braunes Koffeingetränk: Zweitwohnzimmer, Philosophentreff und Spiegel der Wiener Seele (s. S. 37)

> *Wien und Wein:* Nicht nur die Wortverwandtschaft spricht Bände. In keiner Hauptstadt der Welt schmeckt der Weißwein besser als mitten im Weinberg bei einem traditionellen Heurigen – wer die echten Geheimtipps kennt, kommt dem Wiener Lebensgefühl ganz nahe (s. S. 34).

> *Es lebe der Zentralfriedhof:* Hier kann man Berühmtheiten die Ehre erweisen – von Beethoven bis Falco. Seit 2015 ist auch Udo Jürgens auf jenem Friedhof bestattet, dem der Austropop-Sänger Wolfgang Ambros einen seiner bekanntesten Titel widmete (s. S. 187).

> *Wien bei Nacht:* eintauchen in das aufregende Nachtleben der Donaumetropole (s. S. 40)

> *Geheimnisvolles Wien:* magische Unterwelten, unheimliche Sagen und rätselhafte Hinterlassenschaften in Stein (s. S. 102)

> *Zwischen Wolkenkratzern und Alter Donau-Idylle:* Entdeckungen in Kaisermühlen (s. S. 192)

> *Wiener Jugendstil:* Am Steinhof errichtete Otto Wagner ein außergewöhnliches Kirchenjuwel 66.

> *Der Wiener Nordwesten:* Weinberge, Villengegenden und alte Arbeiterviertel (s. S. 165)

Das Beste auf einen Blick
Wien an einem Wochenende

> Wer innerhalb kurzer Zeit die Innere Stadt im Rahmen eines Spaziergangs erkunden möchte, dem sei der Spaziergang auf S. 78 empfohlen.

bis zum **Prater** ❺❼, Wiens wunderbar angestaubten und nostalgischen Vergnügungspark mit dem berühmten **Riesenrad** und den mindestens so wunderbar nostalgischen **Geisterbahnen**. In unmittelbarer Nähe kann man sich auf dem WU-Campus ❺❽ ein Bild vom modernen Wien mit seiner futuristischen Architektur machen.

Wer die Weite und die wirkliche Donau erleben möchte, fährt mit der U1 weiter zum **Mexikoplatz** ❺❾ oder zur **Donau City** ❼❹.

Wem der Magen knurrt, lässt den Wien-Tag in einem der **authentischen Heurigenlokale** (s. S. 36) ausklingen.

Wien an einem Wochenende

Drei Tage Wien vermitteln schon eher einen Eindruck der facettenreichen Donaumetropole. Neben den oben beschriebenen Sehenswürdigkeiten (Wien an einem Tag) kann man sich noch intensiver auf die **Innere Stadt** einlassen und den Praterbesuch auf den dritten Tag verschieben. Lohnenswert ist ein Abstecher zum **Judenplatz** ❾, zur gotischen Kirche **Maria am Gestade** ❽ und über den **Tiefen Graben** ❼ zur **Freyung** ❻, zur **Mölker Bastei** ❹❺ und zur **Votivkirche** ❹❹, Wiens beeindruckender Ringstraßen-Kathedrale. Doch auch zwischen **Schwedenplatz** ❶❻ und **Stadtpark** ❶❽ befinden sich bezaubernd verwinkelte Gassen. Möglicherweise ist auch der Besuch des einen oder anderen Museums möglich.

Zweiter Tag

Am zweiten Tag empfiehlt sich ein Ausflug in den Westen der Stadt; der Schwerpunkt liegt auf dem **barocken Wien**: Wer möchte, kann als ersten Besichtigungspunkt die prächtige **Karlskirche** 61 aufsuchen. Danach lässt man sich durch den quirligen **Naschmarkt** 49 und samstags durch den großen Flohmarkt treiben, ehe es mit der U4 weiter gen Westen geht. **Schloss Schönbrunn** 67 mit seiner riesigen Parkanlage und der Gloriette sollte man einmal im Leben besucht haben. Für eine stressfreie Besichtigung muss man mindestens einen halben Tag einplanen, zusammen mit dem **Tiergarten Schönbrunn** 68 – einem der ältesten und schönsten Zoos der Welt – eher einen ganzen Tag. Nicht allzu weit von Schönbrunn entfernt liegt die Baumgartner Höhe mit der **Otto-Wagner-Kirche** 66 – ein Muss für Liebhaber des Jugendstils (nicht täglich geöffnet!).

Dritter Tag

Am dritten Tag bietet sich ein Ausflug in den **Wurstelprater** 57 mit seinem berühmten Riesenrad und danach ein Abstecher zur Donau an. Am **Mexikoplatz** 59 spürt man den Pulsschlag der Stadt am Strom und ist fasziniert von der sich nach Südosten öffnenden Weite. Auf der anderen Seite der Reichsbrücke erkennt man die moderne Skyline der **Donau City** 74 mit Österreichs höchstem Wolkenkratzer, dem DC Tower 75 (vom Mexikoplatz/Vorgartenstraße zwei U-Bahn-Stationen zur Station Kaisermühlen VIC). Zu Fuß geht es durch den **Donaupark** zum Donauturm 77, von dem man einen herrlichen Blick über Wien und die Weinberge unterhalb von Kahlenberg 64 und Leopoldsberg 65 genießt. Wie wäre es, dort den Abend bei einem authentischen Heurigen ausklingen zu lassen? Alternativ fährt man zurück in die Innere Stadt und bummelt durch die romantisch beleuchteten Altstadtgassen.

Wien in fünf Tagen

Wer das Glück hat, noch zwei Tage länger in Wien verbringen zu dürfen, kann sich an folgendem Plan halten: Am ersten Tag, wie schon oben beschrieben, ausgiebig die Innere Stadt mit **Stephansdom** 2, **Hofburg** (s. S. 112) und den traditionellen **Kaffeehäusern** erkunden, sich am zweiten Tag von der barocken Pracht **Schönbrunns** 67 verzaubern lassen und am dritten Tag vergnügliche Stunden im **Wurstelprater** 57 verbringen, sich an der Alten Donau erholen und den Ausblick vom **Donauturm** 77 genießen.

Vierter Tag

Der vierte Tag würde sich anbieten, um mit der U4 nach Heiligenstadt zu fahren und den hügeligen Norden des 19. Bezirks zu erkunden. Durch den **Karl-Marx-Hof** 62, Wiens größten und eindrucksvollsten Gemeindebau, geht es zur Straßenbahnhaltestelle der Linie D und mit dieser hinauf zur Endstation Beethovengang. Von hier kann man eine kleine Wanderung hinauf zum Nussberg und weiter zum **Leopoldsberg** 65 oder zum **Kahlenberg** 64 unternehmen. Stärken kann man sich in einem der gemütlichen Heurigenlokale mit teils wunderbarem Wien-Blick. Wem die Füße am vierten

◁ *Jugendstil-Juwel: die Kirche am Steinhof* 66 *mit ihrer glänzenden Kuppel*

Zur richtigen Zeit am richtigen Ort

Tag bereits schmerzen: Natürlich fährt auch ein Bus hinauf zu den beiden Bergen. Alternativ würde sich am vierten Tag auch ein **Ausflug nach Bratislava** anbieten (s. S. 205).

Fünfter Tag

Den fünften Tag kann man je nach Lust und Laune für individuelle Entdeckungstouren nutzen: beispielsweise in Form eines Ausflugs nach Simmering zum **Zentralfriedhof** 72 und gegebenenfalls noch weiter hinunter ans südöstlichste Ende Wiens zum **Friedhof der Namenlosen** 73. Oder man besucht **Schloss Belvedere** 53 mit seiner berühmten Gemäldegalerie und dem herrlichen Blick auf den Stephansdom vom Schlosspark aus. Nicht weit entfernt steht das **Heeresgeschichtliche Museum** 54 mit der informativen, neu gestalteten Ausstellung über den Ersten Weltkrieg. An einem Tag mit schlechtem Wetter kann man sich stundenlang in den weltberühmten Wiener Museen vergnügen – beispielsweise im **Kunsthistorischen Museum** 33 oder in einem der drei Kunsttempel des **MuseumsQuartiers** 36.

Zur richtigen Zeit am richtigen Ort

Januar bis April

› **Neujahrskonzert** der Wiener Philharmoniker im Goldenen Saal des Musikvereins (s. S. 44), www.wienerphilharmoniker.at
› **Wiener Ballsaison** (bis Faschingsdienstag): Die Stadt bewegt sich in den Wintermonaten im Walzertakt. Nicht nur an den Wochenenden finden Bälle statt: vom Kaiserball an Silvester über den Zuckerbäckerball im Januar (beide in der Hofburg) bis hin zum weltberühmten Opernball am Unsinnigen Donnerstag.
› **Wiener Eistraum** (Ende Januar bis Anfang März): Der Platz vor dem Rathaus 43 verwandelt sich in eine große Eislauflandschaft. Schlittschuhe können ausgeliehen werden, www.wienereistraum.com.
› **Vienna City Marathon** (April): Die besten Langstreckenläufer der Welt treffen sich an der Donau.

April bis Juni

› **OsterKlang** (März/April): Besinnliche Klassik auf höchstem Niveau im Rahmen der wichtigsten christlichen Woche des Jahres, www.osterklang.at
› **1. Mai im Wiener Prater:** Der traditionelle Tag der Arbeiterklasse ist gleichzeitig wichtigster Feiertag des Wiener Vergnügungsparks. Hier trifft man am 1. Mai halb Wien, es gibt mehrere Bühnen und es herrscht trotz der Menschenmassen eine authentische Wiener Gemütlichkeit.
› **Wiener Genussfestival** (Anfang Mai): Am Muttertagswochenende verwandeln mehr

Die pittoreske Griechengasse [H6] unweit des Schwedenplatzes 16

Das Beste auf einen Blick
Feiertage, Spielwiese der Eitelkeiten: der Wiener Opernball

Feiertage

In Österreich gibt es sehr viele Feiertage. Hierzu zählen insbesondere viele katholische, die sich größtenteils mit denen des Bundeslandes Bayern überschneiden und teilweise auch mit den gesamtdeutschen Feiertagen. Neben dem österreichischen Nationalfeiertag am 26. Oktober ist Mariä Empfängnis am 8. Dezember eine Besonderheit.

› *1. Jänner (Januar):* **Neujahr**
› *6. Jänner (Januar):* **Dreikönigstag**
› **Karfreitag** *(beweglich, zwei Tage vor Ostersonntag)*
› **Ostersonntag** *und* **Ostermontag** *(beweglich, Sonntag und Montag nach dem ersten Frühlingsvollmond)*
› *1. Mai:* **Tag der Arbeit**
› **Christi Himmelfahrt** *(beweglich, stets donnerstags, 39 Tage nach Ostersonntag)*
› **Pfingstsonntag** *und* **Pfingstmontag** *(beweglich, immer 50 Tage nach Ostersonntag)*
› **Fronleichnam** *(beweglich, stets donnerstags, 60 Tage nach Ostersonntag)*
› *15. August:* **Mariä Himmelfahrt**
› *26. Oktober:* **Österreichischer Nationalfeiertag**
› *1. November:* **Allerheiligen**
› *8. Dezember:* **Mariä Empfängnis** *(die Geschäfte haben dennoch geöffnet)*
› *25. Dezember:* **Weihnachten** *(Christtag)*
› *26. Dezember:* **Weihnachten** *(Stephanitag)*

Spielwiese der Eitelkeiten: der Wiener Opernball

Er ist zweifellos der berühmteste Ball der Welt, ein Auftrieb für Prominente und solche, die es gerne wären, und zugleich eine Zeitreise in eine Epoche, die eigentlich längst untergegangen ist: der Wiener Opernball – letztes Gesellschaftsrelikt aus der „guten alten Zeit" und gleichzeitig Kasperltheater der Schönen, geliftet Schönen, Reichen und Möchtegern-Reichen. Traditionell findet der Auftrieb aus Wirtschaft, Politik und einer Prise Kultur immer am Unsinnigen Donnerstag statt. Auf Österreichs wichtigsten roten Teppich hoffen etliche Herrschaften, endlich einmal in eine Kamera lächeln zu dürfen. Die Damenwelt präsentiert ihre Prinzessinnenkleider der Weltöffentlichkeit. Männer brauchen sich zumindest kleidungstechnisch keine Sorgen zu machen, für sie gilt Frackpflicht.

Hat sich das illustre Publikum dann endlich in den Logen und auf den billigen Plätzen versammelt, beginnt der feierliche Teil des Abends mit der österreichischen Bundeshymne und der Europahymne. Danach folgt die Fächerpolonaise und es gibt musikalische Einlagen, bevor die Debütantinnen und Debütanten Einzug halten. Mit dem Kommando „Alles Walzer" wird der Opernsaal für die Allgemeinheit zum Tanzparkett und der Wiener Baulöwe Richard Lugner stellt sich mit seiner jährlich wechselnden, mehr oder weniger prominenten Ballbegleitung den Kameras. Im Laufe des Abends werden dann noch etliche Gläschen Sekt gekippt und Netzwerke gepflegt, ehe am nächsten Tage wieder die Hochkultur in der Wiener Staatsoper ❷ das Zepter übernimmt.

Das Beste auf einen Blick
Zur richtigen Zeit am richtigen Ort

als 170 Zelte den Stadtpark in eine Schmankerlmeile mit regionalen Spezialitäten, www.genuss-festival.at.
> **Donauinselfest** (üblicherweise letztes Juniwochenende): Seit Jahrzehnten zieht das kultige Mega-Event jedes Jahr Millionen Besucher auf die Donauinsel. Auf über einem Dutzend Bühnen ist für jeden Musikgeschmack etwas dabei. Nationale und internationale Stars geben sich auf der Insel ein Stelldichein – und das zum Nulltarif, www.donauinselfest.at.

Juli bis September
> **Jazzfest** (Anfang Juli): Konzerte an verschiedenen Plätzen und Locations der Stadt, www.viennajazz.org
> **Hafen Open Air** (August): Am Alberner Hafen ⑬ tief im Süden Wiens wird österreichischen Nachwuchsbands eine Bühne bereitet. Am Abend treten dann auch schon mal Austropop-Urgesteine wie Wolfgang Ambros auf. Kein Eintritt! www.hafenopenair.at.

△ *Vor dem Wiener Rathaus* ㊸ *finden regelmäßig Veranstaltungen statt*

> **Neustifter Kirtag** (August): Der Döblinger Weinort lockt Tausende Besucher an – die meisten von ihnen in Dirndl und Lederhosen gewandet. Am späten Abend wird es ziemlich lebhaft – dann zeigt der Wein seine Wirkung, www.neustift-am-walde.at.
> **Waldviertelpur** (August): Die niederösterreichische Region Waldviertel präsentiert auf dem Heldenplatz ihr Können und verwöhnt die Gaumen mit Schmankerl aller Art, www.waldviertelpur.at.
> **Streetparade** (August): Techno- und DJ-Parade entlang des Rings mit großer Abschlussveranstaltung vor dem Wiener Rathaus, http://summerbreakvienna.at/streetparade

Oktober bis Dezember
> **Österreichischer Nationalfeiertag:** Am 26. Oktober ist großes Remmidemmi zwischen Heldenplatz und Rathaus – insbesondere das österreichische Bundesheer präsentiert sich auf der jährlichen Leistungsschau.
> **Viennale** (Ende Oktober/Anfang November): Österreichs größtes Filmfestival hat sich internationales Renommee erworben, www.viennale.at.
> **Allerheiligen/Allerseelen:** Am 1. und 2. November besuchen Tausende Wiener ihre verstorbenen Angehörigen auf dem Zentralfriedhof, der sich in ein riesiges Lichtermeer verwandelt. An den Eingängen öffnen dafür an Allerheiligen sogar extra mobile Würstelstände.
> **Christkindlmärkte** (Mitte November bis Weihnachten): In Wien hat sich die Unsitte breitgemacht, Christkindlmärkte bereits weit vor dem 1. Advent beginnen zu lassen. Doch sobald Schnee liegt, verwandelt sich so mancher Weihnachtsmarkt in ein bezauberndes Winterwunderland. Die bekanntesten Christkindlmärkte finden am Rathaus, an der Freyung ⑥, am Karlsplatz und am Oberen Belvedere statt.

AUF INS VERGNÜGEN

Wien für Citybummler

Wien will erobert werden. Am schönsten lässt sich die Stadt zu Fuß oder mit der Straßenbahn erobern. Zu entdecken gibt es in der gesamten Stadt etwas – vom Bisamberg im entlegenen Nordosten bis ins kleine Weindorf Mauer 69 im äußersten Südwesten. Natürlich muss man sein Programm anpassen an die Tage, die man in Wien zur Verfügung hat und dementsprechend Prioritäten setzen.

Zum Pflichtprogramm gehört natürlich die Erkundung des 1. Bezirks, der **Inneren Stadt**. Die Altstadt rund um den **Stephansplatz** 1 lässt sich wunderbar zu Fuß erlaufen. Neben den beschriebenen Hauptsehenswürdigkeiten trifft man immer wieder auf lauschige Altstadtgassen und versteckte Winkel. Zwischen Schwedenplatz 16 und Stadtpark 18 ist die Altstadt im Schatten des Domes besonders verwinkelt – einfach durch die Gassen treiben lassen oder dem Stadtspaziergang auf S. 78 folgen. In der nördlichen Altstadt gilt es, interessante Plätze wie den **Judenplatz** 9, die **Freyung** 6 und alte Kirchen wie die **Ruprechtskirche** 15 und **Maria am Gestade** 8 zu entdecken. Auch der gesamte Hofburg-Komplex (s. S. 112) und Teile der Ringstraße können schnell und unkompliziert zu Fuß erreicht werden. Einen Überblick über die gesamte Ringstraße und ihre Prachtbauten (s. S. 72) erhält man am besten mit der Straßenbahnlinie 1, welche die Innere Stadt umrundet.

Zu Fuß sollte man auch die hübschen Grätzel (kleinen Stadtviertel) außerhalb der Ringstraße erobern – etwa das **MuseumsQuartier** 36 und das benachbarte Viertel rund um die **Mariahilfkirche** 42, den **Spittelberg** (s. S. 132) oder das **Servitenviertel** mit der benachbarten **Strudlhofstiege** 46. Oder wie wäre es mit einem Spaziergang durch die Leopoldstadt (2. Bezirk), in der sich wieder jüdisches Leben etabliert hat und in der mit **Augarten** 61 und **Prater** 56 auch zwei großartige Naherholungsrefugien existieren?

Wer die Sehenswürdigkeiten außerhalb – und davon gibt es in Wien etliche – besuchen möchte, erreicht sein Ziel am schnellsten mit der U-Bahn. Die U4 transportiert ihre Fahrgäste in Windeseile zum **Naschmarkt** 49 (Kettenbrückengasse) und weiter in Richtung **Schloss Schönbrunn** 67. Zum Schloss und zum **Tiergarten Schönbrunn** 68 gelangt man ebenfalls mit der U4, die gerade in touristischer Hinsicht eine der wichtigsten Linien der Stadt ist. Sie verbindet auch den zentralen **Schwedenplatz** 16 mit **Karlsplatz** (Karlskirche 51) und **Naschmarkt** (Kettenbrückengasse). Mit der großteils oberirdisch auf der Trasse der alten Stadtbahn verlaufenden U6 fährt man den Gürtel, Wiens belebte „äußere Ringstraße", entlang und genießt immer wieder schöne Blicke auf die inneren Bezirke und Richtung Wienerwald. Mit der U6, der U1 und der erweiterten U2 gelangt man in Windeseile vom Zentrum aus an die östlich gelegenen großen Wasseradern der Stadt: zur **Donau**, der **Donauinsel** und zur **Alten Donau**. Insbesondere letztere mit ihrem einzigartigen Freibad, dem Gänsehäufel (s. S. 238), bietet im Sommer eine idyllische und erholsame Alternative zur Hitze der Innen-

◁ *Vorseite: Atemberaubende Baukunst im Inneren des Stephansdoms* 2

Auf ins Vergnügen
Wien für Kauflustige

Wiener Gemütlichkeit: ein Gläschen Wein vor der Karlskirche ⑤

stadt. Auch der spannende Kontrast zwischen Schrebergartenidylle und der Wolkenkratzerarchitektur der **Donau City** ⓴ ist typisch wienerisch. Auf der Donauinsel kann man schöne Fahrradtouren unternehmen.

Überhaupt sollte jeder, der mehr als nur zwei bis drei Tage in Wien verweilt, auch die Randbezirke erobern. In keiner anderen europäischen Metropole haben gerade die Stadtränder so viel zu bieten – in kultureller wie in landschaftlicher Hinsicht. Im Nordwesten locken **Leopoldsberg** ⓺, **Kahlenberg** ⓸, Grinzing ⓻ und die anderen urigen **Heurigendörfer**. Der Blick vom Leopoldsberg auf Wien ist vermutlich der berühmteste der Stadt. Auch der Bisamberg im Nordosten ist eine urige Weingegend, ebenso wie **Mauer** ⓳ im äußersten Südwesten. An die Hänge des westlichen Wienerwalds schmiegen sich kleine Schlösser und alte Villen und hier thront auch die **Otto-Wagner-Kirche** ⓺.

Auch der Süden Wiens hat viel zu bieten: neben dem **Zentralfriedhof** ⓻ beispielsweise den **Böhmischen Prater** ⓻ am Laaer Berg.

Wien für Kauflustige

Die wichtigsten Einkaufsviertel und Shoppingmeilen

› **Mariahilfer Straße** ⓷: Der Bereich zwischen Westbahnhof und Museumsquartier ist Wiens längste Shoppingmeile. Allzu viel typisch Wienerisches wird man hier jedoch nicht finden – dafür jede Menge internationale Ketten und große Kaufhäuser. In den Seitengassen des 6. und 7. Bezirks sind jedoch auch kleine Geschäfte anzutreffen.

› **Kärntner Straße** ⓳: Die belebte Fußgängerzone zwischen Oper und Stephansplatz wird ebenfalls von global agierenden Labels und Souvenirläden dominiert.

› **Graben** ❸, **Kohlmarkt** [G6], **Tuchlauben** [G6]: In diesem Bereich liegen Wiens exklusive Boutiquen in Sachen Mode und Schmuck und es existieren auch etliche typisch wienerische Traditionsunternehmen und ehemalige k.u.k. Hoflieferanten.

› **Servitenviertel** ⓺: Speziell in der hübschen Servitengasse im 9. Bezirk (Alsergrund) findet man noch einige Alt-Wiener Geschäfte mit historischen Geschäftsschildern.

Auf ins Vergnügen
Wien für Kauflustige

EXTRATIPP: Luxusshops am Kohlmarkt

Am Kohlmarkt, der Verbindung zwischen Michaelerplatz und Graben sowie seiner Verlängerung in den Tuchlauben, reiht sich eine Luxus-Boutique an die nächste. Und wer nichts kaufen will: Schauen kostet bekanntlich nichts. Hier einige angesagte Labels und Adressen: Valentino Red (Michaelerplatz 3), Dior (Kohlmarkt 6), Chanel und Gucci (Kohlmarkt 5), Burberry (Kohlmarkt 2), Giorgio Armani (Kohlmark 3), Cartier (Kohlmarkt 1), Louis Vuitton (Tuchlauben 3), Jimmy Choo (Tuchlauben 4), Miu Miu (Tuchlauben 7), Vivienne Westwood (Tuchlauben 12).

Antiquitäten und Kunsthandwerk

1 [G6] **Augarten Flagshipstore**, Spiegelgasse 3, U1/U3 Stephansplatz, Tel. 5121494, www.augarten.at, geöffnet: Mo.–Sa. 10–18 Uhr. Die Wiener Porzellanmanufaktur Augarten (s. S. 47) betreibt in der Innenstadt ein Geschäft mit aktuellen Kollektionen. Eine riesige Auswahl findet man natürlich auch im Shop der Manufaktur selbst.

2 [G6] **Kirsch Antiquitäten**, Plankengasse 4, U1/U3 Stephansplatz, Tel. 5124809, www.antik-wien.at, geöffnet: Mo.–Fr. 10.15–17.30, Sa. 10.30–16 Uhr, Juli/August Sa. geschlossen. Hübsches Antiquitätengeschäft, das sich dem Restaurierungshandwerk nach überlieferter Technik verschrieben hat.

3 [G6] **Palais Dorotheum**, U1/U3 Stephansplatz, Dorotheergasse 17, Tel. 515600, www.dorotheum.com, geöffnet: Mo.–Fr. 10–18, Sa. 9–17 Uhr. Das bekannte österreichische Auktionshaus ist spezialisiert auf Schmuck, Antiquitäten, historische Möbel und alles, was alt und wertvoll ist. Neben den Auktionen gibt es auch Exponate, die auf konventionelle Weise erworben werden können. Allein das Anschauen der Kostbarkeiten lohnt den Besuch.

Der traditionsreiche Herrenausstatter Knize (s. S. 23)

Bücher

🏠 **4** [G6] **Buchhandlung Frick,** Graben 27, U1/U3 Stephansplatz, Tel. 53399140, www.buchhandlung-frick.at, geöffnet: Mo.-Fr. 9-19, Sa. 9.30-18 Uhr. Traditionsbuchhandlung (seit 1875) im Herzen Wiens.

❯ **Büchershop im Wien Museum am Karlsplatz** (s. S. 148): Hier gibt es eine ganze Reihe wunderbarer Bücher mit Wien-Bezug, auch viele Bildbände.

🏠 **5** [G6] **Morawa,** Wollzeile 11, U1/U3 Stephansplatz, Tel. 5137513450, www.morawa.com, geöffnet: Mo.-Fr. 9-19, Sa. 9-18 Uhr. Große Buchhandlung in der Inneren Stadt. Neben Büchern gibt es auch eine große Auswahl an DVDs mit österreichischen Filmklassikern (Standard Edition, siehe auch S. 232) und Höhepunkten des österreichischen Kabaretts.

🏠 **6** [F7] **Phil,** Gumpendorfer Straße 10-12, U2 Museumsquartier, Tel. 5810489, www.phil.info, geöffnet: Di.-So. 9-1, Mo. 17-1 Uhr. Buchhandlung und Café in einem. Man fühlt sich wie in einem gemütlichen Wohnzimmer und kann neben Büchern auch CDs und Möbel erwerben.

Delikatessen und Süßigkeiten

🏠 **7** [G6] **Altmann & Kühne,** Graben 30, U1/U3 Stephansplatz, Tel. 5330927, www.altmann-kuehne.at, geöffnet: Mo.-Fr. 9-18.30, Sa. 10-17 Uhr. Bereits seit 1928 werden hier Pralinen verkauft. Die Spezialität des Hauses ist das handgefertigte Liliputkonfekt. Es wird in hübschen Schatullen verpackt und gilt als „kleinste Verführung Wiens". Liliputpreise gibt es hier am feinen Graben allerdings nicht.

🏠 **8** [H6] **Böhle - Delikatessen und Bistro,** Wollzeile 30, U3 Stubentor, Tel. 5123155, geöffnet: Mo.-Fr. 8.30-19, Sa. 8.30-17, Bistro: Mo.-Fr. 11-18, Sa. 11-16 Uhr. Traditionsreiches Delikatessengeschäft, bei dem allein schon der Blick ins Schaufenster das Wasser im Mund zusammenlaufen lässt. Große Auswahl internationaler Biersorten. Angeschlossen ist ein kleines Bistro mit hervorragender Küche.

🏠 **9** [G6] **Julius Meinl am Graben,** Graben 19, U1/U3 Stephansplatz, Tel. 5323334, www.meinlamgraben.at, geöffnet: Mo.-Fr. 8-19.30, Sa. 9-18, Weinbar und Restaurant bis 24 Uhr. Auf drei Etagen bietet das Traditionshaus Kulinarisches aus aller Herren Länder. Besonders bekannt ist das Feinkostgeschäft für seine Kaffeespezialitäten. Das umfangreiche Delikatessensortiment umfasst mehr als 17.000 Köstlichkeiten, darunter auch edle Tropfen, die in der Weinbar verkostet werden können. Insbesondere österreichischen Weinen hat man sich verschrieben.

🏠 **10** [G6] **Manner-Shop,** Stephansplatz, U1/U3 Stephansplatz 7/Ecke Rotenturmstraße, Tel. 488220, www.manner.com, geöffnet: Mo.-So. 10-21 Uhr. Die berühmten Nougat-Waffeln in ihrer rosaroten Verpackung haben von Wien aus längst die Welt erobert. Im Flagshipstore gegenüber vom Stephansdom erhält man jeden Morgen frische Manner-Schnitten aus der aktuellen Produktion, daneben süße Mitbringsel. Apropos Stephansdom: Der Süßwarenhersteller ist die einzige Marke, die den „Steffl" auf ihrer Verpackung abbilden darf. Im Gegenzug finanziert sie seit Jahren das Gehalt eines am Dom tätigen Steinmetzen.

> **Shoppingareale**
> Die wichtigsten Shoppingbereiche der Stadt sind im Kartenmaterial mit einer rötlichen Fläche markiert.

Auf ins Vergnügen
Wien für Kauflustige

Kaufhäuser

🛍**11** [E7] **Gerngross**, Mariahilfer Straße 42–48, U3 Neubaugasse, Tel. 521800, www.gerngross.at, geöffnet: Mo.–Mi. 9.30–19, Do./Fr. bis 20, Sa. bis 18 Uhr, Öffnungszeiten der Gastronomiebetriebe weichen ab. Auf fünf Ebenen bietet der Kaufhausgigant in der Mariahilfer Straße alles, was das Herz begehrt: von Mode über Elektroartikel bis hin zu einem facettenreichen Gastro-Angebot von österreichisch bis asiatisch.

🛍**12** [G6] **Steffl**, Kärntner Straße 19, U1/U3 Stephansplatz, Tel. 930560, www.steffl-vienna.at, geöffnet: Mo.–Fr. 10–20, Sa. 9.30–18 Uhr. Kaufhaus-Platzhirsch auf der Kärntner Straße, der täglich von bis zu 30.000 Menschen frequentiert wird. Im Dachgeschoss gibt es eine Sky-Bar.

Passagen/Galerien

🛍**13** [F6] **Ferstel-Passage**, Freyung 2, Herrengasse 16, U3 Herrengasse, www.palaisferstel.at. Diese Passage ist ein echtes Kleinod und erinnert an Mailand. Kleine, feine Geschäfte, Antiquitätenhändler und das berühmte Café Central (s. S. 39) befinden sich im Palais Ferstel.

› **Hauptbahnhof Wien** (s. S. 223): Unter den Bahnsteigen des nagelneuen Wiener Hauptbahnhofs sind moderne Einkaufspassagen auf mehreren Ebenen entstanden.

🛍**14** [G7] **Ringstraßen Galerien**, Kärntner Ring 5–7 und 9–13, U1/U2/U4 Karlsplatz, Tel. 5125181, www.ringstraßengalerien.com, geöffnet: Mo.–Fr. 10–19, Sa. 10–18 Uhr, Lokale auch sonntags geöffnet, teils bis 24 Uhr. Noble Shoppingmeile mit vielen Shops und Lokalen. Angenehm wenig Hektik.

Einkaufszentren/Shoppingmalls

🛍**15** **Auhof Center**, Albert-Schweitzer-Gasse 6, Tel. 9791888, www.auhofcenter.at, geöffnet: Mo.–Fr. 9–20, Sa. 9–18 Uhr. Das erst kürzlich neu gestaltete Einkaufszentrum im äußersten Wiener Westen eignet sich besonders für jene, die vor der Heimfahrt Richtung Deutschland nahe der Westautobahn noch einmal österreichische Einkäufe erledigen wollen. Gastro-Tipp: die belegten Brötchen in

der Filiale der Firma Tauber probieren (www.tauber.at).

🏠16 **DZ Donau Zentrum und Donau Plex**, Wagramer Straße 81, U1 Kagran, Tel. 2034722110, www.donauzentrum.at, geöffnet: Donau Zentrum Mo.–Fr. 9–20, Sa. 10–18 Uhr, Donau Plex So.–Do. 11–1, Fr./Sa. 11–3 Uhr. Zusammen mit dem Donau Plex ist das DZ das größte Wiener Einkaufs- und Entertainmentcenter. Auf einer Gesamtfläche von circa 225.000 Quadratmetern befinden sich über 260 Einzelhandels-, Gastronomie- und Unterhaltungsbetriebe – vom Bäcker bis zur Diskothek.

Mode/Kleidung

🏠17 [F7] **Anukoo**, Gumpendorfer Straße 28, Tel. 5811343, www.eza.cc/anukoo, geöffnet: Mo.–Fr. 11–18.30, Sa. 10–17 Uhr. Nachhaltig und biologisch hergestellte Mode in trendigem Design.

🏠18 [G6] **Emis Modegalerie**, Wildpretmarkt 7/ Tuchlauben 18, U1/U3 Stephansplatz, Tel. 5352819, geöffnet: Mo.–Fr. 10–13 Uhr u. 14–18.30 Uhr, Sa. 11–18 Uhr. Exklusives japanisches Modedesign von Yohji Yamamoto, Comme des Garçons und Issey Miyake.

🏠19 [F7] **FLO Vintage**, Schleifmühlgasse 15a, U4 Kettenbrückengasse, Tel. 5860773, www.flovintage.com, geöffnet: Mo.–Fr. 10–18.30, Sa. 10–15.30 Uhr. Nostalgische Mode von 1880 bis 1980, die auch heutige Designer inspiriert; ausschließlich originale Stücke in erlesener Qualität.

🏠20 [H6] **Herzilein**, Wollzeile 17, Tel. 0676 6577106, www.herzilein-wien.at, geöffnet: Mo.–Fr. 10–19 Uhr, Sa. 10–18 Uhr. Handgemachte Mode für Kinder „Made in Vienna". Wirklich herzig. Filialen auch in der Amerlingstraße 8 im 6. Bezirk sowie in der Josefstädter Straße 29 im 8. Bezirk.

🏠21 [G6] **Knize**, Graben 13, U1/U3 Stephansplatz, Tel. 5122119, www.knize.at, geöffnet: Mo.–Fr. 9.30–18 Uhr, Sa. 10–17 Uhr. Wiener Herren von Welt tragen Knize-Hemden. Für Textilien des traditionsreichen Herrenausstatters sollte man jedoch einen prall gefüllten Geldbeutel mitbringen.

🏠22 [G6] **Mühlbauer Hutmanufaktur**, Seilergasse 10, U1/U3 Stephansplatz, Tel. 5122241, www.muehlbauer.at, geöffnet: Mo.–Fr. 10–18.30, Sa. 10–18 Uhr. Das Familienunternehmen stellt neben trendigen Hüten, die auch bei Hollywood-Größen wie Brad Pitt begehrt sind, auch klassische Kopfbedeckungen, Mützen und edle Pelzkappen her.

Schuhe

🏠23 [F7] **Humanic Megastore**, Mariahilferstr. 37–39, U2 Museumsquartier, Tel. 58121930, www.humanic.net, geöffnet: Mo.–Mi. und Fr. 10–19, Do. 10–2, Sa. 9.30–18 Uhr. Der österreichische Schuhgigant bietet eine Riesenauswahl an Fußbekleidung für Damen, Herren und Kinder. Geliebt und gehasst wurden in den 1960er-, 1970er- und 1980er-Jahren die schrägen Werbespots des Unternehmens.

🏠24 [F6] **Ludwig Reiter Schuhmanufaktur**, Mölkersteig 1, U2 Schottentor, Tel. 533420422, www.ludwig-reiter.com, geöffnet: Mo.–Fr. 10–18.30, Sa. 10–17 Uhr. Edles Schuhwerk „Made in Vienna": Das im Dreimäderlhaus auf der Mölker Bastei ㊺ beheimatete namhafte Schuhgeschäft hat für Herren die berühmten Budapester, Brogues und Stiefeletten im Programm, für die Damen feine Loafer und Ballerinas.

◁ *Ein Hauch von Mailand: die Ferstel-Passage an der Freyung* ❻

Auf ins Vergnügen
Wien für Kauflustige

Skurriles und Seltenes, Souvenirs

25 [C4] **Original Wiener Schneekugelmanufaktur**, Schumanngasse 87, Straßenbahn 42 Antonigasse oder Straßenbahn 9 Sommarugagasse, Tel. 4864341, www.viennasnowglobe.at, geöffnet: Mo.–Do. 9–15 Uhr. Kein „Made in China": Seit mehr als 110 Jahren werden hier im 17. Bezirk Schneekugeln produziert. Angeschlossen ist auch ein Schneekugelmuseum.

EXTRATIPP: Wiener Wein kaufen
Bei den meisten **Heurigen** und vielen Wiener **Weinbauern** kann man Wein ab Hof kaufen. Daneben führen auch Delikatessengeschäfte, Vinotheken und **Supermärkte** wie Spar und Billa die edlen Wiener Tropfen im Sortiment.

27 [C8] **Weinhandlung Rudolf Polifka**, Reindorfgasse 22, Straßenbahnlinie 52 oder 58, geöffnet: Mi. und Fr. 16–22 Uhr (an Schultagen). Mit seinem kleinen Weinlokal hat sich der Lehrer Dietmar Müller einen Traum erfüllt und sein Hobby der Öffentlichkeit zugänglich gemacht. Zu kosten und kaufen gibt es österreichische und französische Tropfen.

26 [H6] **Wiener Rosenmanufaktur**, Schönlaterngasse 7, U3 Stubentor, Tel. 0650 5618250, www.wienerrosenmanufaktur.at, geöffnet: Mo.–Fr. 13–18.30, Sa. 11–18.30, So. 14–17 Uhr. Alles rund um die Königin der Blumen: Rosenblütengelee, Rosenblütensirup, Rosenessig, Rosenseife und vieles mehr.

Wein

› **Weinshop Vinum**, Riemergasse 14, U3 Stubentor, Tel. 5127787, www.vinum-wien.at, geöffnet: Mo.–Sa. 10–24, So. 10–23 Uhr. Große Auswahl österreichischer Weine zu Abhofpreisen: Vom klassischen weißen Veltliner über den raffinierten Muskateller bis hin zu Rotweinen erhält man hier alles, was Österreichs Winzer aus ihren Weingärten herausholen. Der Shop gehört zum Gasthaus zu den 3 Hacken (s. S. 28).

Märkte

In Wien gab es früher in jedem Stadtteil einen Markt. Leider hat in den vergangenen Jahrzehnten ein Marktsterben eingesetzt, sodass alteingesessene Institutionen wie der Simmeringer Markt von der Bildfläche verschwunden sind. Einige haben jedoch überlebt, unter ihnen der bekannte **Naschmarkt** 49 und der **Karmelitermarkt** 60 in der Leopoldstadt. Hier noch einige weniger bekannte Märkte.

🏠**28** [D6] **Brunnenmarkt und Yppenmarkt**, geöffnet: Mo.–Sa., U3 Josefstädter Straße. Der Brunnenmarkt ist einer der buntesten Märkte und gleichzeitig der längste Markt Wiens. Hier werden Massen an Obst und Gemüse verkauft. Er erstreckt sich über die Brunnengasse zwischen Thaliastraße und Ottakringer Straße. Hier ist Wien südländisch – türkisch, arabisch, mediterran. Gehandelt wird wie auf orientalischen Basaren. Der Brunnenmarkt geht am Yppenplatz direkt in den Yppenmarkt mit seinen festen Ständen und seinem Bauernmarkt über.

🏠**29** [G3] **Hannovermarkt**, Straßenbahnlinie 33 Brigittaplatz, geöffnet: Mo.–Fr. 6–19.30, Sa. 6–17 Uhr. Von der norddeutschen Stadt im Namen darf man sich nicht täuschen lassen. Auch der Hannovermarkt im Herzen der Brigittenau ist mittlerweile fest in der Hand südosteuropäischer und anatolischer Händler. Wenn die Migranten die Stände nicht übernommen hätten, gäbe es den Markt wohl nicht mehr.

Flohmärkte

› **Flohmarkt am Naschmarkt** 49. Er ist einer der berühmtesten Flohmärkte Europas und jeden Samstag ein Erlebnis.

› **Kunst- und Antikmarkt Am Hof** 10, geöffnet: März–Nov. Fr. und Sa. 10–18 Uhr, www.antikmarkt-hof.at. Hier gibt es teils hochwertige Antiquitäten – von antiquarischen Büchern über Bilderrahmen bis hin zu antikem Holz- und Blechspielzeug.

◁ *Vitamin-Meile: Der Naschmarkt* 49 *ist ein Touristenmagnet*

Wien für Genießer

Von allen deutschsprachigen Großstädten ist Wien wohl die absolute Genießer-Metropole. Und das liegt längst nicht allein am Wiener Schnitzel, Apfelstrudel und Kaiserschmarrn. In den vergangenen Jahren hat sich ein unglaublich **breites kulinarisches Angebot** entwickelt, das keine Wünsche offenlässt. Die **internationale Küche** hat in all ihren Facetten Einzug gehalten: Asiatische Restaurants kochen mittlerweile wie in Hongkong oder Tokyo, Burger werden wie in Texas gemacht und selbst Italiener loben die Kochkünste ihrer Landsleute in den italienischen Restaurants. Seit dem Fall des Eisernen Vorhangs hat auch die osteuropäische Küche wieder Einzug in die Stadt gehalten. Egal ob slowakische Krautsuppe, tschechisches Bier oder polnische Piroggen – es gibt nichts, was es nicht gibt.

Während diese kulinarische Internationalisierung anderen Großstädten zu schaffen macht und die heimische Küche teilweise zu verdrängen scheint, muss man sich um die **klassische österreichische Küche** in Wien keine Sorge machen: Es gibt sie zum Glück immer noch, die kleinen **Beisel** an der Ecke mit ihrer deftigen Hausmannskost. Daneben hat sich eine junge kreative Küche entwickelt, die heimische Produkte in ungewohnt neuer Aufmachung auf den Tisch bringt – der Fantasie der Wiener Küche sind hier keine Grenzen gesetzt. Auch die **Heurigenlokale** sind nicht vom Aussterben bedroht. Zwar hat der eine oder andere Weinbauer seinen Ausschank aufgegeben, dafür haben gleichzeitig neue Winzergenerationen die alte Tradition wieder aufleben lassen, mit dem Ergebnis, dass viele Heurigenlokale heute

Auf ins Vergnügen
Wien für Genießer

nicht nur wegen der lauschigen Gärten oder des Buffets, sondern gerade wegen der teils ausgezeichneten Wiener Weine, die sich mit den besten Tropfen in Europa messen lassen können, aufgesucht werden.

Zum Wien-Genuss gehört natürlich auch die einzigartige Kaffeehauskultur.

Vorsicht: Aus Wien kommt man gerne mit ein bis zwei Kilo mehr nach Hause.

Essen und Trinken

Die Wiener Küche hat ein Genusspotenzial zu bieten, um das es andere Städte beneiden: Würstelstände ebenso wie Schnitzellokale und Gourmettempel, Wein und Bier ebenso wie Kaffee, der noch nach solchem schmeckt; deftige Heurigenbuffets ebenso wie verführerische Mehlspeisen.

Doch alles der Reihe nach. Die Gründe für die Vielfalt der Wiener Küche liegen im habsburgischen Vielvölkerstaat des 19. Jahrhunderts. Aus sämtlichen Kronländern zog die Hauptstadt des Kaiserreichs auch sämtliche kulinarischen Finessen an Land. Man ließ sich inspirieren von der ungarischen Küche und entwickelte das Gulasch, zeigte sich offen gegenüber mediterranen Einflüssen und behielt dennoch auch die klassisch überlieferten österreichischen Schmankerl im Programm – in Deutschland am ehesten mit der bayerischen Küche verwandt. Dazu kamen osteuropäische Einflüsse; wer etwas auf sich hielt, hatte in der „guten alten Zeit" eine böhmische Köchin.

Die Küche wird immer noch dominiert von **Fleisch**, wenngleich sich in den vergangenen Jahren immer mehr vegetarische Gerichte in den Speisekarten etabliert haben und es mittlerweile auch einige rein **vegetarische Restaurants** gibt (s. S. 32). Berühmtheit genießt natürlich das **Wiener Schnitzel**. Beim Original handelt es sich um ein **Kalbswiener**, das seinen Preis hat. Gerne wird aber auch die Variante vom Schwein bestellt. Als Beilage gibt es in der Regel Erdäpfelsalat (Kartoffelsalat). Seit der Kaiserzeit genießen **Rindfleischgerichte** in Wien höchstes Ansehen – allen voran der Tafelspitz. Er wird traditionell in einer heißen Rinderbrühe mit Einlage serviert. Zunächst isst man die Suppe, danach genießt man das Fleisch mit Bratkartoffeln und Apfelkren (Apfelmeerrettich). Für ihre Rindfleischspezialitäten berühmt sind das noble Plachutta (s. S. 28) und das Gasthaus Zum Renner in Nussdorf (s. S. 29), ein Geheimtipp! In den einfachen Beiseln darf natürlich das **Gulasch** mit Semmelknödel oder Gebäck nicht fehlen. Eine besondere Variante stellt das Fiakergu-

Kaffee wird in Wien nicht einfach nur getrunken – er ist fester Bestandteil der Genusskultur

lasch dar, bei dem neben Rindfleisch auch Würstel, Spiegelei und Essiggurken auf den Teller kommen. Typische **Beiselgerichte** sind unter anderem **Krautfleckerl** (Nudeln mit Kraut und Zwiebeln), **Eiernockerl** mit Salat oder **Würstel mit Saft** (Gulaschsaft). Fisch wird gerne freitags gegessen. Besonderer Beliebtheit erfreut sich der Karpfen in unterschiedlicher Zubereitung – beispielsweise auf serbische Art – mit Mehl und Paprika bestäubt und in Butterschmalz herausgebraten. Man erhält ihn oft in den Lokalen an der Alten Donau (s. S. 203).

Legendär sind neben deftiger Hausmannskost auch die süßen Verführungen. Zu den beliebtesten **Mehlspeisen** gehören **Kaiserschmarrn, Apfelstrudel** und **Palatschinken**. Weitere leckere Nachspeisen sind **Germknödel, Marillenknödel, Powidltascherl** (Teigtaschen mit Pflaumenmus) oder die traditionelle – nicht ganz politisch korrekte – Süßspeise **Mohr im Hemd**, ein kleiner Gugelhupf mit Schokoladensoße und Schlagobers (Sahne).

In den **Kaffeehäusern** genießt man zu seinem braunen Heißgetränk am liebsten einen Apfelstrudel, eine **Cremeschnitte**, eine **Schaumrolle** oder die berühmte Sachertorte.

Auch in Wien ist es wie in Deutschland üblich, bei gutem Service ein **Trinkgeld** von 10 Prozent zu geben.

Hervorhebenswerte Lokale

Wiener Küche/österreichische Küche
Innere Stadt (Erster Bezirk)
◐31 [G6] **Gasthaus Pöschl** €€, Weihburggasse 17, U1/U3 Stephansplatz, Tel. 5135288, geöffnet: Mo.–So. 11–24 Uhr. Kleines, empfehlenswertes Gasthaus mit ambitionierter

EXTRATIPP

Die Wiener Auster ist eine Schnecke
Einst war Wien ein Zentrum des Schneckenhandels. Es gab sogenannte Schneckenweiber, welche ihre Beute einmal pro Woche auf dem großen Wiener Schneckenmarkt feilboten. Da Fleisch für die einfache Bevölkerung teuer war, dienten Schnecken als wertvoller Eiweißlieferant und die Weinbergschnecke wurde sogar mit dem Ehrentitel **Wiener Auster** geadelt. Im 10. Bezirk hat Andreas Gugumuck sich der Wiederentdeckung dieser alten Delikatesse verschrieben und züchtet Weinbergschnecken auf einem 400 Jahre alten Bauernhof. Die im Freiland gehaltenen Tiere werden zu eigenwilligen Spezialitäten wie Schneckenleber und Schneckenkaviar verarbeitet und finden sich mittlerweile auf Speisekarten angesehener Restaurants der Stadt. Im Hofladen tief im Wiener Süden kann man die Produkte vor Ort erwerben. Regelmäßig werden auch Führungen angeboten.
🏠30 **Hofladen Andreas Gugumuck**, Roswaldigasse 44, lange Anfahrt: U1 Reumannplatz, Straßenbahn 67 bis Per-Albin-Hansson-Siedlung, Bus 17A bis Franzosenweg, danach Fußweg, Tel. 0650 6185749, www.wienerschnecke.at, geöffnet: Mo.–Fr. 9–18, Sa. 9–12 Uhr

Preiskategorien
€	bis 12 Euro
€€	12 bis 20 Euro
€€€	über 20 Euro

Angabe ohne Gewähr für ein Hauptgericht pro Person ohne Getränk. Generell empfiehlt es sich bei den meisten Lokalen, rechtzeitig telefonisch einen Tisch zu reservieren.

Smoker's Guide

In Österreich wird gerne und viel geraucht, mehr als in vielen anderen europäischen Ländern. Obwohl offiziell in der Alpenrepublik seit 2009 ein **Rauchverbot in öffentlichen Einrichtungen** gilt, ist Österreich im Gegensatz zu den strengen Regelungen vieler deutscher Bundesländer oder des Nachbarlandes Italien noch eines der letzten verbliebenen Raucher-Paradiese Europas, auch wenn sich auch hier in den vergangenen Jahren einiges geändert hat. In den meisten Gaststätten und Cafés gibt es **Raucher- und Nichtraucherbereiche,** kleine Kneipen können selbst entscheiden, ob in ihren vier Wänden gequalmt werden darf. **Raucherlokale** sind durch einen Aufkleber im Eingangsbereich gekennzeichnet. **Anfang 2015** ist die Debatte um ein strenges Nichtraucherschutzgesetz auf dem politischen Parkett neu entflammt und im April 2015 hat die Regierung schließlich beschlossen, dass ab Mai 2018 ein generelles Rauchverbot in Gaststätten gelten soll- zum Leidwesen der Gastronomen, die gerade erst aufwendige Investitionen für separate Raucherbereiche geleistet haben.

Zigaretten beziehungsweise **Tschicks** - wie man in Österreich gerne sagt - gibt es in Österreich nicht an jeder Ecke in Zigarettenautomaten zu erwerben. Verkauft werden Tabakprodukte in sogenannten **Trafiken**, staatlich monopolisierten kleinen Geschäften, die daneben auch Zeitschriften und Kleinigkeiten verkaufen. Traditionell war und ist die Trafik auch ein Wiener Kommunikationsraum, in dem man sich über Neuigkeiten in der Nachbarschaft austauscht. Falls die Tabakvorräte des Nächtens ausgehen: Oft verkaufen auch Restaurants und Bars Zigaretten.

Wiener Küche. Besitzer ist der bekannte österreichische Schauspieler Hanno Pöschl. Aufgrund des geringen Platzangebots unbedingt reservieren!

🎧32 [G6] **Gastwirtschaft zu den 3 Hacken** €€, Singerstraße 28, U3 Stubentor, Tel. 5125895, www.zuden3hacken.at, geöffnet: Mo.-Sa. 11-24, feiertags bis 23 Uhr, Nov./Dez. auch So. geöffnet. Am Rande der Inneren Stadt gelegen, bietet das Lokal authentische und schmackhafte Altwiener Küche zu einem hervorragenden Preis-Leistungs-Verhältnis. Große Portionen!

🟢33 [G6] **Kolar-Beisl** €, Kleeblattgasse 5, U1/U3 Stephansplatz, Tel. 5335225, www.kolar-beisl.at, geöffnet: Mo.-Fr. 10-2, So. und feiertags 17-2 Uhr. Beliebtes Bierlokal, das berühmt ist für seine Fladenkreationen - von der einfachen Version mit Schmalz und Zwiebel bis hin zu Käse-, Schinken- und Gemüsevariationen plus Sauerrahm.

🎧34 [H6] **Plachutta** €€€, Wollzeile 3, U3 Stubentor, Tel. 5121577, www.plachutta.at, geöffnet: tägl. 11.30-24 Uhr. Liebhaber von Wiener Rindfleischgerichten werden hier auf ihre Kosten kommen. Neben dem klassischen Tafelspitz gibt es noch etliche weitere Leckereien, wie sie schon der Kaiser schätzte.

Gastro- und Nightlife-Areale
Bläulich hervorgehobene Bereiche in den Karten kennzeichnen Gebiete mit einem dichten Angebot an Restaurants, Bars, Klubs, Discos etc.

Andere Bezirke

🅞**35** [B6] **Bierfink** €, Friedrich-Kaiser-Gasse 69, Straßenbahnlinie 9 Thaliastraße/Feßgasse, Tel. 4865286, www.bierfink.at, geöffnet: Mo.-Sa. 11-24, So. 11-21.30 Uhr. Das schönste an diesem Ottakringer Wirtshaus ist in der warmen Jahreszeit der herrliche Gastgarten, der es sogar mit Münchner Biergärten aufnehmen kann. Hier genießt man frisch gezapftes Ottakringer Bier und auch das Essen kann sich sehen lassen. Gute Salatvariationen!

🍴**36** [K9] **Barbanek** €, Fuchsröhrenstraße 13, U3 Zipperertraße, Tel. 7492118, geöffnet: Mi.-Mo. 9-23 Uhr. Authentisches Simmeringer Beisel mit dem Charme vergangener Zeiten, in das sich kaum Touristen verirren. Bei den Stammgästen ist das Lokal für seine Hausmannskost und seine Innereiengerichte geschätzt.

🍴**37** [H2] **Gasthaus Kopp** €, Engerthstraße 104, U6 Handelskai, Tel. 3304392, www.gasthaus-kopp.at, geöffnet: Mi.-Sa. 6-1, So./Mo. 6-24, Di. 6-16 Uhr. Uriges Wirtshaus in der Brigittenau (20. Bezirk) nahe von Millennium Tower und Donau. Deftiges Essen und große Portionen; stets gut besucht und manchmal etwas dicke Luft. Auf jeden Fall authentisch wienerisch! Nach einer Frittatensuppe (Pfannkuchensuppe) und einem Zwiebelrostbraten geht hier niemand hungrig hinaus.

🍴**38** [C8] **Gasthaus Quell** €, Reindorfgasse 19, Straßenbahn 52 oder 58 Kranzgasse, Tel. 8932407, www.gasthausquell.at, geöffnet: Mo.-Fr. 11-24 Uhr. Beliebtes Vorstadt-Wirtshaus mit guter Küche und langer Tradition.

🍴**39 Gasthof Zum Renner** €€, Nußdorfer Platz 4, Straßenbahn D Nußdorfer Platz, Tel. 3785858, www.zum-renner.at, geöffnet: Mo.-Sa. 10-22 Uhr. Traditionsreiches Gasthaus im Heurigenort Nussdorf, das berühmt

EXTRATIPP

Wiener Innereien

Wer Innereien schätzt, wird sich in Wien pudelwohl fühlen. In keiner anderen deutschsprachigen Stadt gibt es noch so viele Lokale, in denen die inneren Organe nach alten überlieferten Rezepten zubereitet werden. Neben der **Leber** in verschiedenen Variationen gehört das **Beuschel** zu den Wiener Nationalgerichten – ein Ragout aus Lunge und Herz, zu dem Semmelknödel gereicht werden. Manchmal findet man auch noch **Hirn mit Ei** oder gebackenes Hirn auf den Speisekarten. Besondere Beliebtheit – speziell bei den Heurigenbuffets – genießt auch die **Blunzn** (Blutwurst).

014wi-se

ist für seine Rindfleischgerichte. Anständiges Preis-Leistungs-Verhältnis angesichts der Riesenportionen. Do. resche Stelzen (Schweinshaxen), dazu bayerisches Bier vom Kloster Andechs.

🍴**40** [B7] **Heidingers Gasthaus** €, Selzergasse 38, U3 Johnstraße, Tel. 9859911, www.heidingers.at, geöffnet: Mo.-Fr. 10-22 Uhr. Das Heidingers ist ein echter Geheimtipp unter den Vorstadt-Gasthäusern Wiens (15. Bezirk). Einerseits stellt es ein bis heute unverfälscht erhaltenes Beisel mit Originalinterieur und Holzvertäfelung dar, andererseits be-

Wien für Genießer

sticht das Lokal durch ausgezeichnete Wiener Gerichte zu moderaten Preisen. Dazu gibt es feine Biere vom Fass.

41 [E8] **Gasthaus Woracziczky** €€, Spengergasse 52, U4 Pilgramgasse, Tel. 0699 11229530, www.woracziczky.at, geöffnet: Mo.–Fr. 11.30–14.30 und 18–24 Uhr. Das hübsche Lokal mit dem unaussprechlichen Namen (sprich: Woraschitzki) hat in kurzer Zeit die Herzen von Liebhabern bodenständiger und gleichzeitig kreativer österreichischer Küche erobert. Geheimtipp!

42 [F5] **Rebhuhn** €€, Berggasse 24, Straßenbahn D Schlickgasse, Tel. 3195058, www.rebhuhn.at, geöffnet: tägl. 11–24 Uhr, im Juli und Aug. am Wochenende geschlossen. Schönes Lokal im 9. Bezirk (Alsergrund). Hier wird auf die Qualität des Fleischs Wert gelegt. Es gibt unter anderem Schmankerl vom Bio-Rind und vom Wollschwein.

Das berühmte Wiener Schnitzel findet sich fast auf jeder Speisekarte

43 Stern €€, Braunhubergasse 6, U3 Simmering, Tel. 7493370, www.gasthausstern.at, geöffnet: tägl. 9–23 Uhr (außer 24.12., 31.12., 1.1.). Die Fahrt tief hinunter nach Simmering lohnt sich aufgrund der kreativen Küche! Auch raffinierte Innereienspezialitäten stehen auf der Karte.

44 [A4] **Weinhaus Arlt** €€, Kainzgasse 17, www.weinhausarlt.at, geöffnet: Sept.–Juni Mo.–Sa. 11–23, Sa./So. und feiertags 11–16, Juli/Aug. Mo.–Sa. 16–23 Uhr. Der vom österreichischen Gastronomieführer „Wo isst Österreich?" ausgezeichnete Weinwirt des Jahres 2012 bietet in einem gemütlichen Weinhaus an der Ecke in Hernals (17. Bezirk) ambitionierte österreichische Küche, saisonale Gerichte und gute Tropfen.

45 [B4] **Wein- und Bierhaus Brandstetter** €, Hernalser Hauptstraße 134, Straßenbahn 43 Harnalser Hauptstraße/Wattgasse, Tel. 4864625, www.derbrandstetter.at, geöffnet: tägl. 8–24 Uhr. Günstiges Hernalser Beisel mit bodenständiger Hausmannskost. Empfehlenswert: der Vanille-Rostbraten (Vanille steht allerdings für Knoblauch, einst im

Volksmund als Vanille des kleinen Mannes bezeichnet), dazu tschechisches Bier.

46 [D6] **Weinhaus Sittl (Pelikanstüberl)** €, Lerchenfelder Gürtel 51, U6 Josefstädter Straße, Tel. 4050205. Dieses urige Beisel ist ein gastronomisches Gesamtkunstwerk und gleichzeitig eine Zeitreise in die Vergangenheit: Der Schankbereich und das Interieur sind seit Jahrzehnten unverändert; auf der Karte stehen Altwiener Gerichte und der freundlich-bestimmte Wirt lässt sich durch nichts aus der Ruhe bringen. Im idyllischen Gastgarten unter einem gewaltigen Götterbaum, dessen Fuß wie der eines Elefanten wirkt, ist der Lärm des Gürtels plötzlich ganz weit weg. Am Abend treffen sich mittlerweile viele junge Menschen im Sittl, um einfach nur ein Bier zu trinken.

Asiatische Küche

47 [F7] **On Market** €€, Linke Wienzeile 36, U4 Kettenbrückengasse, Tel. 5811250, www.on-market.at, geöffnet: tägl. 7–2 Uhr. Hier wird chinesische Küche zelebriert: fantasievolle kreative Gerichte, teils auch etwas extravagant, die im Vergleich zur China-Standardküche ungeahnte Geschmackserlebnisse entstehen lässt. Dazu eine coole Atmosphäre, wie man sie sonst nur in Hongkong oder New York vorfindet. Für Liebhaber asiatischer Küche ein absolutes Muss! WLAN.

48 [H7] **Phó & Saigon Market** €, Rennweg 5, Straßenbahn 71 Am Heumarkt/Hochstrahlbrunnen, Tel. 9433025, geöffnet: Mo. 11.30–16.30, Di.–Fr. 11.30–22, Sa./So. 12.30–22 Uhr. Hervorragende vietnamesische Küche zwischen Schwarzenbergplatz und Belvedere bei einem guten Preis-Leistungs-Verhältnis.

49 [G6] **Sushi Bada** €–€€, Johannesgasse, U1/U3 Stephansplatz, Tel. 5126245, www.badasushi.at, geöffnet: Mo.–Sa. 11.30–23 Uhr. Auch wenn das winzige koreanische Lokal – eher eine Garküche mit ein paar Tischen im ersten Stock – mit japanischen Sushi wirbt: Die eigentlichen Spezialitäten entstammen der koreanischen Küche, etwa das schmackhafte Bibimbap im heißen Steintopf mit Rindfleisch, Ei, Gemüse und einer scharfen Soße. Skurriles Detail am Rande: Früher hieß das Lokal „Die Fischerin", woran noch einige Holzfische erinnern.

Italienische Küche

56 [F6] **Cantina Osteria Friulana** €€, Bartensteingasse 3, Tel. 8906496, www.cantinafriulana.at, geöffnet: Mo.–Fr. 16–23 Uhr. Obwohl das Restaurant hinter dem Parlament von einem Österreicher betrieben wird, fühlt man sich kulinarisch kaum anderswo italienischer, besser gesagt friulanischer. Speisen und Weine sind echte Gaumenfreuden. Geheimtipp!

57 [H6] **Da Capo** €€, Schulerstraße 18, U1/U3 Stephansplatz, Tel. 5124491, www.dacapo.co.at, geöffnet: tägl. 11.30–23.45 Uhr. Zentral in der Innenstadt gelegen, zählt das Da Capo zu den besten italienischen Restaurants der Stadt. Großartige Pizzen und fantasievolle Küche in hübschem Ambiente. Faires Preis-Leistungs-Verhältnis.

58 [H6] **Ristorante Al Borgo** €€–€€€, An der Hülben 1, U3 Stubentor, Tel. 5128559, www.alborgo.at, geöffnet: 11.30–15 Uhr und 18–24, Sa. 18–24 Uhr. Köstlichkeiten aus der italienischen Küche, stets frische Produkte und saisonale Gerichte haben das Al Borgo längst zu einer der beliebtesten kulinarischen Adressen im 1. Bezirk gemacht.

59 [G6] **Ristorante Fratelli** €€€, Rotenturmstraße 11, Tel. 5338745, www.fratelli.at. Toskanische Küche vom Feinsten mitten im Herzen der Stadt. Stets wechselnde Wochenkarte. Empfehlenswerte Fischgerichte, die allerdings ihren Preis haben.

Wien für Genießer

EXTRATIPPS

Köstlich vegetarisch
Noch vor ein bis zwei Jahrzenten hatte man es als Vegetarier in den Wiener Gaststätten nicht leicht; Fleischgerichte dominierten die Speisekarten. Mittlerweile findet man auch in den traditionellen Beiseln fleischlose Gerichte und es gibt einige vegetarische und vegane Restaurants:

- **50** [E7] **Amerlingbeisl** €, Stiftgasse 8, U2 Volkstheater, Tel. 5261660, www.amerlingbeisl.at, geöffnet: tägl. 9–2 Uhr. Hier stehen stets auch abwechslungsreiche vegetarische Gerichte auf der Karte. Zudem besitzt das Lokal am Spittelberg einen lauschigen Innenhof.
- **51** [G6] **Bio Bar von Antun** €€, Drahtgasse 3, U3 Herrengasse, Tel. 9689351, www.biobar.at, geöffnet: Mo.–Fr. 11.30–14 und 17–23, Sa./So. und feiertags 12–23 Uhr. Kleines vegetarisches und veganes Restaurant in der Nähe vom Judenplatz. Man achtet auf biologische und saisonale Produkte. Serviert werden neben Salaten beispielsweise vegane Schnitzel oder Gulasch.
- **52** [B9] **Hollerei** €€, Hollergasse 9, U4 Schönbrunn, Tel. 8923356, www.hollerei.at, geöffnet: Mo.–Sa. und feiertags 11.30–15 und 18–23, So. 11.30–15 Uhr. In der Nähe von Schloss Schönbrunn gelegen, ist die Hollerei eines der beliebtesten vegetarischen Restaurants in Wien. Kreative Küche und sympathisches Ambiente. Sehr beliebt sind die süßen Verführungen zum Nachtisch.
- **53** [F6] **yamm!** €, Universitätsring 10, Tel. 5320544, www.yamm.at, geöffnet: Mo.–Mi. 8–23, Do./Fr. 8–1, Sa. 9–1 Uhr. Trendiges Veggie-Lokal an der Ringstraße. Die Speisen am Buffet stammen aus aller Herren Länder und reichen von mediterran bis asiatisch. Es wird nach Gramm abgerechnet. Speisen auch zum Mitnehmen (etwas günstiger).

Für den späten Hunger
Würstelstände: Der Würstelstand ist eine Wiener Institution, um die viele deutsche Städte die österreichische Hauptstadt beneiden. Nicht nur im Innenstadtbereich findet man an jeder Ecke einen Würstelstand, auch in den Außenbezirken: vorwiegend an den U-Bahn-Stationen – beispielsweise am Gürtel oder an den Donaukanal-Brücken. Viele Würstelstände haben bis weit nach Mitternacht geöffnet und dienen als Kalorientankstelle für Nachtschwärmer. Klassiker sind **Käsekrainer** (eine gegrillte Bratwurst mit zerlaufenem Käse im Inneren) mit Brot oder als Hot Dog, **Burenwurst** (eine grobe Brühwurst) oder scharfe **Debreziner** – je nach Wunsch mit Senf, Ketchup oder beidem. Dazu gibt es oft Dosenbier – eine Dose Ottakringer Hell heißt im Fachjargon „16er Blech" nach dem 16. Bezirk Ottakring – oder eine eingelegte Peperoni oder Essiggurke. An vielen Würstelständen erhält man auch Leberkäse – manchmal sogar den für Wien typischen Pferdeleberkäse. Speziell nach Mitternacht kann es an Würstelständen oft richtig lustig und kommunikativ werden.

Dinner for one
In vielen Wiener Lokalen muss man kein schlechtes Gefühl dabei haben, sein Essen allein einzunehmen. Auch ohne Begleitung bieten unter anderem die folgenden Lokale eine angenehme, ungezwungene Atmosphäre:

> **Buffet Trześniewski** (s. S. 88): Wer sich unweit des Stephansdomes schnell und unkompliziert stärken möchte, kann dies bei den leckeren Brötchen im Trześniewski tun.

> **Cafe Korb** (s. S. 39): Generell ist es in den Wiener Kaffeehäusern üblich, allein – beziehungsweise nur mit einer Zeitung oder einem Buch – zu sitzen. Im Cafe Korb gibt es neben den Kaffeehausklassikern auch gute Speisen. Das Schnitzel kann sich sehen lassen.

Wien für Genießer

> **Gasthaus Kopp** (s. S. 29): Nichts für schüchterne Zeitgenossen, eher etwas für kommunikationsfreudige: Hier wird man vom Kellner traditionell einfach an einen Tisch dazugesetzt. In dem urigen Brigittenauer Beisel kann man dadurch waschechte Wiener kennenlernen.

> **Weinhaus Sittl** (s. S. 31): In dem alten Beisel mit dem großen Gastraum sitzen häufig Personen allein am Tisch. Auch im lauschigen Garten findet man in der Regel problemlos ein Plätzchen.

Lokale mit guter Aussicht

Wien ist prädestiniert für Lokale mit tollen Ausblicken – allein schon durch seine Vielzahl an Anhöhen, Weinbergen und den damit verbundenen Aussichtspunkten. Paradelokale sind in dieser Hinsicht die Heurigenlokale hoch oben in Nussdorf (s. S. 170) oder Grinzing ❻❸ oder die Ausflugsgaststätten im Wienerwald. Daneben bieten auch die Restaurants in den oberen Etagen einiger Wiener Hochhäuser fantastische Aussichten.

> **57 Restaurant & Lounge** €€€, im DC Tower ❼❺, Tel. 0664 88963323, www.57melia.com, geöffnet: Mittagessen: Mo.–Fr. 12–14.30, Abendessen Di.–Sa. 18–22 Uhr. Tafeln im feinen Ambiente von Österreichs höchstgelegenem Restaurant. Reservierung unbedingt notwendig! Danach kann man ein Stockwerk höher in der Lounge noch einen Drink genießen. Auf gepflegte Kleidung wird Wert gelegt.

> **Gasthaus Birner** (s. S. 198). Auch hier kann man direkt an der Alten Donau wunderbar die Seele baumeln lassen.

❶54 [S. 262] **Häuserl am Stoan** €, Zierleitengasse 42 a, Straßenbahn 43 bis Neuwaldegg, danach Autobus 43A bis Cobenzl Parkplatz und fünf Minuten Fußweg, Tel. 4401377, www.amstoan.com, geöffnet: Do.–So. 10–22 Uhr (warme Küche bis 21 Uhr). Das Häuserl am Stoan ist ein uriges Familienunternehmen mit massenhaft Gartenzwergen und einem fantastischen Blick über Wien. Es eignet sich als Einkehrmöglichkeit im Rahmen eines Ausflugs zum Kahlenberg und Leopoldsberg. Deftige Hausmannskost. Nicht verwechseln mit dem benachbarten Häuserl am Roan.

> **Heuriger Sirbu** (s. S. 171). Herrlich mitten in den Weinbergen gelegener Heuriger mit schöner Aussicht.

❶55 [H5] **Le Loft**, Praterstraße 1, U1/U4 Schwedenplatz, Tel. 906160, www.sofitel.at. Elegante Bar mit herrlichem Blick über die Innere Stadt. Hier am Abend einen Cocktail zu sich zu nehmen, ist ein ganz besonderes Erlebnis für besondere Anlässe. Geöffnet: tägl. 12–2 Uhr.

> **Restaurant im Donauturm** (s. S. 198). Das Drehrestaurant hoch über dem Donaupark bietet ein fantastisches Panorama über Wien, die Wolkenkratzer der Donau City ❼❹ und bis in die Slowakei. Schwindelfrei sollte man allerdings sein. Nur wegen des Essens muss man das sehr touristisch geprägte Lokal aber nicht besuchen.

> **Zur alten Kaisermühle** (s. S. 198). Das Kaisermühlener Lokal an der Alten Donau bietet im Sommer eine idyllische Aussicht auf Seerosen und vorbeifahrende Ruderboote.

Der erste Kaffee

Die meisten **Wiener Kaffeehäuser** (s. S. 37) öffnen zwischen 7 und 8 Uhr morgens. In allen Traditionscafés hängen Zeitungen aus, die man am Tisch kostenlos lesen kann. In den über ganz Wien verteilten Aida-Filialen und in vielen Backshops erhält man ebenfalls ab 7 Uhr den ersten Kaffee des Tages.

Auf ins Vergnügen
Wien für Genießer

Osteuropäische und südosteuropäische Küche

60 [H4] **Am Nordpol 3** €, Nordwestbahnstraße 17/Ecke Nordpolstraße, Straßenbahn 2 u. 5 Am Tabor, Tel. 3335854, www.amnordpol3.at, geöffnet: Mo.–Fr. 17–24, Sa./So. und feiertags 12–24 Uhr. Hier gibt es hinter dem Augarten deftige tschechische Hausmannskost, die beim studentischen Publikum aus der Umgebung sehr beliebt ist. Hübscher Gastraum und lauschiger Gastgarten.

61 [H9] **Böhmerwald** €, Wiedener Gürtel 20, U1 Hauptbahnhof, Tel. 5057234, www.restaurant-boehmerwald.at. Wenn man hungrig am neuen Hauptbahnhof ankommt, wird hier dem Kohldampf mittels bodenständiger böhmischer Küche Abhilfe geschaffen.

62 [J7] **Lubin** €€–€€€, Hainburger Str. 48, U3 Kardinal-Nagl-Platz, Tel. 7133683, www.lubin.at. Hervorragendes dalmatinisches Fischrestaurant der gehobenen Klasse. Hier holt man sich die Adria an die Donau. Reservierung notwendig. Günstige Mittagsmenüs.

Britische Küche, Burger

63 [J8] **O'connors Old Oak Pub**, Rennweg 95, Straßenbahn 71 St. Marx (Rennweg), Tel. 2366721, www.oconnors.at, geöffnet: Mo.–Fr. 11–1, Sa./So. 13–24 Uhr. Irischer Pub, der auch gute Küche bietet. Am Sonntag gibt es oft die 16 Stunden geschmorte Lammhaxe.

64 [H5] **smokey's** €, Obere Donaustraße 97–99, U1/U4 Schwedenplatz, auf der anderen Seite des Donaukanals, Tel. 3705582, www.smokeys.at, geöffnet: Mo.–Sa. 11.30–23 Uhr. Hier gibt es großartige Burger aus frischem Rindfleisch (auch einen Veggie Burger), dazu selbstgemachte Soßen.

▷ *Authentischer Genuss: ein Glas Wein mitten in den Wiener Weinbergen*

Wien und Wein – eine himmlische Beziehung

In Wien existiert neben der Kaffeehausauch eine einzigartige Weinkultur. Immerhin etwa halb so groß wie das Weinbaugebiet der Wachau in Niederösterreich sind die Wiener Rebenbestände: 700 Hektar Fläche werden von rund 300 Weinhauern bewirtschaftet.

Keine andere Metropole auf der Welt kann eine derartige **Vielfalt und Menge an Wein innerhalb der eigenen Stadtgrenzen** aufweisen. Die Anbaugebiete sind an den Stadträndern; jedes hat seinen eigenen Charakter und seine eigene Heurigenkultur: Die Weindörfer Grinzing **63**, Nussdorf (s. S. 170) und Neustift am Walde im 19. Bezirk (Döbling), Stammersdorf, Jedlersdorf und Strebersdorf im 21. Bezirk (Floridsdorf) oder Mauer **69** und Rodaun im 23. Bezirk (Liesing). Selbst im 10. Bezirk (Favoriten) am Laaer Berg wird zwischen Gemeindebauten und Zentralfriedhof **72** Wein kultiviert. Die wichtigsten Weinberge sind der Nussberg unterhalb des Kahlenbergs **64** und der Bisamberg im 21. Bezirk an der Grenze zum Weinviertel.

In den vergangenen Jahren hat der **Wiener Wein ein regelrechtes Revival** erlebt: Etliche junge Winzer haben die Betriebe ihrer Eltern übernommen und sorgten mit Fleiß, Kreativität und Liebe zu ihrem Beruf dafür, dass der Wiener Rebensaft wieder zu den besten Weinen Österreichs aufschließen konnte. Man setzt sich auch leidenschaftlich dafür ein, dass die verbliebenen Weinberge erhalten und vor Verbauung verschont bleiben – zu viele Villen haben sich bereits in die alten Bestände eingenistet. Nirgendwo anders kann man die süffigen Trop-

Auf ins Vergnügen
Wien für Genießer

fen authentischer genießen als bei den Heurigen vor Ort. Der Begriff Heuriger steht dabei sowohl für das Gasthaus als auch für den Wein selbst: Es handelt sich dabei stets um den jungen Schankwein, der in der Regel als halber Liter und Liter zusammen mit Wasser serviert wird. Daneben stehen auch Flaschenweine ausgewählter Lagen auf der Weinkarte, die üblicherweise als Achterl bestellt werden. Neben klassischen frischen Weißweinen – die häufigste Rebsorte ist der **Grüne Veltliner** – haben sich in den vergangenen Jahren auch vollmundige Rotweine etabliert. Besonders in der warmen Jahreszeit wird der Schankwein gerne als **Spritzer** (Weinschorle) genossen.

Zu jedem Heurigen gehört das klassische **Heurigenbuffet**, an dem man selbst seine Mahlzeit zusammenstellen kann. Neben Aufstrichen, Pasteten, Grammelschmalz und Käse gibt es auch warme Speisen wie Surbraten, Kraut, Aufläufe oder Würstel. Bei vielen Heurigen kann man mittlerweile auch Gerichte à la carte bestellen.

Die echten Heurigen, die von den Winzern selbst betrieben werden, sind **Buschenschanken** und haben nicht das ganze Jahr geöffnet, sondern zu festgelegten Zeiten. Dann hängt vor dem Lokal ein Buschen aus Zweigen. Grund dafür ist einerseits die Tatsache, dass sich die Winzer nicht das ganze Jahr um die Gastronomie kümmern können, andererseits sind die Weinmengen auch begrenzt. Ausgeschenkt werden nämlich stets die eigenen Produkte. Verwandte Lokalitäten in Deutschland sind die Straußen- und Besenwirtschaften, die man unter anderem in Baden-Württemberg und der Pfalz vorfindet.

Daneben gibt es aber auch ganzjährig geöffnete Heurigenlokale und Stadtheurige in der Wiener Innenstadt. Die großen Touristenheurigen in Grinzing sollte man lieber den Busgruppen überlassen.

Fast alle Buschenschanken und Heurigenlokale verfügen über einen **Gastgarten (Schanigarten)**. Falls sich die Heurigen in den Weinbergen befinden, genießt man oft einen herrlichen Blick über Wien, der den Besuch nicht selten zu einem unvergesslichen Erlebnis macht.

Über die **Aussteckzeiten**, also die Öffnungszeiten des Heurigenlokals, informieren die örtlichen Weinbauvereine mittlerweile im Internet. Hier einige nützliche Adressen:

> www.wienerwein.at
   (unter Kalender, Ausg'steckt)
> www.weinbauverein-mauer.at
> www.weinbauverein-strebersdorf.at
> www.weinort-stammersdorf.at
> www.weinort-oberlaa.at
> www.wien-nussdorf.at/heurigede.htm
> www.neustift-am-walde.at

Ausgewählte Heurige

Die nachfolgenden Heurigen sind nach den unterschiedlichen Wiener Weindörfern unterteilt. Um nicht vor verschlossenen Türen zu stehen, ist es empfehlenswert, sich im Internet über die **Aussteckzeiten** (s. S. 35) zu informieren.

Grinzing/Nussdorf/Heiligenstadt (19. Bezirk)

- **65 Kierlinger** €, Kahlenberger Straße 20, Straßenbahn D Nußdorf Beethovengang, Tel. 3702264, www.kierlinger.at, geöffnet: Aussteckzeiten beachten! Klassischer Heuriger mit guten Weinen und den klassischen Schmankerln am Buffet wie Kümmelbraten und Aufstriche.
- › **Zawodsky** (s. S. 168). Großartiger Grinzinger Heuriger mit authentischem Ambiente und Buffet. Man sitzt mitten in den Weinstöcken.

Die Heurigenlokale sind berühmt für ihre deftigen Brotzeiten. Daneben gibt es aber auch warme Gerichte.

Stammersdorf/Strebersdorf/Jedlersdorf (21. Bezirk)

- **66 Christ** €, Amtsstraße 10–14, U6 Floridsdorf, weiter mit Straßenbahn 30 oder 31 bis Station Großjedlersdorf (Brünner Straße), Tel. 2925152, www.weingut-christ.at, geöffnet: jeden ungeraden Monat tägl. ab 15 Uhr. Gepflegter Heuriger in der hübschen Amtsstraße, die man in dieser mit modernen Wohnhäusern zubetonierten Gegend nicht vermuten würde. Es gibt einen großen schattigen Innenhof und eine gute Speisenauswahl. Die Weißweine (Veltliner, Gemischter Satz) vom Bisamberg gehören zu den besten Tropfen Wiens. Man kann Flaschen auch ab Hof erwerben.
- **67 Wieninger** €, Stammersdorfer Straße 78, Straßenbahn 31 bis Stammersdorf (Endhaltestelle), danach 10 Minuten Fußweg, Tel. 2924106, www.heuriger-wieninger.at, geöffnet: April–Ende Dez. Do./Fr. 15–24, Sa./So. und feiertags 12–24 Uhr. Leo Wieninger hat sich den Ruf eines Wiener Spitzenwinzers erworben. Kredenzt werden Weine vom nahe gelegenen Bisamberg ebenso wie vom Nussberg im 19. Bezirk. Auch die Speisen können sich sehen lassen.

Mauer

Es empfiehlt sich, vor dem Heurigenbesuch die moderne **Wotrubakirche** ❻❾ zu besichtigen oder einen Spaziergang in den Wienerwald zum Pappelteich einzuplanen.

❻**68 Edlmoser** €, Maurer-Lange-Gasse 123, U4 Hietzing, weiter mit Straßenbahn 60 bis Station Maurer-Lange-Gasse, Tel. 8898680, www.edlmoser.com, geöffnet: während der Ausstecktzeiten tägl. ab 14.30 Uhr. Auch ein absoluter Tipp für Liebhaber guter Weißweine. Der Heurige ist bei den Wienern schon etwas „in", sodass es speziell an den Wochenenden voll werden kann. Reservierung empfehlenswert.

❻**69 Zahel** €, Maurer Hauptplatz 9, U4 Hietzing, weiter mit Straßenbahn 60 bis Station Maurer Hauptplatz, Tel. 8891318, www.zahel.at, geöffnet: während der Ausstecktzeiten 11.30–24 Uhr, So. Ruhetag. Die lange Anreise bis in den äußersten Südwesten Wiens lohnt sich: Der urige Heurige in einem der ältesten Häuser von Mauer ist berühmt für seinen Wein und seine hervorragende Küche. Hier trifft man vor allem Einheimische.

Die Amtsstraße – ein unerwartetes Heurigenidyll

Der **21. Bezirk Floridsdorf** ist an und für sich nicht das klassische Ausflugsziel für Touristen – am ehesten wird noch der Heurigenort Stammersdorf mit seiner bekannten Kellergasse angesteuert. Hier ein weiterer Geheimtipp, der sonst nur von Anwohnern frequentiert wird: Die **Amtsstraße** in Großjedlersdorf ist ein echtes Idyll zwischen riesigen Betonburgen und der nicht sehr idyllischen Brünner Straße. Hier gibt es eine kleine Kirche, einige alte Häuser und neben dem Heurigen Christ (s. S. 36) noch weitere Heurige.

Zweites Wohnzimmer des Wieners: das Kaffeehaus

Wiener Kaffeehäuser sind legendär: Der Legende nach fand das schwarze Heißgetränk seit der Türkenbelagerung Wiens 1683 den Weg in die österreichische Lebensart. Heute spricht man die Gründung des ersten Wiener Kaffeehauses dem Armenier Johannes Theodat zu. Von Wien aus eroberte die Kaffeebohne das gesamte Kaiserreich. Neben traditionellen Kaffeehäusern haben sich auch moderne Cafés etabliert. Typische Kaffeevarianten sind der **Große und der Kleine Braune**, ein kräftiger Kaffee mit Milch, der Verlängerte, der vermutlich am ehesten der klassischen deutschen Tasse Kaffee entspricht, und die Melange, ein Kaffee mit viel Milchschaum. Italienische Kaffeespezialitäten wie der Cappuccino dürfen allein schon durch die Nähe zum Nachbarland nicht fehlen.

Doch die **traditionellen Wiener Kaffeehäuser** sind weit mehr als „lediglich" Cafés im herkömmlichen Sinne: Sie sind Ausdruck Wiener Lebensart, kleine Biotope für Dichter, Denker und Lebenskünstler, Zeitlöcher in der modernen Großstadthektik und Rückzugsgebiete für Muße und innere Einkehr. Im Vergleich zu deutschen Cafés herrscht in Wiener Kaffeehäusern eine fast andächtig-feierliche Stimmung – mit einer steten, meditativ anmutenden Geräuschkulisse, dafür ohne viel Geschrei und Musikbeschallung aus der Konserve. Hie und da gibt es noch einen Klavierspieler, ansonsten regieren die „Herrn Ober" ihre Kaffeehäuser – und einige alteingesessene Exemplare dieser Zunft sind manchmal nicht ganz unkompliziert und haben sich schon den einen oder anderen all-

Auf ins Vergnügen
Wien für Genießer

zu ungeduldigen Gast zum Feind gemacht. Deshalb vier kurze Regeln, damit es auch mit dem Wiener Ober klappt: Immer höflich bleiben, immer die Ruhe bewahren, nicht unterwürfig bestellen und mit dem Trinkgeld nicht sparen. So wird auch der schwierigste Kaffeehaus-Kommandant lammfromm und zur Höflichkeit in Person. In den vergangenen Jahren sind mürrische Ober ohnedies seltener geworden.

Noch ein Rat: In „ihre" Kaffeehäuser gehen viele Wiener gerne alleine, um Zeitung zu lesen oder in sich zu gehen. Man sollte sie dabei nicht stören oder in ein Gespräch verwickeln – das Kaffeehaus ist als zweites Wohnzimmer ein **intimer und fast heiliger Ort**. Nicht wundern sollte man sich übrigens darüber, dass gerade die traditionsreichsten Betriebe etwas verstaubt und heruntergekommen wirken. Genau diesen anachronistischen Charme wollen die Stammgäste nicht missen.

Daneben existieren natürlich moderne Cafés und die unvermeidlichen internationalen Ketten wie Starbucks haben längst Einzug gehalten. Eine Besonderheit stellen die Filialen der **Konditoreikette Aida** dar: Waren sie in der Nachkriegszeit noch topmodern, so haben sie sich mittlerweile auch schon zu echten Oldtimern entwickelt – gemeinsam mit ihrem Stammpublikum. In den Selbstbedienungs-Cafés dominiert die Farbe rosa: von der Fassadengestaltung über die Kuchenglasuren bis hin zu den Socken der uniformierten weiblichen Bedienungen.

Traditionelle Kaffeehäuser

70 [G6] **Café Bräunerhof**, Stallburggasse 2, Tel. 5123893, geöffnet: Mo.–Fr. 8–20.30, Sa./So. 8–18.30 Uhr. Wiener Kaffeehausklassiker, der einst als zweites Wohnzimmer des Schriftstellers Thomas Bernhard diente. Einfach einen großen Braunen bestellen und die Atmosphäre genießen! Manchmal auch Klaviermusik.

Auf ins Vergnügen
Wien für Genießer

71 [F6] **Café Central**, Herrengasse 14, U3 Herrengasse, Tel. 533376324, www.palaisevents.at/cafecentral.html, geöffnet: Mo.–Sa. 7.30–22, So. und feiertags 10–22 Uhr, Klaviermusik ab 17 Uhr. Das Central im Palais Ferstel ist eine Institution. Mit etwas Fantasie kann man sich in der ehemaligen Schalterhalle mit seinen Säulen Hugo von Hofmannsthal, Adolf Loos, Alfred Polgar oder Egon Friedell als Tischnachbarn herbeiträumen. Auch der russische Revolutionär Leo Trotzki war Stammgast.

72 [G6] **Cafe Korb**, Brandstätte 9, U1/U3 Stephansplatz, Tel. 5337215, www.cafekorb.at, geöffnet: tägl. 8–24 Uhr. Sehr angenehmes Künstlercafé mitten in der Innenstadt, das nicht von Touristen überlaufen ist. Hier kann man auch hervorragend essen. WLAN.

73 [F6] **Café Landtmann**, Universitätsring 4, U2 Schottentor, Tel. 24100100, www.landtmann.at, geöffnet: tägl. 7.30–24 Uhr. Das legendäre Ringstraßen-Café beherbergte Berühmtheiten wie Peter Altenberg, Sigmund Freud, Gustav Mahler, Max Reinhardt, Marlene Dietrich und Romy Schneider.

74 [G6] **Café Leopold Hawelka**, Dorotheergasse 6, U1/U3 Stephansplatz, Tel. 5128230, www.hawelka.at, geöffnet: Mo.–Mi. 8–24, Do.–Sa. 8–1, So. und feiertags 10–24 Uhr. Das Hawelka war in den 1970er-Jahren das berühmteste Künstlercafé der Stadt. Auch wenn Leopold Hawelka und seine Frau Josefine mittlerweile beide verstorben sind und Touristen aus aller Welt Künstler wie Wolfgang Ambros, Georg Danzer & Co. längst als Gäste abgelöst haben, spürt man zu bestimmten Stunden immer noch den Geist der alten Zeit.

75 [H6] **Café Prückel**, Stubenring 24 (Luegerplatz), Tel. 5126115, www.prueckel.at, geöffnet: tägl. 8.30–22 Uhr (außer 24.–26.12.). Das denkmalgeschützte Ringstraßen-Kaffeehaus mit Interieur der 1950er-Jahre ist von außen wie von innen ein Augenschmaus. Trotz touristischer Innenstadtlage nippt man seinen Kaffee großteils zusammen mit Wiener Stammgästen – vom Studentenpärchen bis zum Großmütterchen.

76 [E8] **Cafe Rüdigerhof**, Hamburgerstraße 20, U4 Kettenbrückengasse, Tel. 5863138, geöffnet: tägl. 9–2 Uhr. Gemütliches Kaffeehaus mit bunt gemischtem Publikum im Rüdigerhof, einem herrlichen Jugendstilhaus am Wienfluss.

77 [G7] **Café Sacher**, Philharmonikerstraße 4, U1/U2/U4 Karlsplatz, Tel. 514560, www.sacher.com, geöffnet: tägl. 8–24 Uhr (Sacher Stube: 10–24 Uhr). Man sollte wenigstens einmal im Leben im Sacher die berühmteste Torte der Welt kosten. Freilich

◁ *Mischung aus Kaffeehaus und Kneipe: das Kaffee Alt Wien (s. S. 41)*

△ *Eine echte Legende: der Kaffeehausbetreiber Leopold Hawelka († 2011)*

zahlt man hier etwas mehr als in anderen Cafés, doch allein die hübschen nostalgischen Kleider der Bedienerinnen sind den Mehrpreis wert. Wem die Schlange vor dem Café zu lang ist: In der Stube nebenan findet man leichter einen Platz.

○78 [F7] **Café Sperl**, Gumpendorfer Straße 11, U2 Museumsquartier, Tel. 5864158, www.cafesperl.at, geöffnet: Mo.–Sa. 7–23, So. (außer Juli/Aug.) 11–20 Uhr. Denkmalgeschütztes Kaffeehaus im 6. Bezirk (Mariahilf) mit einzigartiger Atmosphäre. Die gepolsterten Bänke sind über die Jahre schon etwas abgewetzt, aber genau das macht wohl den Charme des Sperls aus. Neben dem prächtigen Hauptraum gibt es auch ein Billardzimmer.

○79 [D8] **Café Westend**, Mariahilfer Straße 128, U6 Westbahnhof, Tel. 5233183, geöffnet: Mo.–So. 7–23.30 Uhr. Wer mit der Eisenbahn am Westbahnhof ankommt, kann im gegenüber gelegenen Westend bereits echte Wiener Kaffeehausatmosphäre schnuppern. In dem über hundert Jahre alten Traditionscafé trifft man eine illustre Mischung aus Studenten, Reisenden und Anwohnern und kann an den Fensterplätzen den Trubel des Gürtels beobachten.

Wien am Abend

Noch Anfang der 1970er-Jahren konnte man die Lokale, die nach Mitternacht noch auf hatten, an einer Hand abzählen. Mit der österreichischen Bundeshymne zum ORF-Sendeschluss wurden auch die Gehsteige in Wien hochgeklappt. In den späten 1970er- und 1980er-Jahren entstand nach und nach eine bunte und ausgeflippte Szene und das Angebot an Kneipen und Discos konnte langsam zu anderen europäischen Großstädten aufschließen. Spätestens seit den 1990er-Jahren gibt es in Wien ein **abwechslungsreiches Nachtleben**, das keine Wünsche offen lässt.

Egal ob man in einem gemütlichen Pub versumpfen möchte oder lieber das Tanzbein schwingt – auch unter der Woche kann man sich in Wien die Nacht um die Ohren schlagen. Allerdings ist nicht in allen Bezirken gleich viel los: Das Nachtleben spielt sich vorwiegend im inneren Stadtbereich ab. Im **1. Bezirk** liegen die Schwerpunkte im Bermudadreieck am Schwedenplatz ⓰ und im Bereich von Schönlaterngasse [H6] und den Seitenstraßen der Kärntner Straße ⓳. Im **2. Bezirk (Leopoldstadt)** gibt es etliche, teils alternativ angehauchte Kneipen und Klubs zwischen Taborstraße [H5] und Prater ⓹⓺. Einen weiteren Hotspot im Wiener Nachtleben stellt der **6. Bezirk (Mariahilf)** zwischen Gumpendorfer Straße [F7] und Mariahilfer Straße ⓸⓻ dar. Etwas weiter nordwestlich spielt sich schließlich noch einiges im Bereich der **Stadtbahnbögen am Gürtel** ab. Der Schwerpunkt liegt zwischen der U6 Station Thaliastraße [D6] und der Station Josefstädter Straße [D6].

Nachtleben

Kneipen und Bars

❶80 [G6] **Bonbonnière Bar**, Spiegelgasse 15, U1/U3 Stephansplatz, Tel. 5126886, geöffnet: Mo.–Sa. 18–2 Uhr. Die kleine plüschige Bar vermittelt bei Eintreten einen Hauch von Rotlichtmilieu. Damit hat sie jedoch nichts zu tun, sie ist vielmehr ein einzigartiges nostalgisches Zeitloch mit abendlicher Klaviermusik.

Auf ins Vergnügen
Wien am Abend

❶81 [G6] **Eden Bar,** Liliengasse 2, U1/U3 Stephansplatz, Tel. 5127450, www.edenbar.at, geöffnet: Do.–Sa. 22–4 Uhr. Schon ein Blick in die Schaukästen vor der über 100 Jahre alten Eden Bar zeigt: Hier ging das Who is who der Wiener Gesellschaft ein und aus. Noch heute ist die Bar ein exklusiver Ort. Angemessene Kleidung und Krawatte sind Pflicht.

❶82 [G6] **Gutruf,** Milchgasse 1, U1/U3 Stephansplatz, Tel. 5339562, geöffnet: Mo.–Sa. 8.30–24 Uhr. Das winzige Gutruf ist wahrlich ein geschichtsträchtiger und legendärer Ort hinter der Peterskirche. Hier trafen sich Helmut Qualtinger und sein Freundeskreis aus der Kunst- und Kulturszene regelmäßig. Hier trinken ältere Wiener noch immer ihr Achterl. Es gibt jeden Tag ein paar Gerichte; es kocht der chinesische Wirt. Speziell und besonders!

❶83 [F7] **If Dogs Run Free,** Gumpendorfer Straße 10, U2 Museumsquartier, Tel. 9132132, www.ifdogsrunfree.com, geöffnet: Mo.–Do. 18–2, Fr./Sa. 18–4 Uhr. Manhattan in Mariahilf: angesagte Cocktail-Bar mit einzigartiger Deckenkonstruktion und einer behaarten mumienartigen Figur am Toilettenabgang. Wer ausgefallene Cocktails liebt, sollte den raffinierten Last Word aus den 1920er-Jahren probieren. Er ist sein Geld wert.

❶84 [G6] **Kaffee Alt Wien,** Bäckerstraße 9, U1/U3 Stephansplatz, Tel. 5125222, geöffnet: tägl. 10–2 Uhr. Das einstmals traditionelle Kaffeehaus hat sich im Laufe der Jahre eher zu einer bei Studenten angesagten Mischung aus Café und Kneipe entwickelt.

❶85 [E7] **Schaltwerk,** Eggerthstraße 19 (Eingang: Luftbadgasse), U3 Neubaugasse oder U4 Kettenbrückengasse, Tel. 9432175, www.schaltwerk.co.at, geöffnet: Di.–Do. 17–24, Fr./Sa. 17–2 Uhr. Angesagte kleine Kneipe mit Künstler- und Hipsterpublikum und georgischer Küche. WLAN.

❶86 [H5] **Tachles,** Karmeliterplatz, Tel. 2120358, www.cafe-tachles.at, geöffnet: So.–Do. 16–1, Fr./Sa. 16–2 Uhr. Gemütliches und beliebtes kleines Lokal im Herzen der Leopoldstadt mit guter Bierauswahl,

◰ *Nachts spiegelt sich die Skyline der Donau City* ❼❹ *im Wasser*

Musikkeller, freundlichem Service. Hier kann man auch hervorragend essen – berühmt ist das Tachles für seine polnischen Piroggen.

87 [G6] **Weinorgel,** Bäckerstraße 2, U1/U3 Stephansplatz, Tel. 5131227, www.weinorgel.at, geöffnet: Mo.–Do. 16–2, Fr./Sa. 16–3, So. 16–24 Uhr. Kleine Altstadt-Weinbar, in der man sein Achterl vorwiegend im Stehen trinkt. Zu späterer Stunde wird es voll, kommunikativ und buchstäblich weinselig. Stündliches Highlight: das Erklingen der historischen Weinorgel. Zum Wein werden Massen an Erdnüssen geknackt.

88 [H6] **Wunderbar,** Schönlaterngasse 8, U1/U4 Schwedenplatz, Tel. 5127989, geöffnet: tägl. 17–2 Uhr. Diese kleine verrauchte Kneipe ohne Lokalschild ist ein echter Geheimtipp für die Innere Stadt. Bei tschechischem Bier und Wein zu moderaten Preisen versumpft man entweder an der Bar oder auf den gemütlichen Ledersofas.

Klubs und Diskotheken

89 [H5] **Bricks,** Taborstraße 38, U2 Taborstraße, Tel. 2163701, geöffnet: tägl. 20–4 Uhr. Lazy Dancebar nennt sich dieser zünftige Schuppen mitten in der Leopoldstadt, in dem Oldies, Austropop, rockige und kultige Klänge zu hören sind. Das Publikum ist bunt und reicht von jung bis alt.

90 [G7] **Club U im Otto-Wagner-Pavillon,** Karlsplatz/Künstlerhauspassage, U2/U4 Karlsplatz, Tel. 5059904, www.club-u.at, geöffnet: tägl. 21–4 Uhr. Kleiner angesagter Klub mit wechselnden DJ-Sets: von Avantgarde-Pop über Electro bis Hip Hop.

91 [C9] **Diskothek U4,** Schönbrunner Straße 222, U4 Meidlinger Hauptstraße, Tel. 8171192, www.u-4.at, geöffnet: Di., Do.–Sa. 22–6 Uhr. In den 1980er-Jahren war das U4 der angesagte Szenetreff in Wien – insbesondere aufgrund seines prominentesten Stammgastes: Falco. Noch heute ist an den Wochenenden ein Hauch der guten alten Zeit zu spüren. Freitags rockig, samstags popige Partystimmung, dienstags Studentenparty, donnerstags Solid Gold mit Ö3-Moderator Eberhard Forcher.

92 [G5] **Flex,** Augartenbrücke 1, U2/U4 Schottenring, Tel. 5337525, www.flex.at, geöffnet: Di.–Sa. Café 21–6 Uhr, Halle 23–6 Uhr. Einer der bekanntesten Klubs Wiens mit unterschiedlichen DJ-Events und Konzerten. Im Sommer kann man auch draußen am Donaukanal sitzen. Alternatives Publikum.

93 [I5] **Fluc und Fluc Wanne,** Praterstern 5, U1 Praterstern, www.fluc.at, geöffnet: Mo.–Sa. 20–4 Uhr. Angesagter Szenetreff – speziell in Sachen Elektro-Sound – am Praterstern mit Konzerten und DJs im kostenlosen oberirdischen Bereich und in der unterirdischen Wanne mit Eintritt.

94 [J5] **Pratersauna,** Waldsteingartenstraße 135, U2 Messe-Prater, Tel. 7291927, www.pratersauna.tv, geöffnet: Okt.–Apr. Do.–Sa. 23–6, Mai–Sept. Mi.–So. 21–6 Uhr; Pool Juni–Aug. Mi.–So. 13–21 Uhr. Die ehemals legendäre Sauna hat eine Metamorphose zu einem der wichtigsten Klubs in Wien durchgemacht. Schwerpunktmäßig gibt es Techno und Electro. Sommers lädt nachmittags ein Pool zum Schwimmen ein.

95 [E7] **Tanzcafé Jenseits,** Nelkengasse 2, U3 Neubaugasse, Tel. 5871233, www.tanzcafe-jenseits.com, geöffnet: Di.–Sa. 20–4 Uhr. Früher war dieser schräge Laden ein Animierlokal, was man noch heute an der plüschig-verruchten Einrichtung erkennen kann. Am Wochenende wird es hier sehr eng und voll – neue Kontakte sind nicht ausgeschlossen.

Heimstätte für hochkarätige Klassik: das Gebäude des Wiener Musikvereins (s. S. 44)

Theater und Konzerte

Wien ist **die** europäische **Musik- und Theaterstadt.** Hier wirkten Beethoven und Mozart, Schubert und Strauss. Hier gibt es nicht nur **drei renommierte Opernhäuser** – allen voran die weltberühmte **Wiener Staatsoper** ㉜, hier wirken auch etliche der berühmtesten Schauspieler im deutschsprachigen Raum. Egal ob **Burgtheater** ㊷, **Volkstheater oder Theater in der Josefstadt** – jede der drei Bühnen lässt die Herzen von Theaterliebhabern höherschlagen. Daneben hat sich Wien in den vergangenen Jahrzehnten auch zu einem wichtigen **Musical-Standort** entwickelt – Raimund Theater und Ronacher ziehen jedes Jahr Massen von Besuchern an.

Warum nicht mal ins **Kabarett?** Die österreichische Kabarettszene ist seit jeher eine der Hochburgen im deutschsprachigen Raum. Man denke nur an so klingende Namen wie Helmut Qualtinger (s. S. 70) oder Josef Hader, der sich in den vergangesnen zwei Jahrzehnten auch in Deutschland und der Schweiz ein großes Stammpublikum erobert hat. Zu den Großmeistern der Szene gehören auch Lukas Resetarits, Michael Niavarani oder Roland Düringer. Es wachsen auch junge Talente nach und irgendwo ist in Wien jeden Abend Kabarett zu genießen.

Auch **Cineasten** werden in Wien auf ihre Kosten kommen: Neben den üblichen Hollywood-Palästen gibt es etliche Programmkinos, die regelmäßig Filmjuwelen auf die Leinwand zaubern.

Oper, Operette, Musical, klassische Konzerte

◐96 [H7] **Konzerthaus**, Lothringerstraße 20, U4 Stadtpark, Tel. 242002, www.konzerthaus.at. Mit dem Konzerthaus und dem Musikverein ist es ein bisschen wie zwischen zwei konkurrierenden Fußballmannschaften

Auf ins Vergnügen
Wien am Abend

in derselben Stadt. Beide haben ihre treue Anhängerschaft. Zweifellos ist auch das Konzerthaus – ein prächtiger Jugendstilbau nahe dem Stadtpark – ein Hort höchster klassischer Konzertgenüsse. Hier spielen die Wiener Symphoniker.

97 [G7] **Musikverein**, Musikvereinsplatz, U1/U2/U4 Karlsplatz, Tel. 5058190, www.musikverein.at. Wenn Wien die musikalische Welthauptstadt ist, ist der Große (Goldene) Musikvereinssaal der Thronsaal dieser Hauptstadt. Seine Akustik ist einzigartig, die Darbietungen sind hochkarätig. Hier findet auch das jährliche Neujahrskonzert der Wiener Philharmoniker statt.

98 [D8] **Raimund Theater**, Wallgasse 18–20, U6 Gumpendorfer Straße, Info: Tel. 588301010, Tickets: Tel. 58885, www.vbw.at/index.php/de/raimund. Hier im 6. Bezirk schlagen die Herzen von Musical-Fans höher. Kassenschlager wie „Die Schöne und das Biest", „Tanz der Vampire" und „Elisabeth" kamen hier zur Aufführung. Aktuelles Highlight ab September 2015: Mozart. Erfolgreiche Stücke werden in der Regel mehrere Monate lang aufgeführt, manche sogar mehrere Jahre.

99 [G6] **Ronacher**, Seilerstätte 9, U3 Stubentor, Tickets: 58885, www.vbw.at. Wiens zweiter Musical-Palast – zentral in der Inneren Stadt gelegen. Nach Mary Poppins macht Evita Station im Ronacher.

100 [F7] **Theater an der Wien**, Linke Wienzeile 6, U1/U2/U4 Karlsplatz, Tel. 58885, www.theater-wien.at. Mit dem Zusatz „das neue Opernhaus" schmückt sich die traditionsreiche Einrichtung, nachdem sie seit 2006 wieder als klassisches Musiktheater bespielt wird. Kein geringerer als Emanuel Schikaneder, Librettist der Zauberflöte, ließ das Haus 1801 im Geiste Mozarts erbauen.

101 [E4] **Volksoper**, Währinger Straße 78, U6 Währinger Straße/Volksoper, Info: Tel. 514443670, Tickets: Tel 5131513, www.volksoper.at. In Wiens zweitgrößtem Opernhaus kommen vor allem Freunde der „etwas leichteren" Muse – der Operette und des Musicals – auf ihre Kosten.

32 [G7] **Wiener Staatsoper**. Das Haus an der Ringstraße zählt zu den bedeutendsten Opernhäusern der Welt. Für einzelne Aufführungen erhält man mit etwas Glück auch noch kurzfristig Karten.

Theater

42 [F6] **Burgtheater**. Was die Staatsoper für das Musiktheater, ist die Burg für das Sprechtheater: eine der edelsten Adressen in Sachen „Bretter, die die Welt bedeuten".

102 [H7] **Akademietheater**, Lisztstraße 1, U4 Stadtpark, Tel. 514444145, www.burgtheater.at. Kleine Spielstätte des Wiener Burgtheaters, in der hauptsächlich zeitgenössische Werke inszeniert werden.

103 [J8] **Rabenhof Theater**, Rabengasse 3, U3 Kardinal-Nagl-Platz, Tel. 7128282, www.rabenhoftheater.com. Das in einem Gemeindebau aus dem Jahr 1927 im 3. Bezirk beheimatete Theater war einst ein Kino und strahlt bis heute ein Stück proletarisches Selbstbewusstsein des Roten Wiens aus. Kein Wunder, dass gerade hier der jährliche Protestsongcontest stattfindet.

104 [E6] **Theater in der Josefstadt**, Josefstädter Straße 26, Straßenbahn 2 Theater in der Josefstadt, Tel. Karten: 42700300, www.josefstadt.org. Das altehrwürdige Theater stammt aus dem 18. Jahrhundert, ist damit Wiens älteste bespielte Bühne und gehört zu Wien wie Stephansdom und Riesenrad. Hier werden gerne österreichische Klassiker gegeben.

105 [F6] **Volkstheater**, Neustiftgasse 1, U2/U3 Volkstheater, Tickets: Tel. 52111400, www.volkstheater.at. Das repräsentative, nahe dem MuseumsQuartier gelegene Theater mit dem charakteristischen roten Stern auf dem Dach, braucht sich vor dem Burgtheater nicht zu verstecken – weder was die schauspielerischen Leistungen noch was die hochrangige Intendantenriege betrifft. Bis 2015 leitete Michael Schottenberg das Volkstheater mit großem Erfolg. Abgelöst wurde er durch die polnisch-österreichische Intendantin Anna Badora.

Kabarett und Kleinkunst

⊙**106** [H6] **Kabarett Simpl**, Wollzeile 36, U3 Stubentor, Tel. 5124742, www.simpl.at. Die älteste Kabarettbühne Österreichs bietet selbst erarbeitete Programme.

⊙**107** [B5] **Kulisse**, Rosensteingasse 39, Straßenbahnen 9 und 44 Mayssengasse, Tel. 4853870, www.kulisse.at. In dem kleinen Hernalser Vorstadtgasthaus mit Kleinkunstbühne geben sich Österreichs bedeutendste Kabarettisten die Klinke in die Hand.

⊙**108** [E7] **Stadtsaal**, Mariahilfer Straße 81, U3 Neubaugasse, Tel. 9092244, www.stadtsaal.com. Eine erst seit 2011 existierende Kleinkunstbühne, die auch jungen aufstrebenden Kabarettisten ein Forum bieten soll.

Pop, Rock, Jazz und Schlager

⊙**109** [K9] **Arena**, Baumgasse 80, U3 Gasometer, Tel. 7988595, http://arenavie.com/web. Die Arena sollte in den 1970er-Jahren abgerissen werden und war hart umkämpft. Schließlich einigte man sich auf einen Kompromiss. Noch heute herrschen hier eher raue Klänge vor – von Punk über Metal bis hin zu Hip Hop. Im Sommer auch Freiluftkino.

⊙**110** [G8] **ORF RadioKulturhaus**, Argentinierstraße 30a, U1 Taubstummengasse, Tel. 50170377, radiokulturhaus.orf.at. Im altehrwürdigen ORF-Funkhaus stehen regelmäßig unterschiedliche Veranstaltungen auf dem Programm – darunter auch jede Menge interessante Konzerte.

⊙**111** [C7] **Wiener Stadthalle**, Roland-Rainer-Platz 1, U6 Burggasse–Stadthalle, Tickets: Tel. 7999979, www.stadthalle.com. Über 300 Veranstaltungen pro Jahr werden von rund 1 Million Gästen aus dem In- und Ausland besucht. Die große Halle wurde 1958 fertiggestellt und ist Österreichs größte Veranstaltungshalle. Hier treten internationale und nationale Stars auf. Daneben gibt es große Show-Events und Musicals.

⊙**112** [E4] **WUK**, Währinger Straße 39, U6 Währinger Straße/Volksoper, Tel. 401210, www.wuk.at. Alternatives Kulturzentrum mit einem breiten Angebot an Konzerten und anderen kulturellen Veranstaltungen.

⊙**113** [H6] **Porgy & Bess**, Riemergasse 11, U3 Stubentor, Tel. 5128811, www.porgy.at. Jazz- und Musikklub, der neben klassischen Jazzkonzerten ein breites musikalisches Spektrum bietet – von experimentellen Klängen bis hin zu Weltmusik.

Kinos

114 [F7] **Bellaria**, Museumstraße 3, U2/U3 Volkstheater, Tel. 5237591, www.film.at/bellaria_kino. Kino-Nostalgie pur! Dass das Bellaria in dieser Top-Lage alle Bedrängnisse der modernen Zeit abwehren konnte, grenzt schier an ein Wunder. Hier genießt ein eingefleischtes Stammpublikum nachmittags mit Herzblut alte deutschsprachige Filmklassiker.

115 [A7] **Breitenseer Lichtspiele**, Breitenseer Straße 21, U3 Hütteldorfer Straße, Tel. 9822173, www.bsl-wien.at. Laut Eigenwerbung „Das älteste dauernd bespielte Kino der Welt". Auf jeden Fall herrlich altmodisch und liebevoll von der Besitzerin geführt. Hier werden immer wieder verschollene Filmperlen neu zum Leben erweckt.

116 [H6] **Gartenbaukino**, Parkring 12, U3 Stubentor, Tel. 5122354, www.gartenbaukino.at. Keine Angst: Hier handelt es sich nicht

Wien für Kunst- und Museumsfreunde

um einen Insider-Treff für Schrebergärtner; vielmehr ist das an der Ringstraße gelegene Gartenbaukino das wohl bedeutendste Premierenkino und eines der letzten betriebenen Einsaalkinos Wiens.

117 Hollywood Megaplex im Gasometer, Guglgasse 43, U3 Gasometer, Tel. 7403333, www.megaplex.at. Der Name sagt alles: Hier laufen dieselben Blockbuster wie überall. Aber immerhin laufen sie in einem der renovierten Gasometer 70 – einem Industriedenkmal Simmerings.

118 [G6] Metro Kinokulturhaus, Johannesgasse 4, U1/U3 Stephansplatz, Tel. 5121803, www.metrokino.at. Wunderschönes, zentral gelegenes Programmkino.

119 [H2] UCI Kinowelt Millennium City, Handelskai 94–96, U6 Handelskai, Tel. 33760, www.uci-kinowelt.at. Das modernste Megaplex verfügt über 21 Säle und 3524 Sitzplätze sowie die größte Leinwand der Alpenrepublik und befindet sich in Wiens zweithöchstem Wolkenkratzer, dem Millennium Tower am Brigittenauer Donauufer.

Skurriles Lichtspielhaus mit Charme: das Bellaria (s. S. 45) am Volkstheater

Museen

Kunst, Kultur und Geschichte

120 [G6] Dommuseum, Stephansplatz 6, Durchgang Wollzeile, Tel. 515523300, www.dommuseum.at. Sakrale Kunstwerke und das berühmte Porträt des Habsburgers Herzog Rudolfs IV. sind zu bestaunen. Aufgrund umfangreicher Umbaumaßnahmen öffnet das Museum voraussichtlich wieder im Frühling 2016.

121 Ernst Fuchs Museum, Hüttelbergstraße 26, geöffnet: Di.–Sa. 10–16 Uhr, Eintritt: 11 € (6 € ermäßigt). Der Jugendstil-Architekt Otto Wagner hat die prächtige Villa im Grünen mit viel Liebe für sich und seine Gattin Louise 1886 bis 1888 erbauen lassen. Besitzer Ernst Fuchs, seines Zeichens Hauptvertreter des Wiener Phantastischen Realismus, hat die Villa leicht verändert und präsentiert in seinem Privatmuseum Gemälde, Skulpturen und Möbel.

54 [I9] Heeresgeschichtliches Museum. Weniger für Militaristen als für Geschichtsinteressierte. Besonders gelungen ist die neu gestaltete Ausstellung zum Ersten Weltkrieg mit den berühmten Exponaten zum Attentat von Sarajevo.

› **Hermesvilla** (s. S. 54). Sisis Schloss der Träume, idyllisch im Lainzer Tiergarten eingebettet, ist ein echter Geheimtipp für Kultur- und Naturliebhaber.

20 [G6] Jüdisches Museum. An zwei Standorten taucht man ein in die bewegte Vergangenheit und lebendige Gegenwart der Israelitischen Kultusgemeinde Wiens.

› **Kunst Haus Wien, Museum Hundertwasser** (s. S. 154). Das Ausstellungszentrum mit Hundertwasser-Werkschau sowie

Auf ins Vergnügen
Wien für Kunst- und Museumsfreunde

wechselnden Ausstellungen würdigt die Arbeit des Künstlers Friedensreich Hundertwasser in der Nähe des berühmten Hundertwasserhauses ⓱.

㉝ [F7] **Kunsthistorisches Museum (KHM).** Der Kunsttempel spielt in einer Liga mit Prado und Louvre und beherbergt Schätze von unermesslichem Wert. Besonders beliebt sind die Renaissance-Meisterwerke, unter anderem die weltberühmten Gemälde von Pieter Bruegel.

㊳ [F7] **Leopold Museum.** Kunstmuseum der Spitzenklasse mit der weltweit größten Schiele-Sammlung.

🏛122 [H6] **MAK – Österreichisches Museum für angewandte Kunst/Gegenwartskunst,** Stubenring 5, U2 Stubentor, Tel. 711360, www.mak.at, geöffnet: Mi.–So. 10–18, Di. 10–22 Uhr, Eintritt: 7,90 € (5,50 € ermäßigt, Jugendliche bis 19 Jahre frei); Di. 18–22 Uhr freier Eintritt. Im Museum mit dem Fokus auf Gegenwartskunst steht Design im Mittelpunkt. Vom Mittelalter bis in die Gegenwart werden Möbel, Glas und Porzellan, Silber und Textil präsentiert – Biedermeier-Möbel, Jugendstil-Exponate und Kunst, die den Bogen in die Zukunft spannen.

⑰ [G6] **Mozarthaus.** Für echte Mozart-Fans ist das ehemalige Wohnhaus des Genies eine Fundgrube.

㊲ [F7] **mumok.** Das Museum Moderner Kunst Stiftung Ludwig im auffälligsten Gebäude des MuseumsQuartiers ist spezialisiert auf die Kunst des 20. und 21. Jahrhunderts.

🏛123 [G6] **Römermuseum,** Hoher Markt 3, U1/U3 Stephansplatz, Tel. 5355606, www.wienmuseum.at, geöffnet: Di.–So. und feiertags 9–18 Uhr (außer 1.1., 1.5. und 25.12.), Eintritt: 6 € (4 € ermäßigt, Kinder und Jugendliche bis 18 Jahre frei. Spannende Zeitreise in die Epoche des römischen Legionslagers Vindobona: Mauerreste, Artefakte und

> Museen, die mit einer magentafarbenen Nummer (㊴) als Hauptsehenswürdigkeit ausgewiesen sind, werden im Kapitel „Wien entdecken" ausführlich beschrieben. Dort finden sich auch alle praktischen Informationen wie Adresse, Öffnungszeiten usw.

der neueste Stand der Forschung werden hier vorgestellt.

🏛124 [G6] **Uhrenmuseum,** Schulhof 2, Tel. 5332265, www.wienmuseum.at, geöffnet: Di.–So. und feiertags 10–18 Uhr (außer 1.1., 1.5. und 25.12.), Eintritt: 6 € (4 € ermäßigt). Einzigartige Uhrensammlung in einem Alt-Wiener Innenstadthaus. Nicht verpassen sollte man das Schlagen, Läuten und Spielen der Uhren zur vollen Stunde.

🏛125 [G7] **Otto Wagner Pavillon,** Karlsplatz, U2/U4 Karlsplatz, Tel. 505874785173, www.wienmuseum.at, geöffnet: Apr.–Okt. Di.–So. (außer 1. Mai) 10–18 Uhr, Eintritt: 4 € (3 € ermäßigt), bis 18 Jahre frei, jeden ersten So. im Monat Eintritt frei. Kompakte Information zu Leben und Werk des Jugendstil-Architekten Otto Wagner.

🏛126 [H4] **Porzellanmuseum im Augarten,** Schloss Augarten, Obere Augartenstraße 1, U2 Taborstraße, Tel. 21124200, www.augarten.at, geöffnet: Mo.–Sa. 10–18 Uhr. Das moderne Museum beschreibt die Geschichte der Wiener Porzellanherstellung mittels kunstvoller Exponate.

Natur und Technik

㉟ [F6] **Naturhistorisches Museum (NHM).** Einzigartige historische Sammlungen – vom Lurch in Alkohol über Meteoritenbrocken aus dem All bis hin zur Venus von Willendorf aus der Wachau.

🏛127 [B8] **Technisches Museum,** Mariahilfer Straße 212, Straßenbahn 52 und 58 Penzinger Straße, Tel. 899980, www.techni

schesmuseum.at, geöffnet: Mo.–Fr. 9–18, Sa./So. und feiertags 10–18 Uhr (außer 1.1., 1.5., 1.11., 25.12., 31.12.), Eintritt: 12 € (10 € ermäßigt, Kinder und Jugendliche bis 18 Jahre frei). Unterhaltsame und informative Einblicke in die geschichtliche Entwicklung der Technik auf insgesamt 22.000 Quadratmetern.

Skurriles und Spezielles

128 Bestattungsmuseum, Simmeringer Hauptstraße 234, im Untergeschoß der beim Haupteingang bestehenden Aufbahrungshalle 2, Straßenbahn 71 Zentralfriedhof 2. Tor, Tel. 76067, www.bestattungsmuseum.at, geöffnet: Mo.–Fr. 9–16.30 Uhr, Eintritt: 4 € (Jugendliche frei). Der Tod muss ein Wiener sein, heißt es. Deshalb muss in Wien ein Bestattungsmuseum stehen – mit historischen Sargmodetrends, Totengräberutensilien und vielem mehr.

129 [F8] Dritte Mann Museum, Pressgasse 25, U4 Kettenbrückengasse, Tel. 5864872, www.3mpc.net, geöffnet: Sa. 14–18 Uhr, Eintritt: 8,50 € (ermäßigt 6,50 €). Das mit Herzblut gestaltete Privatmuseum ist ein Muss für Fans des Wiener Filmklassikers.

130 [H5] Kriminalmuseum, Große Sperlgasse 24, U2 Taborstraße, Tel. 2144678, www.kriminalmuseum.at, geöffnet: Do.–So. 10–17 Uhr. Nichts für schwache Nerven: Wiens berühmteste Kriminalfälle werden hier aufgerollt – mittels Fotos, Dokumenten und teils makaberen Exponaten.

131 [E5] Pathologisch-anatomische Sammlung im Narrenturm, Spitalgasse 2, Straßenbahn 5 Lazarettgasse, Tel. 52177606, www.nhm-wien.ac.at/narrenturm, geöffnet: Mi. 10–18, Sa. 10–13 Uhr, Eintritt: 2 € (ermäßigt 1 €, Kinder und Jugendliche frei). In den Narrenturm wurden bis 1866 Geisteskranke gesteckt. Heute dient er als Ausstellungsfläche für eine der weltweit größten Sammlungen pathologischer Präparate.

132 [I5] Pratermuseum, Oswald-Thomas-Platz 1 (Planetarium beim Riesenrad), Tel. 7267683, www.wienmuseum.at, geöffnet Fr.–So. 10–13 und 14–18 Uhr, Eintritt: 4 € (3 € ermäßigt). Hier kann man eintauchen in die schaurig-schöne Geschichte der Wiener Unterhaltungskultur.

Kunstgalerien

139 [H9] 21er Haus, Schweizergarten, Arsenalstraße 1, Straßenbahn D Quartier Belvedere, Tel. 79557770, www.21erhaus.at, geöffnet: Mi./Do. 11–21, Fr.–So. 11–18 Uhr, Eintritt: 7 € (5,50 € ermäßigt, Kinder und Jugendliche frei). Hier trifft sich die Avantgarde der Wiener Kunst-Szene: Im 21er Haus, das vom Museum Schloss Belvedere mitverwaltet wird, finden hochkarätige Ausstellungen zeitgenössischer Künstler statt.

140 Atelier 10, Brotfabrik Wien, Puchsbaumgasse 1c, Eingang über Innenhof Stiege 5, Straßenbahn 6 Absberggasse, Tel. 6411281, www.atelier10.eu, geöffnet: Di.–Fr. 10–16.30 Uhr. Das ATELIER 10 in einer ehemaligen Brotfabrik bietet Künstlern aus sozialen Randlagen Raum, sich zu entfalten; es teilt sich räumlich in zwei Module: ein Atelier und eine Galerie.

141 [F6] MUSA Museum Startgalerie Artothek, Felderstraße 6–8, U2 Rathaus, Tel. 40008400, www.musa.at, geöffnet: Di.–Mi. 11–18, Do. 11–20, Fr. 11–18, Sa. 11–16 Uhr. Die Kunstsammlung der Stadt Wien zeigt bei freiem Eintritt zeitgenössische österreichische Gegenwartskunst in wechselnden Ausstellungen. Eine integrierte Startgalerie ermöglicht jungen Künstlern den Einstieg in den Kunstmarkt.

Auf ins Vergnügen
Wien für Kunst- und Museumsfreunde

Kunst unter freiem Himmel

Kunst wird in Wien nicht nur in Museen gezeigt, man begegnet ihr vielmehr an **allen Ecken und Enden der Stadt**. Selbst unbedeutende Gemeindebauten werden in Wien mit Kunstwerken verziert. So manche Parkanlage scheint einzig und allein dafür errichtet worden zu sein, um die vielen Denkmäler und Kunstwerke darin unterzubringen.

Auch die Innere Stadt ist gespickt mit teils permanenten, teils temporären Kunstwerken und Installationen.

In Wien ist selbst ein Heizkraftwerk nicht einfach nur ein Heizkraftwerk: Markantestes Beispiel ist die von Friedensreich Hundertwasser gestaltete Fassade der **Müllverbrennungsanlage Spittelau** (U6 Spittelau) mit dem minarettartig gestalteten Schlot. Ein herausragendes Beispiel für die Verbindung von Kunst und Architektur ist auch das **Hundertwasserhaus** 55.

Bedeutende Kunstwerke, die an die Verbrechen des Nationalsozialismus erinnern, sind das von Alfred Hrdlicka gestaltete **Denkmal gegen Krieg und Faschismus** am Albertinaplatz 23 und das **Mahnmal für die österreichischen jüdischen Opfer** der Shoa von Rachel Whiteread am Judenplatz 9. Die größte Ansammlung frei zugänglicher Kunstwerke Wiens findet sich auf dem **Zentralfriedhof** 72: Von monumentalen Grabdenkmälern aus der Zeit der Historismus bis zu modernen Grabskulpturen wie jener zu Ehren des Künstlers Franz West (gegenüber Udo Jürgens im Bereich der zentralen Ehrengräber) reicht die Bandbreite. Eine umfangreiche Übersicht über Kunst im öffentlichen Raum bietet folgende Internetseite: www.koer.or.at.

> **EXTRATIPP**
>
> ### Musikerwohnungen
>
> In Wien lebten und wirkten einige der berühmtesten Komponisten der Musikgeschichte. So manches Haus verströmt bis heute den Geniegeist seines Bewohners. Mozart beispielsweise war in der Altstadt nicht sehr sesshaft: Allein zwischen 1781 und 1784 ist das Genie sieben mal umgezogen. Vom Wien Museum werden neben der **Mozartwohnung** 17 weitere Musikerwohnungen instand gehalten und der Öffentlichkeit zugänglich gemacht. Es handelt sich dabei um Geburts-, Sterbe- oder Wohnhäuser, die oft noch im Originalzustand erhalten sind. Neben Alltagsgegenständen zählen zu den Exponaten oft original erhaltene Notenblätter und Schriftstücke. Informationstafeln geben Einblicke in die jeweilige Musikepoche und das historische Umfeld des Künstlers. Der Eintritt beträgt jeweils 4 € (3 € ermäßigt). Weitere Infos unter Tel. 50587470 oder www.wienmuseum.at.
>
> 📍**133** [F6] **Beethoven Pasqualatihaus,** Mölker Bastei 8, geöffnet: Di.-So. und feiertags 10-13 und 14-18 Uhr
>
> 📍**134** [S. 262] **Beethoven Wohnung Heiligenstadt,** Probusgasse 6, geöffnet: Di.-So. und feiertags 10-13 und 14-18 Uhr
>
> 📍**135** [D8] **Haydnhaus,** Haydngasse 19, geöffnet: Di.-So. und feiertags 10-13 und 14-18 Uhr
>
> 📍**136** [I5] **Johann Strauss Wohnung,** Praterstraße 54, geöffnet: Di.-So. und feiertags 10-13 und 14-18 Uhr
>
> 📍**137** [E4] **Schubert Geburtshaus,** Nußdorfer Straße 54, geöffnet: Di.-So. und feiertags 10-13 und 14-18 Uhr
>
> 📍**138** [F8] **Schubert Sterbewohnung,** Kettenbrückengasse 6, geöffnet: Mi./Do. 10-13 und 14-18 Uhr

Wien für Architekturinteressierte

Für Architekturinteressierte ist Wien eine wahre Fundgrube: Kaum eine andere mitteleuropäische Hauptstadt vereint so viele unterschiedliche Architekturstile auf so engem Raum. Das wird bereits am Stephansplatz ❶ deutlich, wo die Romanik der Westfassade und die **Gotik** des Stephansdoms ❷ im direkten Kontrast zum verglasten Haas-Haus stehen. Der Südturm der Kathedrale (Steffl) ist eines der seltenen Beispiele eines komplett im Mittelalter fertiggestellten Kathedralenturms und lässt in seiner umwerfenden Schönheit jedem Liebhaber gotischer Kirchenbauten das Herz aufgehen.

Natürlich ist Wien auch ein Aushängeschild des **Barock**: Peterskirche ⓫, Karlskirche ❺❶ und der Prunksaal der Nationalbibliothek ㉕ sind leuchtende Beispiele dieser selbstbewussten und dem Prunk aufgeschlossenen Architekturepoche.

Zu einer Wiedergeburt gelangten die historischen Baustile des alten Wiens im Rahmen des Ringstraßenbaus: **Neogotik, Neorenaissance und Neobarock** waren die prägenden Stile im Historismus des 19. Jahrhunderts.

Ab 1900 erfolgte in Wien eine kleine architektonische Revolution: An der Donau hielt der **Jugendstil** Einzug und mit ihm sein wohl berühmtester Vertreter: Otto Wagner. Mit der Kirche am Steinhof ❻❻, den Jugendstil-Bahnhöfen und den verzierten Fassaden fasziniert er bis heute Touristen aus aller Welt. Zusammen mit Adolf Loos gilt Wagner als Wegbereiter der architektonischen Moderne. Diese drückt der Stadt nach dem Ersten Weltkrieg in unterschiedlicher Form ihren architektonischen Stempel auf: in Form der monumentalen, auf Funktionalität ausgerichteten **Gemeindebauten** wie dem Karl-Marx-Hof ❻❷ oder im

Auf ins Vergnügen
Wien für Architekturinteressierte

Bau der **Werkbundsiedlung** in Hietzing (13. Bezirk). Wer genauer hinschaut, findet in Wien auch immer wieder Anklänge an den Bauhausstil. Das Dritte Reich hat mit Ausnahme der sechs **Flaktürme** (s. S. 163) in Wien kaum architektonische Spuren hinterlassen, die Nachkriegszeit umso mehr: In den 1950er- und 1960er-Jahren entstanden die ersten **Hochhäuser** wie der Ringturm am Donaukanal und ausgedehnte Miethaussiedlungen an den Stadträndern. Nach und nach wurden die Bauprojekte immer gewagter und kolossaler. Beispielhaft für die Architektur der späten 1970er-Jahre steht der **Wohnpark Alterlaa** im 23. Bezirk mit seinen terrassenartig abgestuften Blöcken.

Für internationales Aufsehen sorgte in den 1980er-Jahren der Künstler Friedensreich Hundertwasser. Er durfte in Form des **Hundertwasserhauses** 55 einen der eigenwilligsten Gemeindebauten Wiens gestalten. Ein weltweit beachtetes Architekturprojekt der 1990er-Jahre war die Umgestaltung der vier **Gasometer** 70 in Simmering (11. Bezirk). Gleichzeitig wurden die Hochhäuser an der Donau in Kaismühlen immer höher. Zur markanten **UNO-City** 76 gesellten sich weitere Hochhäuser und Wolkenkratzer und bilden heute in Form der **Donau City** 74 eine einzigartige Skyline als Kontrast zum „alten Wien" der Inneren Stadt (1. Bezirk). Der monolithische **DC Tower** 75 ist derzeit neben dem Donauturm 77 Österreichs höchstes Gebäude.

Internationale Architekten lassen sich meist nicht zweimal bitten, wenn sie sich in Wien architektonisch austoben dürfen. Jüngstes Beispiel futuristischer Bauweise ist der in Praternähe gelegene **WU-Campus** 58, an dem unter anderem die britisch-irakische Stararchitektin Zaha Hadid beteiligt war.

◿ *Der Karl Marx-Hof* 62 *steht symbolisch für die Architektur des Roten Wiens in den 1920er-Jahren*

◺ *Futuristische Architektur von Zaha Hadid am WU-Campus* 58

Wien zum Träumen und Entspannen

Wien ist eine Stadt für Romantiker, die sich trotz aller positiven wie negativen Errungenschaften der Moderne ihr zeitlos nostalgisches Flair erhalten konnte. Es gibt sie nicht nur in den verwinkelten Gassen der Inneren Stadt: die Hinterhöfe und von Laternen beschienenen Plätze, an denen die Zeit stehen geblieben zu sein scheint. Es gibt sie in ganz Wien: am Wienfluss – insbesondere an der Promenade im Stadtpark – am Donaukanal, in den Vorstädten, in den Heurigendörfern und sogar in den Arbeitervierteln.

„Ganz Wien hat den Blues", heißt ein Lied des Wiener Singer-Songwriters Peter Cornelius und dieser Blues bezieht sich nicht nur auf Traurigkeit. Vielmehr symbolisiert er den Hang der Wiener zu Nostalgie, Melancholie und der „guten alten Zeit". Auch wenn es die gute alte Zeit nie wirklich gab, verbinden auch die Wien-Touristen etwas damit: Oft sind es der Prunk der Habsburgermonarchie, der sich in **Schloss Schönbrunn** ❻❼ oder **Schloss Belvedere** ❺❸ ausdrückt oder das Flair des **Fin de Siècle** um 1900 mit seinen Ausprägungen in Kunst und Architektur. Etliche Plätze strahlen den Zauber der Vergangenheit bis heute aus: etwa die **Strudlhofstiege** ❹❻ und das benachbarte **Servitenviertel** oder das Wienflussportal und die Promenade am **Stadtpark** ❶❽.

Romantiker kommen auch im gesamten 1. Bezirk auf ihre Kosten: seien es die verwinkelten Gassen im Schatten des Stephansplatzes (siehe Stadtspaziergang S. 78), der rosenbepflanzte **Volksgarten** ❹❶ mit dem blütenweißen Theseustempel oder die **Mölker Bastei** ❹❺. Leicht ins Träumen gerät man auch oben auf der Plattform der mit Efeu bewachsenen **Ruprechtskirche** ❶❺ mit Blick auf den Donaukanal, obwohl die lauten Kneipen gleich um die Ecke liegen.

◹ *Willkommene Verschnaufpause im Schlosspark von Schönbrunn* ❻❼

Wien zum Träumen und Entspannen

Überhaupt lässt es sich wunderbar am Wasser entspannen und Wien ist speziell im Osten auch eine Wasserstadt: egal ob auf der Donauinsel, an den Ufern der Alten Donau oder an den Wasserläufen im **Prater** 56 – speziell im Sommer kann man unter den Pappeln und Weiden herrlich baden und relaxen.

Im Norden und Westen der Stadt lädt der bergige Wienerwald zu Wanderungen und idyllischen Herbstspaziergängen ein. Auch die unzähligen Parks der Stadt lassen den Trubel an Stephansplatz, Ringstraße und Gürtel schnell vergessen. Einige wichtige Grünoasen, die nicht als Hauptsehenswürdigkeit beschrieben sind, sollen im Folgenden erläutert werden.

Wiens grüne Lungen

Kaum eine andere europäische Metropole hat so viel Grün zu bieten wie Wien. Wer sich länger in der Stadt aufhält, kann neben einem Kulturaurlaub auch einen **fantastischen Naturaurlaub** verbringen. Dies bedeutet nicht nur, dass man berühmte Parkanlagen der Stadt wie **Prater** 56, **Augarten** 61 oder **Donaupark** 77 besucht. In Wien gibt es auch einzigartige Naturreservate wie den Nationalpark in der **Lobau**, den man gut und gerne als Donaudschungel bezeichnen kann.

Aber auch Bergwanderer kommen auf ihre Kosten: Von Südwesten bis Nordwesten lockt der Wienerwald mit unzähligen Wanderwegen; wer Wiens höchsten Berg, den **Hermannskogel**, besteigen will, sollte schon etwas Kondition mitbringen. Etliche Stadtwanderwege führen unter anderem über den **Laaer Berg** oder zu den Weinhängen des **Bisambergs** bei Stammersdorf. Oft verbindet sich Kultur mit Natur ganz von selbst, wie beispielsweise am **Zentralfriedhof** 72: Dort kann einem mit etwas Glück das eine oder andere Reh über den Weg laufen.

Neben den oben schon erwähnten und näher beschriebenen Hauptsehenswürdigkeiten hier einige weitere hübsche Parkanlagen zum Träumen, Entspannen und Energietanken:

Lainzer Tiergarten

Der Lainzer Tiergarten ist eigentlich schon ein Ausläufer des Wienerwalds und liegt ganz im Westen der Stadt. Das Naturschutzgebiet ist bekannt für seine vielen Wildschweine, die ihre Scheu gegenüber den Menschen fast abgelegt haben. Mit der **Hermesvilla** (s. S. 54) Kaiserin Elisabeths beherbergt der Lainzer Tiergarten auch ein kulturelles Kleinod.

> Im Grünen Prater 56 gibt es viele lauschige Plätzchen

Wien zum Träumen und Entspannen

EXTRATIPP

Sisis Schloss der Träume

Schloss der Träume nannte Kaiserin Elisabeth die im Lainzer Tiergarten idyllisch gelegene **Hermesvilla**. Den Namen verdankt das kleine Lustschloss der Statue Hermes als Wächter, die im Garten steht. Viele persönliche Gegenstände und Dokumente im 1. Stockwerk geben Einblick in die Privatsphäre des Kaiserpaares. Glanzlicht unter den Räumlichkeiten ist das Prunkschlafzimmer mit Wandmalereien aus Shakespeares Sommernachtstraum nach Entwürfen von Hans Makart und einem Prunkbett, das noch aus der Zeit Maria Theresias stammt. Regelmäßig finden in der Hermesvilla viel beachtete Sonderausstellungen statt.

★143 **Hermesvilla**, Lainzer Tiergarten, Eingang über Lainzer Tor, Tel. 8041324, www.wienmuseum.at, geöffnet: April–Okt. Di.–So. und feiertags 10–18 Uhr, Eintritt: 6 € (4 € ermäßigt, Kinder und Jugendliche bis 19 Jahre frei)

•142 **Lainzer Tiergarten**, www.lainzer-tiergarten.at; Eingang Lainzer Tor: Straßenbahn 60 bis Hermesstraße, Autobuslinie 60B bis Lainzer Tor, geöffnet je nach Jahreszeit von 8 bis maximal 21, im Winter bis 17 Uhr, Eintritt frei (außer Hermesvilla)

Türkenschanzpark

Der Türkenschanzpark im 18. Bezirk Währing befindet sich auf geschichtsträchtigem Boden: Hier lag eine der wichtigsten türkischen Befestigungsanlagen während der Belagerung Wiens. Kaiser Franz Joseph eröffnete den Park im Jahre 1888. Markantestes Bauwerk ist die begehbare **Paulinenwarte**. Daneben befinden sich im Park einige Teiche, **Denkmäler** – unter anderem für die Schriftsteller Adalbert Stifter und Arthur Schnitzler – sowie der **Yunus-Emre-Brunnen** als Zeichen der österreichisch-türkischen Freundschaft. Einkehrtipp: Die **Mayerei** im Türkenschanzpark (www.mayerei-tuerkenschanzpark.at, Hasenauerstraße 56, Tel. 4794376).

•144 [C3] **Türkenschanzpark**, U6 Währinger Straße-Volksoper, weiter mit Straßenbahn 41 bis Türkenschanzplatz

Lobau

Lust auf einen echten Dschungel in Wien? Die Lobau im äußersten Südosten der Stadt umfasst 2300 Hektar, gehört zum **Nationalpark Donau-Auen** und bietet eine in Mitteleuropa selten gewordene, unberührte Auwald-Landschaft.

Es gibt Hunderte, teils seltene Pflanzen- und Tierarten. Besonders bei Ornithologen ist der Wasserwald beliebt, sein Wahrzeichen ist der Eisvogel. Mit etwas Glück sieht man sogar einen Seeadler. Etliche beschilderte Wander- und Radwege, die man nicht verlassen sollte, durchziehen den Nationalpark; in einigen Tümpeln ist im Sommer auch Baden erlaubt

KLEINE PAUSE

Einkehrtipps in der Lobau

Das traditionsreiche Gasthaus **Roter Hiasl** in der Nähe des Nationalparkhauses bietet gute Hausmannskost und man kann im Sommer schön im Freien sitzen (www.roterhiasl.at, Biberhaufenweg 228, geöffnet tägl. 9–22 Uhr, Bus 91A Raffineriestr./Biberhaufenweg). An der Panozzalacke (Napoleon-Rundwanderweg) lädt der Kiosk **Zum Knusperhäuschen** zu einer Stärkung ein.

Wien für den Nachwuchs

(beispielsweise FKK-See Dechantlacke sowie Panozzalacke).

Seit 2007 existiert das **Nationalparkhaus wien-lobAU** mit Shop und informiert rund um das Thema Auwald. Auf dem elf Kilometer langen **Napoleon-Rundwanderweg** erfährt man geschichtliche Details zur Schlacht bei Aspern, in welcher Erzherzog Carl Napoleon seine erste Niederlage bescherte.

- **145 Nationalparkhaus,** U2 bis Donaustadtbrücke, dann Autobus 91A Raffineriestr./Biberhaufenweg, geöffnet: März–Okt. Mi.–So. 10–18 Uhr
- › **Napoleon-Rundwanderweg:** Bus 91A bis Lobgrundstraße, von der Altstadt gelangt man über den Wiener Donaukanal mittels **Boot in die Lobau:** Abfahrt: 9 Uhr, Salztorbrücke, Abgang Franz-Josefs-Kai, Tel. 400049495, ab 6 Personen, Anmeldung erforderlich, 2. Mai–26. Okt. täglich

Die Musik- und Kulturstadt Wien ist für Kinder alles andere als ein langweiliges Pflaster. Es gibt etliche Sehenswürdigkeiten und Museen, die nicht nur für Erwachsene spannend sind. Dazu gehört beispielsweise auch das **Naturhistorische Museum** mit seinen vielen Tier-Exponaten und einer kindgerechten Museumspädagogik. Noch lieber haben die Kleinen natürlich lebendige Tiere: Die gibt es im **Tiergarten Schönbrunn** 68 zu bewundern; in die faszinierende Unterwasserwelt entführt das **Haus des Meeres** 48. Für Pferdeliebhaber(innen) ist der Besuch der **Spanischen Hofreitschule** 27 ein unvergessliches Erlebnis.

In der warmen Jahreszeit fast ein Muss für Familien: ein Besuch im **Wurstelprater** 57. Er gehört zwar nicht zu den modernsten Vergnügungsparks Europas, dafür aber zu den liebenswertesten und skurrilsten – und er kostet keinen Eintritt, lediglich die einzelnen Attraktionen.

⌑ *Beliebt bei Alt und Jung: die Liliputbahn im Wiener Prater* 56

Wien für den Nachwuchs

Ein besonderes Highlight für die ganz Kleinen: der Praterkasperl. Die Älteren werden sich lieber an die Karussells und die gruseligen Geisterbahnen halten.

Apropos gruselig: Ältere Kinder haben in der Regel auch große Freude daran, die Sehenswürdigkeiten der Inneren Stadt zu erkunden: etwa die unheimlichen **Katakomben unter Sankt Stephan** (s. S. 86) oder eine **Turmbesteigung** hinauf zum Südturm.

Auch Schloss Schönbrunn kann zusätzlich zum Zoo kindgerecht angesteuert werden: Es gibt Kinderführungen mit Kostümen und der Irrgarten im Schlosspark sorgt stets für gute Laune.

Spielplätze gibt es über die ganze Stadt verteilt, unter anderem im **Stadtpark** ⓲ oder im **Augarten** ⓳. Letzterer bietet auch ein speziell auf Kleinkinder ausgerichtetes Schwimmbad, das Augartenbad (Eingang Karl-Meißl-Straße). Eine Übersicht weiterer Familienbäder erhält man unter: www.wien.gv.at/freizeit/baeder/uebersicht/familienbaeder.html.

Sommerliche Badefreuden für die ganze Familie bieten auch die städtischen Bäder an der Alten Donau, allen voran das Strandbad Gänsehäufel (s. S. 238). Wer im Winter Lust auf Schlittschuhlaufen hat: Der Platz vor dem Wiener Rathaus ⓸ verwandelt sich jedes Jahr zwischen Ende Januar und Anfang März in eine Eislauflandschaft. Schlittschuhe können ausgeliehen werden (www.wienereistraum.com).

Hier einige weitere Adressen für den Nachwuchs:

› **Kasperl und Pezi – Wiener Urania Puppentheater**, in der Urania (s. S. 104), Tel. 7143659, www.kasperlundpezi.at. Traditionsreiches Kasperltheater mit der typischen Wiener Note für Kinder im Grundschulalter. Reservierung erbeten.

146 [J5] **Original Wiener Praterkasperl**, Wurschtelplatz 1, U2 Messe-Prater, Tel. 0660 3450022, www.praterkasperl.com, Aufführungen: Di., Sa./So. und feiertags um 15 und 16, Juli nur 16 Uhr, im August keine Aufführungen, Eintritt: 4,30 € pro Nase. Zeitloses klassisches Kasperltheater, das noch immer ein absoluter Renner bei den kleinen Gästen ist.

147 [F7] **wienXtra-Kinderinfo**, Museumsquartier/Hof 2, Museumsplatz 1, U2 Museumsquartier, Tel. 400084400, www.kinderinfowien.at, geöffnet: Di.-Fr. 14–18, Sa./So. und feiertags 10–17 Uhr. Infostelle für Kinder und Familien.

148 [F7] **ZOOM Kindermuseum**, Museumsplatz 1, U2 Museumsquartier, Tel. 5247908, www.kindermuseum.at, geöffnet: Di.-Fr. 8.30–16, Sa./So., feier- und feiertags (außer Montag): 9.45–16 Uhr, Eintritt für Kinder frei, Erwachsene: 4 €. Kinder erkunden hier mit allen Sinnen die Welt. Auch Eltern können aktiv an den Programmen teilnehmen. Es gibt einzelne Abteilungen für unterschiedliche Altersgruppen: einen Spiel- und Erlebnisbereich (ZOOM Ozean), eine Druckwerkstatt (ZOOM Ausstellung), ein Atelier, ein Trickfilmstudio sowie Kindervorlesungen. Reservierung empfohlen.

AM PULS DER STADT

Planet Wien – das Antlitz der Stadt

Wien ist die Hauptstadt Österreichs – klar. Wien ist eine pulsierende Metropole im Herzen Europas – schön und gut. Wien ist ein Freiluftmuseum, das die Fantasien von Romantikern nicht erst seit den Sisi-Filmen inspiriert hat – egal. Denn Wien ist noch etwas ganz anderes: **Wien ist ein eigener Planet!**

Was beim ersten Lesen leicht größenwahnsinnig erscheinen mag, entpuppt sich bei genauerer Betrachtung als gar nicht so sehr aus der Luft gegriffen. Da wären zum einen die Bewohner selbst: Freilich sind sie Österreicher, aber letztendlich sind sie alle doch in erster Linie Wiener – egal ob sie aus Wien selbst, aus Böhmen und Mähren oder aus Serbien und Kroatien stammen. Als echte Wiener lieben und hassen sie ihre Stadt gleichermaßen und würden doch niemals dulden, dass ein Fremder schlecht über ihre Stadt redet. Sie selbst sind in Österreich auch etwas Besonderes, teils belächelt, teils beneidet und von etlichen Restösterreichern sogar zutiefst verabscheut. Doch was stört es den Wiener, ob ihn der Kärntner und der Tiroler mögen, er genügt sich selbst und sucht seinerseits gerne Kärnten und Tirol auf, wenn er seine Freizeit nicht gerade beim Heurigen (s. S. 36) oder an der Alten Donau verbringt. Doch vorerst weg vom Wiener an sich – der wird ja im Verlaufe dieser Annäherung an die Stadt und seine Bewohner noch näher vorgestellt (s. S. 68).

◁ *Vorseite: Blick vom Nordturm des Stephansdoms auf die Fiaker am Stephansplatz* ❶

▽ *Blick über die dicht besiedelten Bezirke Favoriten und Simmering Richtung Südosten*

029wi-se

Am Puls der Stadt
Planet Wien – das Antlitz der Stadt

Auch die Stadt selbst ist ein eigener Planet, zumindest ein eigener Kontinent, der von seinen Kontrasten lebt: Im Westen und Norden liegt der **Wienerwald** mit seinen steilen Anhöhen; die Besteigung des Hermannskogels ist eine echte Bergtour und diese bewaldeten Berge sind ein Teil von Wien. Ebenso wie die **pannonische Tiefebene:** In der Lobau, in der Donaustadt oder in Albern fühlt man sich an die Weite Ungarns erinnert. Die Stadt liegt genau am Übergang des östlichsten Teils der Alpen in die pannonische Tiefebene. Im Norden bilden Leopoldsberg ⓰ und Bisamberg mit der **Wiener Pforte** eine Art Tor, welches von der mächtigen Donau durchflossen wird, ehe sie ihren Weg Richtung Bratislava und Budapest nimmt. Im Süden geht Wien in die Thermenregion über. Die östlichen Ausläufer der Stadt gehen fließend in Weinviertel und Marchfeld über. Dieser Übergang vom Wienerwald, dem äußersten Ausläufer der Alpen, hin zum osteuropäischen Tiefland zeigt sich auch klimatisch: Oft regnet sich ein atlantischer Tiefausläufer in den westlichen Wienerwald-Bezirken ab, während im Osten Wiens die Sonne scheint. Oder aber es herrscht im Süden und Osten Nebel, während am Hermannskogel der blaue Himmel zu sehen ist.

So kontrastreich sich die Natur präsentiert, so kontrastreich ist auch die **Architektur.** Im Westen der Stadt gibt es viele kleine Wienerwaldhäuser und wie im übrigen Wien auch die beliebten Schrebergartensiedlungen. Hier wirkt Wien kleinbürgerlich; kaum anderswo in Mitteleuropa trifft man auf eine derartige Gartenzwergdichte. Dann wiederum gibt es die Arbeiterbezirke mit ihren **Gemeindebauten** (sozialer Wohnungsbau) und an den Stadträndern auch gewaltige Wohnsiedlungen. Wer über die Autobahn A21 vom Wienerwald hinunter nach Wien fährt, sieht als Erstes die riesigen Bauten von Alterlaa mit ihrer markanten terrassenartigen Struktur. In Favoriten (10. Bezirk) und Floridsdorf (21. Bezirk) gibt es weitere **Trabantenstädte,** in denen Hunderttausende Menschen leben.

Am Puls der Stadt
Planet Wien – das Antlitz der Stadt

Stadtbezirke

Wien besteht aus insgesamt 23 Bezirken, die sich gleich einem Schneckenhaus vom Innenstadtbereich bis zu den Stadträndern erstrecken. Die Bezirke 2 bis 9 umgeben dabei das Stadtzentrum: Innere Stadt (1.), Leopoldstadt (2.), Landstraße (3.), Wieden (4.), Margareten (5.), Mariahilf (6.), Neubau (7.), Josefstadt (8.), Alsergrund (9.), Favoriten (10.), Simmering (11.), Meidling (12.), Hietzing (13.), Penzing (14.), Rudolfsheim–Fünfhaus (15.), Ottakring (16.), Hernals (17.), Währing (18.), Döbling (19.), Brigittenau (20.), Floridsdorf (21.), Donaustadt (22.), Liesing (23.). Man erkennt den jeweiligen Bezirk an den Zahlen, die vor den Straßenschildern stehen. Außerdem verweisen bei der Wiener Postleitzahl die mittleren zwei Ziffern auf den Bezirk (z. B. **11**36 Wien = 13. Bezirk).

Die Stadt in Zahlen

› **Gegründet:** Besiedelung des Wiener Beckens seit mindestens 4000 Jahren, im 1. Jahrhundert n. Chr. Gründung der Römersiedlung Vindobona, seit 1155 Hauptstadt Österreichs unter den Babenbergern
› **Einwohner:** ca. 1,8 Mio. (2014)
› **Ausländeranteil:** 23 % (2013), größte Zuwanderungsgruppen: Deutsche, Serben und Türken
› **Anteil der Einwohner mit Migrationshintergrund:** 38,4 % (2012)
› **Bevölkerungsdichte:** 4256 Einwohner je km²
› **Fläche:** 414,87 km²
› **Höhe ü. M.:** tiefster Punkt im Donauauengebiet Lobau: 151 m; höchster Berg: der Hermannskogel in Döbling mit 543 m Höhe
› **Nord-Süd-Ausdehnung:** 22,8 km
› **West-Ost-Ausdehnung:** 29,4 km

Trotz viel Beton und Straßenschluchten besteht die Stadt gleichzeitig aus einem Grünlandgürtel und einer ungeheuren Vielzahl an Parks, aus noblen Vororten wie Hietzing mit seinem **Schloss Schönbrunn** 67, aus Heurigendörfern und gleichzeitig aus orientalisch anmutenden Märkten voller Multikulti. Sie besteht aus winzigen Gasthäusern und doppelt so großen Kaffeehäusern, aus dem großen Vergnügungspark Wurstelprater 57, aus Jugendstil-Hallenbädern und dem Freibad der Alten Donau, aus Riesenrad und dem höchsten Wolkenkratzer Österreichs 75.

Und dann gibt es natürlich den inneren Stadtbereich zwischen Gürtel und Donau und die berühmte **Innere Stadt mit dem Stephansdom** 2 als gewaltigen Monolithen im Zentrum. Hier ist Wien gleichzeitig Mittelalter, Barock und Moderne. Hier weht der Atem der Habsburgermonarchie durch die Gassen und ein paar Sträßchen weiter der Schmalzgeruch der Wiener Schnitzel durch die Nase. **Wien ist so facettenreich wie seine Bewohner:** von der reichen Witwe aus dem Alsergrund (9. Bezirk) bis zum türkischen Obstverkäufer aus Ottakring (16. Bezirk). Vom Jung-DJ aus der Donaustadt (22. Bezirk) bis zum Punk aus der Leopoldstadt (2. Bezirk), vom Herrn Professor aus der Josefstadt (8. Bezirk) bis hin zum Herrn Swoboda, Trambahnfahrer aus Simmering (11. Bezirk). Diese Stadt ist wirklich ein eigener Planet!

▷ *Ölgemälde im Heeresgeschichtlichen Museum* 54, *das die Türkenbelagerung im Jahr 1683 darstellt*

Von den Anfängen bis zur Gegenwart

Wiens Vorgeschichte: von Kelten, Römern, Slawen und Baiern

Die **Donau** ist seit Jahrtausenden die bedeutendste Lebensader Mittel- und Osteuropas – dementsprechend finden sich an ihren Gestaden auch die Spuren der ältesten Zivilisationen: von frühzeitlichen Besiedelungen am Bogenberg bei Straubing oder der in Wachau bis hin zur March-Mündung bei Bratislava oder zu Ausgrabungen der sogenannten Vinča-Kultur am Donauufer bei Belgrad.

Dementsprechend waren auch die Ausläufer des Wienerwaldes und das Wiener Becken bereits seit der Steinzeit besiedelt. Auf dem Gebiet des heutigen Weinviertels, das nördlich des 21. Bezirks beginnt, existierten von ca. 3000 bis 500 v. Chr. rätselhafte Kulturen, deren gewaltige Kreisgrabenanlagen und monumentalen Grabhügel bis heute nicht endgültig entschlüsselt sind. In den westlichen Bezirken Wiens wurden ebenso **prähistorische Funde** gemacht wie am Leopoldsberg ❻❺ oder in den transdanubischen Bezirken Floridsdorf und Donau City ❼❹. Vor über 2000 Jahren haben die **Kelten** das Areal geprägt, ehe dann im 1 Jh. n. Chr. die **Römer** der Stadt ihren Stempel aufgedrückt und das Militärlager **Vindobona** gegründet haben. Bis heute kann man römische Mauerreste unter anderem am Michaelerplatz [G6] vor der Hofburg, am Hohen Markt ❶❸ oder neben der Johanneskirche von Unterlaa (s. S. 186) besichtigen.

In den folgenden Jahrhunderten war die Region um Wien immer wieder umkämpft; germanische Stämme drangen vom Norden her vor, **slawische Stämme** und **Awaren** von Osten. Im 6. Jahrhundert ließen sich die **Langobarden** sehen. Auch wenn aus dieser vermeintlich dunklen Phase zwischen dem Zerfall des römischen Imperiums und dem frühen Mittelalter kaum Siedlungsspuren vorhanden sind, geht man heute von einer kontinuierlichen Besiedelung Wiens aus – wenn auch auf niedrigem Niveau – und nicht

Am Puls der Stadt
Von den Anfängen bis zur Gegenwart

Wien vom Hochmittelalter bis heute – ein geschichtlicher Abriss

976: Gründung der Markgrafschaft Ostarrichi mit der Einsetzung des Babenbergers Leopold I. als Markgrafen. Leopold war ursprünglich Graf eines bairischen Donaugaues. Aufgrund seiner Loyalität zum deutschen Kaiser Otto II. wurden ihm von diesem Teile des heutigen Niederösterreichs (mit Wien) überlassen.

Ca. 1000–1250: Wien entwickelt sich zu einem aufstrebenden und blühenden Handelsplatz des Heiligen Römischen Reichs, die Handelsbeziehungen reichen bis nach Venedig. 1155 macht der Babenberger Heinrich Jasimirgott Wien zu seiner Hauptstadt. Die romanische Stephanskirche (der spätere Dom) wird 1137 erstmals urkundlich erwähnt und bis 1250 noch einmal vergrößert.

1276: Ein schwerer Stadtbrand legt Wien in Schutt und Asche, zwei Drittel der Stadt fallen den Flammen zum Opfer.

1278: Mit Rudolf I. beginnt die Herrschaft der Habsburger in Wien.

1358–1365: Unter der trickreichen Herrschaft Rudolfs IV. wird als Ersatz für den immer noch nicht vorhandenen Bischofssitz ein Metropolitankapitel gegründet, dessen Mitglieder wie Kardinäle rot gekleidet sind; Sankt Stephan bekommt ein gotisches Langhaus und Wien erhält seine erste Universität. In Würdigung seiner Gründungen wurde der Habsburger auch mit dem Beinamen der Stifter belegt.

1438: Nach der Wahl Herzog Albrechts V. zum deutschen König wird Wien zur Residenzstadt des Reichs.

mehr von der Annahme, dass sich zwischen den Ruinen des antiken Wiens lediglich ein paar Schäfer mit ihren Herden getummelt haben, wie man vor ein paar Jahrzehnten noch glaubte.

Ab Mitte des 6. Jahrhunderts wurden bairische Stämme entlang der Donau sesshaft und brachten den **christlichen Glauben vom Bistum Passau** aus in Richtung Osten. Die erste Dynastie der **Agilolfinger** dehnte ihr Herrschaftsgebiet bis nach Wien aus.

Zunächst entstand die Awarenmark – zum Schutz und als Bollwerk vor selbigen – später die Mark im Osten *(Marcha orientalis)* als Teil des Herzogtums Baiern. Der erwünschte Schutzwall hielt allerdings nicht lange: Im 10. Jahrhundert überrannten ungarische Reiterhorden Mitteleuropa und konnten erst in der Schlacht auf dem Lechfeld bei Augsburg im Jahr 955 gestoppt und zurückgedrängt werden. Erst nach diesem geschichtsträchtigen Ereignis begann unter den **Babenbergern** der Aufstieg Wiens zu einer Stadt von europaweiter Bedeutung und späterem Weltruhm.

◳ *Der Südturm des Stephansdoms* ❷ *ist ein vollendetes Meisterwerk der Spätgotik*

Am Puls der Stadt
Von den Anfängen bis zur Gegenwart

1469: Wien wird Bischofssitz. Die Stephanskirche wird endgültig in den Rang einer Kathedrale erhoben; bereits 1433 wurde mit dem Südturm (im Volksmund „Steffl") das zwischenzeitlich höchste Gebäude der Welt fertiggestellt.

1529: Die erste Belagerung durch die Türken wird abgewehrt. In den folgenden Jahrzehnten entstehen gewaltige Befestigungsanlagen (Basteien). Sie werden im Laufe der folgenden Jahrhunderte weiterentwickelt und prägen bis zum Bau der Ringstraße im 19. Jahrhundert das Stadtbild.

1558: Mit der Krönung von Erzherzog Ferdinand zum Kaiser wird Wien zur Hauptstadt des Heiligen Römischen Reiches Deutscher Nation und bleibt dies mit Unterbrechung bis 1806.

1619–1645: Im Dreißigjährigen Krieg sieht sich die katholische Reichshauptstadt zahlreichen Angriffen ausgesetzt, die letztendlich jedoch alle abgewehrt werden konnten.

1679: In Wien wütet die Pest. Tausende Wiener werden vom Schwarzen Tod dahingerafft. Dennoch schienen die Wiener ihren schwarzen Humor nicht verloren zu haben, wie das Lied vom Lieben Augustin beweist.

1683: Zweite Wiener Türkenbelagerung: Unter Graf Ernst Rüdiger von Starhemberg wird die Stadt gegen eine Übermacht von 120.000 Osmanen zwei Monate lang tapfer verteidigt. Als Aussichtspunkt dient dem Kommandanten der Südturm des Stephansdoms; dort kann man bei der Turmbesteigung bis heute auf dem Starhembergbankerl Platz nehmen und den Blick nach Osten richten. Mit Unterstützung der sogenannten polnischen Flügelreiter gelingt es einem kaiserlichen Heer schließlich, vom Kahlenberg **64** aus die Türken am 12. September vernichtend zu schlagen und Wien zu befreien. Der Legende nach bleibt der Kaffee den Wienern erhalten.

1713: Zweite Pestepidemie; Kaiser Karl VI. verpflichtet sich durch ein Gelübde zum Bau der Karlskirche.

1714–1800: In der Zeit des Barocks erlebt Wien eine Blüte. Die Bevölkerung wächst rapide (1790: ca. 200.000 Einwohner); es werden bedeutende Prachtbauten fertiggestellt: unter Kaiserin Maria Theresia Schloss Schönbrunn, unter Prinz Eugen das Belvedere. Der beim Volk unbeliebte Kaiser Joseph II. fühlt sich der Aufklärung verpflichtet und reformiert 1783 die Stadtverwaltung. Die innerstädtischen Friedhöfe werden aufgelöst.

1752: In Schönbrunn entsteht der erste Tierpark der Welt **68**; 1770 zieht dort ein indischer Elefant ein und sorgt für helle Aufregung.

1791: Mozarts Zauberflöte feiert im Theater auf der Wieden Uraufführung.

1805–1809: Napoleon in Wien; während der französische Feldherr 1805 kampflos in Wien einzieht und von der Bevölkerung eher neugierig als bekümmert in Empfang genommen wird, erobert er 1809 gewaltsam die Befestigungsmauern, residiert provokativ in Schloss Schönbrunn und feiert in Wien seinen 40. Geburtstag.

1814–1815: Nach den Befreiungskriegen wird Europa auf dem Wiener Kongress neu geordnet – wichtigster Akteur ist dabei Graf von Metternich. Da nicht nur debattiert, sondern auch zünftig gefeiert worden ist, entstanden die geflügelten Worte: „Der Kongress tanzt". Tatsächlich nahm mit dem Wiener Großereignis der Siegeszug des Walzers seinen Lauf.

1815–1847: In der Epoche des Biedermeiers herrscht in Wien eine längere Phase des Friedens, 1824 wird mit dem ersten Pferdeomnibus der Vorläufer der Straßenbahn in Betrieb genommen, 1826 wird der jüdische Stadttempel in der Seitenstettengasse geweiht, 1830 überschwemmt ein starkes Hochwasser die Stadt.

Am Puls der Stadt
Von den Anfängen bis zur Gegenwart

1848: Märzrevolution und Wiener Oktoberrevolution, die von kaiserlichen Truppen blutig niedergeschlagen wird; ca. 2000 Revolutionäre kommen ums Leben.

1858–1865: Auf Anordnung Kaiser Franz Josephs werden die alten Stadtmauern geschleift. Dadurch wird die Grundlage zum Bau der für Wien prägenden Ringstraße geschaffen. Für die Bauarbeiten werden tschechische Arbeiter angeworben, die sich im Bereich des späteren 10. Bezirks (Favoriten) ansiedeln. Gleichzeitig treffen in der zweiten Hälfte des 19. Jahrhunderts viele Juden aus den östlichen Reichsterritorien in Wien ein und prägen jüdisches Leben im 2. Bezirk (Leopoldstadt).

1873: Im Wiener Prater findet die Weltausstellung statt, die „Fledermaus" von Johann Strauss feiert ihre Uraufführung, die Hochquellleitung versorgt die Bevölkerung mit Trinkwasser aus den Alpen und die Abholzung des Wienerwalds wird in letzter Minute abgewendet.

1870–1875: Die Donau wird großflächig reguliert, ihre Seitenarme werden abgedämmt, der Hauptstrom in ein neues Flussbett verlegt und der zur Inneren Stadt führende Seitenarm in den Donaukanal verwandelt. Mit der Alten Donau entsteht ein stehendes Gewässer.

1890: Die Wiener Arbeiterschicht wird selbstbewusster und feiert die erste Maifeier.

1890–1910: Durch Stadterweiterung und weiteren Zuzug wächst Wien weiter an und erreicht über 2 Mio. Einwohner – einen bis heute nicht erreichten Höchststand. Um 1900 gilt Wien als Weltmetropole in Sachen Kunst und Kultur; Künstler wie Otto Wagner und Gustav Klimt geben dem Wiener Jugendstil ein Gesicht. Bürgermeister Karl Lueger prägt die Stadtentwicklung. Einerseits macht er sich durch populäre Entscheidungen wie der Schaffung des Wald- und Wiesengürtels rund um Wien bei großen Teilen der Bevölkerung beliebt, andererseits fördert seine antisemitische Einstellung den Nährboden für deutsch-nationalistische Kreise. Der Linienwall wird 1894 abgetragen und schafft Platz für den Bau des Gürtels. Die Wien (Fluss) wird in ein Betonbett verbannt.

1914–1918: Das Attentat von Sarajevo auf Thronfolger Franz Ferdinand gilt als Startschuss für den Ersten Weltkrieg; Kaiser Franz Joseph stirbt im Jahr 1916, ihm zu Ehren gibt es einen großen Trauerzug zur Kapuzinergruft **21**. Mit der Niederlage im Ersten Weltkrieg ist das Ende der österreichisch-ungarischen Doppelmonarchie besiegelt.

1919–1930: Rotes Wien; über ein Jahrzehnt dominiert die Sozialdemokratie die Stadtpolitik; es entstehen große moderne Gemeindebauten wie der kasernenartig konstruierte Karl-Marx-Hof **62** und öffentliche Bäder wie das Amalienbad (s. S. 239).

1934: Unter Engelbert Dollfuß gewinnt der als Austrofaschismus bezeichnete autoritäre Ständestaat die Oberhand; im Februar kommt es in Wien zu einem dreitägigen Bürgerkrieg, bei dem die von Arbeiterwehren verteidigten großen Gemeindebauten beschossen werden. Im Juli putschen Nationalsozialisten gegen den Ständestaat und ermorden Dollfuß.

1938: Der „Anschluss" Österreichs an das Deutsche Reich wird vollzogen – verbunden mit einer Rede Adolf Hitlers am Wiener Heldenplatz. Infolgedessen wurde der „Reichsgau Groß-Wien" mit 26 Bezirken ins Leben gerufen. Es kommt zu gehässigen Aktionen gegen die jüdische Bevölkerung, die unter anderem dazu gezwungen wird, die Straßen zu wischen. Während der Novemberpogrome werden 92 Synagogen vernichtet. In den folgenden Jahren verlassen viele Juden die Stadt. Tausende derer, denen dies nicht gelingt, werden in Konzentrations- und Vernichtungslagern ermordet. Nur etwa 5000 Juden überleben in der Stadt.

Am Puls der Stadt
Von den Anfängen bis zur Gegenwart

1944/1945: Im März 1944 kommt es zu massiven Bombardierungen; etliche Zivilisten finden in den Flaktürmen (s. S. 163) Unterschlupf. Im April 1945 kommt es zum Sturm sowjetischer Truppen auf Wien, der Tausende Tote fordert. Die Stadt wird nach Kriegsende unter Verwaltung der Alliierten zur Vier-Sektoren-Stadt.

1950: Im Apollo-Kino hat der Film „Der dritte Mann" Premiere, der die Stimmung im Nachkriegs-Wien ausdrückt.

1955: In Schloss Belvedere ⑬ wird der Österreichische Staatsvertrag unterzeichnet, mit dem die junge Republik ihre volle Souveränität erlangt. Die vier Besatzungstruppen ziehen aus Wien ab.

1955–1976: Auch wenn Wien wie andere Städte vom Wirtschaftswunder profitiert, herrscht eher Tristesse und Bevölkerungsschwund, was der Randlage nahe des „Eisernen Vorhangs" geschuldet ist. Wien droht zu vergreisen. Ende der 1960er-Jahre werden die ersten Gastarbeiter aus der Türkei und Jugoslawien angeworben. Am östlichen Donauufer entsteht das Vienna International Centre ⑯ – im Volksmund auch als UNO-City bezeichnet. Die nahe gelegene Reichsbrücke über die Donau stürzt 1976 ein.

1978: Das erste Teilstück der Wiener U-Bahn wird eröffnet. Bei den Bauarbeiten unter dem Stephansplatz entdeckt man die Virgilkapelle (s. S. 77).

1979–1987: Wiener Fernseh- und Popkultur erobert Deutschland und den Rest der Welt: Die Fernsehserie „Kottan ermittelt" begeistert Millionen Fernsehzuschauer (s. S. 232) und der Sänger Falco (s. S. 189) wird in den 1980er-Jahren zum Weltstar.

1993: Im Januar versammeln sich 250.000 Wiener zum Lichtermeer auf den Straßen, um gegen Fremdenfeindlichkeit zu protestieren. Im selben Jahr findet im Mai der erste Wiener Life Ball statt, der sich den Rechten Homosexueller und dem Kampf gegen Aids verschrieben hat.

1994–2000: Seit die Grenzen zum Ostblock gefallen sind, wächst und gedeiht die Stadt wieder. In Wien entstehen etliche Hochhauskomplexe. Der zwischenzeitlich höchste Wolkenkratzer ist der Millennium-Tower im 20. Bezirk.

2001–2013: Die Stadt verändert ständig ihr Gesicht. Hypermoderne Gebäudekomplexe entstehen in der Nähe des Wiener Praters; in Transdanubien wird mit der Seestadt Aspern ein komplett neuer Stadtteil aus dem Boden gestampft.

2015: Der Schlagerstar Udo Jürgens erhält ein Ehrengrab auf dem Zentralfriedhof. Tausende Fans nehmen im Rathaus Abschied von dem Sänger. Im Mai findet der Eurovision Song Contest in Wien statt, nachdem die österreichische Dragqueen Conchita Wurst alias Thomas Neuwirth im Jahr zuvor den Musikwettbewerb in Kopenhagen für sich entscheiden konnte.

◸ Der gedemütigte Jude am Albertinaplatz ㉓ – Mahnmal des Künstlers Alfred Hrdlicka

Leben in der Stadt

Wien ist das unumstrittene Zentrum Österreichs und dessen **Bundeshauptstadt.** Daneben bildet es auch ein eigenes Bundesland – jenes mit der kleinsten Fläche, aber der höchsten Einwohnerzahl – noch vor Niederösterreich. Fast jeder vierte Österreicher lebt in Wien, denn die Stadt hat fast 2 Mio. Einwohner.

In der Zeit des Kalten Krieges rückte Wien geografisch an den Rand der westlichen Welt, was dazu führte, dass viele Firmen und Arbeitsplätze nach Westösterreich verlagert wurden. Viele junge Menschen wanderten ab, die Stadt drohte zu überaltern. Mit dem **Fall des Eisernen Vorhangs** rückte Wien gewissermaßen wieder ins Herz Mitteleuropas und wächst seither wie kaum eine andere deutschsprachige Stadt. Mittlerweile hat man sogar Hamburg überholt und belegt Platz Nr. 2 hinter Berlin.

Allerdings sprechen in Wien nicht alle Bewohner perfekt Deutsch. Einige Bezirke wie der 15. (Rudolfsheim-Fünfhaus), 16. (Ottakring), 20. (Brigittenau), der 5. (Margareten) oder der 10. Bezirk (Favoriten) weisen einen sehr **hohen Anteil an Ausländern und Migranten** auf. Von den überwiegend jugoslawischen Gastarbeitern, die in den 1960er-Jahren angeworben wurden, besitzen mittlerweile die meisten die österreichische Staatsbürgerschaft. Ähnliches gilt für die türkischstämmigen Migranten. Im nördlichen Teil des 10. Bezirks beispielsweise rund um den Reumannplatz ist die türkische Prägung des Viertels deutlich sichtbar. Vom türkischen Metzger über den Obststand

Selbstbewusst: die schwul-lesbische Community präsentiert sich bei der jährlichen Regenbogenparade

bis zum Friseur hat sich die Community ihre eigenen Institutionen geschaffen und ganze Geschäftszeilen übernommen. Bei der ursprünglichen Bevölkerung wird diese Veränderung mit Sorge betrachtet. Es wäre übertrieben, in Wien von einer allgemeinen Ausländerfeindlichkeit zu sprechen. Allerdings zeigen die starken Ergebnisse der rechtspopulistischen FPÖ (Freiheitliche Partei Österreichs) gerade in ehemaligen Arbeiterbezirken, dass bei manchen Bewohnern Unzufriedenheit herrscht. Interessanterweise wählen mittlerweile auch eingebürgerte Migranten aus dem ehemaligen Jugoslawien häufig die FPÖ und wettern gegen die neuen Zuzügler.

Dies muss der SPÖ (Sozialdemokratische Partei Österreichs) Sorgen bereiten. Viele Jahrzehnte lang war Wien für die Sozialdemokraten eine **rote Festung**, in den Gemeindebauten gab es kaum Abweichler und man konnte meist mit absoluter Mehrheit regieren. Zwar ist mit Michael Häupl noch immer ein Sozialdemokrat Bürgermeister der Stadt – und dies schon seit 1994 – derzeit muss er sich die Macht allerdings mit den Grünen teilen. In den kommenden Jahren ist wohl nicht damit zu rechnen, dass die SPÖ wieder die allein regierende Partei in Wien wird – zu sehr haben sich wichtige Wählerschichten wie die Arbeiterschaft von ihr abgewendet.

Eine allgemeine Unzufriedenheit mit den herrschenden politischen Verhältnissen ist dem Wiener allerdings schon immer zu eigen und man wird nur wenige Menschen treffen, die nicht irgendetwas zu kritisieren haben. Das **Granteln** liegt dem Wiener halt im Blut und er wäre nicht glücklich, wenn es nichts zu schimpfen gäbe.

Im Großen und Ganzen möchte er/sie aber auch nicht allzu viel verändern und ist eigentlich recht froh darüber, wie alles bestellt ist. Im **ökologischen Bereich** hat sich in den vergangenen Jahren einiges getan; man hat versucht, den Autoverkehr einzudämmen und neue Fußgängerzonen geschaffen – wichtigstes Beispiel: die Umgestaltung der Mariahilfer Straße ❹. Über schlechte Luft kann man sich in Wien sowieso nicht beklagen: Im Vergleich zu Linz und Graz besitzen die meisten Bezirke regelrecht das Niveau von Luftkurorten. Dazu trägt insbesondere das breite Band des Wienerwaldes bei, der die Stadt als grüne Lunge umringt.

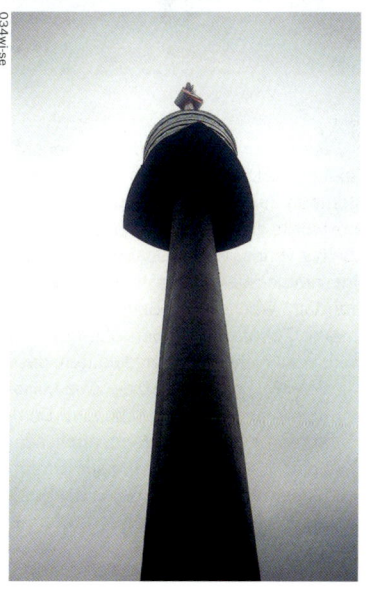

△ *Beton-Gigant: der Donauturm* ⓫ *bietet eine atemberaubende Aussicht*

Am Puls der Stadt
Die Wiener an sich

△ *Im Hochsommer sind die Pferde am Heldenplatz* 30 *besonders durstig*

Wenn man mit den Wienern spricht, so leben letztlich doch die meisten sehr gerne in ihrer Stadt und ein echter Wiener würde die Donaumetropole nur unter Zwang verlassen. Im Gegenteil: Es strömen immer mehr Menschen in die Stadt. **Jährlich wächst die Bevölkerung** um mehre Zehntausend Menschen und es wird wohl nicht mehr lange dauern, dass die Stadt wie schon 1910 die Zwei-Millionen-Einwohnermarke durchbricht. Dementsprechend ändert Wien auch sein Gesicht: 2014 wurde der neue Hauptbahnhof eröffnet und im Osten der Stadt entstehen komplett neue Stadtteile wie die Seestadt Aspern.

Die Wiener an sich

„Ein echter Wiener geht nicht unter". So hieß eine bekannte ORF-Fernsehserie aus den 1970er-Jahren, die teilweise auch in Deutschland ausgestrahlt wurde und eine bestimmte Sichtweise des Wieners an den Tag legte: der Wiener als ständig grantelnder und unzufriedener, aber in seinem tiefsten Herzen liebenswürdiger Prolet.

Solche Wiener gab es und gibt es, allerdings sind sie seltener geworden. Eine Reihe dieser wienerischen Stereotype findet man auch in der Serie „Kaisermühlen Blues" (s. S. 232) aus den 1990er-Jahren: den redseligen Rentner mit seinem Hund, den kleinkriminellen Strizzi oder die neugierige Hausbesorgerin – die Hausbesorger, einst Herrscher

Am Puls der Stadt
Die Wiener an sich

ihrer Gemeindebauten, hat man mittlerweile übrigens größtenteils abgeschafft. Und doch findet man sie, wenn man sie nicht gerade bei den Wiener Hauptsehenswürdigkeiten sucht: diese **skurrilen Typen mit ihrem oft derben Dialekt** und einer oft kabarettistisch wirkenden Individualität. Man findet sie an Würstelständen, in kleinen Beiseln an der Ecke oder einfach nur im Billa-Supermarkt oder im Park vor dem Gemeindebau beim Ausführen ihrer Hunde. Apropos Hunde: Deren Hinterlassenschaften („Hundstrümmerl") sind ein altes Wiener Ärgernis.

Und dann gibt es natürlich noch die andere Seite der Medaille: die selbstbewusste **Wiener Oberschicht** aus Hietzing oder Döbling mit ihrem oft etwas näselnd wirkenden, feinen Tonfall, der an den habsburgischen Duktus Kaiser Franz Josephs erinnert; die gepflegten Damen und adretten Herren in den Kaffeehäusern oder das Stammpublikum in Burgtheater ㊷ und Staatsoper ㉜. Deren Nachwuchs wiederum amüsiert sich in den angesagten Klubs der Stadt. Die **Wiener Schnösel** mit Porsche vom Papa gab und gibt es natürlich, allerdings ist diese Spezies nicht so ausgeprägt wie in München.

Im Gegensatz zu München weist Wien stattdessen eine **ausgeprägte alternative Szene** auf, die sich in verschiedenen Facetten zeigt: Lebenskünstler und Künstler zog und zieht es immer schon nach Wien. Manche werden erfolgreich, andere scheitern und enden als Obdachlose auf der Straße. In Wien liegt **Arm und Reich** eng beisammen. Beispielsweise kauft sich am schon erwähnten Würstelstand, einer ganz besonderen Wiener Institution, der Banker nach der Arbeit genauso sein Bier und seine Burenhaut wie der Sandler (österreichisch für Penner). Am Würstelstand sind alle gleich. Dann gibt es natürlich noch die in den hippen Vierteln angesiedelten **Bobos und Hipster** – lebensfrohe, eher besser verdienende Individualisten mit ideologischen Überschneidungen zur alternativen Szene. Und schließlich darf man auch nicht die Abertausenden **Migrantenfamilien** außer Acht lassen. Einst kamen sie aus der Türkei, aus Kroatien und Serbien nach Wien und stellen in einigen Stadtvierteln die Mehrheit der Bevölkerung. Draußen in den Weinbaudörfern lebt stattdessen die alteingesessene Bevölkerungsschicht ihre alten Traditionen, auf den Weinfesten tragen die Jugendlichen Lederhose und Dirndl.

In der Regel leben diese verschiedenen Wiener Spezies friedlich nebeneinander her nach dem Motto: **Leben und leben lassen!** Hin und wieder begegnen sie einander auf den großen Festen wie dem Maifest (s. S. 14) im Prater ㊺ oder dem Donauinselfest (s. S. 16). Eines haben sie aber alle gemeinsam: Sie sind Wiener und fühlen sich als Wiener! Dieser Kitt schweißt die meisten Bewohner mehr zusammen, als es ihnen bewusst ist. Die **Wiener Nationalität** zählt mehr als die österreichische oder die des Ursprungslands. Auch wenn man sich untereinander streitet und kritisch beäugt, gegen einen Kärntner oder einen Piefke (Deutschen), der schlecht über Wien redet, ist man sich allemal einig. Ein Wiener sagte mir einmal, dass es völlig egal sei, ob man in Wien geboren ist oder nach Wien zugezogen ist, ob man reich oder arm ist, ursprünglicher Serbe, Tiroler, Simmeringer oder Norddeutscher – man muss Wien im Blut haben, muss die Wiener Seele in sich spüren. Dann ist man Wiener – sogar als Tourist!

Helmut Qualtinger, sein Sohn und der Herr Karl

In einem Gespräch mit dem Autor erzählt der Maler, Schriftsteller, Musiker und Kabarettist Christian Heimito Qualtinger über seinen Vater und das Wien seiner Jugend. Außerdem verrät er spezielle Wiener Plätze.

Helmut Qualtinger hat geschafft, was nur wenigen österreichischen Künstlern gelungen ist: Er gilt auch außerhalb der Alpenrepublik als einer der bedeutendsten Kabarettisten und Humoristen des letzten Jahrhunderts, wird in einem Atemzug genannt mit Karl Valentin und hat auch als Schauspieler Weltruhm erworben – nicht nur in seiner letzten Rolle in der Verfilmung von Umberto Ecos Roman „Der Name der Rose". Um eine derartige internationale Anerkennung zu erreichen, hat er sich im eigenen Land wiederholt und genüsslich in die Nesseln gesetzt. Noch heute erinnert sich Christian Qualtinger an die Droh- und Beleidigungsanrufe nach den Ausstrahlungen von „Der Herr Karl", jenes legendären Ein-Personen-Stücks, in dem Helmut Qualtinger der österreichischen Nachkriegsgesellschaft den Spiegel vor die Nase hält und das Verhältnis vieler seiner Landsleute zum Nationalsozialismus entlarvt. Als heranwachsendem Buben hat es dem Sohn sogar Spaß gemacht, wenn er – allein zu Hause – die Anrufe entgegennehmen und frech zurückreden konnte.

Dass der Vater überhaupt seinen künstlerischen Werdegang angetreten hat, verdankt er unter anderem dem Schriftsteller Heimito von Doderer, der ihn als Jugendlicher ermutigt hat, seine schauspielerischen Aktivitäten weiter voranzutreiben.

Sohn Christian verdankt dieser Begegnung seinen zweiten Vornamen.

Bereits 1949 sorgte Qualtinger mit dem Stück „Jugend vor den Schranken" für einen Theaterskandal. In den 1950er- und 1960er-Jahren gelang ihm der Durchbruch als Kabarettist zusammen mit seinen Mitstreitern Gerhard Bronner, Carl Merz, Louise Martini, Peter Wehle, Georg Kreisler und Michael Kehlmann. Besondere Popularität erlangten seine Travnicek-Dialoge. Mit großer Leidenschaft trieb Qualtinger Schabernack – beispielsweise, als er den Wien-Besuch des angeblich berühmten Eskimodichters Kobuk mit seinem Werk „Das brennende Iglu" über Zeitungen lancierte und den anwesenden Reportern am Wiener Westbahnhof, nach dem ersten Eindruck von Wien befragt, zur Antwort gab: „Haaß is'" (heiß ist's). Im Alter von 57 Jahren starb der Ausnahmekünstler kurz nach den Dreharbeiten zum Namen der Rose am 29. September 1986. Sein Ehrengrab befindet sich auf dem Wiener Zentralfriedhof ⑫ (Gruppe 33 G, Nummer 73).

Das wohl berühmteste Werk des Multitalents, den Herrn Karl, hat Christian Qualtinger 2014 zusammen mit dem Weinviertler Comiczeichner Reinhard Trinkler als illustriertes Comicbuch veröffentlicht (Amalthea Verlag). Der 1958 geborene Qualtinger-Sprössling verbrachte seine Jugend im Wien der 1960er- und 1970er-Jahre. „Die Standards waren zwar nur halb so hoch, die Preise dafür höchstens ein Viertel so hoch wie heute. Wien war die billigste Stadt Westeuropas; es gab viel mehr alte Leute und alles war

Am Puls der Stadt
Helmut Qualtinger, sein Sohn und der Herr Karl

leicht verfallen, aber nicht ganz verfallen", erinnert sich Christian Qualtinger. In den vergangenen Jahren ändere sich ständig etwas in Wien, es erinnere ihn an den München-Boom nach den Olympischen Spielen von 1972. Seine Kindheit verbrachte er in einem Gemeindebau in Untersievering, Daringergasse 12-20, in dem auch andere österreichische Berühmtheiten wie der Radio- und Fernsehjournalist Teddy Podgorsky und die Schauspielerin Louise Martini Wohnungen hatten. Seit 1989 heißt die Wohnanlage zu Ehren seines berühmtesten Bewohners Helmut-Qualtinger-Hof. „Es ist mit dem Kulturinspektorat der Erde abgesprochen, dass der Qualtinger-Hof einer der schönsten Plätze auf der Welt ist - noch vor Hawaii und vor Tahiti. Hier leben die letzten glücklichen Ureinwohner." Sein humoristisches Gen hat Christian Qualtinger auf jeden Fall vom Vater geerbt. „Früher war Wien die Hauptstadt Niederösterreichs. Seit Sankt Pölten Hauptstadt geworden ist, ist die Welt aus den Geleisen geraten" - da ist er sich sicher.

Auf die Frage, was er Wien-Touristen und Fans seines Vaters in der Stadt empfehlen würde, meint Christian Qualtinger, dass ein bis zwei Tage jedem Besucher für die klassischen Sehenswürdigkeiten zustünden; danach sollte man einfach mal den Donaukanal entlangspazieren, beispielsweise von der Innenstadt hinauf in den 19. Bezirk zu einem Heurigen (s. S. 36) - „wo sich das pannonische Klima mit dem alpinen Klima paart, an den wilden Hängen des Leopoldsbergs 65, mit einer Flora wie sonst nur in Sardinien, Zwergeichen sich neigend im Wind". Weniger lyrischer, eher praktisch kulinarischer Art ist sein Tipp für die Innenstadt: „Im Lokal Gutruf (s. S. 41) sitzt man zwei Meter Luftlinie von der Zubereitungsstelle seiner Speisen." Im winzigen Gutruf verbrachte schon Helmut Qualtinger viele Stunden seines Lebens mit dem einen oder anderen Achterl Wein - alte Fotografien erinnern noch heute an ihn. Für echte Fans nach dem Qualtinger-Hof vielleicht der zweitschönste Platz auf Erden …

△ „Der Herr Karl" von Helmut Qualtinger ist mittlerweile auch als Comicbuch erschienen

150 Jahre Ringstraße – das Mammutprojekt des 19. Jahrhunderts

Vom Militärgelände zum Prachtboulevard: Die Wiener Ringstraße wurde im Jahr 2015 150 Jahre alt. Mit ihren prunkvollen Palais, dem Rathaus ㊸, dem Parlament ㊵, dem Burgtheater ㊷ und der Votivkirche ㊹ gehört sie zu den spektakulärsten architektonischen Leistungen des 19. Jahrhunderts.

Die Geschichte der Ringstraße beginnt im Jahre 1857, als Kaiser Franz Joseph anordnet, die Befestigungsanlagen rund um die Innenstadt zu schleifen. Das zuvor vom Militär genutzte Gelände vor den alten **Basteien und der Stadtmauer**, das sogenannte **Glacis**, sollte einer Prachtstraße samt repräsentativen Gebäuden weichen. Die Innenstadt sollte zudem mit den Vorstädten verbunden werden. Gleichzeitig trug das gigantische Bauvorhaben der rasanten Bevölkerungsentwicklung Wiens Rechnung und galt als Symbol für den Wandel von der feudalen Residenzstadt der Donaumonarchie zu einer **modernen europäischen Metropole.**

In einem internationalen Wettbewerb reichten 85 Architekturbüros ihre Projekte ein, eine Kommission erarbeitete aus den besten Vorschlägen einen groben Entwurf. Die durch den Abbruch der Verteidigungsanlagen frei gewordenen Grundstücksflächen umfassten insgesamt **2,4 Millionen Quadratmeter**, was einer Fläche von 300 Fußballfeldern entspricht. Ein großes Stück Wien galt es neu zu gestalten!

Die Kaiserstadt wurde zu einer Großbaustelle. Gewerkschaften hatten aber noch keine Macht. Dies führte zum Entstehen einer **ausgebeuteten Arbeiterklasse** – viele Arbeiter kamen aus Böhmen und Mähren. Sie mussten bei schlechter Bezahlung und langen Arbeitszeiten Schwerstarbeit leisten mussten. Aus den Ghettos rund um die Ziegeleien im Süden entstand ein eigener Stadtteil. Im **10. Bezirk (Favoriten)** lebten die sog. Ziegelböhm. Bis heute erinnert der **Böhmische Prater** ㊼ an diese Gastarbeiter.

Neben den ausgebeuteten Arbeitern, welche für die Basis der Baustelle verantwortlich waren, kamen auch Financiers, Bauherren und Architekten aus ganz Europa an die Donau – unter ihnen der Architekt Gottfried Semper, verantwortlich für **Burgtheater** ㊷, **Kunsthistorisches** ㉝ **und Naturhistorisches Museum** ㉟, oder der dänische Architekt Theophil Hansen. Am Bau der prachtvollen Palais waren häufig wohlhabende jüdische Bankiersfamilien beteiligt. Mit ihrem Einsatz – gerade was den Erwerb der frei gewordenen Grundstücke betraf – finanzierten sie gleichzeitig die repräsentativen öffentlichen Gebäude mit.

Ganz in der Mode des vorherrschenden **Historismus** wurden idealisierte Baustile der Vergangenheit beschworen und es entstand ein bunter Mix aus Neogotik, Neorenaissance, Neobarock und antiken Vorbildern: Das **Parlament** ㊵ wurde als griechischer Tempel gestaltet, am Stil der Renaissance orientierten sich

▷ *Die Wiener Ringstraße mit Blick auf das österreichische Parlament* ㊵ *(um 1900)*

Am Puls der Stadt
150 Jahre Ringstraße – das Mammutprojekt des 19. Jahrhunderts

Oper ③②, Universität, Börse sowie Kunsthistorisches- und Naturhistorisches Museum, den Barock repräsentiert das **Burgtheater**, für das **Rathaus** ④③ wurde die flämische Gotik als Vorbild gewählt und für die **Votivkirche** ④④ standen mittelalterliche Kathedralen Pate.

Nicht alle Zeitgenossen waren begeistert von der historistischen Konzeption – so auch der Jugendstil-Architekt Otto Wagner: „Die Ringstraße ist eine Musterkarte von Stilkopien, eine lächerlicher als die andere", soll er gelästert haben. Auch in Robert Musils Roman „Der Mann ohne Eigenschaften" kommen die Prachtbauten nicht gut weg und werden als „Theaterdekorationen einer gehaltlosen Zeit" geschmäht. In gewisser Weise sind die Prachtbauten ein Ausdruck des geschichtlich rückwärtsgewandten Blicks in die vermeintlich glorreichen Epochen einer Habsburgermonarchie, deren Zukunft voller dunkler Vorahnungen lag. Insofern ist sie auch ein **letztes architektonisches Feuerwerk der „Guten alten Zeit"**. Anlässlich des 25. Hochzeitstags von Kaiser Franz Joseph I. und seiner Gemahlin Elisabeth am 27.4.1879 fand auf der noch fast jungfräulichen Ringstraße ein Festzug statt, den Wien bis dato noch nicht gesehen hatte. Die künstlerische Leitung hatte Hans Makart, seines Zeichens damals der berühmteste Maler Wiens, der das Schaulaufen auf einer 100 Meter langen Skizze bis ins Detail vorausplante. Am **Makart-Festzug** beteiligten sich 4000 Menschen, die in Kostümen aus der Renaissance und dem Frühbarock und mit zahlreichen Festwagen vor rund 300.000 Schaulustigen über den Ring zogen. Vertreten waren Berufsgruppen aus Handel, Gewerbe und Industrie sowie Kunst und Wissenschaft. Das Kaiserpaar wohnte dem Geschehen in einem von Otto Wagner entworfenen Festzelt bei.

Unabhängig von habsburgischer Kaiserpracht zeugen gerade die Privatresidenzen – die **prunkvollen Palais** – vom erwachten Selbstbewusstsein des neuen Wiener Großbürgertums. Der Aufstieg von Bankiers, Fabrikanten und Unternehmern kann als Folge der Industrialisierung angesehen werden. Hierzu zählten **jüdische Fabrikanten und Bankiers**, die sich bereits im 19. Jahrhundert anti-

Am Puls der Stadt
150 Jahre Ringstraße – das Mammutprojekt des 19. Jahrhunderts

semitischen Angriffen ausgesetzt sahen. Während der NS-Zeit wurden jüdische Palais „arisiert", ihre Eigentümer wurden vertrieben, deportiert oder ermordet.

Mit der Weltausstellung 1873 stieg der Bedarf an repräsentativen Unterkünften und es entstanden **noble Hotels** wie das Sacher. Das älteste Hotel am Ring ist das 1870 eröffnete Grand Hotel, das eine für die damalige Zeit äußerst moderne technische Ausstattung mit maschinenbetriebenem Lift und Telefon in jedem Zimmer hatte. Hier traf Kronprinz Rudolf, der Sohn Kaiser Franz Josephs, seine Geliebte Mary Vetsera – berühmt wurde das Liebespaar durch den tragischen Doppelselbstmord auf Schloss Mayering. Das Palais Württemberg am Kärntner Ring wurde wenige Jahre nach seiner Fertigstellung als Hotel genutzt. Noch heute ist hier das noble Hotel Imperial untergebracht.

Als Ausdruck der besseren Wiener Gesellschaft diente die Ringstraße als Flaniermeile – **sehen und gesehen werden** war schon damals ein Begriff. Der exklusivste Abschnitt lag zwischen der sogenannten **Sirk-Ecke** (benannt nach einem ehemaligen Geschäft, heute auf Höhe des Hotels Bristol) und dem Schwarzenbergplatz ㊼. Hier verabredete sich das Who is who aus Adel und Bürgertum; in seinem bissig-satirischen Drama „Die letzen Tage der Menschheit" verewigte der Dichter und begnadete Medienkritiker Karl Kraus diese urbane Örtlichkeit, an der durch die Mischung aus Passanten, Radfahrern, Kutschen und Straßenbahnen ein ordentliches Getümmel herrschte. Kein Wunder, dass an der Opernkreuzung 1926 die erste Verkehrsampel Wiens installiert wurde. Natürlich durften an der Ringstraße auch die **Kaffeehäuser** nicht fehlen: In den nagelneuen Trendlokalen trafen sich Geschäftsleute, Politiker und Revolutionäre, die Kunst- und Literaturszene, die Schach- und Billardspieler und die Lebenskünstler. Von den einst 27 Ringstraßen-Cafés sind nur mehr wenige erhalten. Zu ihnen gehören das Café Prückel (s. S. 39), das Café Schwarzenberg und das Café Landtmann (s. S. 39).

Außer in den Kaffeehäusern spielte sich das gesellschaftliche Leben des **Fin de Siècle** in den berühmt-berüchtigten **Salons** der Ringstraßenpalais ab. Dort trafen Künstler auf Banker, die erblühenden Damen der Gesellschaft auf ihre heißblütigen Verehrer. Zu den begehrtesten Salons gehörten jene der Familie Todesco. In deren Palais auf der Kärntner Straße ⓲ traf der Walzerkomponist Johann Strauss seine spätere Frau, die Opernsängerin Henriette Treffz.

Auch allerhand dramatische Ereignisse spielten sich an der Ringstraße ab: 1927 wurde der **Justizpalast** Schauplatz gewaltsamer Auseinandersetzungen, die später im Bürgerkrieg von 1934 mündeten. Der Justizpalast ging dabei in Flammen auf. Der **Heldenplatz** ㉚ vor der Hofburg wurde am 15.3.1938 zum Schauplatz von Adolf Hitlers Rede anlässlich des „Anschlusses" Österreichs an das Deutsche Reich.

Nach dem braunen Spuk konnten die Roten die Ringstraße wieder für sich in Beschlag nehmen: Seit 1946 wird im Rahmen der Maiaufmärsche mit roten Fahnen und roten Nelken demonstriert. Ob sich die heutige Sozialdemokratie dabei in der Tradition der proletarischen Ziegelarbeiter aus dem 19. Jahrhundert oder eher in jener des gesättigten Großbürgertums befindet, sei dahingestellt.

WIEN ENTDECKEN

Rund um den Stephansdom – im Herzen der Stadt

❶ Stephansplatz ★★★ [G6]

Der Stephansplatz ist das unumstrittene Herz Wiens. Die Blicke der Touristen richten sich auf Österreichs größtes Heiligtum mit seinem unverwechselbaren Südturm, von den Wienern liebevoll Steffl genannt. Wie ein gewaltiger Monolith reckt sich der Stephansdom ❷ gen Himmel; fast erschlägt er einen mit seiner Dominanz mitten im Zentrum des ehemaligen Habsburgerreichs.

Während die einen mit offenem Munde vor Ehrfurcht fast erstarren, gehen andere ihren Alltagsgeschäften nach und schleppen ihre Einkaufstüten über den Platz. Ein quirliges Treiben herrscht vor dem Westportal des Doms: Als wichtigster Treffpunkt Wiens führt der Platz seit Jahrhunderten Menschen zusammen, als Mozart verkleidet versuchen teilweise etwas lästige Werber Touristen klassische Konzerte schmackhaft zu machen, Straßenkünstler zeigen ihr Können, Demonstranten und Weltverbesserer machen lautstark auf ihre Anliegen aufmerksam. Nachts flanieren weinselige Grüppchen über den Platz und so richtig zur Ruhe kommt das Areal während der Hauptsaison erst in den frühen Morgenstunden – kurz bevor das Getümmel wieder beginnt. Ein paar Minuten Aufenthalt am Stephansplatz genügen und man ist mit hoher Wahrscheinlichkeit auf einem amerikanischen, russischen oder chinesischen Digitalfoto verewigt – wenn auch nur als Randfigur.

◁ *Vorseite: Sommerliche Blütenpracht vor der Wiener Karlskirche* ❺❶

Als moderner Kontrapunkt zum Dom beherrscht ein weiteres Gebäude die Szenerie: das sogenannte **Haas-Haus**, ein gegenüber der Westfassade in den 1980er-Jahren durch den Architekten Hans Hollein errichteter Klotz mit einem großen Erker, in dem sich der Dom spiegelt. An seiner Schönheit beziehungsweise Hässlichkeit scheiden sich die Geister bis heute. Zwischen Haas-Haus, Graben und Kärntner Straße liegt der Stock-im-Eisen-Platz, der mit dem Stephansplatz eine Einheit bildet und deshalb nicht separat betrachtet werden kann. Benannt ist er nach einem kaum beachteten und gleichzeitig rätselhaften Wahrzeichen der Stadt: dem **Stock im Eisen**. Selbst manch alteingesessener Wiener weiß nichts anzufangen mit dem seltsamen Gebilde, das da an der Ecke zur Kärntner Straße hinter einer Glasscheibe angeschmiedet ist. Es handelt sich um den umgedrehten Holzstrunk (Stumpf) eines Baumes aus dem Mittelalter der über und über mit Eisennägeln beschlagen ist.

Zwar entwickelte sich ab dem 18. Jahrhundert der Brauch, dass durchziehende Schmiedegesellen einen Nagel als Andenken hinterließen. Die ursprüngliche Benagelung im Mittelalter und das unaufschließbare Schloss geben aber weiterhin Rätsel auf. Und so sind der Fantasie seit Jahrhunderten keine Grenzen gesetzt: Vom Teufel ist die Rede, der den Baum in Eisen gelegt hat, und vom Relikt eines Baumheiligtums, das aus einer Zeit stammen könnte, als der Wienerwald bis ins Zentrum Wiens gereicht haben soll. Am wahrscheinlichsten ist die Theorie, dass es sich bei den Nägeln um mittelalterliche Votivgaben aus Dank für

Wien entdecken

Rund um den Stephansdom – im Herzen der Stadt

Schutz gegen Böses und Krankheiten gehandelt haben soll.

Als wäre dieses Holzrelikt nicht schon mysteriös genug, gibt auch der Stephansplatz Rätsel auf: Das spektakulärste von ihnen verdankt Wien dem U-Bahnbau in den 1970er-Jahren. Damals stießen Bauarbeiter auf die unterirdische **Virgilkapelle**. Sie diente wohl einst als Unterkirche der heute nicht mehr existierenden Magdalenenkapelle. Die Umrisse beider Kirchen wurden im südlichen Bereich des Platzes im Boden sichtbar gemacht.

Einen Blick in die geheimnisvolle Virgilkapelle kann man durch ein Fenster im U-Bahn-Zwischengeschoss werfen. Von dort zeigt sich auch schön die Bemalung mit roten gleichschenkligen Kreuzen in einem Zackenkreis. Seltsamerweise hat diese Sakralornamentik in Mitteleuropa kein Pendant; die nächsten Parallelen finden sich im syrisch-palästinensischen Raum. Nicht nur deswegen wird die Virgilkapelle gerne mit den sagenumwobenen Tempelrittern des Mittelalters in Verbindung gebracht. Auch soll in ihren Nischen eine besonders starke Energie herrschen, die immer wieder Kraftortforscher von nah und fern anlockt. Vermutet wird, dass das Kirchlein, das zwar keinen ursprünglichen Eingang, dafür aber einen noch tiefer in den Untergrund reichenden Schacht besitzt, um 1240 von den letzten Babenberger Herrschern errichtet worden ist und als Reliquienheiligtum für die Gebeine des heiligen Koloman dienen sollte. Die Virgilkapelle ist aus konservatorischen Gründen nicht zu besichtigen; ein Blick in die Kapelle durch das U-Bahn-Fenster lohnt aber auf jeden Fall.

Touristenmassen bevölkern den Stephansplatz das ganze Jahr über

Rundgang durch die Innere Stadt (Stephansplatz – Freyung – Ringstraße – Staatsoper)

*Die Route beginnt im Herzen der Stadt: am **Stephansplatz** ❶ mit seinem berühmten **Stephansdom** ❷. Von hier aus geht es durch den **Graben** ❸ mit der markanten Pestsäule. Wer möchte, kann einen Abstecher in die barocke **Peterskirche** ⓫ unternehmen. Am Ende des Grabens biegt man rechts in die Tuchlauben ein; in der beliebten Einkaufsgasse haben namhafte Modelabels ihre Boutiquen.*

*Hinter der unscheinbaren Fassade von Tuchlauben 19 verstecken sich faszinierend farbige Überreste aus dem Mittelalter: die **Neidhart-Fresken** ⓬. Einige Meter weiter liegt rechts der **Hohe Markt mit der Ankeruhr** ⓭, der Spaziergang führt aber geradeaus in die Marc-Aurel-Straße und gleich links in die Salvatorgasse.*

*Nach gut 100 Metern gelangt man zur gotischen Kirche **Maria am Gestade** ❽ mit ihrer charakteristischen Laterne am Kirchturm und dem architektonischen Knick zwischen Langhaus und Chor im Inneren. Dieser Teil der Wiener Altstadt am früheren Hochufer der Donau ist nicht überlaufen und strahlt einen ganz besonderen Charme aus.*

*Über die Schwertgasse biegt man links in die Wipplingerstraße ein und nach wenigen Metern geht es rechts durch die enge Fütterergasse zum **Judenplatz** ❾, einem der schönsten Plätze der Inneren Stadt mit einer Außenstelle des Jüdischen Museums und dem zentralen Mahnmal für die jüdischen Opfer der Schoah.*

*Von hier ist es über die romantische Drahtgasse nicht mehr weit zum repräsentativen Platz **Am Hof** ❿. Diesen passiert man und gelangt rechter Hand über die Gasse mit dem skurrilen Namen „Heidenschuss" zur **Freyung** ❻ mit Schottenkirche, Schottenstift und der hübschen Einkaufspassage des Palais Ferstel. Hier bietet sich eine kleine Kaffeepause im berühmten Café Central (s. S. 39) an.*

*Über Teinfaltstraße und Schreyvogelgasse führt der Weg zur idyllischen **Mölker Bastei** ⓯ mit Kopfsteinpflaster, dem barocken Dreimäderlhaus und der ehemaligen Wohnung Ludwig van Beethovens. Die Treppe hinunter führt zur Ringstraße, die man auf Höhe der Universität überquert. In südlicher Richtung erreicht man innerhalb weniger Miuten den begrünten Rathausplatz und das neugotische **Wiener Rathaus** ⓳. Auf der gegenüberliegenden Ringstraßenseite stehen das **Burgtheater** ⓲ und an das Rathaus anschließend das im Stile eines griechischen Tempels gestaltete österreichische **Parlament** ⓴. Hier wird die Ringstraße wieder überquert. Im **Volksgarten** ㊶ mit seinem strahlend weißen Theseustempel (siehe Foto S. 80) und dem romantischen Denkmal zu Ehren von Kaiserin Elisabeth (Sisi) kann man schön die Seele baumeln lassen, ehe es weiter geht zum geschichtsträchtigen **Heldenplatz** ㉚ und den Sehenswürdigkeiten der **Hofburg** wie **Schatzkammer** ㉙ und **Kaiserappartements** ㉘. Die Hofburg*

Wien entdecken
Rundgang durch die Innere Stadt

Wien entdecken
Rund um den Stephansdom – im Herzen der Stadt

passiert man durch mehrere Innenhöfe und kommt schließlich am **Michaelertor** [G6] wieder in die Wiener Altstadt. Hier am Michaelerplatz sollte man einen Abstecher in die äußerlich unscheinbare, innen aber faszinierende **Michaelerkirche** ❹ nicht versäumen. Die Reitschulgasse führt vorbei an den Stallungen der weltberühmten **Spanischen Hofreitschule** ㉑ und mündet in den Josefsplatz mit dem Eingang zum **Prunksaal der Nationalbibliothek** ㉕, einem echten Schmuckstück des Hochbarock sowie der sehenswerten **Augustinerkirche** ㉔. Über die nach ihr benannte Augustinerstraße erreicht man in Windeseile die **Albertina** ㉒ mit ihrer berühmten Gemäldesammlung und schließlich die **Wiener Staatsoper** ㉜, einen der prächtigsten Bauten der Ringstraße. Über die geschäftige **Kärntner Straße** [G6/7] gelangt man schließlich wieder zum Ausgangspunkt des Rundgangs am Stephansplatz. Die **Dauer** der Route variiert je nach Besichtigungslänge der einzelnen Sehenswürdigkeiten (Weglänge ca. 3 Kilometer).

△ Der Theseustempel (s. S. 78)

❷ Stephansdom ★★★ [G6]

Noch vor dem Riesenrad und Schloss Schönbrunn ist der Stephansdom mit seinem berühmten Südturm, dem Steffl, Wiens unumstrittenes Wahrzeichen und gleichzeitig vermutlich auch das bedeutendste Wahrzeichen der Alpenrepublik – nicht umsonst ziert die Kathedrale auch die österreichische Zwei-Euro-Münze.

Obwohl die ursprünglich romanische und später gotisch überstülpte Kirche, die in ihrer Frühzeit noch am Rande der Altstadt – möglicherweise sogar auf den Resten eines vorchristlichen Heiligtums – errichtet worden ist, bereits im Hochmittelalter für das damals noch eher unbedeutende Wien gewaltige Ausmaße hatte, wurde sie erst 1469 zum **Bischofssitz** erhoben. Seit ihrer Erbauung durch die Babenberger unterstand sie bis dahin den Bischöfen von Passau, war also mehr oder weniger eine Filiale des damals viel bedeutenderen Stephansdomes der niederbayerischen Dreiflüssestadt. Vom bayerischen Dom leitet sich auch das Patrozinium des heiligen Stephanus her. Pro Jahr strömen über fünf Millionen Menschen in den Dom, die meisten von ihnen sind Touristen. Bevor man sich ebenfalls durch das Nadelöhr des Riesentores in den Sakralraum begibt, kann man aber zunächst außen viel zu entdecken.

▷ Unumstrittenes Wahrzeichen Wiens: der Stephansdom mit seinem markanten Südturm, dem „Steffl"

Rund um den Stephansdom – im Herzen der Stadt

Kirchenäußeres

Beginnen sollte man den Rundgang um die Kirche vor dem Westportal – ohne sich von dem Menschengetümmel aus der Ruhe bringen zu lassen. Denn die **Westfassade** hat es in sich: Sie ist zusammen mit den Heidentürmen der älteste Teil des Doms und noch von der romanischen Kirche aus dem 13. Jahrhundert erhalten geblieben.

Warum die beiden kleinen Türme an der Westfassade **Heidentürme** heißen, ist nicht endgültig geklärt: Zum einen könnten sie aus den Relikten altrömischer Ruinen erbaut worden sein, zum anderen könnten sie auch während der Türkenbelagerung mit Minaretten in Verbindung gebracht worden sein – ebenso wie die Römer wurden auch die Türken seitens der Bevölkerung als Heiden angesehen. Eine dritte Theorie bringt den Namen in Verbindung mit je einem weiblichen und einem männlichen Fruchtbarkeitssymbol an den beiden Blendsäulen unterhalb der Heidentürme. Wer nicht genau hinsieht, dem entgehen an der Westfassade etliche spannende Details. Man entdeckt an dem Gemäuer noch zahlreiche weitere, teils rätselhafte Relikte aus der **romanischen Epoche**: finster dreinblickende Köpfe, diverse Fabelwesen und in einer kleinen Nische einen starr nach Westen blickenden kleinen Mann in seltsamer Sitzhaltung – den sogenannten **Dornauszieher**. Teilweise wird er als Richter gedeutet. Nach mittelalter-

Rund um den Stephansdom – im Herzen der Stadt

licher Auffassung drohte von Westen her Gefahr durch das Böse; zur Abwehr gesellt sich zu den Fabelwesen neben dem **heiligen Stephan** auch der **Erzengel Michael** als wehrhafter Beschützer des Kircheninneren. Noch andere seltsame Dinge gilt es zu entdecken: einen astrologischen **Zodiak**, den man ebenso wenig an einer Kirchenfassade erwarten würde wie die beiden schon erwähnten Fruchtbarkeitssymbole.

Praktischen Zwecken dienten die beiden links vom Haupttor eingelassenen Metallstäbe. Dabei handelt es sich um eine Tuch- und eine Leinenelle, mit deren Hilfe man die Abmessung von Waren

Sagen rund um den Stephansdom

Es gibt wohl keine andere Kathedrale in Europa, um die sich so viele Sagen und Legenden ranken wie um den Stephansdom zu Wien. Nicht selten ist der Teufel mit von der Partie: Schon die Errichtung der Kirche war ihm ein Dorn im Auge und deshalb verbündete sich der Leibhaftige mit Wind und Regen, um die Bauarbeiten zu behindern. Als das Gotteshaus dennoch fertiggestellt und geweiht wurde, verzog sich der Teufel wieder in die Hölle, vergaß jedoch, die Wetterdämonen von ihrem zerstörerischen Werk zu entbinden, weshalb sie immer noch um die Türme des Domes brausen. Man sagt, dass es selbst an einem windstillen Tag in ganz Österreich um den Stephansdom zieht.

Drei kleine Teufel machten den Kirchenbesuchern über Jahrhunderte das Leben schwer, piesackten sie und trieben Schabernack. Ihre Namen waren Sparifankerl, Springinkerl und Luziferl. Als sie es zu bunt trieben, wurden sie von den Wächtern gefangen und in einen kleinen Käfig gesperrt, wo sie zu Steinfiguren, den sogenannten Tattermännern, erstarrten.

Der Teufel war im Volksglauben auch Schuld daran, dass der Nordturm des Domes niemals vollendet worden ist: Er überredete den Steinmetzgesellen Hans Puchs-

baum zu einem Pakt, der ihm die Vollendung des Turmes innerhalb eines Jahres garantierte und ihm gleichzeitig die Vermählung mit der Tochter des Dombaumeisters Prachatitz, Maria, versprach. Voraussetzung war, dass Puchsbaum ein Jahr lang keinen Heiligennamen aussprechen durfte. Eines Tages stand er wieder einmal oben auf dem Gerüst des schnell wachsenden Turmes, als er unten am Stephansplatz❶ seine Geliebte erkannte und erfreut ausrief: „Maria!". Im selben Moment soll er vom Turm in die Tiefe gestürzt sein und der Turm blieb unvollendet. Zum Schluss noch eine besonders anrührende Legende: Einst sollte eine Linde dem Ausbau der Stephanskirche weichen. Der Pfarrer jedoch, der sich so an den Anblick des prächtigen Baumes gewöhnt hatte, setzte sich für die Linde ein, sodass sie bleiben durfte. Als im hohen Alter die Zeit des Pfarrers auf Erden zu Ende ging, bereitete der Baum seinem Beschützer noch eine letzte Freude, er blühte mitten im Winter und ließ die duftenden Blütenblätter bis in sein Schlafzimmer wehen, woraufhin jener friedlich entschlief. Noch heute findet man an der Südseite der Kirche zwei dicht beieinander stehende Bäume.

Wien entdecken
Rund um den Stephansdom – im Herzen der Stadt

überprüfen konnte. Neben jahrhundertealten Kunstwerken zeigt die Westfassade bei genauerem Hinsehen auch ein Symbol der jüngeren Vergangenheit: Mit dem **Code O5** hat sich eine österreichische Widerstandsgruppe gegen den Nationalsozialismus am Dom verewigt.

Genauer hinschauen sollte man auch beim romanischen Haupttor selbst, dem **Riesentor**. Der Legende nach soll in alten Zeiten ein Riesenknochen (möglicherweise ein Mammut- oder Walfischknochen) über dem Eingang gehangen haben. Die Kapitele des trichterförmigen Portals sind von Heiligen, Aposteln und mittelalterlichen Szenen geprägt, die sich teils nicht genau deuten lassen. Im Tympanon ist Christus als Weltenherrscher (Pantokrator) mit entblößtem Knie abgebildet – ein weiteres Rätsel.

Von hier aus geht es gegen den Uhrzeigersinn gen Süden zum überbauten gotischen **Singertor** und zum **Neidhartgrab**, das seit einigen Jahren restauriert wird. Es wird dem Minnesänger Neidhart von Reuenthal zugeschrieben; ob er wirklich hier begraben wurde, ist bis heute nicht eindeutig erwiesen.

Jetzt steht man direkt unterhalb des berühmtesten Turms Österreichs, des **Südturms** – von den Wienern verniedlichend **Steffl** genannt. Er ist eine der großartigsten Leistungen mittelalterlicher Baukunst und einer der wenigen europäischen Kathedralentürme, die im Mittelalter vollendet werden konnten. So erhielt beispielsweise der Kölner Dom seine Türme erst im 19. Jahrhundert. Zudem ist der Südturm auch nicht in die Fassade integriert, sondern bildet ein eigenes, versetztes Bauelement. Der Grundstein für den 136,4 Meter hohen Steffl wurde 1359 durch Rudolf IV. gelegt; vollendet wurde er 1433. Die Höhe des Turms entspricht übrigens 300 biblischen Ellen und damit der Länge der Arche Noah – sicher kein Zufall, finden sich doch am Stephansdom noch viele weitere Beispiele ausgeklügelter Zahlenmystik. Da die Turmspitze im 19. Jahrhundert abzubrechen drohte, wurde sie zwischenzeitlich abgetragen und unterschiedlichen, teils kontraproduktiven Renovierungsarbeiten unterzogen. Generell ist der Dom seit seiner Erbauung auch eine niemals enden wollende Baustelle. Sind ein Turm oder eine Fassade renoviert, beginnen schon an einer anderen Stelle neuerliche Sanierungsarbeiten. Doch den Wienern ist ihr Wahrzeichen lieb und teuer und so fanden sich auch nach dem verheerenden Brand am Ende des Zweiten Weltkriegs genügend Spender, mit deren Hilfe das Gotteshaus in den 1950er-Jahren wiederhergestellt werden konnte.

Wer eine gute Kondition besitzt, kann den **Südturm zu Fuß bis zur Türmerstube** in 72 Metern Höhe besteigen. Dabei passiert man auch das **Starhemberg-Bankerl**, von dem schon Stadtkommandant Ernst Rüdiger Graf von Starhemberg 1683 die Truppenbewegungen der belagernden Türken beobachtet haben soll – ohne feindliche Belagerer und wenn nicht gerade quietschende Jugendgruppen die Treppe hinunterstürzen, sitzt man hier wirklich bequem und genießt eine wunderbare Aussicht.

Durch die Dominanz und den prägenden Charakter des Südturms für den gesamten Dom fällt vielen Touristen oft gar nicht auf, dass der Steffl noch einen unvollendeten Zwilling hat, den **Nordturm**. Anhand seines gewaltigen Stumpfes wird ersichtlich, dass er ebenso groß und

Wien entdecken
Rund um den Stephansdom – im Herzen der Stadt

prächtig in den Himmel wachsen sollte wie sein älterer Bruder im Süden. Leider ereilte den Turm jedoch das Schicksal des zu Ende gehenden Mittelalters und der Geldnot, weshalb man ihm in der Renaissance mit der sogenannten Welschen Haube einfach eine Kuppel aufsetzte, die seither den Abschluss bildet. Im Gegensatz zum Südturm erreicht man die Aussichtsplattform hier mit einem Aufzug und hat gleichzeitig die Möglichkeit, einen Blick auf die **Pummerin** zu werfen. Die größte Glocke Österreichs wiegt 20 Tonnen und hat einen Durchmesser von drei Metern. Ursprünglich wurde sie aus türkischen Kanonenkugeln gegossen; beim Brand 1945 fiel sie zu Boden und zerbrach, wurde 1951 neu gegossen und ist nur an hohen Feiertagen und zu besonderen Anlässen zu hören.

Von den beiden großen Türmen hat man auch den besten Blick auf das gewaltige **Kirchendach**. Es besteht aus 230.000 Dachziegeln und zeigt auf der Südseite das Wappen des k. u. k. Doppeladlers, auf der Nordseite das Wappen der Stadt Wien und das der Republik Österreich.

Kircheninneres

Wenn man sich durch das Hauptportal des Riesentors ins Innere des Domes durchgezwängt hat, empfängt den Besucher eine seltsame Mischung aus touristischer Hektik und gleichzeitiger tiefer Spiritualität und Frömmigkeit. Allein das riesige Lichtermeer aus Opferkerzen beweist eindrucksvoll, dass der Stephansdom mehr ist als eine Wiener Top-Sehenswürdigkeit und ein zu Stein gewordenes Museum. Er ist **das nationale Wahrzeichen Österreichs** und ein innig verehrtes und **tief verwurzeltes Zentrum christlichen Glaubens.**

Da der vordere Bereich des Doms von den Domwärtern aufgrund regelmäßiger Gottesdienste oft abgeriegelt wird, ballen sich die Besuchermassen vorwiegend zwischen Domshop und dem Kerzen- und Andachtsbereich am **Ikonenbildnis der Maria von Pötsch** (Pócs) unter dem gotischen Oexl-Baldachin – benannt nach dem Dombaumeister Jörg Oexl. Das ursprünglich aus Ungarn stammende Gnadenbild wird seit 1697 im Stephansdom verehrt. Berühmtheit erlangte es durch ein Tränenwunder zur Zeit der Türkenbelagerung. Den weltlichen Beitrag zur Abwehr der Türken leistete bekanntlich Prinz Eugen von Savoyen. Sein Grabmal befindet sich in einer Seitenkapelle links vom Ausgang.

Den schon erwähnten Domshop betritt man durch das gotische **Bischofstor**, welches einst ins Freie führte und in dessen rechten Torpfeiler der **Kolomanistein** eingearbeitet ist. Er soll dem heiligen Koloman bei seinem Märtyrertod angeblich als letztes Ruhekissen gedient haben. Seine Berührung bringt angeblich Glück, weshalb sich über die Jahrhunderte ein tiefer Handabdruck im Stein gebildet hat. Auf der gegenüberliegenden südlichen Seite befindet sich mit dem unter einer Vorhalle versteckten **Singertor** das zweite gotische Kirchenportal mit kunstvoll gearbeitetem Tympanonfeld aus der Zeit um 1360 (nur im Rahmen von Führungen zu besichtigen).

▷ Der Dom ist nicht nur eine Sehenswürdigkeit, sondern auch ein Ort tiefer Spiritualität und gelebten Glaubens

Wien entdecken
Rund um den Stephansdom – im Herzen der Stadt

Von der ursprünglich gotischen Ausstattung der dreischiffigen Kirche sind aufgrund späterer barocker Umgestaltungen nur einzelne Werke erhalten geblieben: Eine der schönsten Skulpturen ist das Gnadenbild der **Dienstbotenmuttergottes** an einem der Hauptpfeiler aus der Zeit um 1300. Ebenfalls aus dem Hochmittelalter stammt die **Schutzmantelmadonna**. Zwei bedeutende Grabdenkmäler des Mittelalters beherbergt das Kircheninnere: Im südlichen Chor ruhen in einem aufwendig und kunstvoll gestalteten Sarkophag seit 1513 die sterblichen Überreste des habsburgischen Kaisers Friedrich III.; geschaffen hat das **Friedrichsgrab** als großartig erhaltenes Meisterwerk des Spätmittelalters der niederländische Bildhauer Niclas Gerhaert van Leyden. Auf der gegenüberliegenden Seite im Nordchor befindet sich das **Kenotaph** (Leergrab) für Herzog Rudolf IV. und seine Gemahlin Katharina von Luxemburg.

Nicht weit davon entfernt steht im Frauenchor einer der kostbarsten Altäre: der **Wiener Neustädter Altar.** Er ist mit der Jahreszahl 1447 datiert, übersiedelte allerdings erst 1883 von Wiener Neustadt aus in den Stephansdom.

Eines der meist beachteten Kunstwerke der Kathedrale ist unzweifelhaft die **Kanzel** in der Mitte des Langhauses. Als Werk der Spätgotik wurde sie lange Zeit dem Meister Anton Pilgram zugeschrieben. Heute geht man davon aus, dass der Entwurf von einem unbekannten Meister in der Nachfolge des erwähnten Niclas Gerhaert van Leyden stammt. Kirchenbaumeister Pilgram dürfte allerdings an der Ausführung beteiligt gewesen sein; darauf lässt sein Steinmetzzeichen schließen. Berühmt sind die Bilder der vier lateinischen Kirchenväter – der Heiligen Augustinus, Gregor, Hieronymus und Ambrosius (von links) – mit ihren individuellen Gesichtszügen sowie das Bildnis des **Fensterguckers** unter dem

Wien entdecken
Rund um den Stephansdom – im Herzen der Stadt

Kanzelkorb, mit dem sich der unbekannte Bildhauer selbstbewusst in Szene setzte. Pilgram selbst kann jedoch auch bewundert werden: Sein Selbstporträt ziert den Orgelfuß an der nicht weit entfernten Nordwand des Seitenschiffs. Beachtung sollte man auch dem Treppenlauf der Kanzel schenken: Kröten und Eidechsen stehen wohl für den Kampf zwischen Gut und Böse; ein kleiner Hund wacht darüber, dass die finsteren Kreaturen nicht bis zum Prediger vordringen.

Der barocke **Hochaltar** mit vier Heiligenskulpturen stammt von Johann Jacob Pock, das Altarbild von dessen Bruder Tobias Pock. Es zeigt die Steinigung des heiligen Stephanus, des Kirchenpatrons, dessen Patrozinium am zweiten Weihnachtsfeiertag, dem Stephanitag, feierlich begangen wird.

Dass sogar am Stephansdom manches Detail von den Wienern schon immer mit einem Augenzwinkern betrachtet worden ist, beweist der sogenannte **Zahnwehherrgott**, die Abbildung eines Schmerzensmannes. Er kommt im beziehungsweise am Dom gleich zweimal vor: Das Original steht an der Westwand der Nordturmhalle, eine Kopie an der Außenseite des Mittelchors. Einst wurde er der Legende nach von betrunkenen Studenten als an Zahnschmerzen leidend verspottet, worauf die Trunkenbolde ihrerseits von Zahnweh gequält wurden, ehe sie am Tatort Abbitte leisteten und ihre Schmerzen verschwunden waren.

Seit einigen Jahren befindet sich auch der **Domschatz** wieder im Dom selbst und kann auf der Westempore besichtigt werden. Unabhängig von den Kunstwerken – unter ihnen das Bildnis Herzog Rudolfs IV., das als erste bedeutende Porträtmalerei des europäischen Abendlandes gilt – lohnt sich der Aufstieg auch, da man von hier oben ganz besondere Blicke auf das Kircheninnere genießen kann.

Wen es lieber in die Unterwelt zieht: Im Rahmen von Führungen kann man eintauchen in die **Katakomben**. In der riesigen Totenstadt erwartet einen neben der Bischofsgruft, den Sarkophagen Herzog Rudolfs des Stifters und weiterer Habsburger sowie den Urnen mit den Eingeweiden von Mitgliedern des Hauses Habsburg auch eine Pestgrube (Karner) mit Tausenden Knochen und weitere Räume mit bis an die Decke gestapelten Gebeinen.

> Stephansplatz, U1/U3 Stephansplatz, www.stephansdom.at, www.stephanskirche.at, geöffnet: Mo.-Sa. 6-22, So. und feiertags 7-22 Uhr, **Führungs- und Besichtigungszeiten:** Mo.-Sa. 9-11.30 und 13-16.30, So. und feiertags 13-16.30 Uhr, **Führungen: Domführung** tägl. 15 Uhr, Dauer: 30 Min., Treffpunkt an der Kanzel, Erwachsene: 5,50 €, Kinder (bis 14 Jahre) 2 €; **Katakombenführungen:** ganzjährig halb- oder viertelstündlich zu den Besichtigungszeiten am Katakombeneingang, Erwachsene: 5,50 €, Kinder (bis 14 Jahre) 2 €; **Domschatz:** Mo.-Sa. 10-18 Uhr, Erwachsene: 5,50 €, Kinder 2 €; **Aufzug zum Nordturm/Pummerin:** Jan.-Juni 8.15-16.30, Juli/Aug. 8.15-18, Sept.-Dez. 8.15-16.30 Uhr, Erwachsene: 5,50 €, Kinder 2 €; Turmbesteigung Südturm: tägl. 9-17.30 Uhr, Erwachsene: 4,50 €, Kinder 1,50 €; **Kombiticket** (Domführung mit Audioguide, Domschatz, Katakomben, Nordturm, Südturm): Erwachsene: 17,90 € (Aktionspreis: 13,90 €), Kinder 4,90 € (Aktionspreis: 2,90 €); **Abendführung mit Dachrundgang:** Sa. 19 Uhr, Treffpunkt: Südturm Kasse, Erwachsene: 10 €, Kinder 4 €

Rund um den Stephansdom – im Herzen der Stadt

> **LITERATURTIPP**
>
> **Stephansdom-Buch**
> Leider kann im Rahmen dieses Reiseführers nicht auf alle Kunstschätze, Altäre und Geheimnisse der Wiener Kathedrale eingegangen werden. Wer sich näher für den Stephansdom interessiert, dem sei das Buch „Der Wiener Stephansdom: Porträt eines Wahrzeichens" von Reinhard H. Gruber (erschienen im Tyrolia Verlag) ans Herz gelegt.

❸ Graben ★★ [G6]

Neben Kohlmarkt und Kärntner Straße ⓳ *ist der Graben eine der meist frequentierten Flaniermeilen der Stadt. Im Gegensatz zur oft hektischen Kärntner Straße und zum meist auch eher unruhigen und lauten und alle Blicke nach oben ziehenden Stephansplatz herrscht am Graben eher eine beschwingte Betriebsamkeit. Das mag auch daran liegen, dass die Touristenströme durch das große gastronomische Freiluftangebot und die abwechslungsreichen Schaufenster etwas zur Ruhe kommen.*

Der Name geht bis in die Römerzeit und das frühe Mittelalter zurück, als sich hier zunächst ein Graben vor dem Römerkastell und später vor der alten Burgmauer befand. Aus der Burgmauer ist auf der nördlichen Seite längst eine Häusermauer geworden, von der die Jungferngasse zur Peterskirche ⓫ abzweigt. Von der Südseite zweigen neben dem Kohlmarkt gleich fünf Gassen in Richtung Hofburg ab.

Die barocke Pestsäule ist das markanteste Bauwerk am Graben

Im Barock entwickelte sich der Graben zum Promenadeplatz. Neben den feinen Herrschaften tauchten nach und nach auch weniger edle Fräulein, die sogenannten Graben-Nymphen auf. Bis auf ein Haus entstanden im 19. und beginnenden 20. Jahrhundert neue repräsentative Gebäude. Mit dem ansteigenden Autoverkehr war der Graben ein ständig verstopfter Verkehrsknotenpunkt, ehe man sich 1971, ermuntert durch den Bau der U-Bahn, dazu durchringen konnte, hier die erste **Fußgängerzone** zu errichten. Sogar eine Überdachung stand damals zur Debatte.

Wien entdecken
Rund um den Stephansdom – im Herzen der Stadt

Im Wiener Einkaufsstraßennetz bildet der Graben zusammen mit Kärntner Straße ⓳ und Kohlmarkt aufgrund seiner Form auf dem Stadtplan das **Goldene U**, wobei Graben und Kohlmarkt etliche exquisite Adressen beherbergen, während sich in der Kärntner Straße vorwiegend die internationalen Ketten breitgemacht haben. Kein Wunder, dass wohlhabende Wiener, die etwas auf sich halten, seit eh und je ihre Einkäufe bei ehemaligen **k. u. k. Hoflieferanten** wie dem Delikatessengeschäft Julius Meinl am Graben (s. S. 21) oder beim alteingesessenen Herrenschneider Knize (s. S. 23) erledigen. In der Adventszeit ist der Graben festlich beleuchtet.

Das kunsthistorisch bedeutsamste Bauwerk am Graben ist die **Pestsäule**. Die barocke Dreifaltigkeitssäule, ein bildhauerisches Meisterwerk des Hochbarocks, geht auf die im Jahr 1679 wütende Pestepidemie zurück und entstand aufgrund eines Gelübdes Kaiser Leopolds I., der am oberen Sockel in kniender Haltung und mit auffällig hervorstehender Unterlippe zu sehen ist. Während der untere Bereich der Säule die irdische Welt mit all ihren Bedrängnissen symbolisiert, ist der mittlere den Engeln als Vermittlern gewidmet, die in strahlendem Gold glänzende Spitze ausschließlich für die Heilige Dreifaltigkeit reserviert – Gottvater mit der Weltkugel, Gott Sohn mit Kreuz und Heiliger Geist in Form einer Taube.

Was die Häuser am Graben betrifft, so sind an den beiden Ecken der Dorotheergasse das **Palais Bartolotti-Partenfeld** als einzig erhaltenes Barockhaus und das von Otto Wagner errichtete **Ankerhaus** zu erwähnen. Ein stilles Örtchen der besonderen Art hat sich übrigens am Graben erhalten: ein unterirdisches **Jugendstil-WC**.

Am nordwestlichen Ende des Grabens beginnt im rechten Winkel abzweigend der **Kohlmarkt**, ebenfalls Fußgängerzone und beliebte Luxusmeile mit etlichen Juwelieren und internationalen Modelabels. Er führt in direkter Linie zum Michaelerplatz und zum Hofburg-Komplex.
❯ U1/U3 Stephansplatz

KLEINE PAUSE

Leckere Häppchen im Traditionsbuffet Trześniewski
Die ideale Adresse für den kleinen Hunger zwischendurch: die unaussprechlich guten Brötchen – so der auf den Namen bezogene Werbegag – sind eine Altstadt-Institution. Bereits 1902 eröffnete der aus Krakau stammende Franciszek Trześniewski seine erste Imbissstube und im Buffet in der vom Graben ❸ abzweigenden Dorotheergasse 1 hat sich der nostalgisch unverfälschte Charme bis heute erhalten. Im Selbstbedienungsbereich wählt man aus einer **Vielzahl unterschiedlich belegter Canapés** – am beliebtesten sind Speck mit Ei, Matjes mit Zwiebel und Geflügelleber. Bezahlt wird je nach Anzahl der gewählten Brötchen. Dazu trinkt man traditionell einen **Pfiff**, ein kleines Glas Bier, oder ein Achterl Wein. Die ideale Adresse, damit beim Besichtigungsmarathon kein Magenknurren aufkommt!

🛈149 [G6] **Trześniewski**, Dorotheergasse 1, U1/U3 Stephansplatz, www.trzesniewski.at, geöffnet: Mo.–Fr. 8.30–19.30, Sa. 9–17 Uhr

▷ *Im Innern der Michaelerkirche* ❹ *herrscht eine mystische Stimmung*

Wien entdecken
Rund um den Stephansdom – im Herzen der Stadt

❹ Michaelerkirche ★★★ [G6]

Äußerlich im Vergleich zum Stephansdom eher unspektakulär eröffnet sich im Innern ein komplex strukturierter Raum voller Anmut und Würde. Für eine Entdeckungsreise durch die vielleicht spannendste Kirche Wiens sollte man sich etwas Zeit nehmen – es gibt viel zu entdecken.

Im Vergleich zum großen Bruder am Stephansplatz ❶ kann man sich in aller Ruhe den Kunstschätzen annähern, ohne durch wildes Geknipse und Geblitze sowie lautes Geplapper gestört zu werden. Der regelmäßig vom Mesner gespendete Weihrauch und die spirituelle Hintergrundmusik verleihen dem teils düster wirkenden Kirchenraum eine besondere Aura und Mystik. Die Lichteinstrahlung auf den Hochaltar mit seinem Meisterwerk, dem Engelssturz, hat etwas höchst Feierliches.

In der 1220 erbauten Kirche hat sich ein für Wien einzigartiger spätromanischer Baubestand erhalten. Auch Gotik, Barock und Klassizismus haben ihre Spuren hinterlassen. Die unterschiedlichen Kunststile vereinen sich dennoch zu einem harmonischen Gesamtkunstwerk.

Alle Blicke sind dem Hochaltar zugewendet. Der **Engelssturz** – 1782 von Carl Merville geschaffen – „verbindet" den Himmel mit dem Altarbereich. Zusammen mit dem Tabernakel, dem darüber platzierten Lamm Gottes und dem Ikonenbildnis der Maria entsteht eine wunderbare Einheit des Altarraumes. Besondere Aufmerksamkeit verdienen die Figuren der Heiligen Sebastian (links stehend) und Johannes (sitzend), deren Blicke auf das Allerheiligste gerichtet sind. Die **Kreuzkapelle** rechts vom Hochaltar stammt aus dem Jahr 1350. Sie ist ein gotisches Kleinod mit original erhaltenen Wandmalereien, Sandsteinfiguren der Heiligen Katharina und Nikolaus sowie im Deckengewölbe angebrachten Schlusssteinen, von denen einer das Haupt Christi zeigt. Das Kruzifix mit dem fein gearbeiteten Lendentuch wird zeitlich um 1510 verortet.

Im Mittelschiff der Kirche sollte man unbedingt die romanischen Kapitelle beachten, allen voran das Drachenkapitell mit seinen Fabelwesen am Pfeiler der Kanzel. Links vom Eingang befindet sich eines der ältesten Relikte der Kirche: ein **romanisches Portal** mit einem gut erhaltenen **Tympanon** (kunstvoll gestaltete Relieffläche im Bogenfeld des Portals), das von Weinreben verziert ein gleichschenkliges Kreuz auf einer Säule im Zentrum aufweist.

Wien entdecken
Rund um den Stephansdom – im Herzen der Stadt

KURZ & KNAPP

Kleine Orientierungshilfe
Hier am Michaelerplatz befindet sich auch der Eingang zur Hofburg (s. S. 112). Die nun folgenden Kapitel führen zunächst durch den nördlichen Teil der Inneren Stadt, um schließlich im Uhrzeigersinn über Schwedenplatz, Stadtpark und Kärntner Straße wieder die Gegend um den Michaelerplatz zu erreichen.

Das Portal wurde im 17. Jahrhundert durch den Bau des dahinter liegenden „Großen Michaelerhauses" des Barnabitenordens zugemauert. Rechts vom Eingang entführt die **Turmkapelle** gleichsam in die ältere und jüngere Vergangenheit. Neben einem Fresko aus der Zeit um 1300 erinnert ein Holzkreuz an die Gräueltaten im Konzentrationslager Dachau und ein Relief an den von Nationalsozialisten ermordeten österreichischen Politiker Engelbert Dollfuß. Rechts vom Eingang der Kapelle zeigt ein mittelalterliches Fresko den Kirchenpatron: den Erzengel Michael als Seelenwäger.

Etliche weitere Gedenktafeln, Grabplatten und Seitenkapellen gilt es in dem faszinierenden Gotteshaus zu entdecken – unter ihnen die Vesperbildkapelle mit gotischer Pietà.

Selbst der Untergrund hat es in sich: Die **Gruft von Sankt Michael**, in der etwa 4000 Menschen bestattet wurden, beherbergt einzigartig erhaltene Mumien. Seit Jahren macht den Konservatoren der unterirdischen Totenstadt ein Schädling namens Rüsselkäfer das Leben schwer, weshalb ständige Renovierungsarbeiten vonnöten sind. Die Michaelergruft kann nur im Rahmen von Führungen besichtigt werden.

› Michaelerplatz, U3 Herrengasse, geöffnet: tägl. 7–22 Uhr, Führungen in der Gruft: März–Okt. Mo.–Sa. um 11 und 13 Uhr; Treffpunkt vor dem Haupteingang, Preis für die Führung: 7 €

❺ Minoritenplatz ★★ [F6]

Der Minoritenplatz wirkt wie eine Insel inmitten des 1. Bezirks. Trotz seiner Nähe zu Hofburg (s. S. 112) und Volksgarten ❹ strahlt der geschützte Platz eine gewisse Ruhe und Abgeschiedenheit aus und wird wohl auch deshalb nicht von allzu vielen Touristen entdeckt, obwohl es viel zu entdecken gibt.

Mit dem **Palais Starhemberg** (Nr. 5) und dem aufwendig instand gesetzten **Palais Liechtenstein** (Nr. 4) besitzt der Platz zwei barocke Paläste. Letzteres ist ein echtes Schmuckkästchen und gilt als erstes bedeutendes Bauwerk des Hochbarock. Es kann im Rahmen einer angemeldeten Führung besichtigt werden (Infos sowie ein virtueller Rundgang unter: www.palaisliechtenstein.com). Weitere bedeutende Gebäude sind das österreichische **Außenministerium** (offiziell: Bundesministerium für Europa, Integration und Äußeres) am Minoritenplatz 8 sowie das von Kaiserin Maria Theresia 1743 gegründete **Haus-, Hof- und Staatsarchiv**. Es beherbergt unter anderem eine Urkunde Kaiser Ludwigs des Frommen aus dem Jahre 816.

Stichwort fromm: Dominiert wird der Platz von der namensgebenden **Minoritenkirche**, deren Name sich wiederum von Franziskanermönchen *(fratres minores)* herleitet, welche vom Babenberger Herzog Leopold VI. 1230 an die Donau gerufen wurden. Sie gilt als eine der ersten gotischen Kirchen Österreichs, erleb-

Rund um den Stephansdom – im Herzen der Stadt

te im Laufe der Jahrhunderte zahlreiche bauliche Veränderungen und dient heute der italienischen Kongregation als italienische Nationalkirche.

Das markante Gotteshaus, das man auch von der Ringstraße aus sieht, zeichnet sich äußerlich durch einen seltsam kurz anmutenden Kirchturm aus. Ursache dafür waren türkische Kanonenkugeln, die den ursprünglichen Turm während der Belagerung Wiens beschädigten. Besondere Aufmerksamkeit verdient das gotische Hauptportal mit seinem einzigartigen Tympanon. Ein gotischer Kunstschatz im Inneren ist die anmutig lächelnde und elegant geschwungene sogenannte **Familienmadonna** mit Zepter und Jesuskind auf dem Arm aus dem Jahre 1345. Während des Zweiten Weltkriegs war sie im Stephansdom ❷ untergebracht und überstand wie durch ein Wunder die Zerstörungen bei Kriegsende.

Ein weiteres bedeutendes Kunstwerk ist eine **Mosaikkopie des Letzten Abendmahls von Leonardo da Vinci.** Das von Napoleon I. in Auftrag gegebene Monumentalwerk wurde vom römischen Künstler Giacomo Raffaelli ausgeführt, besteht aus lauter winzigen Steinchen und wirkt dadurch wie gemalt. Nachdem der Franzosenkaiser niedergerungen war, holte Kaiser Franz I. das 20 Tonnen schwere Mosaik nach Wien. Ursprünglich sollte es im Schloss Belvedere ⓾ aufgestellt werden, war jedoch dafür zu groß und fand letztendlich in der Minoritenkirche seinen würdigen Platz. Aufmerksamkeit verdient auch der neugotische Arkadengang, der außen an das südliche Kirchenschiff angebaut wurde und in abendlicher Beleuchtung besonders stimmungsvoll wirkt.

› U3 Herrengasse

❻ Rund um die Freyung ★★ [F6]

Die Freyung ist ein geschichtsträchtiger Platz und liegt wie der Minoritenplatz ❺ etwas abseits vom großen Touristenrummel. Im Gegensatz zu anderen bedeutenden Plätzen Wiens besitzt die Freyung keine rechteckige Form, sondern bildet eher eine Art asymmetrisches Dreieck. Viele Wiener haben den Platz nicht nur wegen des stimmungsvollen Weihnachtsmarkts ins Herz geschlossen.

Der Ursprung des Namens ist nicht restlos geklärt und könnte sich sowohl von einem alten Friedhof (Freithof) als auch von der Befreiung von städtischer Gerichtsbarkeit herleiten. Wie dem auch sei – sicher ist, dass die Freyung und das nach Norden hin angrenzende **Schottenstift** geschichtlich nicht voneinander zu trennen sind; so hieß der Platz auch lange Zeit „Gegend bei den Schotten". Gemeint sind eigentlich sogenannte Iroschotten, also irische Mönche, die unter dem Babenberger Herzog Heinrich Jasimirgott Anfang des 12. Jahrhunderts nach Wien geholt wurden und das Kloster gegründet haben. An der Außenmauer der Schottenkirche erinnert ein Denkmal an den Klosterstifter, seine sterblichen Überreste ruhen in der Krypta der Kirche.

Die „Benediktinerabtei Unserer Lieben Frau zu den Schotten", wie sie offiziell heißt, brachte über die Jahrhunderte hinweg herausragende Köpfe hervor, die das Wiener Geistesleben maßgeblich geprägt haben. Das angeschlossene Schottengymnasium war seit 1807 Ausbildungsstätte der Wiener Elite – neben Österreichs letztem Kaiser Franz I. drückten Politiker wie der ehemalige Bundeskanzler Wolfgang Schüssel, Kulturschaffende wie Walzerkönig Johann Strauss oder Wissenschaftler wie der Zoologe Konrad Lorenz bei den Schotten die Schulbank.

Das **Museum im Stift** beherbergt in Form des **Schottenaltars** einen spätgotischen Kunstschatz der Extraklasse. Der Flügelaltar eines unbekannten Meisters zeigt im Hintergrund detaillierte Darstellungen der mittelalterlichen Städte Wien und Krems (Niederösterreich). Die **Schottenkirche** als dominierendes Gebäude auf der Freyung ist ein Werk des Barock und wurde durch Papst Pius VII. 1958 in den Rang einer Basilica Minor erhoben. Leider ist die Kirche seit 2014 aufgrund von wiederkehrendem **Vandalismus** nicht mehr regelmäßig geöffnet.

› Museum im Schottenstift, Freyung 6, U3 Herrengasse, Tel. 53498600, www.schottenstift.at, geöffnet: Di.–Sa. 11–17 Uhr, Eintritt: 8 € (ermäßigt 6 €). Jeden Samstag (außer an Feiertagen) findet um 14.30 Uhr zum Preis von 10 € eine Führung durch Kirche, Museum, Krypta, Romanische Kapelle, Prälatensaal und Bibliothek statt.

Im Zentrum des Platzes steht der **Austriabrunnen** mit der personifizierten Austria auf der Säulenspitze. Darunter gruppieren sich als Allegorien die Flüsse Elbe, Donau, Weichsel und Po, welche das ehemalige Kaiserreich in Nordsee, Schwarzes Meer, Ostsee und Adria entwässerten. Lustigerweise stammt dieses österreichisch-patriotische Kunstwerk aus dem Jahre 1846 von zwei Bayern: vom Bildhauer Ludwig Schwanthaler, der auch die Monumentalstatue der Bavaria über der Münchner Theresienwiese erschaffen hat, und vom Erzgießer Ferdinand von Miller.

Das **Palais Kinsky** (Freyung 4) ist eines der bedeutendsten Barockpalais Wiens. Für Romantiker und Antiquitätenliebhaber ein Muss: die prächtige **Arkadenpassage des Palais Ferstel** (ehemalige Börse und Nationalbank, Freyung 2) mit ihrem hexagonalen Lichthof (Basarhof) samt Donaunixenbrunnen, dem Café Central (s. S. 39) sowie edlen Antiquitätenläden und Boutiquen. Man wähnt sich hier ein wenig wie in Florenz, Mailand oder Venedig.

Romantische Stimmung herrscht auch auf dem jährlichen **Altwiener Weihnachtsmarkt** (s. S. 16), den viele Einheimische für den stimmungsvollsten Christkindlmarkt Wiens halten. Außer im Advent wird auf der Freyung auch über das Jahr hinweg immer wieder Markt gehalten – mit dem Schwerpunkt auf einheimischen Produkten.

❼ Tiefer Graben und Hohe Brücke ★ [G6]

Von all den Gassen der Wiener Altstadt bildet der Tiefe Graben eine Besonderheit: Liegt er doch deutlich unter dem Straßenniveau der umliegenden Häuser und gräbt sich im Gegensatz zu seinem „untiefen" Namensvetter ❸ tatsächlich wie ein Graben mitten durch die Innenstadt. Grund für die Anomalität im Gassennetz: Wer heute durch den Tiefen Graben spaziert, befindet sich historisch gesehen im Bett des **Ottakringer Baches** (bis 1200) und des **Alser Baches**, die bis ins Mittelalter hier der Donau entgegenflossen. Nach deren Trockenlegung wurde das steile Bachbett niemals ganz aufgefüllt.

Überquert wird der Tiefe Graben von der Wipplingerstraße über die **Hohe Brücke**. Direkt neben der Brücke ist der am Haus der österreichischen Klassenlot-

Rund um den Stephansdom – im Herzen der Stadt

terie (Wipplingerstraße 23) befestigte **Schornsteinfeger** ein Blickfang. Gegenüber sticht ein prächtiges Gründerzeithaus mit Erker ins Auge. Hinunter zum Tiefen Graben gelangt man über zwei übelriechende Treppenabgänge.

Bereits zur Römerzeit überquerte hier eine Brücke den Bach. Vom Mittelalter bis 1857 existierte eine gemauerte Brücke mit Nepomuk-Kapelle, danach eine neogotische Konstruktion, ehe schließlich 1903 der heutige **Jugendstilbau** errichtet worden ist – ein bis heute oft übersehenes denkmalgeschütztes Kleinod, bei dem man auf die Details achten sollte. Unter der Brücke stehend, sieht man in den Ecken die Vorgängerbauten als Reliefs in Gold auf Marmor eingearbeitet; eine Tafel erinnert an die Erbauungszeit unter Bürgermeister Dr. Karl Lueger. Am Tiefen Graben Nr. 30 findet man das legendäre **Hotel Orient**, unter anderem Drehort im Film „Der dritte Mann" (s. S. 102). Auch die erste Schwulendiskothek Wiens, das Why Not, fand 1979 im Tiefen Graben Nr. 22 ihre Heimat.
› U3 Herrengasse

❽ Maria am Gestade ★★ [G6]

Nicht viele Touristen verirren sich in diesen eher versteckten Winkel der Altstadt und entdecken dort ein **kirchliches Kleinod gotischer Baukunst**, das von engen und romantischen Gassen umgeben ist. Schon der hübsche Name lässt aufhorchen: Man assoziiert sogleich die Gestade des Meeres und liegt damit gar nicht mal so falsch. Unterhalb des Hanges rauschten einst die Donauwellen ans Ufer, bevor der Fluss aus der Innenstadt verbannt worden ist und von dem einst

Wiens exklusives Liebesnest

*Das **Hotel Orient** ist eine traditionsreiche Institution der besonderen Art. Es ist Wiens berühmtestes Stundenhotel. Etliche Liebesromane würden die Geschichten seiner Besucher hergeben. Im Gegensatz zu den günstigen Stundenhotels in der Leopoldstadt und am Gürtel hat das Orient kein Schmuddelimage, ein erotisches Image aber allemal. Hier verbrachten und verbringen auch Liebespaare der besseren Gesellschaft intensive Stunden, was sich auch in den Preisen ausdrückt. Stets wird auf Diskretion geachtet (www.hotel-orient.at)*

mächtigen Flussarm lediglich der Donaukanal übrig blieb. Dadurch war sie auch die Kirche der Donauschiffer.

Eine **steile Treppe** führt zur Kirche hinauf, eine weitere über das reich verzierte gotische Seitenportal hinein ins Gotteshaus. Das Kircheninnere beeindruckt zuallererst durch seine eigenartige Architektur. Das Langhaus mit seinem faszinierenden Netzrippengewölbe macht hier seinem Namen alle Ehre und weitet sich etwas gekrümmt zum breiteren Chor hin. Diese vermutlich den beengten Platzverhältnissen geschuldete Form verleiht der Kirche gleichsam eine besondere Magie und tatsächlich herrscht hier stets eine sehr andächtige und beruhigende Atmosphäre.

Besondere Verehrung genießt der **Heilige Klemens Maria Hofbauer,** seit 1914 ein Stadtpatron Wiens. Ihm ist es zu verdanken, dass die Kirche, die während der napoleonischen Zeit sogar als Pferdestall dienen musste, vor dem Verfall

Wien entdecken
Rund um den Stephansdom – im Herzen der Stadt

9 Judenplatz ★★ [G6]

Nur über kleine Gassen erreicht man diesen versteckten Platz und ist erstaunt ob seines harmonisch architektonischen Ensembles. Wie der Name schon sagt, bildete der Judenplatz im Mittelalter das Zentrum des jüdischen Ghettos innerhalb der Wiener Stadtmauern.

Begrenzt wurde die Judenstadt vom Tiefen Graben 7, der Kirche Maria am Gestade 8, der Tuchlauben und dem Platz Am Hof 10. Ihr zentraler Platz hieß bis 1421 Schulhof und beheimatete neben der Schule auch die alte Wiener Synagoge, die Or-Sarua-Synagoge. In jenem Jahr beschuldigte Herzog Albrecht V. die österreichischen Juden der Kollaboration mit den Hussiten und des Hostienfrevels und ließ sie auf blutige Weise verfolgen. Im Rahmen der **Wiener Gesera** wurde die Synagoge zerstört, etliche Bewohner des Viertels wählten den Freitod, andere wurden auf dem Scheiterhaufen verbrannt. Insofern handelte es sich bei der planmäßig ausgeführten Gesera (ursprünglich der hebräische Begriff für ein judenfeindliches Gesetz) um einen Vorläufer späterer Pogrome. Dabei wurde das im 13. und 14. Jahrhundert blühende jüdische Leben in Wien mitsamt seiner reichen Kultur in Österreich weitgehend zerstört und konnte sich in der Folgezeit nur mühsam erholen. Grausamer Höhepunkt war die Verbrennung von 92 Männern und 120 Frauen auf der Gänseweide in Erdberg (3. Bezirk, heute Weißgerberlände nähe Hundertwasserhaus 55) am 12. März 1421.

bewahrt wurde. Dementsprechend befinden sich seine sterblichen Überreste in einem Sarkophag. Sonntags von 15 bis 18 Uhr informiert ein kleines Museum, das vom Chor aus betreten wird, über Leben und Werk des katholischen Ordensmannes der Redemptoristen.

Auch der gotische Kirchturm mit seinem kunstvoll gefertigten **durchbrochenen Turmhelm**, welcher nach Einbruch der Dunkelheit gleich einer Laterne über den Dächern der Stadt erstrahlt, ist von seinem Charakter her einzigartig. Bei so viel Einzigartigkeit wundert es nicht, dass in der Marienkirche gerne Hochzeit gehalten wird – wahrlich ein Ort für besondere Momente!

› Salvatorgasse 12, U1/U3 Stephansplatz oder Straßenbahnlinie 1 Salztorbrücke, täglich geöffnet bis 18 Uhr

◰ Gotisches Kirchenjuwel: Maria am Gestade 8

Rund um den Stephansdom – im Herzen der Stadt

Ein makaberes und alles andere als christliches Zeugnis dieses Pogroms legt noch heute eine historische Inschrift am **Jordanhaus** (Judenplatz Nr. 2), einem der ältesten Häuser Wiens, ab. Eine lateinische Inschrift unterhalb eines Reliefs, das die Taufe im Jordan und den heiligen Georg darstellt, bejubelt das Pogrom förmlich. Eine Gedenktafel am Haus Nr. 6 nimmt Bezug auf die spätmittelalterlichen Gräueltaten, sieht in ihnen ein Vorzeichen für die späteren Verbrechen des Nationalsozialismus und spannt damit an diesem Ort der Erinnerung auch den Bogen zum zentralen **Mahnmal für die österreichischen jüdischen Opfer der Schoah** im Zentrum. Der von Rachel Whiteread gestaltete und am 25. Oktober 2000 enthüllte Kubus symbolisiert eine nach außen gekehrte Bibliothek. Die Regale sind mit scheinbar endlos vielen Ausgaben ein und desselben Buches bestückt, die für die große Zahl der Opfer und ihrer Lebensgeschichten stehen. Gleichzeitig ergeben sich Bezüge zur Buchreligion Judentum und zu einer durch die Vernichtung jüdischen Lebens verursachten kulturellen Leerstelle. Die Flügeltüren sind geschlossen, Türklinken fehlen. Bodenplatten benennen 45 Orte und Lager, an denen österreichische Jüdinnen und Juden zwischen 1938 und 1945 ermordet wurden.

Papst Benedikt XVI. gedachte bei seinem Österreichbesuch 2007 in Anwesenheit des Oberrabbiners Paul Chaim Eisenberg der mehr als 65.000 Wiener Opfer.

Im Rahmen von Grabungsarbeiten in den 1990er-Jahren konnten die Grundmauern der mittelalterlichen Synagoge freigelegt werden. Das Misrachi-Haus (Nr. 8) wurde als **Museum am Judenplatz** zu einer Außenstelle des **Jüdischen Museums** [20] in der Dorotheergasse umgewandelt, um die Ausgrabungen der Öffentlichkeit zugänglich zu machen. Beide Museen sind mit einer gemeinsamen Eintrittskarte zu besuchen.

Neben dem Mahnmal dominiert das Denkmal für Gottfried Ephraim Lessing den Platz – 1935 enthüllt, 1939 von den Nazis eingeschmolzen, 1965 vom Künstler Siegfried Charoux ein zweites Mal erschaffen und 1968 enthüllt.

Weitere beachtenswerte Bauwerke sind unter anderem: die Böhmische Hofkanzlei (Nr. 11), das Haus der Genossenschaft der Kleidermacher (Nr. 10) und das Haus der Wiener Gastwirte (Nr. 3–4).
› U1/U3 Stephansplatz

Lessing-Denkmal im Zentrum des Judenplatzes

Rund um den Stephansdom – im Herzen der Stadt

❿ Am Hof ★★ [G6]

Seit die touristischen Hauptrouten zwischen Oper, Stephansplatz, Graben und Hofburg zirkulieren, ist es etwas ruhiger um den Platz „Am Hof" geworden. Dabei war er einst einer der bedeutendsten Plätze der Innenstadt.

Im Hochmittelalter befand sich hier der für den Namen des Platzes verantwortliche **Hof der Babenberger**, seitdem Herzog Heinrich Jasimirgott 1156 seine Residenz von Klosterneuburg ❼❽ nach Wien verlegt hatte. Damit verbunden war die historische Blüte dieses Ortes: Der Hof war **Zentrum von Minnesang und Rittertum**. Kaiser Friedrich Barbarossa machte hier 1165 auf dem Kreuzzug ins Heilige Land Station und die bedeutenden Minnesänger Reinmar von Hagenau und Walther von der Vogelweide traten hier zum Wettstreit an. Ab 1340 diente das Areal als **Marktplatz**, einstmals für Fische und Krebse, später für Obst und Gemüse, seit dem 19. Jahrhundert als Christkindlmarkt und zwischen 1973 und 1977 als Wiener Flohmarkt – danach übersiedelte der Flohmarkt auf das Gelände am Naschmarkt ❹❾. Der jährliche Christkindlmarkt am Hof (s. S. 16) erfreut sich mittlerweile wieder großer Beliebtheit und ist einer der stimmungsvollsten Weihnachtsmärkte der Stadt.

Neben der lebensfrohen Nutzung als Markt war der Platz auch langjährige **Richtstätte** und Schauplatz blutiger Ereignisse: Während der **Revolution 1848** massakrierte eine aufgebrachte Menschenmenge den damaligen Kriegsminister Graf von Latour und hängte die Leiche an einer Laterne auf. Für die katholische Kirche waren der Platz und die dazugehörige Kirche am Hof ebenfalls von Bedeutung: Ab Mitte des 16. Jahrhunderts dominierte der **Jesuitenorden** über 200 Jahre lang das Geschehen und immerhin zwei Päpste spendeten von der Terrasse der Kirche aus den Ostersegen Urbi et Orbi – Pius VI. im Jahre 1782 und Johannes Paul II. 1983. Im Jahre 1806 wurde am Hof das Ende des Heiligen Römischen Reichs proklamiert.

Markantestes Bauwerk des Platzes ist die schon erwähnte **Kirche am Hof** mit ihrer prunkvollen barocken Westfassade. Heute dient das Gotteshaus den kroatischen Katholiken Wiens als Heimstätte. Dass es sich ursprünglich um ein gotisches Bauwerk handelte, erkennt man äußerlich noch von der Seitzergasse aus am gotischen Chor. An der Chormauer befinden sich übrigens zwei winzige denkmalgeschützte Geschäftslokale. Daneben bietet der enge Durchschlupf für Fotografen auch eine hervorragende Möglichkeit, um Fiaker abzulichten – die Kutschen zwängen sich auf ihrer Standartroute fast alle durch dieses Nadelöhr zum Hof.

Zurück zum Platz: Im Zentrum steht seit Ende des Dreißigjährigen Kriegs eine **Mariensäule** – vergleichbar mit dem Münchner Pendant am Marienplatz. Hier wie dort wehren vier Puttenengel die Bedrohungen durch Hunger, Krieg, Unglaube und Pest ab – symbolisiert durch Drache, Löwe, Schlange und Basilisk.

Weitere erwähnenswerte Bauwerke sind das **Bürgerliche Zeughaus** (Nr. 10) mit seinem glänzenden Globus auf dem Gesims und das **Palais Collato** (Nr. 13), in dem 1762 das erste öffentliche Konzert des sechsjährigen Wolfgang Amadeus Mozart und dessen Schwester stattfand.
› U1/U3 Stephansplatz

Rund um den Stephansdom – im Herzen der Stadt

11 Peterskirche ★★ [G6]

Die Peterskirche steht auf geschichtsträchtigem Boden, was sich wie bei anderen Peterskirchen bereits aus dem Petrus-Patrozinium ableiten lässt: Hier befand sich bereits in spätrömischer Zeit die wohl **erste christliche Kirche Wiens**. Im Jahr 1701 wurde ein seit dem 12. Jahrhundert existierender mittelalterlicher Nachfolgebau auf Geheiß Kaiser Leopolds I. abgerissen und an seiner Stelle nach Plänen von Lukas von Hildebrandt ein **barocker Neubau** errichtet.

Der äußerlich eher unscheinbare Kirchenbau, der sich hinter den Häuserfassaden des Grabens versteckt, zählt im Inneren neben der Karlskirche 51 zu den prächtigsten Zeugnissen barocker Sakralkunst in Wien. Infolge aufwendiger Renovierungsarbeiten um die Jahrtausendwende erstrahlen die **Wandmalereien** wieder in ihrer ursprünglichen Farbenpracht.

Neben Darstellungen der Allerheiligsten Dreifaltigkeit (am Hochaltar, auf der Kanzel und im Fresko der Kuppel) zeugt der Raum von einer ausgeprägten Marienverehrung, was an etlichen Marienbildern deutlich wird. Besondere Beachtung verdient unter anderem das **Maria-Hilf-Bild** des Wiener Künstlers Franz S. Rosenstingel am Sebastian-Altar. Es zeigt eine jugendliche Muttergottes mit Kind, die dem Betrachter einen zärtlich-liebevollen Blick zuzuwerfen scheint. Etwas weniger liebevoll und aus heutiger Sicht für manche Besucher seltsam anmutend: die in **Reliquienschreinen** aufgestellten und geschmückten Skelette zweier römischer Katakombenheiliger. In der Zeit des Barock fand in Europa ein

☐ *In der Peterskirche gibt es barocke Pracht, wohin das Auge reicht*

Wien entdecken
Rund um den Stephansdom – im Herzen der Stadt

> **EXTRATIPP**
>
> **Die Kleeblattgasse**
> Nicht nur der Name klingt nett: Die kleine Gasse [G6] abseits der Touristenströme besteht aus einem schön erhaltenen historischen Häuserensemble und führt den Besucher weg von den belebten Tuchlauben in einen etwas verwunschen wirkenden Winkel. Im Hochsommer ist die schattige Gasse, die einst zur mittelalterlichen Judenstadt gehörte, angenehm kühl. Kulinarisches Highlight ist das Kolar-Beisel (s. S. 28), das für süffiges Bier und seine Fladenspezialitäten bekannt ist. Über einen kleinen Durchschlupf („Ofenloch") und einen Hinterhof gelangt man zur Kurrentgasse und zum Judenplatz ❾.

lebhafter Reliquienhandel statt. Dabei wurden Knochen aus den römischen Katakomben gerne frühchristlichen Märtyrern zugeordnet.

Betreut wird die Kirche übrigens von Mitgliedern der Laienbruderschaft **Opus Dei**. Ein Bildnis im Seitenaltar links von der Kanzel zeigt den Gründer der Organisation, Josemaría Escrivá, der von Papst Johannes Paul II. 2002 heiliggesprochen wurde.

› Petersplatz, U1/U3 Stephansplatz, www.peterskirche.at (hier findet man auch eine schöne Panoramaansicht der Kirche), geöffnet: Mo.–Fr. 7–20, Sa./So. 9–21 Uhr

⓬ Neidhart-Fresken ★ [G6]

Das äußerlich eher unscheinbare Haus Tuchlauben 19 hat einen Schatz des Mittelalters konserviert: Die Neidhart-Fresken – gut erhaltene Wandmalereien, welche die angeblich so dunkle Epoche in farbenfroher Lebendigkeit und Lebensfreude darstellen. Während man christliche Themen in der mittelalterlichen Freskenmalerei insbesondere in Kirchen relativ häufig finden kann, sind diese profanen Freskenmalereien **eine echte Seltenheit**.

Sie entstanden wohl um das Jahr 1407 und schmückten einst den großen **Tanzsaal** des Tuchhändlers Michel Menschein. Irgendwann wurden sie übermalt, fielen in einen Dornröschenschlaf und kamen erst 1979 im Rahmen eines Wohnungsumbaus wieder zum Vorschein.

Die noch erhaltenen Szenen werden vom Wien Museum (s. S. 148) betreut. Sie illustrieren Lieder des Minnesängers **Neidhart von Reuenthal** (ca. 1180–1240). Dargestellt sind Naturszenen im Jahreskreislauf: unter anderem ein vergnügtes Ballspiel, ein durchaus drastisch dargestellter Spiegelraub, der verbunden ist mit dem Verlust der mädchenhaften Unschuld, eine Rauferei und ein lieblicher Reigentanz. Bei einigen der dargestellten Personen ist bis heute ein anmutiges und keckes Lächeln zu erkennen.
› Wien Museum Neidhart-Fresken, Tuchlauben 19, Tel. 5359065, geöffnet: Di.–So. und feiertags 10–13 und 14–18 Uhr (außer 1.1., 1.5., 25.12., Oster- und Pfingstmontag), Eintritt: 4 € (3 € ermäßigt), Jugendliche bis 18 Jahre frei, jeden ersten Sonntag im Monat Eintritt frei

⓭ Hoher Markt und Ankeruhr ★ [G6]

Hoher Markt bedeutet in diesem Fall wichtiger Markt und tatsächlich war das Areal früher einer der bedeutendsten Plätze der Stadt. Heute zieht es Touristen wegen der einzigartigen Jugendstil-Uhr hauptsächlich mittags dorthin.

Wien entdecken
Rund um den Stephansdom – im Herzen der Stadt

Am Hohen Markt befindet man sich im Herzen des ehemaligen römischen Legionslagers **Vindobona**. Etwa 350 Jahre lang sicherten die Römer im Wiener Raum ihr Imperium gen Norden ab. Zur Blütezeit lebten in Vindobona schätzungsweise 30.000 Menschen – ein buntes Völkergemisch aus Römern, Einheimischen und Zuwanderern aus dem gesamten Reich. Im **Römermuseum** am Hohen Markt 3 (s. S. 47) sind Funde aus der römischen Epoche Wiens und Reste von zwei Tribunenhäusern zu sehen.

Im Mittelalter prägten bürgerliche Zunfthäuser das Bild; es existierte ein reger Handel mit Lebensmitteln und Textilien. Bei der heutigen Hausnummer 5 stand einst die Schranne, ein Gerichtsgebäude mit hauseigener Kapelle „Zur Todesangst Christi".

In der Mitte des Platzes befindet sich der **Vermählungsbrunnen** (Josefsbrunnen) aus dem Jahre 1732, der die Vermählung Josefs mit Maria thematisiert. Blickfang und touristischer Anziehungspunkt ist die **Ankeruhr** aus dem Jahre 1914, die als zehn Meter lange, brückenartige Verbindung die beiden Gebäudeteile des Ankerhofs über die Straße Bauernmarkt überspannt. Ihren Namen verdankt die vom Künstler Franz Matsch gestaltete Spieluhr der ehemaligen Anker-Versicherung. Berühmten Persönlichkeiten wird Tribut gezollt. Jede der zwölf Stunden wird durch eine Kupferfigur symbolisiert. Um **12 Uhr mittags findet eine Figurenparade** mit musikalischer Untermalung statt. Der Reihe nach erscheinen: Marc Aurel (Stunde 1–2), Karl der Große (2–3), Leopold VI. und seine Gattin Theodora, Prinzessin von Byzanz (3–4), Walther von der Vogelweide (4–5), König Rudolf von Habsburg und seine Gattin Anna von Hohenberg (5–6), Meister Hans Puchsbaum (6–7), Kaiser Maximilian I. (7–8), Bürgermeister Johann Andreas von Liebenberg (8–9), Graf Ernst Rüdiger von Starhemberg (9–10), Prinz Eugen von Savoyen (10–11), Kaiserin Maria Theresia und ihr Gatte Kaiser Franz I. von Lothringen (11–12) und Joseph Haydn (12–1). Musikalisch untermalt werden die Akteure unter anderem durch das „Nibelungenlied" (Leopold VI.), „Innsbruck, ich muss dich lassen" (Maximilian I.) oder „O du lieber Augustin" (Bürgermeister Liebenberg).

› U1/U3 Stephansplatz

Jugendstil-Kunstwerk: die Ankeruhr am Hohen Markt

Rund um den Stephansdom – im Herzen der Stadt

KLEINE PAUSE

Cafe Korb – ein Café mit Charme

Das Wiener Altstadtcafé (s. S. 39) präsentiert sich als stimmiger Mix aus Tradition, 1950er-Jahre Schick und Wiener Gemütlichkeit – es hat einfach Stil. Geleitet wird es von Susanne Widl, die sich neben ihrer Funktion als Gastronomin auch als Mannequin, Schauspielerin und Muse des berühmten Wiener Medien- und Aktionskünstlers Peter Weibel einen Namen gemacht hat. Das schöne am Korb: Hier kann man nicht nur guten Kaffee trinken, hier schmeckt auch das Essen vorzüglich – und hier kann man am Nachbartisch noch auf echte Wiener Originale treffen. Übrigens: Sogar die kunstvoll gestalteten WC-Anlagen sind einen Besuch wert.

⑭ Rund um den Kornhäuselturm ★★ [G6]

Die Gegend zwischen Ruprechtskirche ⑮, Fleischmarkt, Rotenturmgasse und Schwedenplatz ⑯ kennt man auch als Bermudadreieck. Einst gehörte das Viertel zum Römerlager Vindobona und zum mittelalterlichen Zentrum Wiens. Später ließen sich rund um den Kornhäuselturm jüdische Kaufleute nieder und gründeten die Wiener Hauptsynagoge.

Die Rotenturmstraße, die Stephansplatz ❶ und Schwedenplatz miteinander verbindet, war einst eine der wichtigsten Ein- und Ausfallstraßen der Stadt. Hier stand bis ins 18. Jahrhundert das Rotenturmtor als Wahrzeichen Wiens und Durchgang zur Donaubrücke.

Über den Fleischmarkt (Gasse) gelangt man zu einer steilen Treppe, die hinauf zum **Kornhäuselturm** führt, Wiens erstem „Wolkenkratzer". Das denkmalgeschützte neunstöckige Haus entstand nach Plänen des Architekten Joseph Kornhäusel zwischen 1825 und 1827 und wirkt wie eine vergessene Ruine aus längst vergangenen Zeiten. Der österreichische Schriftsteller Adalbert Stifter hatte im Turm einst eine Wohnung und beobachtete von hier aus die totale Sonnenfinsternis am 8. Juli 1842, worauf eine Gedenktafel in der Seitenstettengasse 2 verweist.

Hinter der Fassade der Seitenstettengasse 4 verbirgt sich der **Stadttempel, Wiens jüdische Hauptsynagoge**, die – ebenfalls ein Werk Kornhäusels – bereits einige Jahre vor dem Himmelsereignis am 9. April 1826 feierlich eröffnet worden ist. Die eigentliche Synagoge verbirgt sich hier im wahrsten Sinne des Wortes hinter der klassizistischen Fassade eines vierstöckigen Hauses: Die Vorschriften in der ersten Hälfte des 19. Jahrhunderts erlaubten nichtkatholische Gotteshäuser als sogenannte Toleranzbethäuser nur dann, wenn sie von der Straße aus nicht unmittelbar als solche erkennbar waren.

Bis heute würde man den Stadttempel als unwissender Passant hier nicht vermuten, würde nicht eine Inschrift am Eingangstor den Bestimmungszweck erahnen lassen. „Kommet zu seinen Toren mit Dank, zu seinen Vorhöfen mit Lobgesang", steht in hebräischen Lettern geschrieben.

So diskriminierend diese Verborgenheitspflicht aus heutiger Sicht erscheint, paradoxerweise hat die enge Verbauung des Areals den Stadttempel als einzige Synagoge Wiens in der **Reichspogromnacht 1938** vor dem Raub der Flammen bewahrt. Zum 150. Jubiläum im Jahr 1976 nahmen hochrangige österreichische Politiker an der Festveranstaltung teil, unter ihnen Bundeskanzler Bruno Kreisky. Wenige Jahre später verübten palästinensische Terroristen Anschläge auf die Wiener Hauptsynagoge. Während der Bombenanschlag 1979 keine Opfer forderte, gab es beim Angriff 1981 Tote und Schwerverletzte. Dies hat bis heute zur Folge, dass das Gotteshaus rund um die Uhr von der Polizei beschützt wird. Seither kam es glücklicherweise zu keinen weiteren Anschlägen. Geführte Besichtigungen sind möglich.

Seit den 1980er-Jahren wird im Dreieck zwischen Kornhäuselturm, Ruprechtskirche und Schwedenplatz ⓰ nicht nur gebetet, sondern auch gefeiert. Das **Bermudadreieck** ist bis heute ein beliebtes Kneipenviertel für Nachtschwärmer. Bis spät in die Nacht herrscht ausgelassenes und oft lautes Treiben; junge Wienerinnen und Wiener amüsieren sich gemeinsam mit feierwütigen Touristen aus aller Welt.

› U1/U4 Schwedenplatz
› **Synagoge:** Seitenstettengasse 4, Tel. 531040, www.ikg-wien.at, Führungen finden üblicherweise Mo.–Do. 11.30 und 14 Uhr statt (Ausnahme: jüdische, christliche oder staatliche Feiertage). Ausweis erforderlich.

⓯ Ruprechtskirche ★★★ [G6]

Die Ruprechtskirche steht nicht nur mitten in der Innenstadt, sondern sogar inmitten des nachts sehr belebten Bermudadreiecks. Dennoch wirkt dieser kleine Platz auf der Hangkante über dem Donaukanal wie ein behütetes Plätzchen, an dem die Zeit stehen geblieben zu sein scheint.

Wenn man die Treppe vom Morzinplatz (Verlängerung vom Schwedenplatz ⓰) aus hinauf schreitet, hat das mit Efeu bewachsene Kirchlein direkt etwas von einem Dornröschenschloss, beziehungsweise in diesem Fall von einer Dornröschenkirche, die einer anderen Zeit entsprungen zu sein scheint. Der Eindruck, dass es sich hier um ein sehr altes Gebäude handelt, täuscht nicht: Die Ruprechtskirche ist vermutlich die **älteste erhaltene Kirche** des ursprünglichen Wiens, sie steht auch auf uraltem Siedlungsgebiet – laut nicht bewiesener Theorien sogar auf den Fundamenten eines römischen Tempels des alten Vindobona.

Der Gründungslegende nach wurde Sankt Ruprecht von Cunald und Gisalrich, zwei Missionaren aus dem Gefolge Bischof Ruperts von Salzburg, bereits im Jahr 740 gegründet. Wahrscheinlicher ist jedoch eine Erbauung um das Jahr 800 nach der Vertreibung der Avaren und der beginnenden fränkischen Missionierung. Fest steht, dass die ältesten Teile des noch erhaltenen Mauerwerks aus dem 12. Jahrhundert stammen. Besonders markant ist der **romanische Turm**; er verleiht der Kirche ihr unverwechselbares Antlitz. Ins Auge stechen vor allem die Doppelfenster mit ihren Säulen und den dazugehörigen verzierten Kapitellen.

Das Kircheninnere wirkt auf den ersten Blick etwas finster und eher spärlich ausgestattet. Erst bei genauerem Hinsehen eröffnen sich die kunsthistorisch bedeutenden Kostbarkeiten. Neben der Holzfigur des heiligen Rupert (Ruprecht) verdient die **spätgotische Madonna** am zweiten Mittelschiffspfeiler besondere Aufmerksamkeit: Maria trägt das Kind nicht dem Betrachter, sondern selbst zugewandt – eine äußerst seltene Darstellungsform. An der Unterseite der

Wiens geheimnisvolle Unterwelten

Im Folgenden wird eine Reise in den Untergrund der Donaumetropole geschildert, die an geheimnisvollen Hohlräumen, unheimlichen Grüften, legendären Kanalschächten und urigen Weinkellern vorbeiführt.

Im August 2009 manifestierte sich das Sommerloch in Österreichs Hauptstadt im wahrsten Sinne des Wortes: An der Ringstraße tat sich urplötzlich ein fünf Meter tiefes Loch auf und verschluckte eine junge Pappel vor den Augen einiger Passanten. Einer von ihnen kommentierte das Ereignis damals trocken mit Wiener Schmäh: „Es vaschwind bei uns so vü und ma waaß ned wohin." Zwar wurde das Loch schnell wieder gefüllt und die Pappel gerettet, doch der rätselhafte Vorfall wurde nie eindeutig geklärt – ein Hohlraum, der von ehemaligen Bautätigkeiten herrührt, gilt als allgemein anerkannte Ursache.

Dass sich unvorhergesehene Abgründe auftun, ist in Wien nichts Neues: Immerhin wusste schon Austropop-Legende Wolfgang Ambros zu berichten: „Hoit, da is a Spoit, paßt's auf, dass kana eine foit." („Halt, dort ist ein Spalt, passen Sie auf, dass niemand hineinfällt").

Im Zuge der Bauarbeiten für die U-Bahn stieß man 1973 mit der **Virgilkapelle** *(s. S. 77) auf einen unterirdischen Sakralraum. Die unter dem Stephansplatz* ❶ *befindliche Kapelle gibt Forschern bis heute Rätsel auf. Spirituelle Kreise wollen hier einen der stärksten Kraftplätze der Alpenrepublik ausgemacht haben. Das Kleinod mit seinen byzantinisch anmutenden Radkreuzen ist aus konservatorischen Gründen nicht zu betreten; besichtigen kann man stattdessen viele andere Grüfte, die den Wiener Untergrund im Laufe der Jahrhunderte ausgehöhlt haben wie einen Schweizer Käse: seien es die Katakomben unter dem Stephansdom* ❷*, die habsburgische Kapuzinergruft* ㉑ *oder die einzigartige Michaelergruft (s. S. 90) mit ihren unheimlichen Mumien.*

Auch der Wiener Sagenschatz ist gespickt mit Unterirdischem: Da gab es zum Beispiel den **Basilisken***, ein furchterregendes Ungeheuer, das einst in einem Brunnenschacht in der Schönlaterngasse gehaust haben soll. Berühmt ist auch die Legende vom Lieben Augustin, der nach ausgiebigem Weingenuss in eine Pestgrube fiel, dort seinen Rausch ausschlief und am nächsten Tag fluchend wieder aus selbiger hinauskroch, ohne Schaden zu nehmen.*

Doch auch die modernen Zeiten haben bereits legendäre Unterwelten hervorgebracht: **Auf den Spuren des Filmklassikers „Der dritte Mann"** *werden regelmäßig Exkursionen in die Wiener Kanalisation unternommen (s. S. 146). Dabei kann man geruchsintensiv die berühmte Flucht von Orson Welles alias Harry Lime durch das Kanalsystem des Wiens der Nachkriegszeit nachvollziehen. Doch es muss nicht unbedingt stinken in den Wiener Unterwelten – deshalb hinab gestiegen in einen der Stadtheurigen. Die mittelalterlichen Gewölbe erstrecken sich teilweise drei Ebenen unter der Oberfläche.*

Rund um den Stephansdom – im Herzen der Stadt

Figur erkennt man ein rätselhaftes Gesicht. Am achteckigen **Taufbecken** deutet die Schrift „A+M+D+Y+E+M" darauf hin, dass es „anno MD in aeternam memoriam", also „Im Jahre 1500, zum ewigen Gedenken" entstanden ist. Mit dem Mittelfenster der Apsis ist das **älteste Glasfenster Wiens** erhalten (um 1300). Die obere Glasscheibe zeigt den Gekreuzigten zusammen mit Maria und Johannes, die untere die Madonna mit Kind. Die beiden seitlichen Apsisfenster wurden nach dem Zweiten Weltkrieg von Joseph Tahedl angefertigt und zeigen Szenen aus dem Leben des Rupert und seiner beiden Gefährten. In harmonischem Kontrast zu den Apsisfenstern präsentieren sich die in den 1990er-Jahren neu gestalteten Fenster der Künstlerin Lydia Roppolt.

Außerdem sind erwähnenswert: der Tabernakel, eine Loretomadonna (bzw. Schwarze Madonna) sowie der Sarkophag mit den Reliquien des heiligen Vitalis, eines Märtyrers aus den römischen Katakomben.

› Ruprechtsplatz 1, U1/U3 Stephansplatz oder U1/U4 Schwedenplatz, geöffnet: Mo.–Fr. 10–12, Mo., Mi., Fr. 15–17 Uhr; Fr. Nachtkirche (Besinnung) zwischen 21 und 24 Uhr, zwischen Weihnachten und der Karwoche nur auf Anfrage unter www.ruprechtskirche.at. Nasse Regenschirme bitte vor der Kirche abstellen, da das Gemäuer mit Feuchtigkeit zu kämpfen hat.

⓰ Schwedenplatz ★   [H6]

Im Gegensatz zu den verwinkelten Gassen der Altstadt rund um den Stephansdom ❷ erlebt man am Schwedenplatz ein urbanes Kontrastprogramm. Wähnte man sich ein paar Meter weiter noch im

⌐ *Beliebte Flaniermeile: der Donaukanal auf Höhe des Schwedenplatzes*

Wien entdecken
Rund um den Stephansdom – im Herzen der Stadt

Mittelalter, spürt man hier den Puls einer modernen Millionenstadt. Dieser Puls schlägt am Schwedenplatz lauter als anderswo in Wien, wenngleich der Platz architektonisch nicht gerade zu den innerstädtischen Highlights zählt und man seit Jahren eine Umgestaltung erwägt.

Hier tummeln sich täglich Menschenmassen, frequentieren Familien den beliebten Eissalon, feiern und singen an Sommerabenden Jugendgruppen aus aller Welt, die das Bermudadreieck (s. S. 101) auf den Platz schwappt. Hier bimmeln Straßenbahnen um die Wette und kreuzen sich wichtige U-Bahnstränge. Hier tobt der Verkehr auf acht Spuren am Franz-Josefs-Kai. Hier werden Touristengruppen von Bussen ausgespuckt und wieder eingefangen. Hier machen fliegende Händler ihre Geschäfte – die einen legal, die anderen illegal. Und nicht zu vergessen: Hier fließt der **Donaukanal** als würdiger Stellvertreter der ursprünglichen Donau, die man schon vor langer Zeit Richtung Osten verbannt hat. An den Ufern wird flaniert, große Amüsierschiffe sind fest vertäut und am gegenüberliegenden Ufer der Leopoldstadt leuchten abends die modernen Hochhauskomplexe, die seit einigen Jahren die Donaukanal-Skyline prägen.

Was viele Wiener selbst nicht wissen: Seinen Namen besitzt der Platz seit 1919 als Dankesgeste für die schwedische Hilfe nach dem Ersten Weltkrieg, die besonders Kindern zugutekam. Etliche Jahre später im Zweiten Weltkrieg, während der Schlacht um Wien, fanden zwischen den Ufern schwere Artilleriegefechte zwischen Wehrmacht und Roter Armee statt, infolgedessen ganze Häuserfronten zerstört worden sind. In den Jahren davor hatte die **Gestapo** am nordwestlich anschließenden **Morzinplatz** ihr berüchtigtes **Hauptquartier**; das Gebäude wurde im Krieg zerstört, ein Denkmal erinnert an die Opfer. Vom Morzinplatz aus führt eine Treppe hinauf zur Ruprechtskirche ❻.

Orientiert man sich vom Schwedenplatz aus den **Franz-Josefs-Kai** entlang in westlicher Richtung, sticht schon von Weitem die imposante **Urania** ins Auge. Sie steht am Mündungsspitz des Wienflusses in den Donaukanal.

Benannt ist das Gebäude nach der altgriechischen Muse der Sternenkunde. Untergebracht sind neben einer **Sternwarte** Räumlichkeiten der **Volkshochschule**, ein **Lichtspielhaus** und ein **Puppentheater** (s. S. 56).

Nachdem schon ein Vorgängerbau für Furore gesorgt hatte, entstand das repräsentative Volksbildungshaus 1909/1910 unter Federführung des Jugendstil-Architekten und Schülers von Otto Wagner Max Fabiani und entwickelte sich schnell zu einem neuen Wahrzeichen der Stadt. Lichtbildervorträge, Dichterlesungen und Musikveranstaltungen lockten Hunderttausende Wiener in ihre Urania. Seit 1915 konnte man Sprachen lernen, darunter auch jene der Kronländer. Im Zweiten Weltkrieg wurde die Kuppel der Sternwarte zerstört, in den 1950er-Jahren wurde sie wiedererrichtet. Mittlerweile wurde die Urania mehrmals saniert und erstrahlt seit 2003 in neuem Glanz, abends wird sie von Scheinwerfern angestrahlt.

Das Urania-Kino ist jedes Jahr zentraler Veranstaltungsort des österreichischen Kinofestivals **Viennale**.

› U1/U4 Schwedenplatz oder Straßenbahnlinie 1 Julius-Raab-Platz

★150 [H6] **Urania**, Uraniastraße 1

Gassengewirr voller Magie:
Spaziergang zwischen Griechengasse und Theodor-Herzl-Platz

Der Spaziergang beginnt am Schwedenplatz ⓰ und führt auf verschlungenen Linien durch die östliche Innere Stadt, durch enge Gassen, vorbei an geschichtsträchtigen und sagenumwobenen Plätzen, und endet schließlich am Theodor-Herzl-Platz beziehungsweise am Stadtpark ⓲, wo man sich nach bezwungenem Altstadtlabyrinth eine Rast gönnen kann.

Wer irgendwann von der hier beschriebenen Route abkommt, sollte sich keine Sorgen machen: Man kann sich einfach durch das Gassengewirr treiben lassen. Irgendwo kommt man immer wieder an markante Punkte, seien es der Stephansplatz, das Stubentor oder die Ringstraße. Für den Spaziergang benötigt man circa eine Stunde, wer kleine Pausen und Fotostopps einlegt, wird dementsprechend länger unterwegs sein.

Los geht es an der kleinen Treppe des Hafnersteigs, die direkt in eine der meistfotografierten Gassen Wiens führt: in die enge **Griechengasse** mit dem bekannten Griechenbeisel [H6]. In dem Lokal soll der **Liebe Augustin** gezecht haben, bevor er einmal in eine Pestgrube gefallen ist; ein Relief erinnert an die Wiener Sagengestalt. Weiter geht es rechts einige Meter den Fleischmarkt entlang und danach links in die Köllnerhofgasse zum Lugeck, einem kleinen Platz mit Gutenberg-Denkmal und dem berühmten Schnitzelwirt Figlmüller.

Hier biegt man links in die Bäckerstraße ein, kommt vorbei am traditionsreichen Kaffee Alt Wien (s. S. 41) und sollte an der **Hausnummer 12** einen Blick nach oben werfen: An der Fassade des gotischen Hauses hat sich eine Wandmalerei erhalten, die eine **Kuh mit Brille und einen Wolf** über einem Brettspiel zeigt.

Von hier geht es durch die schmale Windhaaggasse in die Sonnenfelsgasse, in der man sich nur wenige Meter nach rechts orientiert, um gleich wieder links in die malerische **Schönlaterngasse** einzubiegen. Benannt ist sie nach dem „Haus zur schönen Laterne" (Nr. 6). Bedeutender als die Lampe war für die Gasse jedoch die Anwesenheit eines schrecklichen Ungeheuers: des **Basilisken**, der den Brunnen von Haus Nr. 7 bewohnte und im Mittelalter Angst und Schrecken verbreitet haben soll. Erst ein furchtloser Bäckerbub konnte dem Fabelwesen den Garaus machen: Er kletterte hinunter und hielt dem Basilisk einen Spiegel vor dessen Antlitz. Mit der eigenen Scheußlichkeit konfrontiert, erstarrte er zu Stein. Ein Fresko an der Wand erinnert an die Heldentat. In der Gasse herrscht seit einigen Jahren ein ausgelassenes Nachtleben.

Nachtlokale und Basilisk hinter sich lassend, geht es rechts in die mit Graffiti besprühte Jesuitengasse und danach über Sonnfelsgasse und Windhaaggasse wieder zurück zur Brillenkuh in der Bäckerstraße.

Von hier geht man durch die enge Essiggasse, danach geht es die Wollzeile schräg überquerend in die Strobelgasse, um schließlich die Schulergasse überquerend in die enge **Domgasse** zu gelangen.

Wien entdecken
Spaziergang zwischen Griechengasse und Theodor-Herzl-Platz

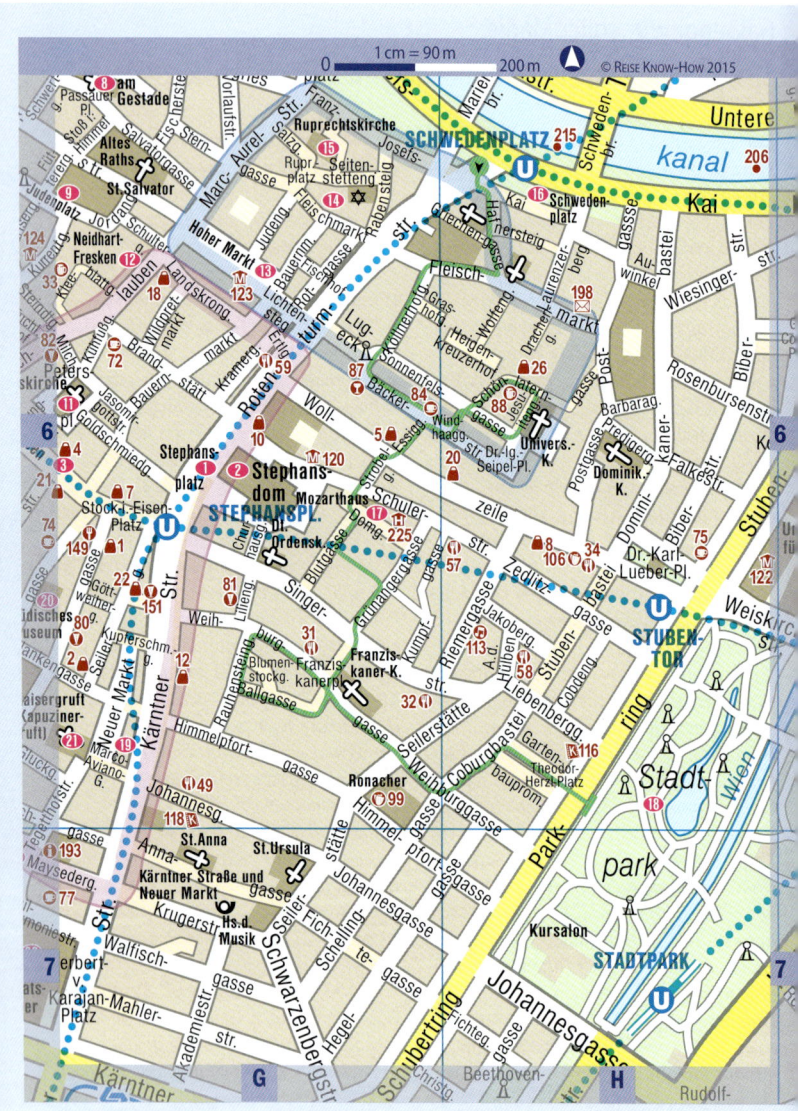

Wien entdecken

Rund um den Stephansdom – im Herzen der Stadt

Wie der Name schon vermuten lässt, befindet man sich hier im Schatten des Stephansdomes. Die Domgasse macht einen Linksknick und stößt in Höhe des Mozarthauses ❶ *auf die* **Blutgasse**. *Selbige verdankt ihren Namen der Legende nach einem blutrünstigen Ereignis: der blutigen Auflösung des Templerordens im Jahre 1312, infolgedessen sich die Gasse mit dem Blut der Ritter gefüllt haben soll.*

Etwa in der Mitte der Gasse (Nr. 3) kann man durch die romantischen Innenhöfe, sogenannte Pawlatschenhöfe, alter Häuser schlüpfen und kommt in der Grünangergasse wieder zum Vorschein, die rechter Hand zur Singerstraße und über den Franziskanerplatz zur Weihburggasse führt. Hier befindet sich der unscheinbare Zugang zu einem der hübschesten Altstadtgässchen Wiens: der **Ballgasse**. *Sie bildet gemeinsam mit der Blumenstockgasse den Durchgang zur* **Rauhensteingasse**. *Auch ihr haftet etwas Geheimnisvolles an, befindet sich hier doch der Freimaurertempel Wiens – erkennbar durch den Stein über dem Tor – und gegenüber die von dem Geheimbund betriebene „Buchhandlung für geheimes Wissen". Über die Weihburggasse geht es in südöstlicher Richtung bis zur Coburgbastei und dem noblen* **Palais Coburg**. *Der 1845 errichtete Prachtbau dient heute als Luxushotel. Der Platz zwischen Hotel und dem Parkring wurde nach* **Theodor Herzl**, *dem Wiener Begründer der zionistischen Bewegung, benannt. Der gegenüberliegende* **Stadtpark** ❷ *dient nach dem bezwungenen Altstadtlabyrinth als willkommene Verschnaufpause.*

❶ Mozarthaus ★ [G6]

Ab 1781 lebte der wohl berühmteste Komponist aller Zeiten in Wien. Wien wurde für den gebürtigen Salzburger auch zu seiner wichtigsten Wirkungsstätte. Gewirkt hat das Genie in verschiedenen Wohnungen, von denen allerdings nur noch eine erhalten ist – allein zwischen 1781 und 1784 erfolgten sieben Umzüge innerhalb der Wiener Altstadt: In der **Domgasse 5** lebte Mozart zusammen mit seiner Familie zwischen 1784 und 1787 und komponierte Werke wie die weltberühmte Oper „Die Hochzeit des Figaro". Auf vier Ebenen präsentiert das Mozarthaus Vienna detailliert zusammengetragenes Wissen rund um den Ausnahmekünstler und dessen Umfeld in den Wiener Jahren.

Der Rundgang beginnt im dritten Stock. Dort erhält man unter anderem Informationen über Mozarts Lebensumstände, seine Gönner, seine Beziehung zur Freimaurerei und seine Spielleidenschaft. Im zweiten Stockwerk wird ein Überblick über das Opernwerk des Komponisten geschaffen und man dringt in die musikalische Welt ein.

Herzstück des Mozarthauses ist schließlich die **historische Mozartwohnung**. Sie stellt die größte und teuerste Wohnung dar, die Mozart jemals bewohnt hat und besteht aus vier Zimmern, zwei Kabinetten und einer Küche.

Die Audioguide-Führung leitet den Besucher anhand gut recherchierter Texte informativ durch die gesamte Ausstellung. Im Kellergewölbe befindet sich der **Bösendorfer-Saal** mit einem wertvollen Flügel der bekannten Klaviermanufaktur; hier finden im kleinen Rahmen regelmä-

Wien entdecken
Rund um den Stephansdom – im Herzen der Stadt

ßig Konzerte statt. Im Erdgeschoß kann man sich im Mozart-Café stärken.

Gestorben ist Wolfgang Amadeus Mozart übrigens in der Rauhensteingasse 8 [G6], wo heute eine Gedenktafel an seinen Tod erinnert.

> Domgasse 5, U1/U3 Stephansplatz, Tel. 5121791, www.mozarthausvienna.at, geöffnet: tägl. 10–19 Uhr, Eintritt: 10 € (8 € ermäßigt, Kinder bis 14 Jahre 3 €, Familienticket 20 €)

⓲ Stadtpark ★★ [H6]

Der Wiener Stadtpark bietet nach ausgiebigem Besichtigungsprogramm eine angenehme Oase der Ruhe und Entspannung. Allerdings kann man auch hier etliches besichtigen. Dass die Parkanlage mindest so viele Touristen wie Einheimische anzieht, liegt vor allem an einem Herrn in Gold.

Bereits die U-Bahn-Station Stadtpark sollte man beim Verlassen nicht unbeachtet lassen, schließlich ist sie eine der wenigen fast komplett erhaltenen **Jugendstil-Stationen** von Otto Wagner. Ebenfalls dem Jugendstil entlehnt ist das **Wienflussportal** aus dem Jahre 1906. Hier verlässt der Wienfluss den Untergrund, in den man ihn verbannt hat, flankiert von Pavillons, monumentalen Vasen und einer Uferpromenade, die mit ihren lauschigen Bänken geradezu prädestiniert ist für Romantiker.

Kein Wunder, dass das Gesamtensemble „aus der guten alten Zeit" immer wieder als Drehort diente. Schließlich beginnt nicht umsonst am Wienfluss-Tunnel das Kanalisationsnetz des „Dritten Mannes" (s. S. 102), des Filmklassikers mit Orson Welles. Über eine Treppe am Stadtparksteg gelangt man ein Stockwerk höher zum links gelegenen eigent-

Rund um den Stephansdom – im Herzen der Stadt

lichen Park, der im Rahmen des Ringstraßenbaus im Stil englischer Gärten angelegt und 1862 der Öffentlichkeit zugänglich gemacht wurde. Um einen kleinen **Ententeich** herum führen mehrere verschlungene Wege vorbei an **Brunnen und Denkmälern**. Wären da nicht die von Frühling bis Herbst vorhandene Blütenpracht und die teils seltenen Bäume und Sträucher wie Ginkgo, Christusdorn und Kaukasische Flügelnuss, könnte man fast von einer Denkmal-Parade sprechen – mit dem Park als Beiwerk. Neben Komponisten wie Anton Bruckner, Franz Lehár, Robert Stolz und Franz Schubert findet man den Maler Hans Makart, den Wasserheiler Sebastian Kneipp und andere bedeutende Persönlichkeiten. Große Hinweistafeln erleichtern den Besuchern den Weg zum persönlichen Liebling.

Was die Popularität betrifft, schlägt ein Kunstwerk jedoch alle anderen: der goldene **Johann Strauss (Sohn)** ist das meistfotografierte Denkmal des Parks und vermutlich sogar von ganz Wien – kaum ein japanischer Tourist, der sich nicht zusammen mit dem Walzerkönig fotografieren lässt. Umringt von in Marmor gemeißelten, leicht bekleideten jungen Damen, steht er auf einem Podest und spielt Geige. Obwohl bereits im Jahr 1903 angedacht, konnte das vom Bildhauer Edmund Hellmer konzipierte Denkmal aus Kostengründen erst 1921 enthüllt werden. Zwischenzeitlich blätterte die Vergoldung ab, seit 1991 erstrahlt der Komponist der „Schönen Blauen Donau" wieder in altem Glanz.

Unweit von Johann Strauss steht der **Kursalon Hübner**. Das im historisierenden italienischen Renaissance-Stil errichtete Gebäude war Kur- und Tanzsalon und ist bis heute Ort regelmäßiger musikalischer Aufführungen und Café. Das rechte Wienflussufer verfügte bereits im 19. Jahrhundert über einen **Kinderpark** und auch heute noch befindet sich dort ein großer Spielplatz.

Übrigens: Wer es sich auf einer der unzähligen Parkbänke im Stadtpark bequem macht, sollte sich darüber im Klaren sein, dass dieser kostenlose Luxus nicht immer selbstverständlich war: Bis 1956 forderten sogenannte „Sesselweiber" für das Verweilen auf den aufgestellten Sitzvorrichtungen einen Obolus.

> U4 Stadtpark

Romantik am Rinnsal: der Wienfluss am Stadtpark

EXTRATIPP

Wiener Hochquellwasser
Mit dem Wiener Leitungswasser kann man sich nicht nur die Zähne putzen. Im Gegenteil: Kaum in einer anderen europäischen Metropole erhält man so reines und erfrischendes Quellwasser aus der Leitung wie in Wien. Bereits seit 1873 befördert die Wiener Hochquellleitung Wasser aus den Alpen in die Bundeshauptstadt. Im Sommer sprudelt das kühle Nass auch aus etlichen öffentlichen Brunnen – unter anderem im Stadtpark – oder aus speziell ausgewiesenen Trinkbrunnen der Stadt Wien – etwa am Graben nahe dem Stephansplatz.

Rund um den Stephansdom – im Herzen der Stadt

⑲ Kärntner Straße und Neuer Markt ★ [G6]

Es ist kein Zufall, dass die Beschreibung der Kärntner Straße relativ kurz ausfällt: Wer nicht allzu viel Zeit für Wien hat und auch nicht zu den Shopping-Besessenen gehört, sollte die Kärntner Straße möglichst schnell wieder verlassen. Es gibt so viel anderes zu besichtigen – und nebenbei auch stilvollere Einkaufsgässchen zu entdecken.

Freilich: Als wichtigste Verbindung zwischen Staatsoper ㉜ und Stephansplatz ❶ ist die Kärntner Straße eine Ameisenstraße. Das wissen auch Taschendiebe, deshalb ist hier etwas größere Aufmerksamkeit geboten.

Von der historischen Bausubstanz wurde Ende des Zweiten Weltkriegs viel zerstört. Wichtigste sakrale Sehenswürdigkeit ist die **Malteserkirche** (Nr. 35), eine ehemalige Kreuzfahrerkirche mit gotischem Gewölbe.

Eine gastronomische Besonderheit im Kärntner Durchgang, einer kleinen Seitengasse zum Neuen Markt, ist die **American Bar**, die 1908 von Adolf Loos, einem architektonischen Verfechter der Moderne, gestaltet worden ist und heute unter Denkmalschutz steht.

Über die Seilerngasse gelangt man von hier zum Neuen Markt. Trotz seines Namens gehört er zu den ältesten Plätzen Wiens. In den kommenden Jahren soll das Areal vom Autoverkehr befreit werden. Bemerkenswertestes Bauwerk ist neben der **Kapuzinergruft** ㉑ der **Donnerbrunnen**. Er wurde 1739 vom Bildhauer Georg Raphael Donner gestaltet und hieß ursprünglich Providentiabrunnen, benannt nach der zentralen Allegorie der Providentia, die für Voraussicht beziehungsweise gute Regierung steht. Die vier Brüstungsfiguren stehen für vier österreichische Flüsse: Die Traun als männliche Figur mit Dreizack, auf einen Fisch stechend, die Enns als älterer Fährmann, die Ybbs als junge Mädchengestalt und die ebenfalls weiblich dargestellte March, an ein Schlachtenrelief gelehnt. Auch wenn sich die Originalfiguren im Unteren Belvedere ㊺ befinden, fasziniert die barocke Nacktheit der Figuren bis heute Touristen aus aller Welt, was sich auch an bestimmten abgeriebenen Körperstellen zeigt.

❶151 [G6] **American Bar**, Kärntner Durchgang 10, U1/U3 Stephansplatz, www.loosbar.at

⑳ Jüdisches Museum ★★★ [G6]

Modern, informativ und spannend: Das Jüdische Museum in der Dorotheergasse eröffnet einzigartige Einblicke in das jüdische Leben im Allgemeinen und dasjenige in Wien im Besonderen. Selbstverständlich werden die wichtigsten geschichtlichen Meilensteine thematisiert – unter ihnen auch der jahrhundertealte Antisemitismus, welcher in den Verbrechen des Nationalsozialismus gipfelte. Besonders im Fokus steht aber auch – und gerade im Kontrast dazu – die selbstbewusste und lebendige Gegenwart der Israelitischen Kultusgemeinde in Wien.

Insofern ist es konsequent, dass die Ausstellung im Erdgeschoss mit dem **Jahr 1945 als Neuanfang** beginnt und die jüngere Vergangenheit ins Zentrum gerückt wird: Jüdisches Leben entsteht trotz politischer Widerstände neu und kann sich nach und nach etablieren. Juden aus der ehemaligen Sowjetunion emigrieren an die Donau und sorgen für neue Vielfalt innerhalb der Gemeinde. Moderne Schaukästen, audiovisuelle Dokumentationen und Fotografien bilden einen spannenden Mix und zeigen auch die alltäglichen Facetten jüdischen Lebens.

Im zweiten Stockwerk taucht man dann tiefer in die **Geschichte des Wiener Judentums** ein – beginnend mit einer blühenden und zugleich verfolgten Gemeinde im späten Mittelalter bis hin zur Schoa. Besonderes Augenmerk wird dabei auf die Zeit um 1900 gelegt: Damals gab es eine blühende jüdische Gemeinde mit all ihren weltberühmten Aushängeschildern aus Wissenschaft und Kultur einerseits, auf der anderen Seite aber auch ein lange vor der Machtergreifung der Nationalsozialisten gleichzeitig existierendes antisemitisches Klima.

Das **Schaudepot** im vierten Stock präsentiert Kunstwerke und Kultobjekte, die aus zerstörten österreichischen Synagogen und Bethäusern gerettet werden konnten. Daneben sind auch Exponate der jüdischen Gegenwart, wie eine Spiderman-Kippa oder so liebenswert-skurrile Objekte wie ein mit einem Davidstern bemaltes Döschen, das Luft aus dem Heiligen Land enthält, ausgestellt.

Die Beletage im dritten Stock bietet Raum für jährlich wechselnde und aufwendig gestaltete **Sonderausstellungen.** Zusätzlich gibt es im Museum in der Dorotheergasse ein Atelier mit unterschiedlichen Workshops, ein Archiv, eine Bibliothek und einen Bookshop. Einen Ausflug in die israelisch-jüdische Küche bietet das Café Eskeles im Erdgeschoss.

Die Eintrittskarte für das Jüdische Museum beinhaltet auch den Besuch der **Dependance am Judenplatz:** Der zweite Standort ist auf das Wiener Judentum im Mittelalter ausgerichtet. Bei Ausgrabungen im Jahr 1995 konnten tief unter der heutigen Oberfläche die Fundamente der zerstörten Synagoge aus dem 15. Jahrhundert freigelegt werden und ermöglichten im Jahr 2000 die Eröffnung des Museums am Judenplatz. Ein virtueller Rundgang lässt die Besucher in die Gassen des mittelalterlichen Viertels eintauchen. Neben der Dauerausstellung finden auch hier wechselnde Sonderausstellungen statt. 2014 erregte beispielsweise eine fotografische Hommage an die verstorbene britisch-jüdische Sängerin Amy Winehouse großes Aufsehen.

› **Jüdisches Museum,** Dorotheergasse 11, U1/U3 Stephansplatz, Tel. 5350424, www.jmw.at, geöffnet: So.–Fr. 10–18 Uhr. Eine Eintrittskarte berechtigt dazu, bis vier Tage nach Ausstellungsdatum beide Standorte des Jüdischen Museums Wien zu besuchen.

› **Museum Judenplatz,** Judenplatz 8, Tel. 5350424, www.jmw.at, geöffnet: So.–Do. 10–18, Fr. 10–17 Uhr. Eintritt: 10 € (8 € ermäßigt, 5 € Studenten, Kinder und Jugendliche bis 18 Jahre frei)

„Pure Holy Land Air" – Ausstellungsstück im Jüdischen Museum

Der Hofburg-Komplex

Eigentlich ist die Hofburg kein einzelnes Gebäude. Sie ist vielmehr ein Konglomerat unterschiedlicher Bauwerke, die im Laufe der Jahrhunderte zwischen Albertina ㉒ und Heldenplatz ㉚ mehr oder weniger zusammengewachsen sind. Der gesamte Komplex erstreckt sich über ein gewaltiges Areal der Inneren Stadt und umfasst verschiedene Trakte. Auch wenn sie eigentlich nicht direkt zur Hofburg gehört, steht die Kaisergruft ㉑ doch allein schon durch ihre Grabdenkmäler in direkter Verbindung mit dem Wiener Hof. Von hier ist es auch nicht weit zur Albertina als südliche Spitze des Hofburg-Komplexes. Zu diesem Komplex gehört auch die Augustinerkirche ㉔, die berühmte Spanische Hofreitschule ㉗, Museen wie Schatzkammer ㉙, Kaiserappartements und Sisi-Museum ㉘ sowie Hofgarten und Heldenplatz.

▽ *Barocke Morbidität: bekrönter Totenkopf in der Kapuzinergruft*

㉑ Kaisergruft (Kapuzinergruft) ★★ [G6]

Unterhalb der eher unscheinbaren Kapuzinerkirche am Neuen Markt haben Österreichs habsburgische Monarchen ihre letzte Ruhestätte gefunden. Eine Besichtigung des unterirdischen Friedhofs sei nicht nur Geschichtsinteressierten, Kaisertreuen und Sisi-Fans ans Herz gelegt – die Prunksarkophage aus der Zeit des Barock sind in ihrer drastischen Morbidität monumentale Kunstwerke wie man sie so wohl nirgendwo findet.

Als am 1. April 1989 die Kutsche mit dem Sarg von Österreichs letzter Kaiserin Zita von Bourbon-Parma, der Gemahlin Kaiser Karls I., den Weg vom Stephansdom ❷ zur Kapuzinerkirche antrat, verwandelte sich die Wiener Innenstadt ein letztes Mal in das Zentrum der Habsburgermonarchie. Tausende Schaulustige wohnten dem Ereignis bei und feierliche Abordnungen aus den alten Kronländern begleiteten den **Trauerzug zur Kapuzinergruft**. Dort fand die seltsame und gleichzeitig bewegende **Einlasszeremo-**

nie statt: Vor der verschlossenen Grablege klopfte ein Herold an die Tür. Darauf fragte ein Kapuziner-Bruder von innen: „Wer begehrt Einlass?" Der Herold antwortete mit allen Adelstiteln der Verstorbenen. Von drinnen erfolgte die Antwort „Wir kennen sie nicht!". Ein zweites Mal klopfte der Herold an die Türe. Wieder wurde er gefragt „Wer begehrt Einlass?" Diesmal antwortete der Herold mit der Kurzfassung der Titel und wieder lautete die Antwort „Wir kennen sie nicht!". Der Herold klopfte ein drittes Mal und erneut stellte ihm der Kapuziner dieselbe Frage. Nunmehr sagte der Herold lediglich „Zita, ein sterblicher und sündiger Mensch", woraufhin das Tor geöffnet wurde und der Sarg Einlass in die Familiengrabstätte der Habsburger fand. Die letzte Einlasszeremonie fand bei Zitas ältestem Sohn Otto von Habsburg statt, der 2011 Einlass begehrte.

Neben 12 Kaisern und 19 Kaiserinnen liegen unzählige Sprösslinge des Hauses Habsburg und Habsburg-Lothringen sowie einige Nichthabsburger in insgesamt 10 Gruft-Arealen. Von vielen ihrer Vorfahren werden auch die noch lebenden Mitglieder des Adelsgeschlechts nicht mehr allzu viel wissen. Gruftbesucher sollten vier Bereichen besondere Aufmerksamkeit schenken: Die zwei ältesten Särge, schlicht gehalten und lediglich mit Löwenköpfen verziert, befinden sich seit 1633 in der **Gründergruft**. Sie beherbergen Kaiserin Anna, die den Bau der Kaisergruft veranlasste, und ihren Gemahl Kaiser Matthias. Prächtige **barocke Sarkophage**, verziert mit schaurig-morbiden Vergänglichkeitssymbolen, findet man in der **Karlsgruft**. Dabei sticht besonders jener von Kaiser Karl VI. hervor. Ebenso wie die von ihm gestiftete Karlskirche ❺ ist auch die Behausung seiner sterblichen Überreste ein barockes Meisterwerk. Oben auf dem Sarg hält eine trauernde, durchaus erotisch dargestellte Frauengestalt als Personifikation der Austria zusammen mit einem Kind das Medaillonbild des Kaisers. Links und rechts flankieren die zwei wohl berühmtesten **Totenköpfe** Wiens den Sarkophag. Mit ihren Kronen wirken sie auf Besucher oft etwas makaber.

Nicht weniger prunkvoll ist die **Maria-Theresien-Gruft** mit dem monumentalen Rokoko-Sarkophag der Kaiserin und ihres Gemahls Franz Stephan von Lothringen – mit einem Gewicht von fast zwei Tonnen eindeutig der größte Prunksarg der Kaisergruft.

Bis heute verehrt und mit Blumen und anderen Gaben bedacht werden die Särge Kaiser Franz Josephs I., seiner Gemahlin Kaiserin Elisabeth und ihres gemeinsamen Sohnes Kronprinz Rudolf in der **Franz-Josephs-Gruft**.

2003 wurde in die Gruft eine Klimaanlage eingebaut, was dem für Grüfte oft typischen, etwas modrigen Geruch ein Ende bereitet hat.

› Tegethoffstraße 2, U1/U3 Stephansplatz, Tel. 512685316, www.kaisergruft.at, geöffnet: tägl. 10–18 Uhr, Eintritt: 5,50 € (ermäßigt: 4,50 €, Kinder bis 14 Jahre 2,50 €)

㉒ Albertina ★★★ [G7]

Gleich hinter der Oper und in direkter Nachbarschaft zur Augustinerkirche ㉔ befindet sich im Palais Erzherzog Albrecht mit der Albertina eine der bedeutendsten Kunstsammlungen Wiens. Im Eintrittspreis inbegriffen sind neben Dürers Feldhase auch die habsburgischen Prunkräume.

Wien entdecken
Der Hofburg-Komplex

Ihren Namen verdankt die Albertina Herzog **Albert von Sachsen-Teschen**, dem Schwiegersohn Maria Theresias. Er bewohnte das Palais zusammen mit seiner Gemahlin Marie Christine und begründete auch die berühmte Kunstsammlung.

Die **Habsburgischen Prunkräume** erstrecken sich über 21 Gemächer. Zwischenzeitlich dienten sie nach der Enteignung der Familie 1919 als Abstellkammern und Büros, ehe man sich nach dem Zweiten Weltkrieg des spätbarocken Schatzkästchens besann und die renovierten Räumlichkeiten der Öffentlichkeit zugänglich machte.

Auch wenn es die meisten Besucher in die Albertina in erster Linie wegen Dürer & Co. zieht, sollte man die Prunkräume nicht einfach links liegen lassen. Besonders prächtig ausgestattet sind das **Schreibzimmer** mit edlem Dekor und das **Goldkabinett**. Über den Teesalon und das Billardzimmer erreicht man den repräsentativen Musensaal mit seinen lebensgroßen Statuen.

Im Empire-Stil präsentieren sich **Empfangssalon** und **Audienzzimmer** der Prinzessin Henriette von Nassau-Weilburg. Es folgen das **Rokokozimmer**, das **Wedgwoodkabinett** mit aufwendigen Malereien der vier Elemente, das **Ovalkabinett** und das **Sterbezimmer Erzherzog Carls**. Den Abschluss bildet das **Spanische Kabinett** als einziges permanentes Residenzappartement der spanischen Königsfamilie außerhalb des eigenen Territoriums, von dem nur noch zwei Räume erhalten sind. Doch nun zur weltberühmten **Kunstsammlung** in der Albertina: Ausgestellt sind Werke von Leonardo da Vinci und Michelangelo bis hin zu Gustav Klimt und Egon Schiele. Seit 2007 ist auch die **Sammlung Batliner** als Dauerleihgabe in der Albertina be-

Berühmter Albertina-Bewohner: der Feldhase von Albrecht Dürer

Langes Anstehen: der Würstelstand vor der Albertina ist äußerst beliebt

heimatet. Sie umfasst bedeutende Werke der klassischen Moderne: unter ihnen Exponate des Blauen Reiters, der Brücke sowie Werke bedeutender russischer Künstler, unter ihnen Marc Chagall.

Unangefochtener Star der Albertina ist jedoch ein kleines Aquarell mit sehr viel Fell: **Albrecht Dürers Feldhase**. Das Gemälde von 1502 zählt zu Recht nicht nur als eine der ersten, sondern bis heute auch zu den perfektesten Naturstudien des großen Meisters. Wer genau hinschaut, kann erkennen, dass jeder Quadratzentimeter des Fells perfekt wiedergegeben ist – fast einer 500 Jahre alten Fotografie gleich. Leider müssen die Besucher der Albertina die meiste Zeit mit einer Kopie des Meisterwerks vorliebnehmen. Das Original wird aufgrund seiner Kostbarkeit nur selten (zuletzt 2014) für einige Monate ausgestellt, danach schläft der Hase wieder bis zu seiner nächsten Erweckung. Mittlerweile wurde der flauschige Hase als Gigapixel-Bild abfotografiert und man kann ihm im Internet mikroskopisch genau auf den Pelz rücken (www.google.com/culturalinstitute/project/art-project).

Regelmäßig finden in der Albertina auch spannende Sonderausstellungen statt, es lohnt sich, vor einer Wien-Reise das aktuelle Programm zu studieren.

› Albertinaplatz 1, U2/U4 Karlsplatz (Ausgang Opernring), Straßenbahn 1, 2 Oper (Opernring), Tel. 534830, www.albertina.at, Eintritt: 11,90 €, Kinder und Jugendliche bis 18 Jahre frei, geöffnet: tägl. 10–18, Mi. bis 21 Uhr

㉓ Albertinaplatz ★★ [G7]

Im Außenbereich der Albertina gibt es ebenfalls einiges zu entdecken: Auf der Plattform des Palais (Augustinerbastei) steht das **Reiterstandbild** von Erzherzog Albrecht. Unterhalb liegt der **Danubiusbrunnen (Albrechtsbrunnen)**. Im Zentrum sind allegorisch der grimmig dreinschauende Flussgott Danubius und die

Wien entdecken
Der Hofburg-Komplex

KLEINE PAUSE

Echte Wiener Würstel!
Bei Einheimischen wie Touristen besonders beliebt: der Würstelstand am Albertinaplatz ㉓. Hier muss man sich in der Hauptsaison auf lange Wartezeiten einstellen. Man könnte fast meinen, dass es sich um Wiens einzigen Würstelstand handelt. Zu seiner Popularität trägt wohl auch die Tatsache bei, dass Gäste des Opernballs an diesem Würstelstand gerne einen nächtlichen Imbiss einnehmen, bevor sie gestärkt wieder das Tanzbein schwingen. Lohnende Alternative, falls die Schlange zu lang ist: der Würstelstand am Stephansplatz bzw. Stock-im-Eisen-Platz/Ecke Seilergasse oder einer der vielen anderen Würstelstände, die einem in Wien auf Schritt und Tritt begegnen. Tipp: Man sollte jene Stände bevorzugen, an denen auch die Wiener ihre Würstel guten Gewissens bestellen und allzu verlassene „Gourmettempel" eher meiden.

Wien repräsentierende Vindobona dargestellt. Das einerseits innige, andererseits spannungsgeladene Verhältnis des Paares symbolisiert die nicht immer einfache und fruchtbare geschichtliche Verbindung von Strom und Stadt. Flankiert wurden die beiden ursprünglich von den personifizierten Darstellungen der für das Kaiserreich bedeutsamen Flüsse Inn, Save, Drau, Theiß, Mur, Salzach, March, Raab, Enns und Traun. Bedauerlicherweise musste der mächtige Inn einer Rolltreppe weichen und befindet sich derzeit zusammen mit der Drau im Exil im Burggarten am Schmetterlinghaus ㉛.

Den modernen architektonischen Kontrast zu Standbild und Brunnen bildet das **Flugdach** („Soravia Wing") von Hans Hollein. Direkt angrenzend auf dem nach dem ehemaligen Wiener Bürgermeister benannten Helmut-Zilk-Platz steht das von Alfred Hrdlicka geschaffene **Mahnmal gegen Krieg und Faschismus**. Unter anderem wird ein kniender und die Straße waschender Jude dargestellt, der an die Verbrechen an Wiener Juden nach dem „Anschluss" Österreichs an das Dritte Reich erinnern soll. War das Denkmal zu seiner Entstehung Ende der 1980er-Jahre noch höchst umstritten, ist es mittlerweile als Denkmal einer dunklen Wiener Vergangenheit allgemein akzeptiert und wird von Besuchern viel beachtet.

› U2/U4 Karlsplatz (Ausgang Opernring), Straßenbahn 1, 2 Oper (Opernring)

㉔ Augustinerkirche ★★ [G6]

Die ehemalige kaiserliche Hofpfarrkirche, entstanden im 14. Jahrhundert im Stil der Gotik, war einst freistehend, ehe sie in den Komplex zwischen Hofburg und Albertina ㉒ eingebunden wurde.

In der Augustinerkirche fanden bedeutende Hochzeiten statt, unter anderem die Vermählung Maria Theresias mit Franz von Lothringen 1736 sowie jene – im Film berühmt gewordene – zwischen der bayerischen Prinzessin Elisabeth (Sisi) und Kaiser Franz Joseph im Jahr 1854.

Das unscheinbare Äußere täuscht: Besucher, die das Kircheninnere vom Josefsplatz aus betreten, sind meist beeindruckt vom imposanten dreischiffigen Raum. Ein berühmtes Kunstwerk ist das rechts vom Eingang befindliche **Grabdenkmal für Marie Christine von Habsburg**, geschaffen 1805 von Antonio Canova, dem italienischen Star-Bildhauer.

Wien entdecken
Der Hofburg-Komplex

Albert von Sachsen-Teschen, Gründer der Albertina, ließ es aus Trauer um seine verstorbene Gemahlin Marie Christine, einer Tochter Maria Theresias, errichten. Es zeigt einen Trauerzug mit Personen unterschiedlichen Alters, der sich in den dunklen Eingang einer **Pyramide** hineinbewegt. Rechts des Eingangs wachen trauernd ein Löwe und ein geflügelter Jüngling vor dem Eingang. Die gesamte Figurengruppe ist in ihrer Anmut, Trauer und eleganten Bewegung ein bildhauerisches **Meisterwerk des Klassizismus**. Über dem durch ein schwarzes Tuch abgedunkelten Eingang steht in lateinischen Lettern Uxori Optimae, Albertus („Der besten Gattin, Albert"), darüber das von einem Genius getragene Amulett der Gattin, umrahmt von einer Schlange, die Ewigkeit symbolisierend. Bei Führungen wird immer wieder darauf hingewiesen, dass christliche Symbole bei dem Leergrab fehlen, stattdessen freimaurerische Symbolik und Bezüge zur Antike vorherrschend sind. Gründe dafür dürften einerseits die Mitgliedschaft Alberts in einer Freimaurerloge und andererseits der Umstand sein, dass Künstler und Auftraggeber sich eine Zeit lang uneinig über den Aufstellungsort waren – auch an ein Freiluft- und Brunnendenkmal wurde dabei gedacht. Kleines Detail am Rande: Da sich manche Zeitgenossen vom raffiniert gestalteten Zug in das vermeintliche Pyramideninnere anstecken ließen, wurde das Denkmal irgendwann durch ein Gitter vor „lebenden Eindringlingen" geschützt.

Eine weitere Besonderheit der Augustinerkirche ist die in der **Loretokapelle** befindliche **Herzgruft der Habsburger**. In 54 unterschiedlichen Urnen ruhen die Herzen von Mitgliedern des Kaiserhauses zwischen 1618 und 1878. Die Herzgruft kann nur im Rahmen von Führungen oder nach dem Sonntagsgottesdienst gegen 12.30 Uhr besichtigt werden.

› Augustinerstraße 3/Eingang Josefsplatz, U1/U3 Stephansplatz oder U3 Herrengasse, www.augustinerkirche.at, geöffnet: tägl. 7–18 Uhr

Trauerzug in die Pyramide: Canovas Meisterwerk in der Augustinerkirche

㉕ Prunksaal der Österreichischen Nationalbibliothek ★★ [G6]

Der vielleicht schönste Raum der gesamten Hofburg ist gleichzeitig einer der berühmtesten historischen Bibliothekssäle der Welt. In ihm finden Selbstbewusstsein, Kunstsinn und Weltmachtsanspruch Österreichs in der Zeit des Hochbarock Ausdruck.

Was die Karlskirche ㊿ für Wien auf sakraler Ebene, ist der Prunksaal der Nationalbibliothek im profanen Bereich: Beide entstammen der Regierungszeit Kaiser Karls VI. und sind Meisterwerke barocker Kunst und Architektur zu Beginn des 18. Jahrhunderts – einer Epoche, in der das Habsburgerreich mitspielen wollte in der „Champions League der Weltpolitik" und teilweise auch mitspielen durfte.

Um noch einmal den Kirchenvergleich aufzugreifen: Der von Zerstörungen in beiden Weltkriegen verschont gebliebene Bibliothekssaal war konzipiert als „**Kathedrale des Wissens**" der damaligen Zeit und stellt diesen Universalitätsanspruch bis heute selbstbewusst zur Schau.

Auch die architektonische Kuppelgestaltung mit den monumentalen Deckenfresken zeugen vom weihevollen Charakter des Raumes. Erbaut wurde der Prunksaal 1723 bis 1726 von Joseph Emanuel Fischer von Erlach nach den Plänen seines Vaters, des Hofarchitekten Johann Bernhard Fischer von Erlach. Der fast 80 Meter lange und ohne die Kuppeln 20 Meter hohe Raum beherbergt mehr als 200.000 Bücher seit der Zeit des ausgehenden Mittelalters und darf sich damit als **größte Barock-Bibliothek Europas** bezeichnen. Zu den Kostbarkeiten zählt unter anderem die 15.000 Bände umfassende Bibliothek Prinz Eugens von Savoyen oder die große Sammlung von Reformationsschriften Martin Luthers.

Sofort ins Auge stechen die beiden **Säulenpaare**, eine Anspielung auf die Säulen des Herakles. Die äußeren **Deckenfresken** des Barockmalers Daniel Gran thematisieren Krieg (im Eingangsbereich) und Frieden, wobei auch die darunter in Nussholzschränken gesammelten Bücher auf die jeweiligen Themenbereiche zugeschnitten sind. Das Mittelfresko stellt die Apotheose Karls VI. dar, dessen Bildnis von Herkules und

Apoll gehalten wird – letzterer als antiker Gott der Kunst entspricht ganz dem Selbstbild des kunst- und kulturbeflissenen Kaisers, der bekanntlich auch selbst Musik komponierte. In Form einer Statue beherrscht der Monarch auch den unteren Teil des Raums. Bemerkenswert für die damalige Zeit ist die Lichtführung zwischen den Regalen und der Bibliotheksaußenwand. Zu den wertvollen Exponaten des Saals zählen auch die vier venezianischen **Prachtgloben**. Regelmäßig finden auch zeitlich begrenzte Sonderausstellungen statt.

> Josefsplatz 1, U1/U3 Stephansplatz oder U3 Herrengasse, Tel. 53410394, www.onb.ac.at/prunksaal.htm, geöffnet: Di.–So. 10–18, Do. bis 21 Uhr, Jun.–Sept. auch Mo. 10–18 Uhr, Eintritt: 7 € (4,50 € ermäßigt), 12,50 € (Familienticket)

㉖ Michaelertrakt ★★ [F6]

Die schräg gegenüber der Michaelerkirche ❹ gelegene Nordfassade mit ihrer weithin sichtbaren glänzenden Bronzekuppel ist äußerlich eines der Glanzstücke der Hofburg. Der monumentale Gesamteindruck wird durch die halbkreisförmige Struktur, die beiden flankierenden Brunnen und die vier **Herkulesdarstellungen** noch verstärkt. Letztere zeigen Szenen aus dem Leben des Halbgottes, unter anderem die Bezwingung der schlangenköpfigen Hydra.

Der rechte **Brunnen** ist dem männlichen Prinzip gewidmet und symbolisiert **Österreichs Macht zu Lande**; der linke – vielleicht Wiens schönster Brunnen – stellt **Österreichs Macht zur See** dar und verkörpert die weibliche Seite. Unter der barbusig-selbstbewussten, fast etwas androgyn wirkenden Personifikation der Austria auf einem Schiff stürzen unter dem Blick des Meeresgottes Neptun Fabelwesen in die Tiefe.

Der Durchgang zwischen den Herkulesstatuen führt ins Innere der **Michaelerkuppel** und von dort weiter zur Hofreitschule ㉗, den beiden Museen ㉘ ㉙ und über zwei Innenhöfe in Richtung Heldenplatz.

> Michaelerplatz, U3 Herrengasse

◯ *Die Personifikation der Austria am Brunnen vor der Hofburg*

◁ *Farbenfrohes Deckenfresko im Prunksaal der Österreichischen Nationalbibliothek* ㉕

㉗ Spanische Hofreitschule ★★ [G6]

Er ist vermutlich der schönste Reitsaal der Welt: der **barocke Saal der Winterreitschule** im Michaelertrakt der Hofburg. Erbaut wurde der helle, säulenumrahmte, stuckverzierte und mit Lüstern versehene Trainingsplatz der Vierbeiner zwischen 1729 und 1735 von **Johann Bernhard Fischer von Erlach**, dem Hofbaumeister

Karls VI.; die Tradition der Hofreitschule geht allerdings zurück bis ins 16. Jahrhundert, als Kaiser Ferdinand I. spanische Hengste, die als edelste Vertreter Europas galten, nach Wien bringen ließ. Bis heute legt der Name der Schule davon Zeugnis ab. Lange Zeit entstammten die Pferde dem im heutigen Slowenien beheimateten **Gestüt Lipica**, dem die **Lipizzaner** ihren Namen verdanken. Heute werden sie im **Bundesgestüt Piber** der Steiermark gezüchtet. Neben den klassischen Weißen Schimmeln gibt es auch stets ein paar braune Lipizzaner. Der Aberglaube der Bereiter besagt, dass es die Spanische Hofreitschule so lange geben wird, wie hier auch braune Pferde vorhanden sind.

Im Rahmen ihrer täglichen **Morgenarbeit zwischen 10 und 12 Uhr** führen die Hengste samt ihren Bereitern die erlernte Kunst vor, wobei nicht alle Sprünge täglich trainiert werden. Höhepunkte bilden der „Pas de deux" zu klassischer Musik und die Schulquadrille, auch „Ballett der weißen Hengste" genannt.

Ein Besuch der Morgenarbeit ist nicht nur für ausgewiesene Pferdenärrinnen und -narren interessant. Die Mischung aus barockem Saal, präziser Bewegung im Einklang zur Musik und die ungebrochene Tradition der Hohen Schule seit der Renaissance machen die Pirouetten und Kapriolen zu einem Gesamterlebnis, wie man es nur in Wien zu Gesicht bekommt.

Die **Bereiterinnen und Bereiter** beginnen ihre vier- bis sechsjährige Ausbildung als Eleven im Alter zwischen 15 und 19 Jahren. Mit einer gelungenen Schulquadrille – eine der schwierigsten Vorstellungen mit acht Hengsten – legen sie ihre Reifeprüfung ab. Wer besonders gut mit den Pferden umgeht, schafft es möglicherweise bis zum Oberbereiter – derzeit zwei an der Zahl. Im Rahmen von speziellen Führungen wird Besuchern auch die ovale Sommerreitbahn gezeigt. Einen kostenlosen Blick auf die Lipizzaner kann man auch von der Reitschulgasse aus erhaschen. In der **Stallburg** mit ihrem markanten **Renaissance-Arkadenhof** strecken die edlen Gäule hin und wieder ihre Köpfe aus den im Erdgeschoß befindlichen Ställen.

Kleines Detail am Rande: 1808 absolvierte der Uhrmacher **Jakob Degen** im Saal der Winterreitschule mittels zweier künstlicher Flügel am Leib einen der **ersten Freiflüge überhaupt.**

› Michaelerplatz 1 (Besucherzentrum), U3 Herrengasse, Tel. 53390310, www.srs.at, Karten für die Morgenarbeit sind im Besucherzentrum von Dienstag bis Samstag zwischen 9 und 16 Uhr (ausgenommen Feiertage) sowie am Josefsplatz Tor 2 an Tagen, an denen die Morgenarbeit stattfindet, in der Zeit von 9 bis 12 Uhr erhältlich. Eintritt: 14 € (Erwachsene), 10 € (ermäßigt), 7 € (Kinder, Schüler, Studenten). Geführte Rundgänge tägl. um 14, 15 und 16 Uhr (Dauer: 1 Stunde), 16 € (Erwachsene), 13 € (ermäßigt), 8 € (Kinder). Kombikarte Morgenarbeit und Rundgang: 28 €/21 €/14 €.

㉘ Kaiserappartements, Silberkammer, Sisi-Museum ★★★ [F6]

Die Kaiserappartements stellen das Pendant zur kaiserlichen Wohnung Franz Josephs I. und seiner Gattin Elisabeth in Schloss Schönbrunn (67) dar. Im Gegensatz zur Schönbrunner Sommerresidenz diente die Hofburg vorwiegend als Winterquartier. Insbesondere Sisi-Fans kommen hier voll auf ihre Kosten. Alle drei Bereiche können mit einem Ticket besichtigt werden.

Wien entdecken
Der Hofburg-Komplex

Über die Kaiserstiege gelangt man zunächst in die Trabantenstube, wo die Trabanten als Leibgarde ihren Dienst verrichteten. Danach folgen der Audienzwartesaal und das **Audienzzimmer**. Bei den berühmt gewordenen Audienzen Franz Josephs konnten die Untertanen ihre Anliegen vorbringen; dabei soll der fleißige Kaiser über eine viertel Million Personen empfangen haben.

Über das Konferenzzimmer gelangt man ins **Arbeitszimmer**. Hier verbrachte der Kaiser den Großteil des Tages; es diente quasi zusätzlich als Wohn- und Esszimmer und ist mit berühmten Gemälden der Kaiserin versehen. Über das Schlafzimmer des Kaisers sowie den Großen und Kleinen Salon, der als Gedächtnisraum für Kaiser Maximilian von Mexiko dient, gelangt man ins **Wohn- und Schlafzimmer** der Kaiserin. Hier verbrachte das Paar bis 1870 ihre gemeinsamen Nächte, danach diente es Sisi als eigenes Refugium.

Im Alltag der sehr auf ihr Äußeres fixierten Elisabeth spielte das **Turn- und Toilettezimmer** eine besondere Rolle. Hier verbrachte sie etliche Stunden mit dem täglichen Frisierritual und kleineren Turnübungen – ein Schönheits- und Fitnessraum des 19. Jahrhunderts. An den Wänden hängen Porträts derjenigen Menschen, die ihr besonders am Herzen lagen. Es folgen das Badezimmer mit Toilettebecken in Form eines Delfins, das Berglzimmer mit illusionistischer Landschaftsmalerei, Großer und Kleiner Salon Elisabeths und das Große Vorzimmer. Den Abschluss der Kaiserappartements bilden das Alexanderappartement, der Rote Salon und der Speisesaal.

Kaiserin Elisabeth ist mit dem **Sisi-Museum** eine eigene Ausstellung gewidmet, die ganz bewusst den **Sisi-Mythos mit der Sisi-Realität** konfrontiert und ein historisch facettenreiches Bild der österreichischen Kultfigur liefert, die ja ursprünglich eine Bayerin war. Man taucht ein in ihre unbeschwerte Jugend am Starnberger See und die eigentlich viel zu frühe Verlobung des freiheitsliebenden Mädchens mit dem Kaiser von Österreich, erfährt von ihren Problemen mit dem Wiener Hofzeremoniell und ihrem Schönheits- und Schlankheitswahn.

Mit fortschreitendem Alter wurde die Kaiserin von Schicksalsschlägen heimgesucht, allen voran der Selbstmord ihres geliebten Sohnes, des Kronprinzen Rudolf; ausgestellt ist der Trauerschmuck. Zu den traurigen Exponaten zählen auch die Feile, mit der die Kaiserin ermordet wurde, die Totenmaske und der schwarze Mantel mit Reiherfedern, mit dem man Elisabeth am Genfer See bedeckt hat. Ausstellungsstücke aus heiteren Zeiten: eines von Sisis wenigen erhaltenen Sommerkleidern sowie ein Bild der jungen Sisi auf der Schaukel.

Zum Museum gehört auch die **Silberkammer**. Hier sind kaiserliche Gebrauchsgegenstände wie Tafelsilber, Gläser, Porzellan und Dekorationsartefakte ausgestellt. Man gewinnt einen guten Eindruck von der höfischen Tafelkultur und der kaiserlichen Haushaltsführung.

› Innerer Burghof, U3 Herrengasse, Tel. 5337570, www.hofburg-wien.at, geöffnet: Sept.–Juni tägl. 9–17.30, Juli/Aug. tägl. 9–18 Uhr, Kassenschluss jeweils eine Stunde vor Schließung, Eintritt: 11,50 € (10,50 € ermäßigt, 7 € Kinder und Jugendliche von 6 bis 18 Jahren), Sisi-Ticket zusammen mit Schloss Schönbrunn [67]: 25,50 € (Kinder und Jugendliche 15 €)

Der Hofburg-Komplex

㉙ Kaiserliche Schatzkammer ★★★ [G6]

Exponate voller Glanz und Magie: Die Schatzkammer in der Hofburg beherbergt einige der bedeutendsten Kunstschätze der Welt – unter ihnen die mittelalterliche Reichskrone, die Heilige Lanze und eine Achatschale, bei der es sich möglicherweise um den Heiligen Gral handelt.

Die Schätze, die hier wie in einem Hochsicherheitstrakt gelagert werden, sind von ihrem Wert her gar nicht wirklich zu bestimmen. Am ehesten sind sie wohl vergleichbar mit den akribisch bewachten Kronjuwelen im Tower von London. Bezüglich des kulturhistorischen Werts kann man die Wiener Schatzkammer sogar als die bedeutendste ihrer Art weltweit bezeichnen. Aufgeteilt ist sie in einen weltlichen und einen geistlichen Bereich, wobei die weltliche Schatzkammer mit ihren Reichsreliquien auch christliche Kleinode enthält, sodass die Grenzen fließend sind.

Es ist sinnvoll, sich mittels eines Audioguides auf die Highlights der Ausstellung zu konzentrieren. Um all die prächtigsten und kunsthistorisch bedeutendsten Stücke aus 1000 Jahren europäischer Geschichte eingehend würdigen zu können, benötigt man mindestens anderthalb bis zwei Stunden. Hier soll nur auf einige Exponate genauer eingegangen werden: Unter den **Insignien des Heiligen Römischen Reichs** ragen die mit Edelsteinen verzierte **Reichskrone**, die Heilige Lanze, das Heilige Kreuz mit Kreuzpartikel und der Reichsapfel heraus. Allein die achteckige hochmittelalterliche Bogenkrone mit Kreuz steckt voller Symbolik, über die sich Fachleute bis heute streiten. Die vier emaillierten Bildplatten zeigen König David, König Salomo, König Ezechias und Prophet Jesaja sowie Christus, eingerahmt von zwei Engeln.

Sagenumwoben und geheimnisvoll ist die Geschichte der **Heiligen Lanze**. Angeblich soll es sich um die Lanze des römischen Legionärs Longinus handeln, mit der er den Tod des Gekreuzigten überprüft hat und die dadurch vom Heiligen Blut getränkt worden sein soll. Neuere Forschungen legen nahe, dass es sich um eine langobardische Flügellanze handeln dürfte. Europäische Fürsten und Staatsoberhäupter hat die Waffe über Jahrhunderte hinweg in ihren Bann gezogen. Angeblich soll sie Otto I. bei der Schlacht auf dem Lechfeld gegen die Un-

◁ *Prunkstück der Schatzkammer: die mittelalterliche Kaiserkrone des Heiligen Römischen Reichs*

Wien entdecken
Der Hofburg-Komplex

garn zum Sieg verholfen haben. Auch Adolf Hitler fühlte sich von der Reliquie magisch angezogen und brachte sie zusammen mit den anderen Reichsinsignien 1938 nach Nürnberg, wo die Reichskleinodien bereits vor der Französischen Revolution beheimatet waren. Die Amerikaner überführten die Schätze nach dem Zweiten Weltkrieg wieder nach Wien.

Zwei ganz besondere Exponate galten in der Habsburgermonarchie als **unveräußerliche Erbstücke**: das sogenannte **Ainkhürn**, das man für das Horn eines Einhorns hielt und dessen Mythos ziemlich zu leiden hatte, als Biologen das Relikt des Fabeltieres ganz profan als Stoßzahn eines Wals entzauberten. Die 76 Zentimeter breite **Achatschale** dagegen hat bis heute nicht alle ihre geheimnisvollen Schleier gelüftet. Lange Zeit hielt man die angeblich 1204 in Konstantinopel erbeutete Schale für den **Heiligen Gral** – insbesondere angesichts einer rätselhaften Inschrift, die den Namen Christi in griechischen Lettern innerhalb der natürlichen Maserung des Steins aufgewiesen haben soll. Auch wenn es sich nicht um den berühmten Gral handeln sollte: Ein künstlerisches Meisterwerk ist die aus einem Block gefertigte Schale allemal.

Zu den weiteren Glanzstücken der Ausstellung gehören die rudolfinische Hauskrone – ab dem 19. Jahrhundert die Reichskrone Österreichs –, der Schatz des Ordens vom Goldenen Vlies sowie die kunstvoll gearbeitete Wiege von Napoleons Sohn.

› Hofburg/Schweizertrakt, U3 Herrengasse, Tel. 525240, www.kaiserliche-schatzkammer.at, geöffnet: Mi.–Mo. 9–17.30 Uhr, Eintritt: 12 € (Erwachsene), 9 € (ermäßigt), Kinder und Jugendliche bis 18 Jahre frei

❸⓪ Heldenplatz ★★ [F6]

Im Hochsommer gehört der Heldenplatz eher zu den unangenehmen Orten in der Inneren Stadt. Auf der riesigen Fläche vor der Neuen Burg gibt es außer einer staubigen Wiese wenig Grün, Fiakerpferde dürsten nach Wasser und fußmüde Touristen belagern die wenigen schattigen Plätze am Äußeren Burgtor. Es gibt zweifellos lauschigere Plätze um diese Jahreszeit. Auch architektonisch scheint hier etwas nicht zu stimmen: Der gewaltige Flügel der **Neuen Burg** bräuchte aus Harmoniegründen eigentlich ein Pendant auf der Volksgartenseite. Ein zweiter großer Flügel war im 19. Jahrhundert auch tatsächlich geplant, scheiterte aber aus Geldnot – mit dem positiven Nebeneffekt, dass der Volksgarten unberührt blieb und eine weite Sicht auf Minoritenkirche (s. S. 90), Burgtheater ❹❷ und Rathaus ❹❸ besteht.

Wenn auch nicht der schönste Platz Wiens, so ist der Heldenplatz zweifellos einer der geschichtsträchtigsten Orte der jüngeren Vergangenheit. Auf dem Balkon der Neuen Burg verkündete Adolf Hitler am **15. März 1938 den „Anschluss" Österreichs an das Deutsche Reich** und Tausende Wiener jubelten ihm zu. Diese Wunde im kollektiven Geschichtsbewusstsein der Nachkriegszeit wollte nicht so recht vernarben; schließlich legte der Dramatiker Thomas Bernhard 1988 mit seinem Theaterstück „Heldenplatz" ordentlich den Finger hinein löste damit österreichweit eine Debatte über den Umgang mit der eigenen NS-Vergangenheit aus.

Was die namensgebenden Helden des Platzes betrifft, so handelt es sich gerade Mal um zwei Personen, die hoch zu Ross

Wien entdecken
Der Hofburg-Komplex

③ Burggarten und Schmetterlinghaus (Palmenhaus) ★ [G7]

Der einstige Privatgarten des Kaisers dient heute erschöpften Touristen als willkommene Oase der Ruhe und Entspannung. Neben einer **Teichanlage** mit dem Herkulesbrunnen besitzt der Burggarten etliche **Denkmäler** – unter ihnen eines für den Komponisten Wolfgang Amadeus Mozart.

Doch das ist noch nicht alles: Nicht nur im Schönbrunner Tiergarten ⑱ trifft man auf eine exotische Pflanzen- und Tierwelt, sondern auch hier mitten im Herzen Wiens. Im linken Flügel des ehemaligen Palmenhauses, das bereits Kaiser Franz Joseph als Ort der Erbauung und Muße diente, schwirren **Hunderte Schmetterlinge** frei umher. Daneben kann man Schopfwachteln beobachten; auf Schildern wird darauf hingewiesen, dass sie „schlanke, lebhafte Hühnertypen" sind. Es herrscht eine mehr oder weniger angenehme Luftfeuchtigkeit von 80 Prozent bei 26 Grad Celsius Temperatur.

Wem das tropische Klima zuwider ist, sollte zumindest von außen einen Blick auf das 128 Meter lange **Palmenhaus** werfen – schließlich zählt das 1901 errichtete Gebäude zu den schönsten Jugendstilbauten Wiens.

› **Schmetterlinghaus**, Burggarten/Hofburg, U2 Museumsquartier, www.schmetterlinghaus.at, geöffnet: Apr.–Okt: Mo.–Fr. 10–16.45, Sa./So. und feiertags 10–18.15, Nov.–März: tägl. 10–15.45 Uhr, Eintritt: 6 € (Erwachsene), 5 € (Senioren), 4,50 € (Schüler und Studenten), 3 € (Kinder)

seit ca. 150 Jahren den Platz bestürmen: vom äußeren Tor aus linker Hand das **Reiterdenkmal Erzherzog Karls** aus dem Jahre 1860, bei dem nur die beiden Hinterbeine des Pferdes den Boden berühren – eine bis heute von der Fachwelt bewunderte technisch-architektonische Meisterleistung. Rechter Hand grüßt die **Reiterstatue Prinz Eugens**, bei der allerdings auch der Schweif des Pferdes als Stütze dient. Beide Denkmäler entstammen der Werkstätte des Bildhauers Anton Dominik von Fernkorn.

Das **Äußere Burgtor**, auch Heldentor genannt, beherbergt eine unterirdische Krypta für die Kriegsgefallenen, welche nur im Rahmen öffentlicher Zeremonien zugänglich ist. Regelmäßig finden am Heldenplatz verschiedenartige Veranstaltungen statt, etwa das Waldviertelfest im August oder die große **Leistungsschau des österreichischen Bundesheeres** mit Hubschraubern und Panzern zum Nationalfeiertag am 26. Oktober.

› U3 Herrengasse

Leistungsschau des Bundesheeres am Heldenplatz ㉚

Kaiserpracht und Prachtmuseen: die westliche Ringstraße

Über Geschichte und Geschichten der Ringstraße, die im Jahr 2015 ihren 150. Geburtstag feiern konnte, wurde bereits im einleitenden Kapitel „150 Jahre Ringstraße – das Mammutprojekt des 19. Jahrhunderts" (s. S. 72) berichtet. Die nun folgenden Sehenswürdigkeiten schließen sich an die vorhergehenden Kapitel (Hofburg-Komplex) an und stellen die wichtigsten Bauwerke der westlichen Ringstraße im Uhrzeigersinn vor – von der Staatsoper ❷ bis zur Votivkirche ❹ und der benachbarten Mölker-Bastei. Zu den Prachtbauten des 19. Jahrhunderts gesellen sich auch die modernen Museen des MuseumsQuartiers. Sehenswürdigkeiten im Bereich von Donaukanal und östlicher Ringstraße wie den Stadtpark ❽ findet man im Kapitel „Rund um den Stephansdom – im Herzen der Stadt" (ab S. 76).

❷ Wiener Staatsoper ★★ [G7]

Womit könnte der Abschnitt über die Ringstraße würdiger beginnen als mit dem **Ersten Haus am Ring**, wie das berühmte Opernhaus gerne bezeichnet wird. Es wurde auch als erster Ringstraßen-Monumentalbau im Jahr 1860 mittels des neu geschaffenen Stadterweiterungsfonds ausgeschrieben. Den Zuschlag für die Errichtung der neuen Heimat für die seit dem 17. Jahrhundert existierende Hofoper erhielten die beiden Architekten August Sicard von Sicardsburg und Eduard van der Nüll.

Tragischerweise erlebten beide die Eröffnung des **Neorenaissance-Baus** 1869 mit der Aufführung von Mozarts Oper Don Juan nicht mehr. Van der Nüll flüchtete sich in den Freitod, sein Freund von Sicardsburg starb kurz danach an einem Herzinfarkt. Nicht schuldlos an ihrem Ableben waren die massiven Anfeindungen von Teilen der Wiener Bevölkerung. Eine Fehlplanung sei sie, eine „versunkene Kiste" und ein stilloser Architektur-Mix.

Nicht erst seit dem großteils originalgetreuen Wiederaufbau der im Zweiten Weltkrieg stark beschädigten Oper sind die beiden Architekten längst rehabilitiert; ihr Werk zählt bis heute zu den schönsten Opernhäusern der Welt. Das Gebäudeinnere wurde von Künstlern wie Moritz von Schwind gestaltet, der die

> **EXTRATIPP**
>
> **Mit der Straßenbahn rund um den Ring**
>
> Wer sich einen bequemen Überblick über die Ringstraße verschaffen möchte, tut dies am besten mit der Straßenbahn. Die **Vienna Ring Tram** fährt im 30-Minuten-Takt vom Schwedenplatz ❻ einmal um den Ring – inklusive Kopfhörer-Information. Die Fahrt kostet 8 € (Kinder bis 14 Jahre 4 €, bis 5 Jahre frei) und fährt täglich zwischen 10 und 17.30 Uhr; Ein- und Ausstiegstelle ist die Station Schwedenplatz, Bahnsteig C. Mit der Linie 1 kann man zu einem deutlich günstigeren Preis (siehe: öffentliche Verkehrsmittel) zumindest den architektonisch interessanten Abschnitt zwischen Staatsoper ❷ und Schwedenplatz ❻ befahren (www.wienerlinien.at).

Kaiserpracht und Prachtmuseen: die westliche Ringstraße

Fresken im Foyer und den Zauberflöten-Freskenzyklus in der Loggia malte.

Auch musikalisch genießt das Haus am Ring Weltruhm; für so manchen Wien-Besucher ist ein Aufenthalt in der Donaumetropole ohne Opernbesuch nicht denkbar. Dementsprechend begehrt sind die Karten. Neben teuren Plätzen gibt es aber stets günstige Stehplätze und kurzfristige Schnäppchen zu ergattern.

Als Direktoren fungierten so klingende Namen wie Gustav Mahler, Richard Strauss und Herbert von Karajan. Derzeitiger Herr über Staatsopernorchester, Staatsballett, Chor und Solisten ist seit 2010 Dominique Meyer, der die Leitung des Hauses mit insgesamt knapp 2300 Plätzen von Ioan Holender übernommen hat. Das jährlich größte Medieninteresse zieht der am Unsinnigen Donnerstag stattfindende **Wiener Opernball** auf sich. Er ist der unumstrittene Höhepunkt der Wiener Ballsaison und zählt neben Bundespräsident und Bundeskanzler regelmäßig auch Hollywood-Stars zu seinen Besuchern.

❯ Opernring 2, U2/U4 Karlsplatz (Ausgang Oper), Tel. 514442250, www.wiener-staatsoper.at. Das Innere der Wiener Staatsoper kann im Rahmen regelmäßiger Führungen besichtigt werden. Die Termine erfährt man auf der Internetseite oder unter Tel. 51444 2614, Dauer: 40 Minuten, Treffpunkt: Opernring/Operngasse 15 Minuten vor Beginn der Führung, Preis: 7,50 € (ab 65 Jahren: 6 €, Kinder, Lehrlinge und Studenten bis 27 Jahre 3,50 €).

33 Kunsthistorisches Museum (KHM) ★★★ [F7]

Weit über eine Million Besucher strömen jährlich in Wiens Heimstätte der Alten Meister. Nebenbei gehört das Haus gemeinsam mit seinem Schwestergebäude, in dem das Naturhistorische Museum untergebracht ist, zu den wichtigsten Prachtbauten der Ringstraße.

Das „Erste Haus am Ring": die berühmte Wiener Staatsoper 32

Wien entdecken
Kaiserpracht und Prachtmuseen: die westliche Ringstraße

Erbaut wurde der Gebäudekomplex im Auftrag Kaiser Franz Josephs – er suchte für die Sammlungen der Habsburger eine geeignete Heimstätte – von den Architekten Gottfried Semper und Carl von Hasenauer im Stil der italienischen Renaissance; feierliche Eröffnung war am 17. Oktober 1891 – noch im gleichen Monat durfte auch die Öffentlichkeit am Kunstgenuss teilhaben.

Wenn man nicht wüsste, dass man hier ein Museum betritt, man könnte sich in einem Märchenschloss wähnen. Allein schon die Eingangshalle, das **prunkvolle Stiegenhaus** und die Kuppelhalle sind den Besuch wert.

Flankiert von zwei Löwen sowie den Initialen Franz Josephs und Kaiserin Elisabeths führt die Marmortreppe zunächst auf eine Theseusgruppe von Antonio Canova zu, um den Besucher danach in den Himmel der Kunst zu geleiten. Das Deckengemälde des bayerisch-ungarischen Malers Mihály von Munkácsy stellt die Apotheose, also die Verherrlichung der Renaissance, dar. Verherrlicht wird aber gleichzeitig die Epoche des Jugendstils, nämlich durch die **Werke Gustav Klimts** an der Nordwand der Halle. Die beiden berühmten Damen stellen die griechische Antike in Form der Pallas Athene (links) und das alte Ägypten in Form der Isis dar – letztere völlig unbekleidet und hinsichtlich der Beinstellung von einzigartiger Eleganz.

Das alte Ägypten wird im KHM nicht nur in Form des Klimt-Kunstwerks präsentiert. Die **ägyptisch-orientalische Sammlung** zählt zu den bedeutendsten Ausstellungen der Hochkulturen von Nil und Zweistromland. Im Halbstock befinden sich auch **Antikensammlung** mit griechischen und römischen Büsten sowie die **Kunstkammer**. Letztere erstrahlt als „Museum im Museum" seit 2013 in neuem Glanz und entführt nach eigener Aussage in die Welt des Schönen, Geistvollen, Kuriosen und Wundervollen. Zu sehen sind Kleinode aus Gold und Elfenbein, unter ihnen die **Saliera** von Benvenuto Cellini. Die Goldschmiedearbeit aus dem 16. Jahrhundert zeigt Neptun, den Gott des Meeres, und Tellus, die römische Göttin der Erde. Aufsehen erregte der Diebstahl des Kunstwerks im Jahre 2003; 2006 wurde die Saliera in einem Versteck im Waldviertel schließlich wiederentdeckt.

Das erste Stockwerk ist ganz der Malerei gewidmet, aufgeteilt in die zwei Flügel **Niederländische, flämische und deut-**

▷ *Paradiesdarstellung von Lucas Cranach dem Älteren im Kunsthistorischen Museum*

sche **Malerei** sowie **Italienische, spanische und französische Malerei**. Zu den Meisterwerken der deutschen Abteilung gehören Werke von Albrecht Dürer, Lucas Cranach und Hans von Aachen. Star bei den Niederländern ist Pieter Bruegel d. Ä., dessen weltberühmte Werke Turmbau zu Babel, Bauernhochzeit und Jäger im Schnee zu bewundern sind – Letzteres zeigt Eisstockschützen und Schlittschuhfahrer im 16. Jahrhundert. Unter den flämischen Malern sticht Peter Paul Rubens hervor.

Was wäre ein Museum, das sich der Renaissance verschrieben hat, ohne die großen italienischen Meister: Tizian und Tintoretto sind ebenso vertreten wie Raffael, dessen Madonna im Grünen zu den faszinierenden Glanzlichtern der Sammlung gehört. Stolz darf das Museum auch auf Werke des spanischen Barockmalers Velázquez sein. Zusätzlich zur Dauerausstellung organisiert das KHM regelmäßige Sonderausstellungen.

Numismatiker wird es in das **Münzkabinett** im 2. Stock ziehen lassen, das zu den fünf größten Münzsammlungen der Welt gehört. Nach ausgiebiger Besichtigungstour kann man im wahrlich kaiserlichen Ambiente der Kuppelhalle bei einem Kaffee den Museumsbesuch noch einmal Revue passieren lassen.

› Maria-Theresien-Platz, U3 Volkstheater oder U2 Museumsquartier, Tel. 525240, www.khm.at, geöffnet tägl. 10–18, Do. bis 21 Uhr (Juni–Aug.), Sept.–Mai Mo. geschlossen, Eintritt: 14 € (11 € ermäßigt, Kinder und Jugendliche bis 18 Jahre frei); Kombi-Ticket „Schätze der Habsburger" mit Schatzkammer ㉙ und Museen in der Neuen Burg ㉗ ㉘: 20 €, Masterticket mit Leopold Museum ㊳ und Museen in der Neuen Burg 22 € (Studenten 17 €)

㉞ Maria-Theresien-Denkmal ★★ [F7]

Zwischen den beiden großen historischen Museen erstreckt sich als Gartenfläche der Maria-Theresien-Platz mit dem Denkmal der Kaiserin im Zentrum; es ist eines der wichtigsten und größten Denkmäler der Habsburgermonarchie.

Die **Mutter der Monarchie**, die 40 Jahre lang zwischen 1740 und 1780 die Geschicke ihres Vielvölkerreichs lenkte und sich gegen mächtige männliche Feinde im In- und Ausland behaupten musste, thront auf der Spitze des 44-Tonnen-Monuments; zu ihren Füßen sitzen als weibliche Allegorien die vier **Kardinaltugenden** Gerechtigkeit, Kraft, Milde und Weisheit.

Die darunter stehenden Herren zeigen ihre **Berater** (im Vordergrund Kaunitz), die **Verwaltung** (Haugwitz), das **Militär** (Liechtenstein) sowie Vertreter aus **Wissenschaft und Kunst** (van Swieten). Auf den Vorsprüngen präsentieren sich hoch zu Ross vier damals bedeutende Feldherrn: Leopold von Daun, Ludwig von Daun, Ludwig von Khevenhüller, Gideon Ernst von Laudon und Otto von Abensperg und Traun.

Das Skulpturenprogramm entwarf der deutsche Bildhauer Caspar Zumbusch; feierliche Enthüllung war im Mai 1888. Letztendlich konnte auch diese monumentale habsburgische Machtdemonstration den bevorstehenden Untergang der Donaumonarchie nicht verhindern.

▷ *Eingelegte Echsen im Naturhistorischen Museum*

Kaiserpracht und Prachtmuseen: die westliche Ringstraße

Auf Tausenden Digitalfotos in aller Welt existiert sie in der Person Maria Theresias zumindest bis heute weiter.

Flankiert wird das Denkmal von vier **Tritonen- und Najadenbrunnen**, deren teils erotisch gestaltete Figurengruppen aus weißem Carrara-Marmor gehauen wurden – im Sommer beliebte Ruheoasen für ausgelaugte Museumsbesucher.

㉟ Naturhistorisches Museum (NHM) ★★ [F6]

Das Naturhistorische Museum ist eine Schatzkammer der Erdgeschichte und darüber hinaus: Hier sind etwa 30 Millionen Objekte aus den unterschiedlichsten Wissenschaftszweigen versammelt: vom Saurierskelett bis zum Frosch in Alkohol, vom Meteoritenbrocken bis hin zur Venus von Willendorf. Letztere ist nur ein Beispiel dafür, dass es sich beim NHM längst nicht ausschließlich um ein Naturmuseum handelt; zu bestaunen sind auch einzigartige Kunstwerke.

Bereits zwei Jahre vor seinem gegenüber liegenden Schwestermuseum ㉝ eröffnete 1889 das k.k. naturhistorische Hofmuseum. Grundlage war die habsburgische **Naturaliensammlung**, die Kaiser Franz Stephan Mitte des 18. Jahrhunderts erworben hat und die in Teilen bis heute besichtigt werden kann. Im Vergleich zu anderen Museen überlebte das Naturhistorische Museum, das stets ein wenig im Schatten seines kunsthistorischen Zwillings existierte, die vergangenen 125 Jahre relativ unversehrt und wird aufgrund seines historisch wertvollen Sammlungsbestands gerne als Museum eines Museums bezeichnet.

Jeder Besucher sollte sich vorab überlegen, welcher der elf Abteilungen das Hauptaugenmerk gelten soll. Alles kann man im Rahmen nur eines Besuches gar nicht ausreichend würdigen. Die **Anthropologische Abteilung** ist erst 2013 neu eröffnet worden. Notwendig wurde die Neugestaltung, da der bis 1996 existierende Rassensaal heftig in die Kritik

Wien entdecken
Kaiserpracht und Prachtmuseen: die westliche Ringstraße

geraten war. Pflanzenliebhaber werden sich in der **Botanischen Abteilung** wohlfühlen. Die meisten Besucher zieht es weiter in die **Geologisch-Paläontologische Abteilung** mit künstlichem Karbon-Wald und originalgetreuen Tiermodellen aus der Zeit vor 300 Millionen Jahren in Saal 7 und in den **Sauriersaal**, der Jung und Alt seit jeher begeistert hat. Im Saal 9 (Erdneuzeit) begegnet man dem Skelett eines Prodeinotheriums, eines entfernten Verwandten des Elefanten. Die Gänge im Hochparterre sind voller Eiszeit-Skelette von Mammut bis Höhlenbär.

Einzigartig sind die **Meteoritensammlung**, die neben gewaltigen Weltraumbrocken auch Mondgestein beinhaltet, sowie die **Mineraliensammlung**. Ein Glanzlicht unter den Exponaten ist der **Blumenstrauß aus Edelsteinen**, angeblich ein Geschenk Maria Theresias an ihren geliebten Gatten und Sammlungsgründer Franz Stephan. Schon an diesem Kunstwerk wird deutlich, dass es sich auch beim Naturhistorischen Museum teilweise um ein kunsthistorisches Museum handelt.

Speziell die **Prähistorische Abteilung** stellt dies anschaulich unter Beweis: Prominentestes Ausstellungsstück ist die rund 25.000 Jahre alte Figur der **Venus von Willendorf**. Die Anfang des 20. Jahrhunderts am Donauufer in der Wachau gefundene Frauenfigur mit ihren ausgeprägten Rundungen zählt zu den wichtigsten steinzeitlichen Funden Europas. Ausgestellt ist auch die archäologisch ebenso bedeutende archaische **Figur vom Galgenberg**, die in der Nähe von Krems entdeckt wurde.

Genügend Zeit sollte man für die drei **Zoologischen Abteilungen** einplanen. Ausgestopft oder in Alkohol eingelegt, zeigt sich hier die faszinierende Vielfalt des Lebens beziehungsweise im Falle der ausgestellten Objekte wohl eher des ehemaligen Lebens: Insekten, Würmer, Fische, Lurche, Vögel und Säugetiere bevölkern die Vitrinen; manche Arten sind mittlerweile ausgestorben.

Zusätzlich gibt es im NHM eine aufwendig gestaltete **Abteilung für Karst- und Höhlenkunde** sowie eine **Abteilung für Ökologie,** die Lösungsansätze und Anregungen zu aktuellen Problemen liefern möchte.

› Maria-Theresien-Platz, U3 Volkstheater oder U2 Museumsquartier, Tel. 521770, www.nhm-wien.ac.at, geöffnet Do.–Mo. 9–18.30, Mi. bis 21 Uhr, Eintritt: 10 € (8 € ermäßigt, 5 € Studenten und Lehrlinge, Kinder und Jugendliche unter 19 Jahren frei)

㊱ MuseumsQuartier ★★★ [F7]

Während Kunsthistorisches- ㉝ und Naturhistorisches Museum ㉟ die Alten Meister und die Sammelleidenschaft der Habsburger repräsentieren, steht das MuseumsQuartier (MQ) für **moderne Kunst und Kultur** auf unterschiedlichsten Ebenen. Das kompakte Kunstareal bietet Platz für Musik, Mode, Neue Medien und Medienkunst, Architektur, Literatur, bildende Kunst und Malerei. Es entstand zwischen 1998 und 2001 auf dem Gelände der ehemals kaiserlichen Hofstallungen beziehungsweise der späteren Messehalle.

Nach umfangreichen Planungen und Umplanungen ist ein architektonischer Mix aus denkmalgeschützten historischen Gebäuden und modernen Anlagen entstanden. Die drei musealen Platzhirsche auf dem Areal sind die **Kunsthalle Wien** ㊴ mit ihrer barocken Fassade, der

Kaiserpracht und Prachtmuseen: die westliche Ringstraße

dominante dunkelgraue Bau des **Museums Moderner Kunst Stiftung Ludwig (mumok)** ❸❼ sowie der weiße Kubus des **Leopold Museums** ❸❽.

Schon bald nach seiner Fertigstellung hat sich das MQ zu einem neuen **urbanen Zentrum** Wiens entwickelt. Kurz nach der Jahrtausendwende symbolisierte es das junge, moderne und kosmopolitische Wien. Insbesondere in den Sommermonaten nehmen vorwiegend Künstler und Lebenskünstler, junge Familien und Studenten das Areal in Beschlag und machen es sich bequem auf den sogenannten **Enzis** – robusten farbigen Freiluftmöbeln mit je zwei Lehnen. Es herrscht eine entspannte Atmosphäre: Neben ineinander verschlungenen Pärchen ruhen sich fußmüde Museumsbesucher aus; Studentinnen und Studenten widmen sich ihren Laptops oder der einen oder anderen Dose Ottakringer Bier; Eltern lassen ihren Nachwuchs auf den Enzis herumkraxeln.

Dem Platz zwischen den Museen wird nachgesagt, ein wichtiger **Bobo-Treffpunkt** zu sein, wenngleich jeder einzelne das bestreiten würde. Als Bobos bezeichnet man in größeren Metropolen der Welt und vor allem in Wien den Gesellschaftstyp des Bourgois-Bohémien beziehungsweise Möchtegern-Bohémien. Er zeigt sich am ehesten in der Form des wohlhabenden und modebewussten Studenten mit Designer-Umhängetasche, Hipster-Brille, iPad, Kopfhörern und Biolimonade. Das Bobo-Phänomen tritt vermutlich im MuseumsQuartier und in den benachbarten Bezirken Mariahilf und Neubau am stärksten zutage, hat aber längst auch in Gegenden wie dem Karmeliterviertel (s. S. 160) in der Leopoldstadt Einzug gehalten.
› U2 Museumsquartier

*Beliebte Sonnenbänke: die „Enzis"
im MuseumsQuartier*

Wien entdecken
Kaiserpracht und Prachtmuseen: die westliche Ringstraße

❸❼ mumok ★★ [F7]

Der schwarze beziehungsweise eher **dunkelgraue Kubus** des mumok ist das sicherlich markanteste Gebäude auf dem Hauptplatz des MuseumsQuartiers – ob es auch das schönste ist, liegt wie immer im Auge des Betrachters. Ein Blickfang ist das mit Vulkangestein verkleidete Museum Moderner Kunst Stiftung Ludwig – so die Langversion – auf jeden Fall.

Was das Äußere verspricht, kann das Innere halten: Blickfänge der Moderne und zeitgenössische Kunstwerke der vergangenen Jahrzehnte. Die umfangreiche Sammlung umfasst Werke von Pablo Picasso, Joseph Beuys und Jasper Johns ebenso wie Exponate von Vertretern der **Pop Art** wie Andy Warhol, Roy Liechtenstein oder Robert Rauschenberg sowie Dokumentationen des Wiener Aktionismus der 1960er-Jahre.

> Museumsplatz 1, Tel. 52500, www.mumok.at, geöffnet: Mo. 14–19, Di.–So. 10–19 (Do. bis 21 Uhr), Eintritt: 10 € (ermäßigt 8 bzw. 7 €, Kinder und Jugendliche bis 18 Jahre frei)

❸❽ Leopold Museum ★★ [F7]

Eigentlich könnte man das strahlend weiße Museum **Schiele-Museum** nennen, obwohl auch andere bedeutende Künstler hier ihre dauerhafte Heimat gefunden haben. Benannt ist das Museum aber mit gutem Grund nach dem Kunstsammler und Mäzen Rudolf Leopold, seines Zeichens ein begeisterter Sammler der Werke **Egon Schieles**. Ohne seinen treuesten Fan hätte der im Alter von nur 28 Jahren im Jahre 1918 an der Spanischen Grippe verstorbene Künstler wohl nie jenen Weltruhm erlangt, den er bis heute genießt – gerahmte Schiele-Poster findet man in Wohn- oder Schlafzimmern auf der ganzen Welt.

Einige der heute unbezahlbaren Gemälde konnte Leopold in den 1950er-Jahren auf Auktionen noch relativ günstig erwerben – zum Preis eines Autos heißt es auf der Homepage des Museums. Insgesamt bescherte die Sammelleidenschaft Leopolds der Sammlung **41 Gemälde** und 188 Arbeiten auf Papier; weltweit bekommt man nirgends mehr Werke des Expressionisten zu sehen, unter anderem das Selbstporträt mit Lampionfrüchten oder das Bildnis der Wally Neuzil mit ihrem eindringlichen Blick auf den Betrachter. Doch längst nicht nur Schiele gibt es zu bestaunen: Innerhalb von fünf Jahrzehn-

> **EXTRATIPP**
>
> ### Abstecher zum Spittelberg
>
> Noch in den 1990er-Jahren war das Grätzel am Spittelberg mehr als ein Geheimtipp für Wien-Touristen. Ganze Busse setzten ihre Insassen ab, damit diese den vermeintlich so idyllischen und pittoresken Winkel Wiens kennenlernen konnten. Mittlerweile hat sich der Hype etwas gelegt, auch andere Wiener Gassen haben sich herausgeputzt. Falls man sich aber bereits in der Gegend des MuseumsQuartiers ❸❻ befindet, kann man ruhig einen Abstecher zu den hübschen Biedermeierhäusern zwischen Kirchberggasse und Stiftgasse [E7] unternehmen. Besonders in lauen Sommernächten lässt es sich in den Gastgärten der Lokale oder im Innenhof des traditionsreichen Amerlingbeisl (s. S. 32) gut aushalten. Das heute schicke und teure Viertel war übrigens über Jahrhunderte ein Zentrum der Prostitution.

Wien entdecken
Kaiserpracht und Prachtmuseen: die westliche Ringstraße

ten trug Rudolf Leopold, unterstützt von seiner Frau Dr. Elisabeth Leopold, eine Sammlung von über 5200 Kunstwerken zusammen, die 1994 in die Leopold Museum-Privatstiftung eingebracht wurde. Zu den Glanzlichtern der Sammlung gehören **Werke von Oskar Kokoschka, Richard Gerstl, Koloman Moser** und vielen anderen Künstlern aus der Epoche des **Fin de siècle.** Da darf natürlich auch **Gustav Klimt** nicht fehlen, dessen großformatiges Gemälde Tod und Leben durch seine etwas makabere Eindringlichkeit fasziniert.

Zusätzliche Themenschwerpunkte sind unter anderem „Vom Expressionismus zur Neuen Sachlichkeit" (1908–1938), das 19. Jahrhundert sowie „Afrika", eine facettenreiche Sammlung afrikanischer und asiatischer Kunst. Korrespondierend zur Dauerausstellung finden regelmäßig wechselnde Sonderausstellungen statt. Bis 2016 soll auf dem Dach des Museums eine begehbare Glaskonstruktion als Wohlfühlzone entstehen, die sogenannte MQ-Libelle.

› Museumsplatz 1, Tel. 525700, www.leopoldmuseum.org, geöffnet: Mi.–Mo. 10–18, Do. bis 21 Uhr, Eintritt: 12 € (ermäßigt 7 €, Studenten 8 €, Senioren 9 €)

㊴ Kunsthalle Wien ★ [F7]

Im Unterschied zu ihren beiden Schwestern gibt es in der Kunsthalle keine Dauerausstellung zu sehen. Der Raum ist bewusst ständig wechselnden Ausstellungen vorbehalten und wurde vom italienischen Kunstmagazin ARTE 2002 zu einem der sechs bedeutendsten Ausstellungshäuser Europas gekürt. Hier geben sich bedeutende Gegenwartskünstler die Klinke in die Hand; gleichzeitig dient sie dem künstlerischen Diskurs, der Auseinandersetzung mit aktuellen Themen und dem Experimentieren. Neben dem MuseumsQuartier besitzt die Wiener Kunsthalle noch einen zweiten Standort am Karlsplatz.

› www.kunsthallewien.at, geöffnet tägl. 10–19 Uhr, Do. bis 21 Uhr. Ticketpreise variieren je nach Ausstellung

㊵ Parlament ★ [F6]

Neben dem im Volksgarten ㊶ beheimateten Theseustempel ist das Parlamentsgebäude ein weiteres, vom antiken Griechenland inspiriertes Bauprojekt des 19. Jahrhunderts und gleichzeitig ein herausragendes Zeugnis der Ringstraßenarchitektur.

Der dänische Architekt Theophil von Hansen war Verehrer des antiken Athens, beteiligte sich an der Rekonstruktion der Akropolis und hat besonders in Wien architektonische Spuren hinterlassen: Neben dem Musikvereinsgebäude (s. S. 44) und der Wiener Börse wurde die Entwicklung des Parlaments (damals Reichsrat) zu seinem Lebenswerk. Die griechische Klassik stand dabei vorbildhaft für die Urbegriffe von Politik und Demokratie. Geprägt ist der Komplex durch eine vielfältige Symbolik: Schon die Baumaterialien stammten aus nahezu allen Kronländern der Donaumonarchie, um deren Einheit eine feste Basis zu verleihen. Mit seinen Plänen, das Gebäude nach dem Vorbild antiker Tempel vielfarbig zu gestalten, konnte sich Hansen nicht durchsetzen – an der linken Ecke erkennt man zumindest einige Farbproben.

Der Vorplatz wird dominiert vom **Pallas-Athene-Brunnen.** Die Göttin der Weisheit ist flankiert von Allegorien der

Kaiserpracht und Prachtmuseen: die westliche Ringstraße

Flüsse Donau, Inn, Elbe und Moldau als den wichtigsten Wasseradern des Kaiserreichs. Im Giebel sind die 14 Kronländer symbolisiert, in der Mitte Kaiser Franz Joseph I. als römischer Imperator dargestellt. Sofort ins Auge sticht auch die gewaltige Rampe mit Plastiken antiker Historiker.

Während der Erbauungszeit von 1874 bis 1883 konzipierte Hansen nicht nur das Gebäude selbst, sondern auch dessen Ausstattung bis hin zu den Möbeln.

Generell empfiehlt sich eine Führung ins Herz der österreichischen Politik. Höhepunkte sind die prächtige **Säulenhalle**, der historische **Reichsratssitzungssaal** sowie die **Sitzungssäle von Nationalrat und Bundesrat**.

› Parlament, Dr.-Karl-Renner-Ring 3, U2/U3 Volkstheater, Tel. 401102400, www.parlament.gv.at, öffentliche Führungen: Anfang Sept. bis Mitte Juli (Tagungszeit) Mo.–Do. 11, 14, 15 und 16 Uhr, Fr. zusätzlich um 13 Uhr, Sa. zusätzlich um 12 Uhr. Mitte Juli bis Anfang Sept. 11, 12, 13, 14, 15 und 19 Uhr, Dauer: ca. 55 Minuten, Eintritt: 5 € (2,50 € ermäßigt), Kinder und Jugendliche bis 18 Jahre frei

❹ Volksgarten ★★ [F6]

Wem nach intensivem Hofburg- und Ringstraßen-Besichtigungsprogramm die Füße schmerzen, sollte eine erholsame Auszeit im Volksgarten einlegen. Das Gartenidyll verzaubert mit seinem schneeweiß gestrichenen Theseustempel, dem etwas verborgenen Kaiserin-Elisabeth-Denkmal und im Sommer mit betörendem Rosenduft.

Auf dem Gelände befanden sich einst Festungsanlagen, die 1809 von den Franzosen gesprengt wurden, womit der nötige Platz für die Errichtung einer Gartenanlage geschaffen wurde. 1823 wurde der erste öffentlich zugängliche Park Wiens eröffnet, für den sich aufgrund seiner Bestimmung schnell der Name Volksgarten durchsetzte. Später wurde die Anlage noch erweitert. Das dominierende Gebäude des Gartens ist seit seiner Gründung der klassizistische **Theseustempel**. Ursprünglich diente er als Behausung von Antonio Canovas aus weißem Marmor geschaffene Meisterwerk „Theseus besiegt den Kentauren", bis dieses im Jahr 1890 ins Kunsthisto-

Kaiserpracht und Prachtmuseen: die westliche Ringstraße

rische Museum übersiedelte. Mittlerweile dient der Tempel wieder als Ausstellungsraum eines jährlich wechselnden Exponats zeitgenössischer Kunst. In den 1970er-Jahren trafen sich auf den Stufen Blumenkinder und Künstler – unter ihnen auch der Liedermacher Wolfgang Ambros, der seine Zeit am Tempel im Song „Voom Voom Vanilla Camera" verewigt hat. Über die Jahre hinweg wurde aus dem einst strahlend weißen ein schmutzig graues Gebäude; seit 2010 erstrahlt er nach zweijähriger Renovierung wieder in altem Glanz.

Im Zentralbereich der Gartenanlage steht der **Volksgarten-Brunnen** aus dem Jahr 1866 mit seiner Brunnenschale aus Untersberger Marmor, gleich daneben der außergewöhnlichste Baum des Gartens: eine mächtige Morgenländische Platane. Etwas versteckt in einem dem Burgtheater zugewandten Winkel liegt eine **idyllische kleine Anlage im Stile der Secession** ❺⓪ mit Teich und zwei Brunnen. Davor sitzt **Kaiserin Elisabeth** (Sisi), geschaffen aus einem ursprünglich acht Tonnen schweren Marmorblock. Der feierlichen Enthüllung des Denkmals zu Ehren seiner ermordeten Gattin wohnte im Jahre 1907 auch Kaiser Franz Joseph bei. Bis heute ein Ziel für Romantiker – auch angesichts der Blütenpracht. Apropos Blumen: Im nahe gelegenen **Rosengarten** stehen über 3000 Rosensträucher, verteilt auf 200 Arten. Hier findet man auch ein Denkmal für den Schriftsteller Franz Grillparzer.

Zur Einkehr lädt die empfehlenswerte ehemalige Meierei (www.cafe-meierei-volksgarten.at) ein. Kleines Detail am Rande: Die öffentliche Bedürfnisanstalt beim Theseustempel stammt aus dem Jahr 1884 und gehört somit zu den ältesten Anlagen zur Wiederherstellung des Wohlbefindens in Wien.

❭ Burgring, U3 Herrengasse, geöffnet: April–Okt. 6–22 Uhr, Nov.–März 6.30–19 Uhr, Eintritt frei

❹❷ Burgtheater ★ [F6]

Österreichs Nationaltheater ist eine Bühne der Extraklasse. Das Burgtheater ist nicht nur eines der ältesten und bedeutendsten Theater Europas, es ist auch das größte deutschsprachige Sprechtheater und leistet sich das größte Budget und die meisten Mitarbeiter, 550 an der Zahl. Der Sprung vom gewöhnlichen Schauspieler zum Burgschauspieler ist so etwas wie ein Ritterschlag in der Theaterszene.

Eine dermaßen repräsentative Bühne will auch in einem repräsentativen Gebäude untergebracht sein: In seiner Frühzeit am Michaelerplatz ansässig, war die neu entstandene Ringstraße gerade gut genug. Mit seiner **prunkvollen Architektur** übertrumpft das neue k.k. Hofburgtheater sogar die Wiener Oper ❸❷. Das von Gottfried Semper und Karl Freiherr von Hasenauer im Stile des **Neobarock** konzipierte Schmuckstück der Ringstraße entstand zwischen 1874 und 1888. An der Gestaltung der Deckengemälde in den beiden Stiegenhäusern war kein geringerer als Gustav Klimt beteiligt. Für alle Münchner, die sich heute noch ärgern, dass das von König Ludwig II. gewünschte und von Semper geplante Ri-

◁ *Das Denkmal Kaiserin Elisabeths im Volksgarten, im Hintergrund das Burgtheater*

chard-Wagner-Festspielhaus über der Isar nie verwirklicht worden ist: So ähnlich hätte es ausgesehen.

Über der **Hauptfassade** thront Apollo, der griechische Gott der Künste, flankiert von den beiden Musen Drama und Tragödie. Eine Tragödie für das Theater war die Zeit des Nationalsozialismus, in der die jüdischen Ensemble-Mitglieder Auftrittsverbot erhielten und verfolgt wurden. Im Zweiten Weltkrieg stark in Mitleidenschaft gezogen, fanden die Aufführungen bis 1955 im Ronacher (s. S. 44) statt, ehe die Schauspieler wieder an ihre alte Wirkungsstätte zurückkehren konnten.

Im Laufe der 1960er-, 1970er- und 1980er-Jahre war das Burgtheater als zweites Wohnzimmer des wohlhabenden Bürgertums aus Döbling, Hietzing oder dem Alsergrund zwar stets gut besucht, kam aber zwischenzeitlich auch etwas bieder, konservativ und unpolitisch daher. Das änderte sich 1986 mit der Berufung des deutschen Regisseurs Claus Peymann als Direktor, der mit der Inszenierung von **Thomas Bernhards Drama „Heldenplatz"** für den größten Theaterskandal der Nachkriegsgeschichte sorgte. Nach der Premiere standen Bernhard und Peymann gemeinsam auf der Bühne. Die Hälfte des Publikums jubilierte, die andere Hälfte schrie ihren Unmut heraus.

Im Laufe der Jahrzehnte gab es noch weitere spektakuläre und polarisierende Aufführungen: etwa das Orgien-Mysterien-Theater vom Aktionskünstler Hermann Nitsch oder ein Konzert der deutschen Punkband Die Toten Hosen – beides im Jahre 2005 unter der Ägide von Klaus Bacher. Ein Finanzskandal erschütterte das Haus im Jahr 2014, woraufhin dessen langjähriger Direktor Matthias Hartmann gefeuert wurde. Im Oktober desselben Jahres wurde Karin Bergmann als erste weibliche Direktorin medienwirksam gekürt.

Doch was wäre das Burgtheater ohne seine Publikumslieblinge: Zu Ensemblemitgliedern gehörten unter anderem Paula Wessely, die Familiendynastie Hörbiger (Attila, Paul und Christiane), Josef Meinrad, Curth Anatol Tichy, Erika Pluhar oder Heinz Rühmann; umjubelte Gastauftritte hatten Klaus Kinski, Maximilian Schell oder Christoph Schlingensief – letzterer auch als Regisseur. Wer eine Aufführung besuchen möchte, sollte sich rechtzeitig um Karten bemühen.

❯ Universitätsring 2, Straßenbahnlinie 1 und D Rathausplatz/Burgtheater, Tel. 514444140, www.burgtheater.at. Von September bis Juni bietet das Burgtheater täglich (außer 24.12. und Karfreitag) um 15 Uhr Führungen hinter die Kulissen an. Treffpunkt: 15 Minuten vor der Führung in der Kassenhalle, Preis: 6,50 € (Rentner: 5,50 €, Kinder, Schüler und Studenten 3 €).

❹❸ Wiener Rathaus ★ [F6]

Wien ist nicht nur die Hauptstadt Österreichs, es ist auch ein eigenes Bundesland und hat eine größere Bevölkerung als das flächenmäßig größte Bundesland Niederösterreich. Die hatte es auch schon im 19. Jahrhundert. Kein Wunder also, dass angesichts der rasant wachsenden Metropole das alte Rathaus in der Wipplingerstraße längst aus allen Nähten geplatzt ist und ein neues repräsentatives Gebäude dringend vonnöten war.

Ursprünglich in Stadtparknähe ❶❽ angedacht, wurde nach zähem Ringen mit

Kaiserpracht und Prachtmuseen: die westliche Ringstraße

dem Kaiser das Areal in direkter Nachbarschaft von Burgtheater ㊷, Votivkirche ㊹ und Parlament ㊵ als Bauplatz auserkoren, was der Ringstraße ein weiteres Prachtgebäude bescherte.

Zwischen 1874 und 1883 entstand das neue Rathaus nach Plänen des deutschen Architekten Friedrich von Schmidt im neogotischen Stil nach dem Vorbild flämischer Rathäuser des Spätmittelalters. Mit seinem **103 Meter hohen Hauptturm** drückt die monumentale Fassade auch das neu entstandene Selbstbewusstsein des Wiener Bürgertums aus. Damit seine 99 Meter hohe Votivkirche ㊹ vom neuen Bürgerpalast nicht in den Schatten gestellt werden konnte, verordnete Kaiser Franz Joseph, dass der Rathausturm nicht höher sein durfte als die Kirchtürme. Der Architektenfuchs hielt sich mit 98 Metern Höhe an die Vorgabe, setzte schließlich aber noch einen über vier Meter hohen Ritter mit Lanze auf die Spitze und trickste mit diesem **Rathausmann** den Kaiser aus. Längst ist die Figur zum Wahrzeichen des Rathauses geworden. Im Park links vom Hauptportal kann man eine Kopie bewundern und mit dem Goldenen Rathausmann verleiht das Stadtoberhaupt eine der wichtigsten Auszeichnungen für Verdienste um die Stadt Wien. Die von der Ringstraße sichtbare Hauptfassade stellt nur einen kleinen Teil der gewaltigen Rathausanlage dar. Insgesamt existieren auf einer Fläche von fast 20.000 Quadratmetern sieben Höfe und gut 1500 Räumlichkeiten, die neben dem Bürgermeister und Landeshauptmann, dem Gemeinderat und Landtag, dem Stadtsenat und der Wiener Landesregierung auch diversen Magistratsabteilungen als Wirkungsstätte dienen.

Der mit etlichen Denkmälern, Büschen und Bäumen bestückte **Rathauspark** vor dem Gebäude dient das ganze Jahr über als Ort für unterschiedliche Veranstaltungen. Bekannt sind vor allem der große **Christkindlmarkt** (s. S. 16) im Dezember und der **Wiener Eistraum** (s. S. 14) von Januar bis März, bei dem sich große Teile des Parks in eine riesige Eislauffläche nebst Glühweinhütten verwandelt. Schlittschuhe können ausgeliehen werden.

› Rathausplatz 1, Straßenbahnlinie 1 und D Rathausplatz/Burgtheater. Kostenlose Führungen durch das Rathaus werden an ausgewählten Tagen angeboten. Die Termine erfährt man unter: http://events.wien.info/de/2e4/rathaus-fuhrungen oder unter Tel. 52550.

Flämische Neogotik am Ring: das Wiener Rathaus

Wien entdecken
Kaiserpracht und Prachtmuseen: die westliche Ringstraße

㊹ Votivkirche ★★★ [F5]

„Auf der Simmeringer Had', hat's an Schneider verwaht, es g'schicht ihm schon recht, warum sticht er so schlecht." (Auf der Simmeringer Haide hat es einen Schneider verweht, es geschieht ihm schon recht, warum sticht er so schlecht). So lautet ein bösartiges Spottlied, welches Bezug nimmt auf das Mordattentat des ungarischen Schneidergesellen Janos Libényi auf Kaiser Franz Joseph I. am 18. Februar 1853. Der Schneider bezahlte die Tat mit seinem Leben. Dem Überleben des Kaisers hat Wien seinen zweitgrößten Sakralbau zu verdanken: die Votivkirche.

Der Name leitet sich ab von einer Votivgabe, also einem Geschenk aus Dankbarkeit für die göttliche Errettung aus Todesgefahr. Im Falle des erretteten Kaisers genügte keine Andachtskapelle; etwas für die Ewigkeit sollte es sein. Tatsächlich verbindet man mit dem Aussehen der Votivkirche eher eine Kathedrale denn eine Pfarrkirche. Hin und wieder wird sie von Touristen auch für den mittelalterlichen Stephansdom ❷ gehalten und selbst der eine oder andere Wiener verortet das **neogotische Bauwerk** aus dem 19. Jahrhundert im Mittelalter – so ähnlich ist es den französischen Vorbildern in Chartres oder Reims. Die Wiederauferstehung des gotischen Stils verdankt die Votivkirche dem Architekten Heinrich Ferstel. Aus einem Guss schuf er den monumentalen Kirchenbau, der innen wie außen durch seine harmonische Perfektion beeindruckt.

Im Gegensatz zum etwas düsteren Kircheninneren des Stephansdoms ist die Votivkirche luftig und lichtdurchflutet. Kenner merken allerdings sofort, dass dieses Gotteshaus mittels moderner Technik des 19. Jahrhunderts quasi am Reißbrett entworfen wurde; die geheimnisvolle Mystik mittelalterlicher Dome kann sie nicht entfalten und doch ist sie auf ihre Art ein einzigartiges Gesamtkunstwerk. Während die Menschen an den Kathedralen des Mittelalters teils jahrhundertelang bauten und die meisten dennoch nie vollendet wurden, bekam Wien seine Ringstraßenkathedrale innerhalb von 23 Jahren: Die Grundsteinlegung erfolgte am 24. April 1856,

Kaiserpracht und Prachtmuseen: die westliche Ringstraße

dem zweiten Jahrestag der Vermählung Franz Josephs mit Elisabeth von Bayern (Sisi). Die Weihe fand zur silbernen Hochzeit des Kaiserpaares statt. Möglich machte den vier Millionen Gulden teuren Bau eine große **Spendenbereitschaft** in sämtlichen Kronländern, initiiert durch einen Spendenaufruf Erzherzogs Ferdinand Maximilian, dem späteren Kaiser von Mexiko.

Der gotische Stil entsprach zu dieser Zeit nicht nur in Österreich einem architektonischen Idealbild, auch in Deutschland orientierte man sich an den Meistern der Dombauhütten und führte in einem Mammutprojekt den Kölner Dom zur Vollendung. Auch ein politisch-gesellschaftliches Signal sollte gesetzt werden: Die Votivkirche war ein Symbol für Macht und Einheit von Monarchie und Kirche in unruhiger Zeit. Der Kaiser machte sie zur **Garnisonskirche**, was bis heute an etlichen militärischen Erinnerungstafeln erkennbar ist. Mit dem **Jägerstätter-Fenster** wird jedoch auch dem Pazifisten und Kriegsdienstverweigerer Franz Jägerstätter gedacht, den die Nationalsozialisten 1943 ermordeten.

Überhaupt zählen die Fenster zu den wichtigen Sehenswürdigkeiten im Kircheninneren. Die meisten von ihnen wurden – da im Zweiten Weltkrieg zerstört – zwischen 1960 und 1973 neu gestaltet. Erhalten sind nur die **große Rose** an der Hauptfassade und das **Kaiser-Fenster** des Kirchenmalers Eduard von Steinle an der rechten Stirnseite des Querhauses.

◁ *Beeindruckend: das Innere der Votivkirche*

Neben dem Chorraum mit Szenen aus dem Leben Noahs und dem strahlenden **Hochaltar mit Baldachin und Heilands-Figur** im Zentrum, verdienen insbesondere die **Seitenkapellen** Beachtung: Bischofskapelle, Kreuzkapelle, Taufkapelle, Antwerpener Altar und Rosenkranzkapelle. In Letzterer steht das **Salmgrab**, ein reich verziertes Ehrengrabmal für den Feldherrn Niklas Graf Salm aus dem 16. Jahrhundert. Ursprünglich sollte die Kirche nach dem Vorbild von Westminster Abbey in London als Ruhmeshalle für große österreichische Helden der Habsburgermonarchie dienen, doch die politischen Entwicklungen und sensiblen Befindlichkeiten machten derartige Pläne schnell zunichte. Seit den 1980er-Jahren dient das Gotteshaus als Universitätskirche der nahegelegenen Bildungseinrichtung. In den vergangenen Jahren erregte sie mehrfach mediales Interesse: 2012 harrten Flüchtlinge in der Kirche aus und traten vorübergehend in Hungerstreik; 2014 sorgte eine Ausstellung zum Thema „Leiblichkeit und Sexualität" für Aufsehen.

❯ Rooseveltplatz, U4 Schottentor, Tel. 4061192, www.votivkirche.at, geöffnet: Di.–Sa. 9–13 und 16–18, So. 9–13 Uhr

45 Mölker Bastei ★ [F6]

Während die Votivkirche 44 noch ein typisches Beispiel der klassischen Ringstraßenarchitektur des 19. Jahrhunderts darstellt, befindet man sich mit der Mölker Bastei wieder im „alten Wien". Hier haben sich ausnahmsweise sogar **Reste der alten Stadtbefestigung** erhalten, die mit dazu beitragen, dass das kleine „Grätzel" (Viertel), umgeben von den Prachtbauten der Ringstraße, seinen besonderen Charme erhalten konnte. Von der Schottengasse [F5] aus gelangt man zu einer Fußgängertreppe, an der man noch die Überbleibsel der alten Festungsbastei erkennt. Oben am **Mölkersteig** angekommen, empfängt einen eine romantische Gasse, die im Vergleich zum hektischen Getriebe unten am Universitätsring einen Dornröschenschlaf zu halten scheint. Auf verwinkeltem Pfad geht es zur Schreyvogelgasse [F6] mit dem spätbarocken **Dreimäderlhaus**, in dem sich ein Schuhgeschäft der traditionsreichen Manufaktur Ludwig Reiter befindet (s. S. 23).

Um die Ecke steht das **Pasqualatihaus** (Mölker Bastei 8) mit der ehemaligen Wohnstätte **Ludwig van Beethovens** (s. S. 49). Etliche Symphonien und die Oper Fidelio entstanden hier Anfang des 19. Jahrhunderts und prägten maßgeblich die Wiener Klassik. Im Haus befindet sich eine vom Wien Museum verwaltete **Gedenkstätte** zu Ehren des Komponisten. Unterhalb der Bastei erreicht man über eine Treppe das **Liebenberg-Denkmal** zu Ehren des Wiener Bürgermeisters Johann Andreas von Liebenberg. Seine Verdienste im 17. Jahrhundert bei der Bekämpfung der Pest und der Türkenbelagerung wurden in Form einer Stele mit goldener Siegesgöttin auf der Spitze und steinernem Löwen gewürdigt. Gegenüber befindet sich das Hauptgebäude der **Wiener Universität.**

Es lohnt sich – falls nicht schon geschehen – von der Mölker Bastei aus das Besichtigungsprogramm mit der Freyung ❻ und den Sehenswürdigkeiten der nördlichen Inneren Stadt fortzusetzen oder sich Richtung Norden in den 9. Bezirk Richtung Servitenviertel ㊻ zu orientieren.

› Straßenbahn 1 oder U4 Schottentor

Zwischen Ring und Gürtel: vom Servitenviertel zum Arsenal

Hier befindet man sich in den ehemaligen Vorstädten Wiens, die mittlerweile längst zum zentralen Stadtbereich zählen. Von Norden nach Süden erstreckt sich das Areal westlich der Ringstraße und östlich des Gürtels als breiter Halbkreisbogen über den Alsergrund (9. Bezirk), die Josefstadt (8. Bezirk), Neubau (7. Bezirk), Mariahilf (6. Bezirk), Margareten (5. Bezirk) und Wieden (4. Bezirk) bis zum Bezirk Landstraße (3. Bezirk). Jedes einzelne der genannten Bezirke – wie auch die übrigen 15 – hat seinen eigenen Charakter und seinen eigenen Charme: Der 9. gilt eher als vornehm und ruhig, 7. und 8. Bezirk sind lebendige Studentenbezirke mit reichem kulturellen Angebot, der 6. Bezirk ist alternativ angehaucht, der 5. bietet eine bunte Mischung aus Arbeiterbezirk, multikultureller und junger Einwohnerschaft, der 4. beherbergt etliche Botschaften und das Schloss Belvedere ㊼ und der 3. mit dem ausgedehnten Arsenal wird am Donaukanal schließlich von der Leopoldstadt abgegrenzt. Es gibt reizvolle Grätzel (Teil eines Viertels) zu entdecken und bedeutende Museen zu besichtigen. In unmittelbarer Nähe zum berühmten Naschmarkt ㊾ befindet sich die welt-

Zwischen Ring und Gürtel: vom Servitenviertel zum Arsenal

berühmte Karlskirche ⑤ und nicht weit entfernt das Schloss Belvedere. Die einzelnen Besichtigungspunkte liegen teilweise weiter auseinander als die in den vorherigen Kapiteln beschriebenen und können daher nur bedingt zu Fuß miteinander kombiniert werden.

㊻ Strudlhofstiege und Servitenviertel ★ [F4]

Alsergrund nennt sich der 9. Wiener Gemeindebezirk, der sich nördlich an die Innere Stadt anschließt und von der Ringstraße aus über Votivpark und Votivkirche ㊹ zu Fuß erreichbar ist. Einer durch einen ehemaligen Donauarm geschaffenen Uferkante verdankt die **Strudlhofstiege** geologisch ihre Existenz. Sie verbindet die oben gelegene Boltzmanngasse mit dem nahe gelegenen Allgemeinen Krankenhaus (AKH) und dem Institut für Gerichtsmedizin in der Sensengasse mit der unterhalb liegenden Liechtensteinstraße und ist ein unverzichtbarer Besichtigungspunkt für Wien-Romantiker und Liebespaare – besonders an lauen Sommerabenden.

Den Schriftsteller Heimito von Doderer hat die Stiege zum Titel seines 1951 erschienenen Romans „Die Strudlhofstiege oder Melzer und die Tiefe der Jahre" inspiriert. Die romantischen Zeilen des Anfangsgedichts sind auf einer Steintafel verewigt: „Wenn die Blätter auf den Stufen liegen herbstlich atmet aus den alten Stiegen was vor Zeiten über sie gegangen. Mond darin sich zweie dicht umfangen hielten, leichte Schuh und schwere Tritte, die bemooste Vase in der Mitte überdauert Jahre zwischen Kriegen. Viel ist hingesunken uns zur Trauer und das Schöne zeigt die kleinste Dauer."

Die herrliche **Jugendstilkonstruktion** mit zwei Brunnen, die man über mehrere Treppen und Ebenen ersteigt, entstand noch in der Amtszeit des Bürgermeisters Karl Lueger nach einem Entwurf von Theodor Johann Jaeger zwischen 1907 und 1910 und erstrahlt nach ihrer letzten Renovierung wieder in leuchtendem Mannersdorfer Kalkstein.

Nur wenige Meter entfernt befindet sich im unteren Bereich an der Fürstengasse der Eingang zum barocken **Gartenpalais Liechtenstein**. Es besitzt eine wertvolle private Kunstsammlung des Fürsten von und zu Liechtenstein. Leider kann man das Palais mit seinen Kunstwerken seit 2011 nur noch an ausgewählten Tagen im Rahmen von Führungen besichtigen. Wer das nötige Kleingeld übrig und den richtigen Partner gefunden hat, kann die Räumlichkeiten für die eigene Hochzeit mit bis zu 1600 Gästen mieten. Öffentlich zugänglich ist die **hübsche Parkanlage** mit Kinderspielplatz, die täglich von 7 bis 20.30 Uhr geöffnet ist.

★**152** [F4] Gartenpalais Liechtenstein, Fürstengasse 1, www.palaisliechtenstein.com

Kleines Detail zum Schmunzeln: An der Ecke Fürstengasse/Porzellangasse [F4] hat man einer Straßenlaterne am 8. März 1974 ein Schildchen umgehängt, das sie bis heute als stolze **200.000. Lampe Wiens** ausweist – ein schönes Beispiel dafür, dass man in Wien auch noch am Leben sein kann, um eine Würdigung zu erhalten.

Über die Grünentorgasse oder die Pramergasse ist es nicht mehr weit zur **malerischen Servitengasse** [F4/5] mit ihren hübschen Geschäften, bei denen häufig noch die alten Schilder erhalten sind.

Wien entdecken
Zwischen Ring und Gürtel: vom Servitenviertel zum Arsenal

Sehenswert ist die barocke **Servitenkirche** aus dem 17. Jahrhundert. Geheimtipp: Im Innenhof des Pensionistenwohnheims in der Seegasse 9–11 hat sich mit dem kleinen **jüdischen Friedhof Rossau** der älteste Friedhof Wiens erhalten (seit 1540).

› Straßenbahn 38 oder 41 Sensengasse (Strudlhofstiege) oder Straßenbahn D Seegasse (jüdischer Friedhof)

❹⓻ Mariahilfer Straße ★   [E7]

Die Mariahilfer Straße hieß wegen ihrer Ausrichtung nach Westen ursprünglich einmal Bayerische Landstraße. Benannt ist sie nach dem 6. Bezirk Mariahilf, der wiederum nach dem **Gnadenbild Mariahilf** – einer Kopie des Innsbrucker Originals von Lucas Cranach dem Älteren – in der **Barnabitenkirche (Mariahilf-Kirche)** benannt ist.

Der touristische halbwegs lohnenswerte Abschnitt, die innere Mariahilfer Straße, erstreckt sich zwischen der U2-Station Museumsquartier und dem Westbahnhof und bildet auf fast zwei Kilometern Länge die **längste Einkaufsmeile der Stadt**. Von den Wienern wird sie oft flapsig als Mahü (Mariahülf) bezeichnet.

Seit 2010 wurden nach heftigen Kontroversen große Bereiche nach und nach in eine **Fußgänger- und Begegnungszone** umgewandelt, in der Autos wenn überhaupt nur mit 20 km/h fahren dürfen. Um in diesem Reglementierungs- und Verbotsdschungel nichts falsch zu machen, sollte man die Straße als Autofahrer lieber ganz meiden.

Die Straße selbst beherbergt große Kaufhäuser, einige Kinos und Schnellrestaurants und in den Seitengassen auch einige nette Kneipen und Lokale. Besonders hübsch und im Sommer abends auch recht belebt ist die **Barnabitengasse** [E7], die bei der barocken **Barnabitenkirche** abzweigt. Zur Kirche (zwischen Hausnummer 55 und 57) gehört auch die sogenannte **Gruft**, eine karitative Einrichtung, die sich um die Belange von Obdachlosen kümmert (Spenden sind in der Kirche möglich).

Wien entdecken
Zwischen Ring und Gürtel: vom Servitenviertel zum Arsenal

Tipp: Einen schönen Blick über die Barnabitenkirche und die angrenzenden Bezirke kann man erhaschen, indem man im schräg gegenüber liegenden **Kaufhaus Gerngross** (s. S. 22) mit dem Lift hinauf zu den Gastro-Terrassen fährt.
› U3 Neubaugasse
(Barnebitenkirche und -gasse)

48 Haus des Meeres ★★ [E7]

Ein Zoo in Beton gegossen: Das Haus des Meeres ist in mehrerlei Hinsicht einzigartig. Beheimatet ist es in einem Flakturm aus dem Zweiten Weltkrieg. Auf neun Stockwerken und über 4000 Quadratmetern leben über 10.000 Tiere – die meisten von ihnen sind Meeresbewohner, daneben gibt es aber auch Schlangen, Vögel und Säugetiere. Von der Aussichtsplattform genießt man den vielleicht besten Blick über Wien.

Mit etwa 15 Euro Eintritt (für Erwachsene) ist der Zoo zwar nicht gerade eine preiswerte Sehenswürdigkeit, doch das Geld ist gut angelegt. Schließlich muss sich das Haus des Meeres komplett selbst erhalten. Als Besucher kann man sich aber gut und gerne einen halben Tag im Flakturm im Esterhazypark aufhalten – so viel gibt es zu entdecken. In unzähligen Aquarien und Terrarien lassen sich Piranhas, Haie, Quallen, Schlangen und Echsen beobachten; im Erdgeschoss haben Kinder sogar die Möglichkeit, Fische zu streicheln. Unbestrittener Star unter den animalischen Bewohnern ist die **Atlantische Suppenschildkröte Puppy**, die zusammen mit dem Zoo über die Jahre gewachsen ist und heute im Hans & Lotte Hass Haibecken, dem größten Schaubecken Österreichs (300.000 Kubikmeter Salzwasser) zusammen mit Riffhaien und Muränen ihre Runden zieht. Regelmäßig gefüttert – und daher höchst zufrieden –, stellen die Haie keine Gefahr für sie und andere Fische dar.

Im Jahr 2000 wurde an der Westfassade ein mehrstöckiges **Tropenhaus** eröffnet. In der Wintergartenkonstruktion kann man direkt in den Lebensraum frei fliegender **Vögel, Flughunde und Weißbüschelaffen** eintreten. Doch Vorsicht: So manch gefiederter Geselle kann schon mal etwas aus der Luft abwerfen. Nach und nach arbeitet man sich das Betonmonster immer höher hinauf und erfährt in eigens dafür geschaffenen Schauräumen auch etwas über die Vergangenheit der Flaktürme (s. S. 163)

⌐ *Misstrauischer Blick:
ein Hai im Haus des Meeres*

⌐ *Blick vom gegenüberliegenden
Kaufhaus auf die Kirche Mariahilf
(Barnabitenkirche)*

Wien entdecken
Zwischen Ring und Gürtel: vom Servitenviertel zum Arsenal

im Zweiten Weltkrieg. Belohnt wird man nach ausgiebiger Besichtigungstour schließlich durch einen herrlichen Freiluftausblick in alle vier Himmelsrichtungen. Die Dachterrasse beherbergt auch ein **Café** zur Stärkung. In den kommenden Jahren soll ein Zugang zur Besucherplattform auch unabhängig vom Besuch des Zoos ermöglicht werden. Kleines Detail am Rande: Der österreichische Alpenverein nutzt eine der Betonmauern seit Jahren als Kletterwand. Insofern ist aus einem abschreckenden Zeugnis des Krieges längst ein belebtes und beliebtes Refugium für Mensch und Tier geworden.

› Fritz-Grünbaum-Platz 1, U3 Neubaugasse, Tel. 5871417, www.haus-des-meeres.at, geöffnet: tägl. 9–18, Do. bis 21 Uhr, Eintritt: 14,90 € (Erwachsene), 11,50 € (ermäßigt), 6,90 € (Kinder 6–15 Jahre), 4,90 € (Kleinkinder 3–5 Jahre). Im Zooticket ist die Führung „Erinnern im Innern" enthalten, die täglich um 11 und 16 Uhr über die Geschichte der Flaktürme informiert.

㊾ Naschmarkt ★★ [F7]

Spätestens seit den 1990er-Jahren hat sich der Naschmarkt für Wien-Touristen zu einer absolut besuchenswerten Örtlichkeit entwickelt: Grund dafür ist der Umstand, dass andere klassische Märkte in vielen europäischen Städten verschwunden sind. Allerdings ist der Naschmarkt tatsächlich ein sehr bunter und sehenswerter Markt und spiegelt auch ein wenig die Rolle Wiens als Schmelztiegel zwischen Süden, Osten und Westen wider. Früher war er einfach nur einer von vielen Obst- und Gemüsemärkten für die Anwohner aus der Umgebung. Er erstreckt sich zwischen der Secession ㊿ und der U-Bahn-Station Kettenbrückengasse (U4) und bietet neben Obst, Gemüse, Fleisch und Fisch auch asiatische Lebensmittel und jede Menge Antipasti und Spezialitäten aus Südosteuropa. Manche Obst- und Gemüsehändler wünschen sich trotz der Beliebtheit des Marktes die alten Zeiten zurück, als einfach nur eingekauft wurde. Denn die meisten Touristen machen zwar gerne Fotos, kaufen allerdings weder Gurke noch Paradeiser (Tomate). Insofern, liebe Naschmarkt-Besucher: Nicht nur probieren, sondern den Standbesitzern ruhig ein paar Oliven abkaufen!

Stattdessen boomt seit einigen Jahren der **Gastronomiesektor** auf dem Naschmarkt. In unzähligen Cafés und Restaurants tummelt sich ein hippes Studenten- und alternativ-bürgerliches Szenepublikum bis spät in die Nacht. In den vergangenen Jahren wurde die Infrastruktur am Naschmarkt für viele Millionen Euro erneuert. Wie sich das Verhältnis der klassischen Marktstände zum Gastronomiesektor in Zukunft entwickeln wird, bleibt abzuwarten.

> **KLEINE PAUSE**
>
> **Traditionsreiches Marktlokal**
> Ein traditionsreiches Marktlokal, das für seine gute Küche bekannt ist, ist die Eiserne Zeit. Das älteste Gasthaus am Naschmarkt ist bekannt für seine Altwiener Hausmannskost und das frisch gezapfte Bier.
>
> 🍴153 [F7] **Zur Eisernen Zeit** €, Naschmarkt 313–316, Tel. 5870331, www.zureisernenzeit.at, geöffnet: Mo.–Mi. 10–24, Do.–Sa. 9–24, Winteröffnungszeiten: Mo.–Sa. 10–22 Uhr

Wien entdecken
Zwischen Ring und Gürtel: vom Servitenviertel zum Arsenal

Flohmarkt am Naschmarkt
Der samstägliche Flohmarkt zählt zu den bedeutendsten seiner Art in Europa. Wem Altwaren und Krimskrams am Herzen liegen, darf ihn auf keinen Fall verpassen. Das ausgedehnte Areal zwischen der U-Bahn-Station Kettenbrückengasse und dem Naschmarkt wird bei schönem Wetter wöchentlich von bis zu 15.000 Besuchern frequentiert. Hier findet man alles: vom ausgelatschten Turnschuh bis zur Jugendstil-Vase, vom Röhrenden-Hirsch-Gemälde bis zur Schaufensterpuppe. Auch wenn man nicht vorhat, etwas zu erwerben: Auf dem Flohmarkt kommt man der Wiener Seele sehr nahe. Hier wird gemosert und gestritten, gelacht und Schmäh geführt, gehandelt und herumgewandelt. Alles ist sehr bunt – auch die Menschen – und man versteht, warum Wien gerne als westlichste Millionenstadt des Balkans bezeichnet wird. Neben alteingesessenen Wiener Standbetreibern tummeln sich Osteuropäer aus allen erdenklichen ehemaligen Kronländern und darüber hinaus; besonders beliebt ist der Markt bei Sinti und Roma. Man sollte sich einfach in aller Ruhe durch die Flohmarktgassen treiben lassen und die Atmosphäre genießen. Meistens findet man auch sein individuelles Mitbringsel. Der Flohmarkt hat das ganze Jahr über geöffnet, auch bei schlechtem Wetter. Bereits vor Sonnenaufgang kann man Schnäppchen machen. Am späten Nachmittag packen die meisten Händler ihre Schätze dann wieder ein.

An der **Linken Wienzeile** befinden sich am sogenannten Majolikahaus (Nr. 40) und dem benachbarten Haus Nr. 38 zwei von Otto Wagner gestaltete Häuserfassaden, die zu den schönsten Beispielen des **Wiener Jugendstils** zählen.
❯ U4 Kettenbrückengasse

㊿ Secession ★ [G7]

Der Begriff Secession bezieht sich auf zwei Dinge: zum einen auf die Künstlerbewegung, die sich Ende des 19. Jahrhunderts unter diesem Namen gründete, zum anderen auf das gleichnamige markante Jugendstil-Gebäude zwischen Karlsplatz und Naschmarkt ㊾.

Wichtigster Kopf der Bewegung und Gründungsmitglied war Gustav Klimt; dazu gesellten sich Künstler wie Koloman Moser, Max Kurzweil, Josef Engelhart und Joseph Maria Olbrich. Letzterer, seines Zeichens Schüler Otto Wagners, plante auch das 1898 erbaute **Secessionsgebäude**. Finanziert haben den Bau die Jugendstil-Künstler selbst; die Stadt Wien stellte jedoch das Grundstück zur Verfügung. Schon von Weitem ist das Gebäude an seiner goldfarbenen Kuppel aus bronzenem Blätterwerk zu erkennen.

Fotografieren lässt es sich leider gar nicht so leicht, da direkt vor dem Eingang starker Verkehr tobt. Unter der Kuppel steht der den neuen Kunststil prägende Satz: „Der Zeit ihre Kunst, der Kunst ihre Freiheit." Links steht als zweiter Slogan **Ver sacrum**, was übersetzt „heiliger Frühling" bedeutet und den Aufbruch in eine neue Kunstepoche verdeutlichen soll. Als weitere Zierelemente wird die weiße Fassade von drei Gorgonenhäuptern über dem Eingang und drei Eulen an der Seitenwand geschmückt. Rechts vom Gebäude steht das majestätische Bronzedenkmal des römischen Feldherrn Marc Anton, das im Volksmund als „Löwenfiaker" zurechtgestutzt worden ist. Als Dauerleihgabe ist im Erdgeschoss Klimts be-

Zwischen Ring und Gürtel: vom Servitenviertel zum Arsenal

> **EXTRATIPP**
>
> **Nichts für Geruchsempfindliche: die „3. Mann Tour"**
>
> In Wien wurde 1948 der Filmklassiker Der Dritte Mann gedreht. In mehrfacher Hinsicht kann man den Spuren Harry Limes folgen: auf einer Dritte-Mann-Tour durch die Kanalisation, im Riesenrad ❺❼ oder im Dritte Mann Museum (s. S. 48).
>
> Bei der **3. Mann Tour**, die auf einer Verkehrsinsel am Karlsplatz startet, geht es über die original Filmtreppe hinunter in einen der ältesten Teile der Wiener Kanalisation aus den 1830er-Jahren. Der Gestank hier unten ist nichts für empfindliche Nasen. Hollywood-Star Orson Welles ließ den eigenwilligen Drehort mit Parfüm besprühen; dieser Luxus wird den heutigen Besuchern nicht zuteil. Mittels modernster Projektions- und Lichttechnik taucht man ein in die Welt der Kanalarbeiter, Filmagenten, Schmuggler und Spione. Gleichzeitig erhält man interessante Informationen zur heutigen Wiener Kanalisation, zur Arbeitsweise der Kanalarbeiter und zu den Bewohnern der Wiener Unterwelt: den Ratten. Höhepunkt der Führung ist der Zugang zum hier unterirdisch verlaufenden Wienfluss – ebenfalls Drehort der berühmten Verfolgungsjagd. Den Film selbst kann man in Wien übrigens regelmäßig im Burgkino am Opernring 19 anschauen (www.burgkino.at).
> › www.drittemanntour.at, Tel. 40003033, Mai–Okt. Do.–So. stündliche Führungen von 10 bis 19 Uhr (letzte Führung). Treffpunkt 20 Minuten vor der Führung: Karlsplatz-Giradipark, Kosten: 7 € (ermäßigt 5,50 €, Kinder zwischen 12 und 18 Jahren 3,50 €, Kinder unter 12 Jahren sind von der Tour ausgeschlossen). Anmeldung in der Regel nötig.

rühmtes **Beethovenfries** ausgestellt. Das monumentale Kunstwerk entstand 1902 im Rahmen einer Ausstellung zu Ehren des Komponisten. Ursprünglich sollte es nach der Ausstellung abgetragen werden. Über Umwege fand es aber in den 1970er-Jahren seinen Weg zurück in die alte Heimstätte und ist heute der unbestrittene Publikumsmagnet der Secession. In den weiteren Räumlichkeiten werden regelmäßig wechselnde Ausstellungen zeitgenössischer Künstler gezeigt.
› Friedrichstraße 12, U1/U2/U4 Karlsplatz, Tel. 5875307, www.secession.at, geöffnet: Di.–So. 10–18 Uhr, Eintritt: Beethofenfries und aktuelle Ausstellung: 9 € (5,50 € ermäßigt), nur Ausstellung: 5,50 € (4,50 € ermäßigt)

❺❶ Karlskirche ★★★ [G7]

Sie ist Wahrzeichen Wiens und neben dem Stephansdom ❷ der berühmteste Sakralbau der Stadt. Dennoch ist die Karlskirche noch vieles mehr: in Stein gegossene architektonische Weltgeschichte, Musterbeispiel des europäischen Barock, Tempel der Kunst und Schönheit, Manifestation habsburgischen Machtanspruchs und weltweit größter Ort der Erinnerung an die Schrecken der Pest.

Vermutlich sind all diese nicht zu leugnenden Superlative auch der Grund dafür, dass man für eine Besichtigung im Gegensatz zu den meisten anderen Wiener Kirchen Eintritt bezahlen muss – etwas beschönigend „Erhaltungsbeitrag" genannt. Doch das Geld ist gut investiert:

› *Kaiser Karl VI. stiftete Anfang des 18. Jahrhunderts die Karlskirche – ein weiteres Wahrzeichen Wiens*

Zwischen Ring und Gürtel: vom Servitenviertel zum Arsenal

Seit einigen Jahren bringen die Besucher ein Lift und eine Treppe in himmlische Höhen, doch dazu später mehr.

Ihre Existenz verdankt die Karlskirche einer fürchterlichen **Pestepidemie** zwischen 1713 und 1714 und einem **Gelübde Kaiser Karls VI.**, zu Ehren seines Namenspatrons, des Pestheiligen Karl Borromäus, ein Gotteshaus zu errichten. Beauftragt wurde der Architekt Johann Bernhard Fischer von Erlach, der Einflüsse aus dem antiken Rom und Byzanz mit den Elementen des Barock verschmelzen ließ und der Karlskirche ihren äußerlich einzigartigen Charakter verlieh. Mit den beiden **mächtigen Säulen** wird die Verbindung zur Hagia Sophia in Konstantinopel, zur Trajanssäule in Rom, zu den Säulen des Herakles und zu den Säulen beim Eingang des Jerusalemer Tempels hergestellt. Gleichzeitig sind es zwei überdimensionale Pestsäulen, die Szenen aus dem Leben des Kirchenpatrons darstellen. Der Portikus (Säulengang) ist einem griechisch-römischen Tempel nachempfunden, die Kuppel der Peterskirche in Rom – mit 72 Metern Höhe die **höchste Kuppelkirche nördlich der Alpen.**

Einst stand die Kirche am erhöhten Ufer des Wienflusses, den man in diesem Bereich unter die Erde verbannt hat, und in direkter Sichtachse zur Hofburg (s. S. 112). Heute spiegelt sich die Kirchenfassade in einem großen Brunnenbecken – rund herum eine ausgedehnte Parkanlage, die jahrzehntelang als Treffpunkt der Wiener Drogenszene für traurige Bekanntheit sorgte.

Das Kircheninnere ist eine barocke Schatztruhe aus Marmor, Farbe und Licht. Besondere Bedeutung kommt neben dem **prächtigen Hochaltar** den **Altarbildern** in den Seitenkapellen zu, unter ihnen Lukas, die Muttergottes malend. Wer sich etwas näher mit den Kunstschätzen im Inneren beschäftigen möchte, dem sei der hörenswerte Audioguide ans Herz gelegt. Das farbenprächtige **Kuppelfresko** von Johann Michael Rottmayr und Gaetano Fanti stellt die Bitte des heiligen Karl um das Ende der Pest und die Erhörung Gottes dar, flankiert von Allegorien der drei göttlichen Tugenden Glaube, Liebe und Hoffnung. Seit einer Renovierung vor einigen Jahren erstrahlen sie in neuem Glanz.

Seither befinden sich auch ein **Panoramalift** und eine Treppe in der Kirche. Der Fortbestand des Lifts ist umstritten: Einerseits beeinträchtigt er natürlich mas-

Zwischen Ring und Gürtel: vom Servitenviertel zum Arsenal

> **EXTRATIPP**
>
> **Wien Museum am Karlsplatz**
> Auch wenn das Nachkriegsgebäude äußerlich nicht allzu viel erwarten lässt: Das Wien Museum hat einiges zu bieten und eignet sich weniger für Wien-Neulinge als für Wien-Fortgeschrittene. Hier kann man eintauchen in die Geschichte der Stadt, die anhand abwechslungsreicher Exponate und großer Stadtmodelle dargestellt ist. Die Zeitreise beginnt im Mittelalter mit Original-Skulpturen des Stephansdoms und führt über Barock und Biedermeier bis in die Moderne. Auch bedeutende Kunstwerke sind ausgestellt, unter anderem Bilder von Klimt und Schiele. Zudem kann man einen Blick in das Original-Wohnzimmer des berühmten Architekten Adolf Loos werfen.
> 🚇 154 [G7] **Wien Museum**, Karlsplatz 8, U1/U2/U4 Karlsplatz, Tel. 50587470, www.wienmuseum.at, geöffnet: Di.–So. und Feiertag 10–18 Uhr, Eintritt: 8 € (6 € ermäßigt)

siv das Gesamtbild der Kirche, andererseits erlaubt er es den Besuchern, so nahe an die himmlischen Fresken heranzukommen wie niemals in den Jahrhunderten zuvor. Bis in die enge Laterne mit der klassischen Darstellung des Heiligen Geistes als Taube kann man hinaufsteigen und von dort einen Blick über Wien erhaschen. Auf jeden Fall stellt die Konstruktion ein einzigartiges Erlebnis dar, das man nutzen sollte, solange dazu noch die Möglichkeit besteht!
› Kreuzherrengasse 1, U1/U2/U4 Karlsplatz, www.karlskirche.at, geöffnet: Mo.–Sa. 9–18, So. und feiertags 12–19 Uhr. Eintritt: 8 € (Erwachsene), 4 € (Jugendliche und Studenten), Kinder bis 10 Jahre frei, Audioguide: 2 €

52 Schwarzenbergplatz und Denkmal der Roten Armee ★ [H7]

Unweit von Karlsplatz und Ringstraße gelegen, ist der Schwarzenbergplatz einer der größten und vor allem längsten Plätze Wiens. Entstanden ist er im 19. Jahrhundert im Rahmen der großen Stadterweiterungsmaßnahmen. Er liegt im Grenzdreieck zwischen Innerer Stadt, Wieden (4. Bezirk) und Landstraße (3. Bezirk).

Benannt ist er nach Karl Philipp Schwarzenberg, dem siegreichen österreichischen Feldherrn in der Völkerschlacht bei Leipzig 1813. Ihm zu Ehren steht im nördlichen Bereich nahe der Ringstraßenkreuzung ein 1967 enthülltes **Reiterstandbild** des Dresdner Bildhauers Ernst Hähnel. Vom Autobahn- und Straßenbahnverkehr umtost, findet es heute nur noch wenig Beachtung. Das mag zusätzlich daran liegen, dass wenige Jahre später anlässlich des Baus der Wiener Hochquellenwasserleitung im südlichen Teil ein spektakulärer **Hochstrahlbrunnen** eröffnet worden ist. Er zieht bis heute die Aufmerksamkeit auf sich und hängt historisch nicht, wie man vermuten könnte, mit dem sowjetischen Denkmal zusammen. Der Springbrunnen – im Hochsommer ein erfrischendes Plätzchen in der stickigen Innenstadt – konnte dank einer großzügigen Spende 1873 realisiert werden und erstrahlt nachts in unterschiedlichen Farben.

Überragt wird der Brunnen vom monumentalen **Heldendenkmal der Roten Armee**, im Volksmund oft lapidar Russendenkmal genannt, das an rund 17.000 sowjetische Soldaten erinnert, die 1945 in der Schlacht um Wien gefallen sind. Umrahmt von einer halbkreisförmigen

Zwischen Ring und Gürtel: vom Servitenviertel zum Arsenal

Kolonnade steht im Zentrum eine 20 Meter hohe Säule, auf deren Spitze ein aus 15 Tonnen Bronze gegossener Rotarmist steht, in der Hand das golden glänzende Sowjetwappen. Im Staatsvertrag von 1955 verpflichtete sich Österreich, für den Erhalt und die nötigen Instandsetzungsmaßnahmen zu sorgen; 2009 wurde es umfangreichen Restaurierungsmaßnahmen unterzogen. Bis 1956 hieß der südliche Teil des Platzes Stalinplatz, ehe er wieder als Teil des Schwarzenbergplatzes geführt wurde. Das in der Bevölkerung in den ersten Jahrzehnten nicht unumstrittene Denkmal ging auch in die Kriminalgeschichte ein: Zweimal wurden Sprengstoffattentate vereitelt und 1958 fand man hinter der Kolonnade ein weibliches Mordopfer. Apropos hinter der Kolonnade: Seit seiner Errichtung verdeckt das Ehrenmal das dahinter liegende **Palais Schwarzenberg**, ein

Russland in Wien

In Wien trifft man an vielen Ecken auf russische Geschichte und russische Kultur. Prächtigstes Beispiel ist die russisch-orthodoxe **Kathedrale zum Heiligen Nikolaus** *mit ihren fünf golden glänzenden Kuppeln, die sich im 3. Bezirk gegenüber der russischen Botschaft an der Rechten Bahngasse/Jauresgasse 2 befindet. Ein großer Teil der Kosten für das zwischen 1893 und 1899 erbaute Gotteshaus steuerte der russische Zar Alexander III bei. Nach umfangreichen Renovierungen erstrahlt sie seit 2008 in neuem Glanz und ist eines der auffälligsten Gebäude im Botschaftsviertel des 3. Bezirks.*

Etliche bedeutende **Revolutionäre**, *die mit der Kirche nicht viel am Hut hatten, weilten vor der Russischen Revolution in Wien: Seit 1907 spielte Lew Dawidowitsch Bronstein, später bekannt unter seinem Kampfnamen Leo Trotzki, im Café Central (s. S. 39) Schach. Auch sein späterer Intimfeind Iossif Dschugaschwili, besser bekannt als Josef Stalin, lebte unter dem Decknamen Stavros Papadopoulos einige Wochen bei einer russischen Aristokratenfamilie in der Schönbrunner Schloß-*
straße 30 in Meidling. Dort befindet sich bis heute eine Gedenktafel mit dem Konterfei des Diktators – ein einmaliges Kuriosum in Europa, an dem auch Nikita Chruschtschow nicht rütteln konnte. Allerdings ist sie mittlerweile durch eine Zusatztafel, die an die Opfer des Stalinismus erinnert, etwas entschärft worden. Nach Ende des Zweiten Weltkriegs existierte ähnlich wie in Berlin neben den anderen drei Besatzungsmächten ein **sowjetischer Sektor**, *der allerdings kein einheitliches Stadtgebiet umfasste und sich über die Bezirke Leopoldstadt, Brigittenau, Wieden, Favoriten, Floridsdorf und Donaustadt erstreckte.*

Seit Ende der Sowjetunion hat sich Wien zu einem beliebten Aufenthaltsort für russische und andere osteuropäische Geschäftsleute entwickelt. Ihre Villen haben teilweise die Ausmaße kleinerer Gemeindebauten. Bei der russischen Community und Gästen aus der Heimat genießt der jährliche **Russische Ball in der Wiener Hofburg** *große Beliebtheit. Die günstigsten Tickets gibt es zum Schnäppchenpreis von 500 Euro.*

★**155** *[H7]* **Kathedrale zum Heiligen Nikolaus**, *Jauresgasse 2*

Wien entdecken
Zwischen Ring und Gürtel: vom Servitenviertel zum Arsenal

bedeutendes barockes Gartenpalais, das mit der Schlossanlage von Belvedere ❸ verbunden ist.

Noch etliche weitere repräsentative Gebäude säumen den Schwarzenbergplatz; das auffälligste unter ihnen ist das **Haus der Industrie** im südöstlichen Teil. Der 1909 errichtete Prachtbau aus der Epoche des Späthistorismus war nach Ende des Zweiten Weltkriegs Sitz des Alliierten Rates, bestehend aus Großbritannien, den USA, Frankreich und der Sowjetunion. Im Gebäude erfüllt bis heute Wiens ältester Paternosteraufzug seine Pflicht.

Neben Heldenverehrung, Prachtbauten, Springbrunnen und viel Verkehr kann der Schwarzenbergplatz noch mit einer liebenswerten Besonderheit aufwarten: Schräg gegenüber dem Reiterdenkmal liegt **Österreichs kleinster Weingarten**. Der Wiener Bürgermeister eröffnet hier jährlich in einem symbolischen Akt den Beginn der Weinlese.

> Straßenbahnlinie D, Station Schwarzenbergplatz (Mitte): Reiterdenkmal; Station Gusshausstraße: Hochstrahlbrunnen, Denkmal der Roten Armee

❸ Schloss Belvedere ★★★ [H8]

Neben Schönbrunn ❻ ist Schloss Belvedere das zweite Wiener Barockensemble von Weltrang. Längst haben sich Unteres und Oberes Belvedere auch als Präsentationsstätten bedeutender Kunstausstellungen Weltruf erworben. Vom Garten aus genießt man den vielleicht schönsten Blick Wiens in Richtung Stephansdom ❷. Damit macht das Schloss auch seinem Namen alle Ehre; schließlich heißt Belvedere übersetzt schöne Aussicht.

Damals noch außerhalb der Stadtmauern im Grünen gelegen, gönnte sich **Prinz Eugen von Savoyen** im heutigen 3. Bezirk seine Sommerresidenz, deren Pläne von Johann Lucas von Hildebrandt ausgeführt wurden. Zunächst entstand zwischen 1714 und 1716 das **Untere Belvedere**, ehe bis 1726 auf der Anhöhe als prunkvoller Gegenpart und Repräsentationsbau das **Obere Belvedere** entstand.

Nach dem Tode des kinderlosen Prinzen fiel das Schloss an den Wiener Hof und hatte über die Jahrhunderte etliche bedeutende Bewohner: Der Komponist Anton Bruckner durfte 1895 eine Wohnung beziehen; der österreichische Thronfolger Franz Ferdinand residierte bis zu seiner Ermordung 1914 im Belvedere. In der Nachkriegszeit erlebte der Marmorsaal des Oberen Belvedere eine historische Sternstunde, als 1955 der Staatsvertrag zwischen Österreich und den Siegermächten unterzeichnet wurde und sich Außenminister Leopold Figl mit den Worten „Österreich ist frei" vom Balkon aus umjubeln ließ.

Zwischen den beiden Schlossteilen erstreckt sich der **Garten** mit seinen zwölf Brunnen und dem reichen Skulpturenschatz. Neben antiken Göttern, Helden und allegorischen Darstellungen sind vor allem die eindeutig weiblich dargestellten Sphingen in ihrer Rolle als Hüterinnen des Olymp beliebte Fotomotive – und natürlich der herrliche Blick über die Innere Stadt und insbesondere auf den Südturm des Stephansdoms.

Das **Obere Belvedere** repräsentiert den Olymp in seiner äußeren und inneren Pracht. Besonders sehenswert sind der Marmorsaal mit seinem farbenprächtigen Deckengemälde, das die Heldentaten Prinz Eugens glorifiziert sowie das

Wien entdecken
Zwischen Ring und Gürtel: vom Servitenviertel zum Arsenal

mit reicher Dekoration verzierte Stiegenhaus. Die meisten Besucher kommen allerdings wegen der **einzigartigen Gemäldesammlung,** die das Schloss beherbergt. Sie spannt einen Bogen vom Mittelalter bis in die Moderne. Mittelalterliche Meisterwerke sind kostbare Skulpturen und Holzmalereien, etwa die „Geißelung Christi" des Südtiroler Künstlers Michael Pacher. Über Barock und Klassizismus geht der Bilderreigen weiter bis in die Zeit des Biedermeier. Berühmt geworden sind die Darstellung Napoleons hoch zu Ross von Jacques-Louis David aus dem Jahre 1801 oder die wildromantische „Felsenlandschaft im Elbsandsteingebirge" von Caspar David Friedrich (1822). Zu bewundern ist auch das liebenswerte Gemälde der „Waldesruh-Madonna" von Joseph von Führich (1835).

In der Biedermeier-Abteilung bezaubert das Bildnis der „Schlummernden Frau" von Johann Baptist Reiter durch seine intime Sinnlichkeit. Aus dieser Epoche stammen auch die Meisterwerke des österreichischen Malers Ferdinand Georg Waldmüller wie etwa die Darstellung „Ein Mädchen schmückt die Mutter Gottes mit einer Rose" von 1836.

Über Werke aus Historismus, Realismus und Impressionismus erreicht man schließlich die Epoche Wiens um 1900 und damit auch des Jugendstils. Absoluter Star der Galerie ist **Gustav Klimt.** Das Belvedere besitzt die weltweit größte Sammlung seiner Werke, unter anderem den berühmten „Kuss" oder die „Judith".

Das **Untere Belvedere** am Rennweg mit den Wohn- und Prunkräumen Prinz Eugens und der Orangerie kann ebenfalls besichtigt werden. Hier finden seit dem Umbau 2007 regelmäßig **bedeutende Sonderausstellungen** statt. Der dazugehörige **Prunkstall** beherbergt ein Schaudepot mittelalterlicher Kunst. Wer für die gesamte Schlossanlage nicht genügend Zeit zur Verfügung hat, sollte sich auf das Obere Belvedere konzentrieren.

Das Obere Belvedere beherbergt eine einzigartige Gemäldesammlung

Wien entdecken
Zwischen Ring und Gürtel: vom Servitenviertel zum Arsenal

> Unteres Belvedere: Rennweg 6, Straßenbahn 71 Unteres Belvedere, Oberes Belvedere: Prinz-Eugen-Straße 27, Straßenbahn D Schloss Belvedere, Tel. 795570, www.belvedere.at, geöffnet: tägl. 10–18 Uhr (Unteres Belvedere Mi. bis 21 Uhr, Prunkstall tägl. 10–12 Uhr); Eintritt: Unteres Belvedere mit Prunkstall: 11 € (8,50 € ermäßigt), Oberes Belvedere mit Sammlung: 12,50 € (10 € ermäßigt); gesamtes Schloss Belvedere: 19 € (16,50 € ermäßigt, Kinder und Jugendliche frei). Zusätzliche Kombi-Tickets mit Winterpalais in der Himmelpfortgasse und 21er Haus (s. S. 48).

❺❹ Arsenal und Heeresgeschichtliches Museum ★★ [19]

Das Arsenal ist weit mehr als „nur" ein militärischer Gebäudekomplex. Es ist das zu Stein erstarrte Selbstbewusstsein der Habsburger Militärmacht und das bedeutendste romantisierende Beispiel des Historismus in der zweiten Hälfte des 19. Jahrhunderts. Das Heeresgeschichtliche Museum als dessen Herzstück ist ebenfalls weitaus spannender als es sein trockener Name erwarten lässt: kein Museum für schrullige Militaria-Fans, sondern vielmehr ein Anti-Kriegsmuseum, welches insbesondere die Geschichte des Ersten Weltkriegs auf modernste Art und Weise präsentiert.

Insgesamt 31 (einst 71!) Objekte umfasst das **Arsenal** im 3. Wiener Gemeindebezirk (Landstraße); erbaut wurde es aus Anlass der Märzrevolution 1848 und sollte explizit nicht als Drohkulisse für äußere Feinde, sondern zur Abschreckung umstürzlerischer Tendenzen im Inneren dienen. Die Geschichte des Komplexes ist aufs Engste mit der Regierungszeit Kaiser Franz Josephs I. verbunden. Architektonisch hat man sich, ganz dem Historismus verpflichtet, an italienisch-mittelalterlichen und byzantinisch-maurischen Baustilen orientiert. Insgesamt 177 Millionen Ziegel wurden für das Gewaltprojekt verbaut – im Vergleich zu den Ausmaßen des Arsenals wirkt sogar Schloss Schönbrunn ❻❼ direkt bescheiden.

Im heutigen Objekt 1 ist das **Heeresgeschichtliche Museum** untergebracht. Bereits beim Eintreten bemerkt jeder Besucher, dass er es hier mit weit mehr als einer trockenen Waffensammlung zu tun hat – die **Feldherrenhalle** mit 56 Großstatuen österreichischer Kriegsfürsten aus Carraramarmor verschlägt einem fast die Sprache. Nicht weniger repräsentativ und imposant sind das prächtige **Stiegenhaus** und die **Ruhmeshalle** in der ersten Etage. Man wähnt sich eher in einem Schloss denn in einem Museum.

Die **Sammlungen** sind chronologisch in acht Sälen untergebracht, beginnend mit dem Dreißigjährigen Krieg über den Spanischen Erbfolgekrieg und der Epoche Maria Theresias bis hin zu den Revolutionen, zu Napoleon und Feldmarschall Radetzky, seines Zeichens Namensgeber des berühmten Marsches. Bedeutende Exponate sind unter anderem Beutestücke aus den Türkenbelagerungen – beispielsweise ein komplett erhaltenes türkisches Staatszelt –, ein französischer Kriegsballon aus dem Jahr 1796 oder die Totenmaske Maximilians I., des habsburgischen Kaisers von Österreich. Zu sehen sind auch historische Schlachtengemälde, unter anderem die „Belagerung und Entsatz der Stadt Wien im September 1683", auf dem die anstürmenden Türken in propagandistischer Manier besonders unsympathisch dargestellt sind.

Wien entdecken

Zwischen Ring und Gürtel: vom Servitenviertel zum Arsenal

KLEINE PAUSE

Klein Steiermark im Schweizergarten
Etwa 50 Meter vor dem Haupteingang zum Arsenal befindet sich in der Parkanlage Schweizergarten das Wirtshaus Klein Steiermark mit idyllischem Biergarten und klassischer Wiener Küche.
🔊 **156** [H9] **Klein Steiermark** €, Heeresmuseumstraße 1, Tel. 7995883, geöffnet: tägl. 11–23 Uhr

Besondere Aufmerksamkeit zieht seit eh und je der **Sarajevo-Saal** auf sich. Er zeigt das Automobil, in dem Erzherzog Franz Ferdinand und seine Gemahlin Sophie Chotek beim Mordanschlag durch den serbischen Nationalisten Gavrilo Princip gesessen haben sowie die **blutbefleckte Uniform** des Thronfolgers.

Pünktlich zum 100. Jahrestag des Kriegsbeginns wurde am 28. Juni 2014 die komplett **neu gestaltete Saalgruppe zum Ersten Weltkrieg** eröffnet. Sie veranschaulicht auf drastische Art und Weise den ganzen Schrecken und Irrsinn des Krieges und kann guten Gewissens als mahnende Anti-Kriegsausstellung bezeichnet werden.

Saal VII beschäftigt sich schließlich mit der Ersten Republik (1919–1934), dem autoritären Ständestaat (1934–1938) sowie dem Nationalsozialismus und dem Zweiten Weltkrieg, während Saal VIII die Geschichte der österreichischen Marine zum Thema hat. Zu sehen ist unter anderem ein natürlich mit Muscheln verzierter U-Boot-Turm aus dem Kriegsjahr 1918. Im Garten hinter dem Museum beschließen Panzer und Flugzeuge aus der jüngeren Militärgeschichte den Rundgang.

> **Heeresgeschichtliches Museum (HGM):** Arsenal, Objekt 1, U1 Südtiroler Platz oder U3 Schlachthausgasse, Bus 69A Ghegastraße, Tel. 795610, www.hgm.at, geöffnet: tägl. 9–17 Uhr (außer Silvester/Neujahr, 25.12., Ostersonntag, 1. Mai und 1.11.), Eintritt: 6 € (4 € ermäßigt), Kinder und Jugendliche bis 19 Jahre frei. Jeden ersten Sonntag im Monat erhalten alle Besucher freien Eintritt.

55 Hundertwasserhaus ★ [I6]

Mit bunten Flächen, unregelmäßigen Formen und viel Grün versuchte der Maler Friedensreich Hundertwasser (1928–2000), Wiens Architektur neue Impulse zu geben. Neben dem umgestalteten Heizkraftwerk Spittelau mit seinem minarettartigen Schlot ist das Hundertwasserhaus das wichtigste architektonische Vermächtnis des Künstlers an die Stadt Wien.

Entstanden ist das verwegene Projekt zwischen 1983 und 1985. Bis zu seiner Fertigstellung gab es etliche Geburtswehen. Unüberwindbare Diskrepanzen zwischen dem ursprünglichen Architekten Josef Krawina und Friedensreich Hundertwasser führten dazu, dass der Künstler das Projekt schließlich mit dem Architekten Peter Pelikan vollendete. In einem späteren Gerichtsbeschluss wurde jedoch Krawinas Miturheberschaft an dem Projekt bestätigt.

Das Hundertwasserhaus zeichnet sich hauptsächlich durch seine individuelle und **farbenfrohe Fassadengestaltung, den Verzicht auf gerade Linien und viel Grün** aus. Ein revolutionärer Ansatz, der zunächst viel Kopfschütteln auslöste, war die Begrünung der Dachterrassen mit Bäumen; der Ansatz stand gesellschaftspolitisch auch in Verbindung zur aufkommenden ökologischen Bewegung in den 1980er-Jahren. Mittlerweile sind durch die Pflege der Bewohner aus den zarten Pflanzen stattliche Baumexemplare geworden. Nicht nur daran erkennt man, dass das Hundertwasserhaus ein sich verändernder Organismus ist, der sich zusammen mit seinen Bewohnern verändert.

Noch bis in die 1990er-Jahre war das eigenwillige Gebäude eine viel frequentierte Hauptsehenswürdigkeit Wiens; heute ist der Hype etwas abgeflaut. Da in dem Wiener Gemeindebau ganz normale Menschen und keine Ausstellungsobjekte wohnen, ist er nur von außen zu besichtigen. In dem im Erdgeschoss befindlichen Kaffeehaus Kunstcafe läuft ein Film, in dem Hundertwasser sein Haus vorstellt.

Das unweit vom Hundertwasserhaus stehende **Ausstellungszentrum Kunst Haus Wien** mit Hundertwasser-Werkschau sowie wechselnden Ausstellungen würdigt die Arbeit des Künstlers. Dazu wurde die frühere Bugholzmöbelfabrik Thonet komplett im charakteristischen Hundertwasser-Stil umgebaut – inklusive unregelmäßiger Elemente aus Glas, Metall, Ziegeln, Holz und Keramikfliesen. Im Parterre sind das TIAN Bistro und ein Museumsshop untergebracht.

› **Hundertwasserhaus:** Kegelgasse 34–38/Ecke Löwengasse 41–43;

157 [I6] **Kunst Haus Wien,** Untere Weißgerberstraße 13, Straßenbahn 1, Radetzkyplatz, Tel. 7120491, www.kunsthauswien.com, geöffnet: tägl. 10–19, im Winter bis 18 Uhr, Eintritt: 10 € (Kinder und Jugendliche 11 bis 18 Jahre 5 €)

Wiens bunte Insel: Riesenrad, Augarten und Multikulti

Auch „Mazzeinsel" wurde der Stadtteil zwischen Donaukanal und Donau mit seinen zwei benachbarten Bezirken Leopoldstadt (2. Bezirk) und Brigittenau (20. Bezirk) genannt. Der Name bezog sich auf die jüdischen Bäcker, die zum Pessachfest ungesäuertes Brot herstellten. Auch heute leben wieder viele Juden im 2. Bezirk und prägen zusammen mit einem bunten Völkergemisch das Gesicht der Gegend. Die Leopoldstadt war einst verrufen, mittlerweile ist sie „in". Zwischen Rotlichtlokalen und Gemeindebauten hat sich eine quirlige Subkultur aus Studenten, Künstlern und Lebenskünstlern entwickelt. Auch Teile der nördlich gelegenen Brigittenau werden bereits von diesem Boom erfasst. Den Weg über den Donaukanal sollte man allein schon wegen des Wurstelpraters 57 mit seinem weltberühmten Riesenrad antreten. Doch die Gegend hat noch viel mehr zu bieten: kunterbunte Märkte, eine der größten Kirchen Österreichs 59 und mit Augarten 61 und Prater 56 gleich zwei grüne Lungen zum Entspannen.

56 Prater (Grüner Prater) ★ [J6]

Viele Touristen verbinden mit dem Prater lediglich den als Wurstelprater 57 bezeichneten Vergnügungspark zwischen Riesenrad und Schweizerhaus, ohne zu wissen, dass dahinter erst der eigentliche Prater als viele Kilometer langes grünes Band zwischen Donaukanal und Donau beginnt.

Wiens bunte Insel: Riesenrad, Augarten und Multikulti

Seinen Namen hat das Landschaftsschutzgebiet urkundlich bereits im Jahre 1162 von Kaiser Friedrich Barbarossa erhalten; er leitet sich vom lateinischen **Pratum** für Wiese ab. Viele Jahrhunderte lang wurde das Areal als adeliges Jagdrevier genutzt, ehe Kaiser Joseph II. es 1766 für die Allgemeinheit öffnete. Ab da begann der Siegeszug des Praters: Über Gastronomie- und Amüsierbetriebe entwickelte sich nach und nach der Wurstelprater ❺❼. Daneben fand Spektakuläres statt: Seit dem 18. Jahrhundert wurden wöchentlich vor Tausenden Besuchern **Feuerwerke** abgebrannt; die Pioniere des zünftigen Wochenendvergnügens waren der Italiener Peter Paul Girandolini und der Deutsche Johann Georg Stuwer, nach dem auch das benachbarte Stuwerviertel im 2. Bezirk benannt ist. Letzterem war der lautstarke Zinnober längst nicht genug: Als ihm das Halteseil eines Heißluft-Fesselballons 1784 gerissen war, trug ihn der Ballon bis über die Donau und er wurde unfreiwillig zum ersten Ballonfahrer Österreichs. 1816 ging mit Jakob Degen auch der erste Vorläufer eines Hubschraubers in die Lüfte. Unten am Boden wurde gefeiert und zu den Walzerklängen von Johann Strauss und Joseph Lanner getanzt. Es gab drei große Kaffeehäuser und man vergnügte sich auf der **Galopprennbahn Freudenau** im südöstlichsten Teil des Praters.

Im Jahre **1873 fand in Wien die große Weltausstellung** statt und zog über 7 Millionen Besucher in den Prater. Die zentrale Rotunde, die 1937 ein Raub der Flammen wurde, hatte den gewaltigen Durchmesser von 108 Metern. Von den Pavillons der Weltausstellung steht heute nur noch ein einziger im Originalzustand und dient als Bildhaueratelier. Ansonsten erinnert nur noch der künstliche Konstantinhügel an das epochale Ereignis. In den Folgejahren vertrieb man sich die Freizeit auf der Trabrennbahn Krieau und auf dem Fußballplatz des Wiener Athletiksport Clubs WAC. Die Tribünen der beiden Anlagen existieren noch, sind aber im Fall der Krieau (nahe WU-Campus ❺❽) extrem sanierungsbedürftig oder im Fall des WAC-Platzes bereits von der Natur überwuchert. Die **denkmalgeschützte Trabrennbahn mit ihrem historischen Richterturm** soll allerdings erhalten und in eine neue Flächennutzung eingebunden werden. Unweit des nagelneuen **WU-Campus** wird sich hier in den kommenden Jahren baulich noch einiges verändern, wobei der Prater als Parkanlage nicht in Mitleidenschaft gezogen werden soll.

Nationaler und internationaler Fußball wird heute im benachbarten **Ernst-Happel-Stadion** gespielt. Österreichs größtes Fußballstadion ist nach dem Wiener Erfolgstrainer Ernst Happel benannt, der auch den Hamburger SV in den 1980er-Jahren an die Spitze des europäischen Fußballs führte.

Als wichtigste Achse und Orientierungslinie im Prater dient die **Hauptallee,** die den Verkehrsknotenpunkt Praterstern mit dem **Lusthaus,** einem ehemaligen Jagdhaus mit Café und Restaurant, verbindet. Ungefähr auf Höhe des **Stadionbades** wird der Prater unberührter und teils zur **naturbelassenen Auwaldlandschaft.** Mit Heustadelwasser, Lusthauswasser, Mauthnerwasser und Krebsenwasser existieren vier Altwasser-Donauarme. Im Heustadelwasser kann man im Sommer baden oder sich an einem Kiosk in Höhe der Stadionallee ein Boot ausleihen.

› U2 Messe-Prater (nördlicher Teil), U2 Krieau (mittlerer Teil), U2 Stadion (südlicher Teil)

158 **Lusthaus,** Freudenau 254, U2 Donaumarina, Bus 77A Lusthaus, Tel. 7289565, www.lusthaus-wien.at, geöffnet: Jan.-März Sa.-Di. 12-17 Uhr, Apr.-Sept. Mo.-Fr. (außer Mi.) 12-22 Uhr, Sa., So., Feiertag 12-18 Uhr, Okt.-Dez. tägl. 12-17 Uhr (außer Mi.)

(57) Wurstelprater und Riesenrad ★★★ [I5]

Offiziell heißt der Vergnügungspark Volksprater, aber so nennt ihn niemand. Die meisten bezeichnen ihn einfach nur als Prater, obwohl es sich, wie schon erwähnt, nur um einen kleinen Teil der großen Parkanlage (56) handelt.

Der im Volksmund verwendete Begriff Wurstelprater leitet sich ab von den Hanswurst-Bühnen, in gewisser Weise Vorgänger des Kasperltheaters. Die Wiener vergnügten sich hier bereits seit der Biedermeier-Epoche. Für die Weltausstellung 1873 zwischenzeitlich demoliert, entstand der Wurstelprater gleich einem Phönix aus der Asche neu und hatte seine Blüte um 1900. Damals entstand nicht nur das Riesenrad, es gab auch den wohl ersten Themenpark der Welt: eine kleinformatige Nachbildung Venedigs samt seiner Kanäle, das „Venedig in Wien".

Bis zu seiner Zerstörung Ende des Zweiten Weltkriegs beherbergte der Vergnügungspark auch eine Vielzahl an Kinos; das größte Lichtspieltheater war das Kino Busch. Es bot Platz für bis zu 1800 Besucher und ein 60-köpfiges Orchester. Nach dem Krieg wurde der Wurstelprater ein weiteres Mal wiedererrichtet und bietet heute eine facettenreiche Mischung historischer und moderner Unterhaltungsbetriebe: vom klassischen Ringelspiel (Karussell) über Geister- und

070wi-se

Wien entdecken
Wiens bunte Insel: Riesenrad, Augarten und Multikulti

Grottenbahn bis hin zum Autodrom, Kart-Bahn und dem historischen **Toboggan** – einer Rutsche mit Laufband, wie man sie auch auf dem Münchner Oktoberfest findet. Daneben existieren unzählige Schieß- und Spielbuden sowie ein breites gastronomisches Angebot. Platzhirsch ist das **Schweizerhaus** (Prater 116, www.schweizerhaus.at) mit großem Gastgarten, böhmischem Bier vom Fass und seinen berühmten Stelzen (Schweinshaxen). Wer es lieber fleischlos mag, sollte den pratertypischen *Lángos* probieren, einen in Fett herausgebackenen Teigfladen mit viel Knoblauch. Betreten kann man das Gelände das ganze Jahr über. Betrieb herrscht bei den meisten Praterunternehmen von Frühling bis Herbst. Unumstrittener Festtag des Paters ist der 1. Mai. Am Tag der Arbeit pilgert halb Wien in den 2. Bezirk und es herrscht ein vergnügt-buntes Treiben samt Musikbühnen und Ständen entlang der Prater Hauptallee. An diesem Tag ist auch die **Liliputbahn** besonders herausgeputzt und mit Blumen geschmückt. Die liebenswerte Pratereisenbahn durchquert den Park auf einer Strecke von 3,9 Kilometern Länge und wird neben Diesellokomotiven auch von zwei Dampfloks betrieben. Der Einstieg befindet sich unweit des **Riesenrads**, womit wir endlich auch beim Wahrzeichen des Praters und einem der Wahrzeichen Wiens angelangt wären: 1896 wurde es von den englischen Ingenieuren Walter Basset und Harry Hitchins geplant und vom damaligen Praterkönig Gabor Stein

EXTRATIPP
Die alten Geisterbahnen
Vieles im Prater ist modern und unterscheidet sich kaum von anderen europäischen Jahrmärkten. Neben dem Riesenrad und einigen anderen Unikaten kann der Prater aber eine besondere Vielfalt an Geisterbahnen sein eigen nennen. Einige davon – zum Teil im hintersten Winkel des Vergnügungsparks beheimatet – sind schon echte Urgesteine. Wenn auch schon etwas angestaubt und in die Jahre gekommen, befördern sie in ihren Wägelchen noch immer Besucher durch die schauderliche Finsternis. Zugegeben: Zum Teil ist es eher nur Finsternis und die Geister sind Mangelware; aber man sollte den Fahrpreis auch als Erhaltungsbeitrag dieser skurrilen Prater-Wahrzeichen betrachten. Schon öfters als Film- und Fernsehdrehort fungierte die Geisterbahn „Zum roten Adler" (seit ca. 1950). Ebenfalls uralt und ehrwürdig sind das Geisterschloß (seit 1948) und die Große Geisterbahn mit dem unheimlichen alten Baum und dem Blauen Gruseltoni, der grimmig aus einer Höhle an der Seitenwand blickt. Wer es lieber etwas moderner und brutaler mag: 2014 eröffnete die nagelneue Geisterbahn Hotel Psycho. Sie ist wahrlich nichts für schwache Nerven und versteht es, auch hartgesottene Horrorfans ordentlich zu erschrecken.

071wi-se

◁ *Berühmtes Wiener Wahrzeichen: das Riesenrad im Wurstelprater*

Wien entdecken
Wiens bunte Insel: Riesenrad, Augarten und Multikulti

mit 30 Gondeln bestückt. Anlass für die feierliche Eröffnung am 3. Juli 1897 war das anstehende 50-jährige Thronjubiläum von Kaiser Franz Joseph. Während der Nazizeit arisiert, wurde das Wiener Wahrzeichen 1953 an die Erbinnen des im Vernichtungslager Auschwitz ermordeten Besitzers Eduard Steiner restituiert. Seinen berühmtesten Auftritt in der Nachkriegsgeschichte hatte das Riesenrad jedoch schon einige Jahre zuvor im Film „Der dritte Mann" – schon damals nur noch mit 15 Gondeln. Aufgrund der starken Beschädigungen durch den Krieg wurde jede zweite Gondel abgenommen; dieser Zustand hat sich bis heute erhalten. Seit einigen Jahren informiert ein kostenloses **Panoramamuseum** über die bewegte Geschichte des Praters und des Riesenrads.

Persönlicher Tipp: Bei einem Praterbesuch sollte man den 2008 neu gestalteten Eingangsbereich am Riesenradplatz möglichst schnell verlassen. Seinen etwas angestaubten Charme entwickelt der Prater in den hinteren, etwas abgelegenen Ecken.

› U1/U2 Praterstern (Riesenrad) oder U2 Messe-Prater, www.prater.at, Der Eintritt in den Vergnügungspark ist frei, bezahlt wird an den jeweiligen Attraktionen. Offizielle Saisoneröffnung im Prater ist Mitte März; bei schönem Wetter haben manche Betriebe aber schon vorher geöffnet. Im Winter sind die meisten Betriebe mt Ausnahme des Riesenrads geschlossen.

› **Riesenrad:** Riesenradplatz 1, Tel. 7295430, www.wienerriesenrad.com, geöffnet: Jan./Feb. 10–19.45, März/Apr. 10–21.45, Mai–Sept. 9–23.45, Okt. 10–21.45, Nov./Dez. 10–21.45 (während des Weihnachtsmarkts bis 21.45 Uhr), Fahrpreis: 9 € (Erwachsene), 4 € (Kinder von 3 bis 14 Jahre)

KLEINE PAUSE

Gösser-Eck

Schräg gegenüber der Geisterbahn zum Roten Adler an der Ecke Zufahrtstraße/Jantschweg gelegen, kann man sich im hübschen Gastgarten bei ordentlicher Küche stärken und das Treiben rund-herum beobachten. Eine lohnenswerte Alternative zum teils sehr vollen Schweizerhaus.

🗺 **159** [J5] **Gösser-Eck** €, Ecke Zufahrtstraße/Jantschweg, Tel. 0664 5833948, www.goesser-eck.at, geöffnet: März–Dez. tägl. 10–2 Uhr

58 WU-Campus ★ [K5]

Der Campus der Wirtschaftsuniversität entstand in den vergangenen Jahren auf dem nördlich des Praters gelegenen ehemaligen Messegelände. Auf dem noch vor nicht allzu langer Zeit nachts von Prostituierten, Freiern und Praterstrizzis frequentierten Gelände entstand eines der **modernsten und spektakulärsten Architekturensembles** des modernen Wien. Seit sich auch ein paar gastronomische Angebote angesiedelt haben, macht der WU-Campus mit seinen Wasserflächen und Ginkgobäumen sogar dem MuseumsQuartier 36 ein wenig als hipper Hotspot für Liebhaber von Latte Macchiato und Laptop Konkurrenz. Sehen und gesehen werden lautet das Motto an sonnigen Tagen.

Sehen lassen können sich auf jeden Fall die teilweise extrem **futuristischen Gebäude** auf dem Campusgelände, allen voran das **Library & Learning Center (LC)** mit seinem weit herausragenden Dach. Es stammt von der britisch-irakischen Stararchitektin Zaha Hadid, die in Öster-

Wien entdecken

Wiens bunte Insel: Riesenrad, Augarten und Multikulti

reich schon etliche Projekte verwirklicht hat, etwa die Skisprungschanze und die Hungerburgbahn in Innsbruck. Man sollte versuchen, auch einen Blick in die Innenhalle des Gebäudes zu werfen – mit etwas Fantasie kommt man sich vor wie in einer Raumstation.

Das **Department 1 und Teaching Center (D1 & TC)** bildet einen architektonischen Kontrast und wirkt verrostet; der Effekt ist allerdings erwünscht, die Fassade soll sich im Laufe der Jahre farblich verändern. Auch die weiteren Gebäude stammen von unterschiedlichen internationalen Architekturbüros und haben alle ihren eigenen Stil.

› U2 Messe-Prater

59 Franz-von-Assisi-Kirche (Mexikoplatz) ★★ [J4]

Die Gegend rund um den Mexikoplatz gilt nicht unbedingt als feines Viertel; sie hat einen hohen Zuwandereranteil, der auch soziale Probleme mit sich bringt, und galt lange Zeit als Schmuggelgut- und Drogenumschlagplatz. Tagsüber muss sich aber niemand fürchten, im Gegenteil: Am Donauufer herrscht ein buntes und quirliges Treiben und unten bei den Kreuzfahrtschiffen erfasst so manchen das Fernweh, mitzuschippern in Richtung Balkan und Orient.

Mit der Platzbenennung wird die **Rolle Mexikos im Jahr 1938** gewürdigt: Als einziges Land protestierten die Mittelamerikaner vor dem Völkerbund gegen den „Anschluss" Österreichs an das Deutsche Reich. Ganz nebenbei besitzt der Platz auch eine der größten Kirchen Österreichs: die **Franz-von-Assisi-Kir-**

◻ *Moderne Architektur prägt den neu entstandenen WU-Campus*

che, auch Dom am Strom oder Mexikokirche genannt. Der monumentale Bau entstand zwischen 1898 und 1910 und wurde im rheinisch-romanischen Stil errichtet. Wer schon einmal in Köln war, wird sich an die romanische Kirche Groß Sankt Martin am Rheinufer erinnert fühlen.

Das Kircheninnere ist luftig und von einer angenehmen Stille geprägt; nur wenige Touristen verirren sich hierher, obwohl die **Elisabeth-Kapelle** ein sakrales Kleinod des Wiener Jugendstils darstellt. Die aufwendig mit vergoldeten Mosaiken nach Entwürfen von Carl Ederer ausgeschmückte Kapelle kann besonders gut von einer über eine Steintreppe erreichbaren Empore besichtigt werden. Die Wölbung des Altarraums schmückt ein wunderschönes Mosaik der heiligen Elisabeth von Thüringen. Die Kapelle, für deren Erbauung die Wiener viel Geld spendeten, ist auch als Hommage von Kaiser Franz Joseph an seine 1898 ermordete Gattin Elisabeth von Österreich (Sisi) zu verstehen.

› Franz-von-Assisi-Kirche: Mexikoplatz 12, U1 Vorgartenstraße, tägl. geöffnet

⑥⓪ Rund um den Karmelitermarkt ★ [H5]

Bis vor etwa 10 bis 15 Jahren hatten – wie schon beim Mexikoplatz erwähnt – bestimmte Ecken des 2. Bezirks ein ziemlich verrufenes und halbseidenes Image. Die düsteren Gassen waren geprägt von Rotlichtlokalen und wenn in den Wiener Gazetten über Mord und Totschlag berichtet wurde, lag der Tatort nicht selten zwischen Donau und Donaukanal. Kein Wunder also, dass auch der Wiener Kultkiberer (Polizist) Trautmann in der erfolgreichen gleichnamigen ORF-Kriminalserie zwischen 2000 und 2008 rund um Praterstern und Karmelitermarkt seine Fälle zu lösen hatte.

Wenngleich der 2. Bezirk nie eine „No-go-Area" wie etwa die Bronx oder Harlem war, haben bestimmte Grätzel (kleine Stadtviertel) wie das Stuwerviertel zwischen Prater und Donau oder die Gegend rechts und links der Zirkusgasse nach Einbruch der Dunkelheit noch immer ein klein wenig die **Aura des wilden Wiener Ostens** mit all seinen dunklen Geheimnissen, Abgründen und Projektionsflächen einer anarchistischen Parallelwelt. In Hamburg oder Berlin würde man wohl den Begriff Kiez verwenden.

Das nahe am Donaukanal liegende **Karmeliterviertel** hat sich längst zu einer hippen Gegend gemausert, was manche alteingesessenen Bewohner schon länger mit Argwohn verfolgen. Mittlerweile wohnen hier Künstler, beruflich erfolgreiche Jungfamilien und Studenten, die sich die längst nicht mehr so günstigen Mieten wie um die Jahrtausendwende noch leisten können. Durch die Nähe zum Stadtzentrum wurden die Altbauten zu attraktiven Spekulationsobjekten. Erst 2014 eskalierte der Kampf um ein besetztes Haus in der Mühlfeldgasse mit einer Räumung, an der über 1000 Polizeibeamte beteiligt waren.

Gleichwohl ist das Viertel immer noch vom toleranten Grundsatz des „leben und leben lassen" geprägt. Verschiedene Kulturen existieren auf engem Raum nebeneinander. Seit Ende des Eisernen Vorhangs leben auf der ehemaligen Mazzesinsel auch wieder viele orthodoxe Juden. Sie haben der Israelitischen Gemeinde Wiens eine deutliche Belebung beschert und knüpfen damit an die bis

Die wilde Lust am Wienerlied:
Der Nino aus Wien, Wanda, Ernst Molden & Co.

Spätestens seit dem Ende von Austria 3 (Wolfgang Ambros, Reinhard Fendrich und Georg Danzer) verfiel die kreative Austropop-Szene in einen jahrelangen Tiefschlaf. Gefördert wurde dieser auch dadurch, dass deutschsprachige Talente konsequent seitens kommerziell orientierter Format-Radiosender wie Ö3 ignoriert wurden und man die Tantiemen lieber belanglosen US-Bands zukommen ließ.

Mittlerweile regt sich wieder etwas in der Wiener Singer-Songwriter-Szene. Aushängeschild ist die Newcomerband Wanda. Mit ihrem Album „Amore" und der Partyhymne „Bologna" wurde sie 2014 über die Grenzen Wiens hinaus bekannt und füllt sogar Hallen in München und Berlin. Mittlerweile spielt nicht nur der Alternativsender FM4 die Hymnen. Benannt hat sich Frontmann Marco nach einer legendären Wiener Rotlicht-Dame: der „wilden Wanda". Als einzige weibliche Zuhälterin verschaffte sie sich in den 1980er-Jahren durch ihre robuste Art und ihre buchstäblich schlagkräftigen Argumente Respekt im Milieu des verruchten Stuwerviertels im 2. Bezirk.

Ein weiteres Phänomen ist Der Nino aus Wien. Er wurde anfangs belächelt als schrullig-skurriles, kurzfristiges Intermezzo. Mittlerweile hat er sich längst zum viel beachteten Liedermacher gemausert. Seine Songs sind in gewisser Weise typisch wienerisch: voll Melancholie, Selbstironie und verletzlicher Seele. Hin und wieder erinnern sie an André Heller oder den frühen Wolfgang Ambros, ein andermal hört man Bob Dylan heraus. Nino Mandl - so der bürgerliche Name - überrascht immer wieder von Neuem: Neben herrlich lyrischen Balladen liefert er Popsongs voll Energie und sprudelnder Kreativität. 2014 brachte er sogar zwei Alben am gleichen Tag heraus: Bäume und Träume. Außer dass sie sich reimen, haben sie wenig gemeinsam und verdeutlichen den Facettenreichtum des sensiblen und gleichzeitig volksnahen Fans von Rapid Wien, der das klassische Heurigenlied ebenso beherrscht wie den Punkbeat. Im Freibad tritt er ebenso auf wie im angesagten Hipster-Klub. Er ist ein bisschen rätselhaft und gerade das macht ihn so spannend. Generell sind bei den jungen Musiktalenten Reminiszenzen an die Wiener Großmeister von Qualtinger bis Falco ebenso erkennbar wie alternative Akzente eines Wiens jenseits der Jahrtausendwende.

Der Nino arbeitet auch mit dem Liedermacher Ernst Molden, der sich in der Szene seit Jahren einen Namen gemacht hat, oder dem schrägen Vater-Sohn-Projekt „Worried Man & Worried Boy". Mit professionell produzierter Popmusik haben sich auch die Newcomer von Bilderbuch eine große Fangemeinde erobert. Mit Wanda, dem Nino und einigen anderen Bands scheint Wien an die glorreichen Zeiten des Austropop anzuknüpfen: an die Zeit, als Peter Cornelius, Georg Danzer, Wolfgang Ambros, Falco und Marianne Mendt im österreichischen Radio der 1970er- und 1980er-Jahre rauf und runter gespielt worden sind. Der Jazz- und Chansonsängerin Marianne Mendt hat Nino Mandl übrigens ein Lied gewidmet.

Wiens bunte Insel: Riesenrad, Augarten und Multikulti

1938 stark jüdisch geprägte Geschichte der Leopoldstadt an.

Besonders am Samstag herrscht auf dem Karmelitermarkt ein geschäftiges Treiben; dann bieten auch Händler aus dem Weinviertel ihre Schmankerl an und die Gastronomiebetriebe sind gut frequentiert.

Nachtschwärmer finden zwischen Donaukanalufer und Praterareal eine große Auswahl von Szenelokalen wie das Tachles (s. S. 41) und Klubs wie das Fluc oder die Pratersauna (s. S. 42).

Noch einmal zurück zur Wiener Halbwelt von Kommissar Trautmann: Wo wäre ein **Kriminalmuseum** demnach besser beheimatet als hier im 2. Bezirk? In einem Seifensiederhaus in der Großen Sperlgasse 24 kann man sich detailliert über die spektakulärsten Wiener Kriminalfälle informieren (s. S. 48). Angesichts teils bedrückender Verbrechensfotografien und anderer drastischer Exponate sollten zartbesaitete Gemüter allerdings lieber auf einen Besuch verzichten.

› U2 Taborstraße, über die Taborstraße und die Haidgasse in 5 Min. zu Fuß zum Karmelitermarkt. Alternativen: U1 Nestroyplatz, von hier circa zehn Min. Fußweg über Rotensterngasse und Haidgasse oder vom 1. Bezirk aus über die Salztorbrücke und die Hollandstraße (10 Min. Fußweg).

61 Augarten ★ [G4]

Ein Stück Lebensqualität mitten auf der dicht besiedelten Insel, bestehend aus 2. und 20. Bezirk, und gleichzeitig der erste, dem Volke zugänglich gemachte Park Wiens – das ist der Augarten.

▽ Der mächtige ehemalige Gefechtsturm im Wiener Augarten

Unheimliche Betonmonster: die Wiener Flaktürme

Insgesamt **sechs Flaktürme** aus dem Zweiten Weltkrieg kann Wien sein eigen nennen. Keine andere Stadt des ehemaligen Dritten Reichs besitzt heute noch diese Anzahl an großteils unverändert erhaltenen Betonmonstern aus der finstersten Zeit des 20. Jahrhunderts. Ganz wohl war der Stadt seit Kriegsende nie ob ihrer schwergewichtigen Zeugen der Vergangenheit und dementsprechend tauchen sie bis heute in keinem Fremdenverkehrsprospekt auf. Errichtet wurden die Flaktürme zwischen 1942 und 1944 von Kriegsgefangenen zum Schutz des Wiener Stadtgebiets gegen Luftangriffe der Alliierten. In einem geografischen Dreieck rund um den Stephansdom treten sie stets paarweise auf: Im **Arenbergpark** stehen zwei Ungetüme sowie im **Esterházypark** und in der benachbarten Stiftskaserne. Die zwei größten und spektakulärsten Exemplare stehen wie zwei dunkle Wächter im beschaulichen **Augarten** 61: Zentral und nicht zu übersehen der zylindrische **Gefechtsturm**, der einst mit schweren Geschützen ausgestattet war, und etwas versteckt im Augarten-Randbereich der **Leitturm**, ausgerüstet mit Radar und Scheinwerfern. Bereits während der Bauphase wurde der militärische Wert der Anlagen zu Recht als unbedeutend eingeschätzt; wichtiger entpuppte sich ihre Funktion als Luftschutzbunker, sogenannte „Überlebensinseln" samt Infrastruktur für Tausende Schutzsuchende.

Nach dem Krieg gab es immer wieder Pläne, die Türme zu sprengen oder abzureißen, was aber aufgrund der Dimensionen – der Augarten-Gefechtsturm besitzt eine Höhe von 55 Metern – und der nahe gelegenen Wohngebiete verworfen worden ist. Eine gewaltige Explosion gab es 1946, als Kinder beim Zündeln eine große Menge Kriegssprengstoff in die Luft jagten. Seither ist der Gefechtsturm sichtbar beschädigt, Betonteile drohten abzufallen, was eine Sanierung des mittlerweile denkmalgeschützten Objekts notwendig machte.

Über die Jahrzehnte hinweg gab es immer wieder unterschiedliche Nutzungsvorschläge – vom Datenlager bis zur Aussichtsterrasse mit Café, vom Museum bis hin zum Studentenwohnheim. Während der Flakturm im Esterházypark seit Jahren das **Haus des Meeres** 48 beherbergt und als Kletterwand des Alpenvereins dient, sind die Augartentürme bislang funktionslos geblieben. Zumindest für den Menschen: Als vermutlich größte europäische Taubenburg haben sich im Laufe der Jahre bis zu vier Meter hohe Kotschichten gebildet, vermischt mit Nestern und Taubenskeletten. Im Rahmen der Ausbesserungsarbeiten holte man mit Kränen 1200 Kubikmeter Taubenexkremente aus dem Gefechtsturm. Unabhängig von ihrer möglichen praktischen Nutzung sind die Flaktürme zu **Antikriegsmahnmalen** geworden. Von der umliegenden Bevölkerung zwar keineswegs ins Herz geschlossen, hat man sich mit den Betonmonstern arrangiert. Bereits 1993 schrieb der Journalist Wolfgang Freitag richtig: „Wir werden die Flaktürme als Teil Wiens, als Teil unserer Geschichte akzeptieren müssen. So, wie sie sind. Ungeschönt, roh, herausfordernd. Als Stachel im rosig zarten Architekturfleisch der Tourismusmetropole."

Wiens bunte Insel: Riesenrad, Augarten und Multikulti

Wie der Name schon sagt, handelte es sich bei dem Gelände noch vor 400 Jahren um unberührte Auenlandschaft, die ebenso wie die nördlich angrenzende Brigittenau kaiserlichen Jagdzwecken diente. Zunächst entstand ein kleines Jagdschloss mit Gartenanlage, Ende des 17. Jahrhunderts ein **barocker Lustgarten**, der nach seiner Zerstörung durch die Türken 1705 im Stile französischer Barockgärten neu errichtet wurde. Damals war er noch dem Adel vorbehalten. Seit 1775 darf auch das gewöhnliche Volk im Augarten lustwandeln. „Allen Menschen gewidmeter Erlustigungs-Ort von Ihrem Schaetzer"; so steht es über dem Haupttor an der Oberen Augartenstraße. Der Spruch bezieht sich auf Kaiser Joseph II., der den Park der breiten Öffentlichkeit zugänglich gemacht hat, was zu dieser Zeit in Europa noch keineswegs eine Selbstverständlichkeit war.

Seit 1948 sind die **Wiener Sängerknaben** im Palais Augarten beheimatet. Neben den zwei gewaltigen **Flaktürmen** (s. S. 163) ist das heute bedeutendste Gebäude die **Porzellanmanufaktur** im ehemaligen Gartensaal des Schlosses, wo bis heute in Handarbeit hochwertiges Wiener Porzellan hergestellt wird. Seit 2011 informiert ein modern gestaltetes **Porzellanmuseum** (s. S. 47) in einem Flügel des Augartenschlosses mittels kunstvoller Exponate über die Geschichte der Wiener Porzellanherstellung. Ein originaler Brennofen ragt über beide Ausstellungsebenen. Erwerben kann man die kostbaren Mitbringsel im angeschlossenen Shop der Manufaktur wie auch im Flagshipstore des Unternehmens in der Spiegelgasse 3 nahe dem Stephansplatz (s. S. 20).

Umrahmt von der Blütenpracht, die von Frühling bis Herbst existiert, herrscht im Augarten stets eine entspannte Atmosphäre. Die Bewohner von Brigittenau und Leopoldstadt nutzen ihn als Sonnenwiese, als Kinderspiel- und Fußballplatz, zum Gassigehen mit den Hunden oder um auf den vielen Parkbänken einfach ein wenig die Seele baumeln zu lassen. Nach Einbruch der Dunkelheit schließt die kostenlose Parkanlage.

› U2 Taborstraße oder Straßenbahn 31 „Untere Augartenstraße/Obere Augartenstraße"

> **KLEINE PAUSE**
>
> **Am Nordpol**
> Die Nordpolgasse hat nicht nur einen der lustigsten Namen Wiens, sie ist auch eine der kürzesten Gassen und endet an den Mauern des Augartens ❻❶. Dennoch ist noch genug Platz für den gemütlichen Schanigarten des Gasthauses **Am Nordpol 3**. Dort erhält man hervorragende böhmisch-mährische Küche und tschechisches Bier (s. S. 34).

◿ *Von Frühling bis Herbst blüht es im Augarten* ❻❶ *in allen Farben*

Der Wiener Nordwesten: Weinberge, Weitblick und ein Arbeiterpalast

Die Gegend unterhalb des Kahlenbergs (64) mit ihren hübschen Weinbaudörfern und viel Grün gehört zu den landschaftlich reizvollsten Stadtteilen Wiens. Über die Höhenstraße, die zu großen Teilen aus Kopfsteinpflaster besteht, kommt man auch mit Auto und Bus bis hinauf zum Dach der Donaumetropole.

Kein Wunder, dass im 19. Bezirk Döbling die Schönen und Reichen residieren. Die Lebenserwartung liegt nachgewiesenermaßen um einige Jahre höher als jene in den Arbeiterbezirken Simmering und Favoriten. Nichtsdestotrotz gibt es auch in den Nobelvororten Gemeindebauten, die für die Arbeiterklasse errichtet wurden – allen voran der monumentale Karl-Marx-Hof (62).

Vom Nußberg genießt man einen herrlichen Blick über die Stadt

(62) Karl-Marx-Hof ★ [F1]

Rotes Wien – so wird die Zeitspanne zwischen 1919 und 1934 bezeichnet und in gewisser Weise war diese Epoche in der europäischen Geschichte einzigartig: Im Gegensatz zur autoritär regierten Sowjetunion entwickelte sich in der österreichischen Hauptstadt unter demokratischen Vorzeichen ein sozialistisches Experiment – auch als **Austromarxismus** bezeichnet – das nicht nur städtebaulich seine Spuren hinterlassen hat. Schließlich besitzt Österreich in Europa das einzige Wappen, in dem der Adler bis heute Hammer und Sichel in den Greifern hält.

Gefördert und forciert wurden von den regierenden Sozialdemokraten unter den Bürgermeistern Jakob Reumann und Karl Seitz große Gemeindebauten – moderne Wohnhausanlagen für die Arbeiterklasse. Manche von ihnen sind wie Bur-

Der Wiener Nordwesten

EXTRATIPP

Arbeiterpalast Reumannhof
Weitere sehenswerte Gemeindebauten des Roten Wiens befinden sich unter anderem am Margareten- bzw. Gaudenzdorfer Gürtel. Der prächtigste davon ist der **Reumannhof**, benannt nach dem sozialdemokratischen Bürgermeister Jakob Reumann. Er ist ein echter Arbeiter-Palast mit Springbrunnen, der schon als Drehort für die Serie „Kottan ermittelt" diente. Nicht weit entfernt wohnte bis zu seinem Tode 40 Jahre lang der Arbeiterdichter und Drehbuchautor Ernst Hinterberger. Er war unter anderem verantwortlich für die Erfolgsserien „Ein echter Wiener geht nicht unter" (Mundl) und „Kaisermühlen Blues" (s. S. 232). Kürzlich wurde der Gemeindebau ihm zu Ehren in **Ernst-Hinterberger-Hof** benannt.
- ★**160** [E9] **Reumannhof**, Margaretengürtel 100–110
- ★**161** [E9] **Ernst-Hinterberger-Hof**, Margaretengürtel 122–124

gen, Paläste oder Kasernen konstruiert. Herausragendes Beispiel dieser roten Bombastarchitektur ist der **Karl-Marx-Hof in Heiligenstadt**. Dass der Bau in direkter Nachbarschaft zum bürgerlich-noblen Stadtteil Döbling steht, war kein Zufall. Dahinter steckte die Philosophie, keine Arbeiterghettos in reinen Arbeitervierteln zu schaffen, sondern das Bestreben, dass ein selbstbewusstes und gleichberechtigtes Proletariat in allen Bezirken zu Hause sein soll und Flagge zeigt. Bis heute findet man deshalb Gemeindebauten bis in die höchstgelegenen Weinberge und Villenviertel.

Der Karl-Marx-Hof ist mit 156.000 Quadratmetern Fläche und 1,2 Kilometer Länge nicht nur der **größte Gemeindebau des Roten Wiens**, er war gleichzei-

△ *Gewaltiger Arbeiterpalast: der Karl-Marx-Hof ist am 1. Mai beflaggt*

tig als Vorzeige-Trutzburg und Denkmal der Sozialdemokratie geplant. Der in den Jahren 1927 bis 1930 errichtete Bau umfasste damals 1382 Wohnungen für circa 5000 Personen. Der lang gestreckte Hof besteht aus mehreren begrünten Innenhöfen. Zusätzlich zu den Wohnungen wurden Bäder, Wäschereien, Kindergärten und andere soziale Einrichtungen integriert, was dem Areal den Anschein einer **Stadt in der Stadt** verliehen hat. Entworfen wurde der Karl-Marx-Hof vom Architekten und Otto-Wagner-Schüler Karl Ehn. Repräsentatives Herzstück der Anlage ist der auf den **Ehrenhof** blickende Mittelteil mit seinen fünf zinnenartigen und von Fahnenmasten bekrönten Türmen sowie den monumentalen Durchgangsbögen, die den Bahnhof Heiligenstadt mit der Heiligenstädter Straße verbinden. Architektonische Anklänge an den Bauhaus-Stil sind nicht zu übersehen.

An der Zentralfassade sind vier Keramikfiguren des Künstlers Josef Franz Riedl angebracht, welche die proletarischen Tugenden Aufklärung, Freiheit, Fürsorge und Körperkultur repräsentieren. Im Zentrum des parkartig begrünten Ehrenhofes steht eine Bronzeskulptur von Otto Hofner, einen säenden Mann darstellend.

Auf dem Gelände finden sich auch Erinnerungstafeln, die an die **Kämpfe vom 12. Februar 1934** erinnern. Damals wurde der Hof neben anderen Gemeindebauten von Truppen des österreichischen Ständestaates beschossen, während bewaffnete Arbeiter versuchten, ihn zu verteidigen. Eine weitere Gedenktafel erinnert an die während des nationalsozialistischen Regimes vertriebenen jüdischen Bewohner der Anlage.

Man kann den Karl-Marx-Hof unproblematisch besichtigen und auch den einen oder anderen Blick in die Innenhöfe und Stiegeneingänge werfen, sollte sich aber im Klaren sein, dass man es hier nicht mit einem Freilichtmuseum, sondern mit einem normal genutzten Wohnobjekt zu tun hat. Im Jahr 2010 wurde im Waschsalon Nr. 2 eine Dauerausstellung zur Geschichte des Roten Wien eingerichtet.
› U4 Heiligenstadt, Durchgang durch die Bögen zum Ehrenhof. Ausstellung „Rotes Wien im Waschsalon": Halteraugasse 7, Tel. 0664 88540888, www.dasrotewien-waschsalon.at, geöffnet: Do. 13–18, So. 12–16 Uhr, Eintritt Erwachsene: 3 €

63 Grinzing ★ [S. 262]

Grinzing ist für viele Touristen der **Inbegriff der Wiener Weinseligkeit**. Dazu beigetragen haben unter anderem die Filme und Lieder von Hans Moser, etwa „Wenn ich mit meinem Dackel von Grinzing heimwärts wackel". Zweifellos gibt es noch immer authentische Heurigenlokale, leider aber auch **viele Touristenabfertigungsbetriebe** mit furchtbarer Musik, schlechter Küche und überhöhten Preisen. Wem es nur um die Heurigen geht, der braucht nicht unbedingt nach Grinzing zu fahren. Die gibt es zum Teil authentischer in Mauer oder Stammersdorf; allerdings hat der Weinort abseits betrunkener Busladungen und Geschunkel einiges zu bieten.

Grinzing ist ein bergiger **Wald-, Wein- und Villenort**. Neben lichten Weinbergen dominieren vor allem die dunklen, bewaldeten Ausläufer des Wienerwaldes das nördliche Terrain – auch Wiens höchster Berg, der **Hermannskogel**, gehört zu Grinzing.

Der Wiener Nordwesten

Weinbau ist in dem einst kleinen Ort bis ins 12. Jahrhundert nachgewiesen, vermutlich ist er viel älter. Immer wiederkehrende Heimsuchungen – etwa durch Türkeneinfälle oder die Pest – haben dem Ort über die Jahrhunderte zu schaffen gemacht; unterkriegen ließ sich die eher ärmliche Bevölkerung nie. In den vergangenen Jahrzehnten kam es in der Gegend hoch über Wien stattdessen zu einer andersgearteten Heimsuchung: Palastähnliche Villen geben Zeugnis davon ab, welche Macht sich hier ballt. Leider verschwanden mit dem Erscheinen des Finanzadels nach und nach auch die alten landwirtschaftlichen Nutzflächen; Grundstücke wurden umgewidmet, um die Wünsche der kaufkräftigen Klientel aus dem In- und Ausland zu befriedigen. Seit einigen Jahren bemüht man sich jedoch, das verbliebene Weinbauerbe und den dörflichen Ortskern vor weiterer Veränderung zu schützen.

Das Zentrum Grinzings ist durch die **Grinzinger Pfarrkirche** an der Himmelstraße markiert, die eine kostbare Orgel beherbergt. Folgt man der Himmelstraße westwärts, so werden die Villen nach und nach immer größer – eine Art Wiener Bel Air.

★**162** [S. 262] **Grinzinger Pfarrkirche**, Himmelstraße 25

Mit der **Kaasgrabenkirche** besitzt Grinzing noch ein weiteres kirchliches Kleinod. Die neobarocke Kirche Maria Schmerzen – so der offizielle Name – ist besonders bei Hochzeitspaaren sehr beliebt und zusammen mit den dahinter gelegenen Weinstöcken und dem herrlichen Blick über Wien ein beliebtes Fotomotiv. Auch als Drehort für die österreichische Kultserie „Kottan ermittelt"

> **KLEINE PAUSE**
> **Herrlicher Heuriger: Zawodsky**
> In unmittelbarer Nähe der Kaasgrabenkirche liegt mitten in den Weingärten der sympathische Heurige Zawodsky. Er ist schlicht und klassisch, nicht von Touristenhorden überlaufen, bietet ein schmackhaftes Heurigenbuffet; kredenzt werden ansprechende Weine.
> **164** [S. 262] **Zawodsky**, Reinischgasse 3, Tel. 32079782, www.zawodsky.at, geöffnet: Mo. und Mi.–Fr. 17–24, Sa./So. und feiertags 14–24 Uhr

diente das Gotteshaus in der Folge „Der Geburtstag". Ursprünglich stand hier nur eine kleine Kapelle mit angeschlossenem Heurigenbetrieb. Vom Ursprung der Wallfahrt berichtet die Legende: Als während der Türkenbelagerung von 1683 eine Frau mit ihrem Kind Beeren suchte, wurde sie von türkischen Soldaten aufgeschreckt und soll sich hinter einem Holunderbusch versteckt haben. Als die Verfolger den Fußspuren nachgingen, sahen sie im Busch brütende Schwalben und gingen davon aus, dass sich hier kein Mensch verbergen könne. Aus Dank für ihre Rettung stiftete die Frau für die Hilfe einen Bildstock, die sogenannte Schwalbengottesmutter.

★**163** [S. 262] **Kaasgrabenkirche**, Ettinghausengasse 1

Nordöstlich der Kirche schließt sich der Grinzinger Friedhof an. Auf dem kleinen Gottesacker fanden Berühmtheiten wie Gustav Mahler, Alma Mahler-Werfel, Thomas Bernhard und Peter Alexander ihre letzte Ruhestätte.

❯ Straßenbahnlinie 38, Endhaltestelle Grinzing (Schleife)

Wien entdecken
Der Wiener Nordwesten

64 Kahlenberg ★

Neben dem geschichtsträchtigen Leopoldsberg 65 ist der Kahlenberg an der Höhenstraße der beliebteste Aussichtspunkt der Wiener. Dementsprechend groß ist auch der Parkplatz. Der Dichter Franz Grillparzer schrieb über den Aussichtsberg: „Nur wer vom Kahlenberg das Land sich rings besehen, wird, was ich schrieb und wer ich bin, verstehen."

Am höchsten Punkt des Kahlenbergs (484 Meter) befindet sich die 22 Meter hohe Stefaniewarte mit herrlicher Aussicht. Gestiftet wurde sie 1887 von Kronprinzessin Stefanie, der Gemahlin von Kronprinz Rudolf. Etwas unterhalb liegen der große Parkplatz, die **Kirche Sankt Josef** mit Erinnerungstafeln für den polnischen Wien-Befreier Johann III. Sobieski und Papst Johannes Paul II., ein Hotel und die Aussichtsterrasse am Kahlenberg.

Etwas unterhalb des Kahlenbergs (10 Minuten Fußweg) liegt der **Kahlenberger Friedhof** (eigentlich Josefsdorfer Friedhof, siehe auch s. S. 169). Die wenigen Gräber und das Mausoleum stammen aus der Zeit des Biedermeier. Einige katholische Ordensbrüder werden bis heute hier begraben. Das berühmteste Grab unweit des Eingangs erinnert an Karoline Traunwieser. Sie galt während des Wiener Kongresses als schönste Wienerin und soll die Herzen Dutzender Männer verzaubert haben. Bereits im jungen Alter von 21 Jahren erlag sie der Schwindsucht (Tuberkulose).

> U4 bis Heiligenstadt, weiter mit Bus 38A bis zum Kahlenberg, Stefaniewarte: geöffnet: Mai-Okt. Sa. 12-18 Uhr, So. und Feiertag 10-18 Uhr, Eintritt: 1 €

65 Leopoldsberg ★★★

Mit 425 Metern Höhe über dem Meeresspiegel ist der Leopoldsberg zwar fast 60 Meter niedriger als sein großer Bruder, der Kahlenberg 64 – geografisch und geschichtlich kommt ihm allerdings die größere Bedeutung zu.

Er bildet den nordöstlichsten Ausläufer des Wienerwalds und fällt mit bis zu 70 Prozent Neigung zur Donau hin ab - bewachsen von Sträuchern und Eichen mit faszinierend gebogenen Ästen. Zu-

△ Wiens höchstgelegener Friedhof befindet sich gleich unterhalb des Kahlenbergs

Wald, Weinstöcke und Weitblick: Stadtwanderung zum Kahlenberg und Nussberg

*Hier handelt es sich um eine auch als **Stadtwanderweg 1** markierte Route, die von der **Endhaltestelle der Straßenbahnlinie D** in **Nussdorf** hinauf zum Kahlenberg führt und über den mit Weinreben bestandenen Nussberg wieder zum Ausgangspunkt zurückführt – er vereint Natur, Kultur und herrliche Weitblicke, setzt allerdings schon etwas Kondition voraus. **Länge:** ca. 11 Kilometer, **Dauer:** ca. 4 Stunden. **Kraftsparende Variante:** Mit dem Bus 38A (ab U4 Endstation Heiligenstadt) bis hinauf zum Kahlenberg und nur den zweiten Teil des Weges hinunter nach Nussdorf spazieren (Gehzeit ca. 1,5 Stunden). Von der Endhaltestelle der Straßenbahnlinie D Beethovengang geht es zunächst ein Stück entlang der **Zahnradbahnstraße**. Sie erinnert an eine Kahlenbergbahn, die bis 1919 in Betrieb war und von der man oben an der Kahlenbergterrasse noch einen Wagen besichtigen kann.*

*Nach wenigen Minuten gelangt man zum **Beethovengang**, der entlang des Schreiberbaches den Berg hinaufführt. Er erinnert an den deutschen Komponisten, der hier selbst gerne Spaziergänge unternahm, um sich von der Natur inspirieren zu lassen: „Hier habe ich die Szene am Bach geschrieben, und die Goldammern da oben, die Wachteln, Nachtigallen und Kuckucke haben ringsum mitkomponiert", soll er an eine Ulme gelehnt gesagt haben. Über die Wildgrubgasse geht es weiter bergauf, ehe man schließlich die letzten Häuser hinter sich gelassen hat und durch ein Waldgebiet über die **Wildgrube** bis zur **Sulzwiese** aufsteigt. In östlicher Richtung verläuft der Weg nun ein Stück weit parallel zur Höhenstraße, ehe er diese über eine Brücke überquert und hinauf zum Sender Kahlenberg und zur **Stefaniewarte** (s. S. 169) führt. Hier hat man den höchsten Punkt der Wande-*

Wien entdecken
Der Wiener Nordwesten

*rung erreicht. Von der Aussichtsterrasse am Kahlenberg geht es in westlicher Richtung die Kahlenberger Straße vorbei an den Räumlichkeiten einer neuen Privatuniversität der Wirtschaftskammer bergab bis zu einer weißen Nepomukstatue. Hier kann man die steile Variante des Stadtwanderwegs wählen. Es empfiehlt sich aber, geradeaus weiterzugehen, um dem kleinen **Kahlenberger Friedhof (eigentlich Josefsdorfer Friedhof)** einen Besuch abzustatten (s. S. 169).*

*Ab hier beginnen die **Weinstöcke**. Es geht die Kahlenberger Straße weiter bergab, bis man schließlich zum **Heurigen Sirbu** gelangt (Kahlenberger Straße 210, www.sirbu.at, schöner Gastgarten!). Hier biegt man in den Eichelhofweg ein und wandert Wiens größten Weinberg, den Nussberg hinunter – fantastische Ausblicke über die Donau und Wien inklusive. Über die Eichelhofstraße gelangt man hinunter zur Nussberggasse und links über die Bockkellerstraße zurück zum Ausgangspunkt beziehungsweise über die Hackhofergasse zum Nussdorfer Platz.*

***Gastrotipp** nach viel Bewegung und frischer Luft: Eine Einkehr beim **Gasthaus Zum Renner** (s. S. 29) oder in der **Ausflugsstation Käpt'n Otto** direkt an der Donau (Donaupromenade 1, Zugang von der Heiligenstädter Straße über eine Bahn- und Straßenunterführung, danach 30 Meter links).*

◁ *Blick von der Aussichtsterrasse am Kahlenberg* **64** *über das Wiener Becken*

sammen mit dem gegenüberliegenden Bisamberg bildet er die **Wiener Pforte**, durch die sich der Strom von Klosterneuburg **78** aus in das Wiener Becken und die pannonische Tiefebene ergießt.

Bereits seit der Bronzezeit war der Leopoldsberg besiedelt, wie Funde belegen. In die Geschichtsschreibung Wiens ist die Anhöhe während der **Entsatzschlacht gegen das osmanische Heer am 12. September 1683** eingegangen. Unter der Führung des polnischen Königs Johann III. Sobieski stürmte das vereinigte europäische Heer den Berg, der damals Kahlenberg hieß, hinab und machte der osmanischen Expansion in Mitteleuropa ein Ende. Zahlreiche Gedenktafeln erinnern an diese Schlacht, die gerne als Schicksalsschlacht des christlichen Abendlandes verklärt worden ist. Aus Dankbarkeit errichtete man dem heiligen Leopold eine Kirche, weshalb der Kahlenberg ab diesem Zeitpunkt in Leopoldsberg umgetauft worden ist. Der benachbarte Sauberg erhielt infolgedessen den Namen Kahlenberg – zugegebenermaßen etwas verwirrend.

Nach dem Zweiten Weltkrieg errichtete man hier oben auch das **Heimkehrerdenkmal** zu Ehren der mehr als 200.000 Kriegsgefangenen, Verschleppten und in fremder Erde Ruhenden.

Vom Leopoldsberg aus genießt man den **vielleicht prächtigsten Blick auf Wien**, hinüber zum Bisamberg im 21. Bezirk und Richtung Klosterneuburg im Norden. Über den steilen, aber lohnenswerten **Nasenweg** gelangt man hinunter zum **Kahlenbergerdorf** und von hier in zwanzig Minuten an der Donau entlang nach Nussdorf (Straßenbahnlinie D).

› U4 bis Heiligenstadt, weiter mit Bus 38A bis zum Leopoldsberg

Der Wiener Westen: Schlösserpracht, Natur und Kirchen der besonderen Art

66 Kirche am Steinhof und Baumgartner Höhe ★★★ [S. 272]

Baumgartner Höhe und Steinhof sind seit über 100 Jahren die gängigen Begriffe für die einstmals größte und modernste Anstalt für Geisteskranke in Europa. Durch ihre Geschlossenheit blieb sie den Bürgern und Touristen jedoch lange Zeit verborgen. Heute kann man das Areal des offenen Klinikums besuchen und sollte dies auch unbedingt tun! Bekrönt wird die Baumgartner Höhe von Wiens prächtigstem Zeugnis des Jugendstils: der von Otto Wagner erbauten Kirche Sankt Leopold am Steinhof.

Entstanden ist das gewaltige Anstaltsprojekt mit seinen 61 Objekten als „Stadt in der Stadt" zwischen 1904 und 1907. Die vom niederösterreichischen Politiker Leopold Steiner ins Leben gerufene Institution entsprach dem neuen Leitbild, sogenannte Irre nicht mehr wie einst im Narrenturm einfach wegzusperren, sondern als Kranke gesellschaftlich zu akzeptieren und ihnen ein Leben in landschaftlich schöner und gesundheitsfördernder Umgebung zu ermöglichen. Auf der Mittelachse entstanden Gemeinschaftseinrichtungen wie etwa das Gesellschaftshaus mit seinem erhaltenen Jugendstiltheater. Heute ist das Sozialmedizinische Zentrum Baumgartner Höhe ein modernes und offenes Krankenhaus, das neben der psychiatrischen Abteilung noch etliche weitere medizinische Schwerpunkte abdeckt.

Herzstück der Anlage ist die von Wiens damaligem Stararchitekten Otto Wagner entworfene **Kirche Sankt Leopold** – ein bis heute Modernität und zeitlose Schönheit ausstrahlendes Gesamtkunstwerk des Jugendstils, das sich spätestens nach der aufwendigen Restaurierung (2001–2006) verdientermaßen zu einer der Top-Sehenswürdigkeiten Wiens aufgeschwungen hat. Mit ihrer goldenen, mit Blattgold überzogenen Kuppel krönt sie das Krankenhausgelände. Die Ähnlichkeit mit einer halben Zitrone brachte der Baumgartner Höhe im Volksmund den Spottnamen Lemoniberg ein und wenn einen jemand „auf den Lemoniberg schicken" wollte, war das nicht gerade als Kompliment gemeint.

Kein Wunder, dass der funktionalistische und zukunftsweisende Bau von konservativen Wiener Kreisen und vom Kaiserhaus mit tiefster Abneigung bedacht war. Lediglich der Standort „oben bei den Irren" und fernab vom Zentrum ermöglichte wohl überhaupt seine Existenz. Der Kaiser ließ sich bei der Eröffnung am 8. Oktober 1907 krankheitsbedingt entschuldigen und sein Thronfolger Franz Ferdinand machte aus seiner kritischen Haltung keinen Hehl. Ein in Wien traditionelles Phänomen: Fast alles Neue und Ungewohnte auf dem Gebiet der Architektur wird zunächst einmal mit Inbrunst abgelehnt, im Laufe der Zeit akzeptiert und schließlich als urwienerische Sehenswürdigkeit in den Himmel gelobt.

Steht man vor der Kirche, fallen sofort die vier bronzenen Engelfiguren auf, die ihren Blick auf die Besucher richten – dahinter ein Glasmosaik der Vertreibung

Wien entdecken
Der Wiener Westen

> **LITERATURTIPP**
>
> **Wittgensteins Neffe**
> Der Schriftsteller Thomas Bernhard hat der Baumgartner Höhe ❻❻ mit **Wittgensteins Neffe,** einer Geschichte über eine Freundschaft, ein literarisches Denkmal gesetzt. Bernhard war Patient des ebenfalls am Steinhof beheimateten Lungenspitals, sein Freund Paul Wittgenstein regelmäßiger Gast der Psychiatrie. In skurriler Art und Weise und mit viel schwarzem Humor beschreibt Bernhard seine Erlebnisse und die seines Freundes am Steinhof und in der restlichen Welt. Das Buch ist als Suhrkamp-Taschenbuch erhältlich.

Adams und Evas aus dem Paradies. Auf den Glockenturmaufsätzen thronen in sitzender Haltung links der heilige Leopold, Schutzpatron von Niederösterreich und Wien, sowie der heilige Severin, regionaler Missionar und Prediger der Spätantike.

Das Kircheninnere umfängt den Besucher mit einer Harmonie in Gold, Weiß und Blau. Alle Blicke werden auf den golden glänzenden **Baldachin über dem Hauptaltar** gezogen. Das **Mosaikbild** dahinter stellt den segnenden Heiland dar, der linke Seitenaltar die **Verkündigungsszene** und der rechte den **Schutzengel Gabriel,** der zärtlich dem Kind die Hand auf den Kopf legt – ein Kunstwerk, das Geborgenheit und Liebe ausstrahlt und bei Besuchern und Patienten damals wie heute seine Wirkung nicht verfehlen dürfte.

Trotz des offenen und tagsüber ständig zugänglichen Krankenhauses, dessen **Villen und Pavillons** man ebenso Beachtung schenken sollte, ist die Kirche wohl auch aus Rücksicht auf die Patienten lediglich samstags und sonntags geöffnet. Doch diesen Kompromiss sollte man akzeptieren – schließlich war das Jugendstiljuwel jahrzehntelang für die Öffentlichkeit völlig tabu. Nördlich der Kirche erstrecken sich die **Steinhofgründe,** ein beliebtes naturbelassenes Naherholungsgebiet.

› **Kirche am Steinhof,** Bus 47A, 48A Psychiatrisches Zentrum, Tel. 9106011007, Besichtigung: Sa. 16–17, So. 12–16 Uhr (2 €), Führungen: Sa. 15 Uhr, So. 16 Uhr (8 €), spezielle Jugendstilführung: April–Okt. Mi. um 14 Uhr, Treffpunkt: Foyer des Direktionsgebäudes (12 €)

❻❼ Schlossanlage Schönbrunn ★★★ [A9]

Die gesamte Nobeletage von Schloss Schönbrunn sollte man einmal im Leben gesehen haben, heißt es auf der Homepage des Schlosses. Viele Besucher dürften sich tatsächlich nur einmal im Leben durch die 40 Räume der Grand Tour durchkämpfen. Wenn gerade Massen von Touristen das Schloss belagern – und das ist sehr häufig der Fall – kann eine Besichtigung der Räumlichkeiten zur echten Strapaze werden und man ist froh, nach einer Stunde wieder an der Luft zu sein.

> **EXTRATIPP**
>
> **Ernst Fuchs Museum**
> **Jugendstil-Fans** sollten die Otto-Wagner-Kirche ❻❻ mit einem Besuch der ebenfalls im Westen Wiens gelegenen **Otto-Wagner-Villa** kombinieren, in der sich das **Ernst Fuchs Museum** befindet (s. S. 46).

Der Wiener Westen

Die Prunkräume sind im **Spätbarock** schlicht und einfach nicht für zwei Millionen Besucher pro Jahr konstruiert worden, sondern für eine Familie, nämlich die der Habsburger. Da ist es eine echte logistische Meisterleistung, dass Menschen aus aller Herren Ländern, oft in großen Gruppen, gleichzeitig das Schloss durchkämmen und danach auch noch etwas von der Geschichte und dem Geist des Ortes mitnehmen können. Was in anderen Ländern so nicht möglich wäre, klappt hier dank hervorragender Organisation der Besucherströme vom Kassenbereich über die Audioguide-Ausgabe bis zum Ausgang erstaunlich gut. Dennoch ist man gut beraten, das Schloss am besten ganz früh oder am späteren Nachmittag zu besuchen – im Idealfall außerhalb der Hauptreisezeit an einem Wochentag.

Dann eröffnet sich möglicherweise in aller Ruhe und ohne unliebsamen Körperkontakt mit hektischen Mitbesuchern eine Türe in die habsburgische Vergangenheit, die es unbedingt wert ist, betreten zu werden. Doch auch ohne Innenbesichtigung gehört ein Besuch des **UNESCO-Weltkulturerbes** zum **Pflichtprogramm für Wien-Besucher**. Allein in der ausgedehnten Parkanlage mit Gloriette, Neptunbrunnen, Kronprinzengarten und Irrgarten kann man sich einen halben Tag lang aufhalten. Wer Schloss, Schlosspark, Palmenhaus und den Tiergarten Schönbrunn ❻❽ besuchen möchte, sollte dafür mindestens einen ganzen Tag einplanen.

Schloss [A9]

Der Name des Schlosses soll der Überlieferung nach auf einen erfreuten Ausruf des Kaisers Matthias aus dem Jahre 1619 Bezug nehmen. Der Monarch entdeckte auf der Jagd durch die damals noch unbesiedelten Wälder westlich der Stadt eine artesische Quelle und soll jubiliert haben: „Welch schöner Brunn!"

△ Kaiserliche Pracht in gelb: Schloss Schönbrunn zieht jährlich Millionen von Touristen in seinen Bann

Dass knapp 400 Jahre später pro Jahr rund 8 Millionen Besucher das gesamte Areal frequentieren werden – davon fast 3 Millionen das Schloss, hätte der Kaiser wohl in seinen kühnsten Träumen nicht für möglich gehalten.

Vorgängerbauten des heutigen Schlosses entstanden im 17. Jahrhundert. Nach der Türkenbelagerung Wiens, die dem ersten Bau schwere Schäden zugefügt hatte, entstand durch Johann Bernhard Fischer von Erlach ab 1687 ein repräsentativer Neubau – ursprünglich sollten die Ausmaße des Schlosses sogar jene von Versailles übertreffen, doch für das Mammutprojekt fehlte letztlich wie so oft das Geld. Seine heutige Form und den größten Teil der Rokoko-Ausstattung erhielt das Schloss als Sommerresidenz der Habsburger unter Maria Theresia; ausführende Architekten waren Nikolaus von Pacassi und Johann Ferdinand Hetzendorf von Hohenberg.

Maria Theresia ist bis heute die heimliche Hausherrin und in stillen Momenten scheint ihr Geist noch immer durch die Säle zu wehen. Außer ihnen haben nur ihr Nachfahre, der Kaiser Franz Joseph I. und seine Gattin Elisabeth (Sisi) dem barocken Palast einen historisch ähnlich bedeutenden Stempel aufgedrückt. Insofern ist der bis heute lebendige Mythos untrennbar mit der Familie Maria Theresias und der Franz Josephs verbunden und eine Schlossbesichtigung kann als **Zeitreise** in die Lebenswelten der kaiserlichen Familie Ende des 18. sowie Ende des 19. Jahrhunderts betrachtet werden. Im Schloss geht es weniger um einzelne Exponate oder herausragende Schätze – die sind in der **Schatzkammer** ㉙ der Hofburg zu bewundern. Sichtbar wird der **Alltag der Habsburger,** der trotz aller

EXTRAINFO

Schloss, Park und Tiergarten – ein Tag in Schönbrunn

Wer einen ganzen Tag in Schönbrunn mit all seinen Sehenswürdigkeiten verbringen möchte, kann sich an folgendem Weg orientieren: Von der U-Bahn-Station Schönbrunn geht es zunächst in etwa zehn Minuten bis vor den Haupteingang des Schlosses. Schon der Anblick des gelben Prachtbaus vom Wiental-Haupteingang aus lässt die Bedeutung dieses Bauwerks erahnen. Ein guter Platz für Fotografen ist die Terrasse zwischen Linker Wienzeile und Schönbrunner Schloßstraße mit den beiden monumentalen Löwen und den beiden Sphinxen.

Nachdem man im Ticket-Bereich die individuellen Eintrittskarten erworben hat (zum Beispiel Gold Pass (s. S. 179) mit fast allen Schönbrunner Attraktionen inklusive Tiergarten) geht es zunächst im Rahmen der Imperial Tour oder Grand Tour (empfehlenswert!) durch die **Prunkräume** des Schlosses. Danach kann man einen Besuch des am linken Schlossflügel anschließenden **Kronprinzengartens** einplanen, die **Kaiserliche Wagenburg** mit historischen Kutschen besuchen oder direkt den Weg an den **Statuen des Schlossparks** und am **Irrgarten** vorbei zum **Neptunbrunnen** und hinauf zur **Gloriette** nehmen.

Nachdem man sich hier oben bei herrlichem Blick über die Stadt etwas ausgeruht hat, geht es am Nachmittag in den **Tiergarten Schönbrunn** ㊻ und gegebenenfalls ins **Palmenhaus.** Von hier ist es nicht mehr weit zum Ausgang Hietzing und zur nahe gelegenen U-Bahn-Station Hietzing. Wer noch etwas Zeit hat, sollte einen Blick in die **Wallfahrtskirche Maria Hietzing** mit ihrem Gnadenbild werfen.

Pracht angenehm menschlich wirkt und den einstigen Bewohnern sogar seitens hartgesottener Republikaner Sympathien entgegenbringt.

Der **Rundgang** beginnt im westlichen Teil des Schlosses und führt über die **Blaue Stiege** zunächst in die **Wohnräume Franz Josephs und seiner Gemahlin Elisabeth.** Sisis Ehemann würde man heute wohl als Workaholic bezeichnen: Als erster Beamter im Staat arbeitete er mehr als die meisten Monarchen und nahm sogar seine Mahlzeiten zum Teil an jenem Schreibtisch ein, den man im Arbeitszimmer zu Gesicht bekommt. Während die Minister und Generäle auf eine Audienz beim Kaiser warteten, vertrieben sie sich die Zeit am original erhaltenen Biedermeier-Billardtisch.

In den folgenden Räumen erhält man Einblicke in den **intimen Wohnbereich** der kaiserlichen Familie – inklusive des Örtchens, zu dem der Kaiser zu Fuß geht, wie gesagt wird. Dass Franz Joseph ein bescheidener und tief gläubiger Mensch war, zeigt sich in seinem Schlafzimmer mit Betschemel und jenem spartanischen Bett, in dem der Kaiser 1916 im Alter von 86 Jahren verstarb. Im Speisezimmer erfährt man, dass der Herrscher bei Privatmahlzeiten die einfache Wiener Küche mit Gulasch und dem nach ihm benannten Kaiserschmarrn bevorzugte. Das gemeinsame **Schlafzimmer** mit Elisabeth wurde nur in den ersten Jahren nach der Hochzeit genutzt. Sisi fühlte sich am Wiener Hof nie richtig zu Hause. Die heile Welt aus den Romy-Schneider-Filmen war deutlich weniger heil. Franz Joseph, der seine Gemahlin sehr liebte, musste schlimme Schicksalsschläge bewältigen: den Tod einer Tochter, den Selbstmord seines Sohnes, des Kronprinzen Rudolf in Mayerling ⑳, den Mord an seiner geliebten Gattin und ein missglücktes Attentat auf ihn selbst, das zum Bau der Votivkirche ⑭ führte.

Der historische Bezug der Räume schwenkt im Laufe des Rundgangs immer mehr in die Epoche Maria Theresias. Man trifft auf **Porträts ihrer Kinder,** die durch ihre anmutigen Blicke mit den Besuchern in Kontakt zu treten scheinen. Ein beklemmendes Gefühl beschleicht einen beim Anblick des Porträts der jungen Maria Antonia, die als französische Königin Marie Antoinette der Französischen Revolution und damit der Guillotine zum Opfer fiel.

Als eine der wenigen Töchter Maria Theresias ging Marie Christine eine Liebesheirat ein, und zwar mit Albert von Sachsen-Teschen, dem Gründer der Albertina ㉒, der seiner verstorbenen Gemahlin in der Augustinerkirche ㉔ ein Denkmal setzte. Auch Maria Theresias eigene Ehe war eine der wenigen Liebesehen des barocken Adels. Die Zuneigung zu ihrem Mann Franz Stephan drückt sich unter anderem im Vieux-Laque-Zimmer aus, dem Arbeitszimmer des Kaisers, das die trauernde Witwe nach seinem Tod als Gedächtniszimmer umgestalten ließ. Zu den besonders prunkvollen Räumen der Grand Tour gehören unter anderem der **Gelbe Salon,** der **Spiegelsaal** mit seiner weiß-goldenen Rokokodekoration, die **Große Galerie** – ein 40 Meter langer und 10 Meter breiter Ballsaal mit Deckenfresken – und das **Millionenzimmer** mit seiner kostbaren Rosenholz-Vertäfelung, in die indo-persische Miniaturbildnisse aus dem Leben indischer Mogulherrscher eingearbeitet sind. Das **Reiche Zimmer** beherbergt als besonders kostbares Exponat das einzig

Der Wiener Westen

erhaltene Paradebett des Wiener Hofs. Auch einige kleine, aber feine Details erfährt man im Rahmen der Führung: etwa, dass der auf einem Hochzeitsbildnis dargestellte junge Mozart nachträglich eingebaut wurde und zum Termin der Hochzeit noch gar nicht auf der Welt war oder dass die engste Vertraute Maria Theresias, die auf einem Porträt in natürlicher Pose abgebildete Gräfin Fuchs, als einzige Nichthabsburgerin in der Kapuzinergruft ㉑ beigesetzt worden ist.

› Schönbrunner Schloßstraße 47, U4 Schönbrunn, Tel. 811130, www.schoenbrunn.at, geöffnet: April–Juni und Sept./Okt. 8.30–17.30, Juli/August 8.30–18.30, Nov.–März 8.30–17 Uhr. Ticketverkauf am Haupttor. Hier kann man wählen zwischen unterschiedlichen Kombi- oder Einzeltickets. Eintritt Imperial Tour (22 Räume: 12,90 €, 9,50 € ermäßigt), Grand Tour (40 Räume: 15,90 €, 10,50 € ermäßigt).

Die Gloriette bekrönt den höchsten Punkt des Schönbrunner Schlossparks

Schlosspark [A9]

Der Schlosspark gehört ebenso wie das Schloss selbst zum UNESCO-Weltkulturerbe und zieht mindestens so viele Besucher in seinen Bann wie das Schloss selbst. Brunnen, Statuen, romantische Grotten und lauschige Winkel wollen individuell entdeckt werden.

Eines vorweg: Der größte Teil des Schlossparks dient auch als Erholungsgebiet für die Wiener und kann deshalb kostenlos besichtigt werden. Nur einzelne Bereiche des Parks kosten Eintritt: der Kronprinzengarten, der Irrgarten und der Zutritt zur Gloriette (alle drei im Gold Pass inklusive, s. S. 179).

Der exklusive **Kronprinzengarten** (Eintritt: 3,50 €, ermäßigt 2,90 €, Kinder bis 18 Jahre 2,70 €) grenzt direkt an den östlichen Schlossflügel an und besticht hauptsächlich durch seine schattigen Laubengänge. Richtung Gloriette passiert man eine ausgedehnte **Statuenreihe** mythologischer Gestalten – am eindrucksvollsten ist die Figurengruppe der von Paris geschulterten Helena am

Anfang. Rechter Hand lädt der **Irrgarten** (Eintritt: 5 €, ermäßigt 3,90 €, Kinder bis 18 Jahre 2,90 €) dazu ein, den individuellen Weg ins Zentrum des Labyrinths zu finden. Labyrinthe existieren bereits seit Menschengedenken und haben eine tiefe spirituelle Bedeutung. Zur Belohnung erwarten einen im Zentrum neben einer erhöhten Plattform zwei große, menhirartige **Feng-Shui-Steine**, die angeblich Energie ausstrahlen sollen.

Keine Angst: Niemand kann sich innerhalb der Hecken so verlaufen, dass er seinen Bus verpasst. Für Kinder gibt es auch ein kleines Labyrinth mit Wasserspiel und Kaleidoskop.

Nicht mehr weit ist es von hier zum monumentalen **Neptunbrunnen** am Übergang vom Großen Parterre vor den Schloss zur Anhöhe mit der Gloriette. Auch er entstammt der Umgestaltungsphase der Schlossanlage durch Maria Theresia, entstand zwischen 1778 und 1780 und präsentiert sich mit gut 100 Metern Länge und 50 Metern Breite als eine der größten und prunkvollsten Brunnenanlagen der Welt. Über einer künstlichen Felsgrotte thront der Meeresgott Neptun mit Dreizack auf einem Muschelwagen. In kniender Haltung erfleht die Meeresnymphe Thetis Neptuns Gunst für die glückliche Seefahrt ihres Sohnes Achill.

Oberhalb des Brunnens bekrönt die **Gloriette** das gesamte Parkareal und bildet einen prunkvollen Schlusspunkt und Blickfang der Schloss-Park-Achse. Von hier oben aus hat man einen fantastischen Blick auf das Schloss und die nordwestlichen Bezirke Wiens. Über eine Wendeltreppe kann man gegen eine Eintrittsgebühr (3,50 €, ermäßigt 2,90 €, Kinder bis 18 Jahre 2,70 €) die Gloriette-Aussichtsplattform besteigen. An diesem herrlichen Ort hoch über Wien gibt es auch ein Café.

Weitere entdeckenswerte Plätze im Park sind die östlich des Neptunbrunnens gelegene künstliche römische Ruine, das Taubenhaus und der **Schöne Brunnen**, der dem Schloss seinen Namen gab. Das Brunnenhaus beherbergt die Statue der Quellnymphe Egira – ein wahrlich lauschiges Plätzchen.

Palmenhaus [A9]

Das Palmenhaus ist eines der schönsten Gebäude auf dem gesamten Schönbrunner Areal, wenn nicht gar in ganz Wien. Weltweit gibt es nur zwei ähnlich geartete Institutionen dieser Größe.

Die Sammelleidenschaft in Sachen exotischer Flora geht bei den Habsburgern bis ins 18. Jahrhundert zurück; das heutige Palmenhaus löste 1882 das Alte Palmenhaus ab. Für die Errichtung dieses 111 Meter langen architektonischen **Meisterwerks aus Stahl und Glas** zeichneten der Hofarchitekt Franz-Xaver von Segenschmid und der Eisenkonstrukteur Ignaz Gridl verantwortlich. Über 700 Tonnen Eisen und 45.000 Glasscheiben fanden Verwendung. Den Wienern war ihr Gewächshaus der Superlative stets lieb und teuer: Die durch den Zweiten Weltkrieg verursachten Schäden wurden behoben und in den 1980er-Jahren fanden umfangreiche Restaurierungsarbeiten statt.

Die insgesamt rund 4500 Pflanzenarten locken nicht nur Hobby-Botaniker aus aller Welt ins warme Innere. In der Gebäudemitte steht seit eh und je eine Palme, die so lange in Richtung Decke wachsen darf, bis irgendwann nichts mehr geht. Dann heißt es Platz machen

Wien entdecken
Der Wiener Westen

◨ *Glanzvolle Architektur: das Palmenhaus neben dem Schönbrunner Tiergarten* ❻❽

für die Nachfolgerin. Auch die uralte Sisi-Palme, ihrerseits Nachfahrin der Maria-Theresien-Palme, musste 2007 einer neuen Zentralpalme weichen: der von der österreichischen Schwimmerin Mirna Jukić gepflanzten **Mirna-Palme**. Bis diese aber die Laterne des Palmenhauses erreicht hat, werden noch viele Jahre vergehen.

Sorgen bezüglich des Höhenwachstums braucht man sich beim ältesten Bewohner des Palmenhauses nicht zu machen, einem circa 350 Jahre alten Olivenbaum, den Wien von Spanien anlässlich der Internationalen Gartenausstellung 1974 als Geschenk erhalten hat. Besonderes Aufsehen erregte die Ankunft einer australischen **Wollemia nobilis**, eines lebendigen Fossils aus der Frühzeit der Erdgeschichte. Die bereits als ausgestorben erachtete Pflanze wurde dem Palmenhaus 2005 als Dauerleihgabe anvertraut.

So mancher Wiener kauft sich für die Wintermonate eine Palmenhaus-Jahreskarte, um der Kälte zu entfliehen, ein Buch zu lesen und den Duft der Pflanzen zu genießen. Durch das Gebäude sollte man als Besucher nicht hetzen, sondern die Atmosphäre in aller Ruhe genießen.

❯ Schlosspark Schönbrunn, U4 Hietzing, Tel. 8775087406, www.bundesgaerten.at, geöffnet: Mai–Sept. tägl. 9.30–18, Okt.–Apr. 9.30–17 Uhr, Eintritt: 5 € (4 € ermäßigt), Kombi-Ticket mit Tiergarten und Wüstenhaus: 21,50 € (ermäßigt 12 €)

> **EXTRATIPP**
>
> **Volles Schönbrunn-Programm mit dem Gold Pass**
>
> Der Schönbrunn Gold Pass berechtigt zum jeweils einmaligen Eintritt innerhalb eines Jahres in Tiergarten, Schloss Schönbrunn, Wüstenhaus, Gloriette, Wagenburg, Irrgarten und Kronprinzengarten. Zusätzlich ist eine Apfelstrudelshow mit Kostprobe inkludiert. Für alle Besichtigungspunkte sollte man mindestens anderthalb Tage einplanen. Preis: 49 Euro, Kinder 24 € (mit der Wien-Karte (s. S. 248, 40 €). Daneben gibt es auch den günstigeren Classic Pass (u. a. ohne Tiergarten), einen Family-Pass sowie ein Sisi-Ticket (u. a. mit Kaiserappartements, Sisi Museum und Silberkammer in der Hofburg).

Wüstenhaus [A9]

Die kleine Schwester des Palmenhauses ist heute eine Mischung aus Pflanzenhaus und Tiergarten. Das 1904 erbaute **Sonnenuhrhaus** diente zwischenzeitlich als Schmetterlinghaus ㉛, ehe es in Kooperation von den österreichischen Bundesgärten und dem Tiergarten Schönbrunn ㊻ zum 2004 eröffneten Wüstenhaus umgebaut wurde. Es beherbergt neben seltenen Wüstenpflanzen und Kakteen etliche Wüstenspringmäuse, Reptilien und Vögel – besonders hübsch sind die Diamanttauben.

› gegenüber Palmenhaus, www.zoovienna.at/anlagen/wuestenhaus, geöffnet: Mai–Sept. tägl. 9–18, Okt.–Apr. 9–17 Uhr, Eintritt: 5 € (4 € ermäßigt), Kombi-Ticket mit Tiergarten und Palmenhaus: 21,50 € (ermäßigt 12 €)

㊻ Tiergarten Schönbrunn ★★★ [A10]

Der Tiergarten Schönbrunn zählt zu Recht zu den schönsten Tierparks der Welt. Der 1752 gegründete Tiergarten gilt als ältester Zoo der Welt. Das barocke Ambiente mit dem Kaiserpavillon im Zentrum allein ist schon einen Besuch wert.

Auf einer Fläche von 17 Hektar leben die tierischen Bewohner aus allen Kontinenten samt ihrem menschlichen Personal. Man merkt den Tieren an, dass es ihnen im Großen und Ganzen gut geht und sie die nötige Pflege bekommen, die ihnen gebührt: Man muss schon an einer Safari in Afrika teilnehmen, um so gepflegte und prächtige **Löwen** zu Gesicht zu bekommen. Mittels schützender Scheiben kann man sich den stolzen Katzen mit etwas Glück bis auf wenige Meter annähern – ein unvergessliches Erlebnis!

Besonders beliebt bei den Kindern sind die **Pandabären** gleich im Eingangsbereich und die **Eisbären**. Natürlich darf auch ein **Streichelzoo** nicht fehlen. Leider weltweit vom Aussterben bedroht sind die **Nashörner**; in Schönbrunn kann man immerhin zwei Exemplare dieser sanften Riesen bewundern. Generell wird der Artenschutz hochgehalten und bedrohte Tierarten wie der **Waldrapp** werden erhalten. Im **Winter** locken vor allem die tropischen Oasen, das Vogelhaus mit Faultier und das Aquarien-Terrarienhaus mit Krokodil.

› U4 Hietzing, Parkplatz: Seckendorff-Gudent-Weg (Eingang Tiroler Hof), Tel. 87792940, www.zoovienna.at, geöffnet: Nov.–Jan. tägl. 9–16.30, Febr. 9–17, März und Okt. (bis Ende der Sommerzeit) 9–17.30, Apr.–Sept. 9–18.30 Uhr, Eintritt: 16,50 € (ermäßigt 8 €), Jahreskarte: 44 € (Kinder und Jugendliche 22 €), Kinder bis 6 Jahre frei, Kombi-Ticket mit Palmenhaus und Wüstenhaus: 21,50 € (ermäßigt 12 €)

㊼ Weindorf Mauer und Wotrubakirche ★★ [S. 272]

Drei große „W" prägen das Weindorf Mauer: Wohnqualität, Wein und die Wotrubakirche. Die letzten beiden machen den südwestlichen Stadtrand Wiens zu einem in kultureller und kulinarischer Hinsicht attraktiven Ausflugsziel.

Das ehemals selbstständige Dorf Mauer gehört mittlerweile zum 23. Wiener Gemeindebezirk **Liesing** und hat sich längst zur begehrten Wohngegend gut situierter Wiener entwickelt, was zu einem hohen Villenanteil führte. Der Ortskern zwischen Maurer Hauptplatz und Maurer Lange Gasse konnte sich jedoch teilweise seinen dörflichen Charme erhalten.

Man pflegt eine **lebendige Weinbaukultur** und im Gegensatz zu Grinzing ⑥③ gibt es noch etliche authentische Heurigenlokale, die leidenschaftlich von Einheimischen frequentiert und von Touristenmassen verschont werden.

Einige Kulturbeflissene nehmen dennoch die kleine Weltreise an den Rand der Stadt in Kauf, um einer Kirche ihre Aufwartung zu machen, die wohl wie keine andere Kirche gerade nicht wie eine Kirche aussieht – zumindest nicht wie eine Kirche im herkömmlichen Sinne. Auf den ersten Blick assoziiert man mit dem seltsamen Bauwerk eine überdimensionale Panzersperre, eine zerschnittene Bunkerkonstruktion oder ein futuristisches Denkmal. Oft wird die **Wotrubakirche** – korrekt **Kirche zur Heiligsten Dreifaltigkeit** – von Besuchern auch mit dem südenglischen Stonehenge verglichen; nur dass die Megalith-Blöcke wie von Riesenhand alle auf einen Haufen geworfen wurden.

Errichtet wurde das spektakuläre römisch-katholische Gotteshaus auf dem Georgenberg zwischen 1974 und 1976 nach Entwürfen des Bildhauers Fritz Wotruba und Plänen des Architekten Fritz Gerhard Mayr. Für viele Besucher wirkt das Gebäude zunächst wie ein planloses, chaotisches Konglomerat aus tonnenschweren Betonblöcken. Bei näherer und intensiverer Betrachtung gewinnt jedoch die roh und abweisend wirkende Konstruktion eine harmonische, fast filigrane Struktur. Die wehrhaften Betonklötze stehen im Kontrast zu den zerbrechlichen Glaszwischenräumen, die dem Kircheninneren übrigens eine faszinierende Lichtdurchflutung bescheren. Insofern ist dieses **Werk des Brutalismus** – wie der Architekturstil offiziell bezeichnet wird – in Wahrheit alles andere als brutal: Es symbolisiert Unvollkommenheit und gleichsam Wehrhaftigkeit und Schutz. Das vermeintliche Chaos kann sich für den Betrachter leicht in Schönheit und Harmonie verwandeln.

Einige Meter hinter der Kirche liegt der sogenannte **Sterngarten**, ein Freiluftplanetarium, das in Form einer Stufenpyramide zur allgemein nutzbaren Himmelsbeobachtung einlädt. Hier fängt auch schon der Wienerwald an.

› Anfahrt: U4 bis Hietzing, danach Straßenbahn 60 bis Station Maurer-Lange-Gasse. Danach selbige Gasse in westlicher Richtung vorbei an einigen Buschenschanken bis zur Georgsgasse und zur Wotrubakirche (ca. 15 Minuten Fußweg).

Kulinarisches

› **Heidingers Gasthaus** (s. S. 29). Das Heidingers ist ein echter Geheimtipp unter den Vorstadt-Gasthäusern Wiens. Es liegt im 15. Bezirk nicht allzu weit von Schloss Schönbrunn entfernt.

❼**165 Heuriger Richard Zahel** €, Maurer Hauptplatz 9, Tel. 8891318, www.zahel.at, geöffnet: während der Aussteckzeiten (s. S. 35), die man telefonisch oder über das Internet erfährt, Mo.–Sa. 11.30–24 Uhr. Der Weinbaubetrieb Zahel steht für hervorragende Wiener Weine. Neben saisonalen Gerichten darf auch das klassische Wiener Heurigenbuffet nicht fehlen. Hier wird es am Abend oft recht lustig.

❼**166 Ristorante Pizzeria Francesco** €€, Linzer Straße 415, Straßenbahn 49 Satzberggasse, Tel. 9146362, www.francesco-ristorante.at, geöffnet: tägl. 11.30–23.30 Uhr. Für diese Pizzen fährt man auch mal weit in den Wiener Westen: hauchdünn und herrlich belegt. Daneben auch Pasta, Fleisch- und Fischgerichte.

Tief im Süden: Friedhöfe, Gasometer und ein Mini-Prater

In der österreichischen Kultserie „Ein echter Wiener geht nicht unter" (s. S. 68) behauptete Edmund Sackbauer alias Mundl einmal: „Favoriten und Simmering gehören ja zamm". Auch wenn manche Bewohner dies aufgrund lokalpatriotischer Abgrenzungen zwischen dem 10. und dem 11. Bezirk nicht unterschreiben würden, haben die beiden Bezirke doch einige Gemeinsamkeiten.

Beides sind klassische Wiener Arbeiterbezirke, in denen bis heute ein etwas rauerer Wind weht als im feinen Hietzing oder im noblen Döbling. Hier hört man noch häufig das sogenannte **Meidlinger L**, jenen etwas derben Dialekt der Wiener Unterschichten, der sich Ende des 19. Jahrhunderts entwickelt hat. Daneben trifft man auf Sprachen aller Herren Länder, da die halbwegs günstigen Mieten die beiden Bezirke zu beliebten Wohnquartieren für Zuwanderer gemacht haben. Es gibt auch soziale Brennpunkte und die durchschnittliche Lebenserwartung ist niedriger als in anderen Bezirken. Dennoch haben sich die Bewohner ein etwas herbes, aber herzliches Lebensgefühl erhalten; schließlich wurde von hier der Wohlstand Wiens erarbeitet, hier qualmten die Fabrikschlote. In Favoriten wie in Simmering findet man deutliche Spuren der Industrialisierung, gleichzeitig weisen beide Bezirke an ihren südlichen Stadtgrenzen fast ländliche Strukturen auf. Östlich des Zentralfriedhofs ❼❷ bauen Simmeringer Gärtner Gemüse an und südlich von Wiens einziger Therme existiert mit Oberlaa ein authentischer Weinbauort. Am Laaer Berg und tief im Süden Richtung Schwechat wird Wien zum weiten Land. Am tiefsten Punkt der Stadt, in Albern, befindet sich neben alten Hafenanlagen der Friedhof der Namenlosen ❼❸ – ein besonderer Platz, wie man ihn so weltweit kein zweites Mal findet. Für Unterhaltung ist trotz so viel Totenkult trotzdem gesorgt: Der Böhmische Prater ❼❶ hat als liebenswertes Relikt aus alten Zeiten nichts von seinem Charme verloren. Simmering und Favoriten: Das ist Wien für Fortgeschrittene!

❼⓿ Gasometer ★ [S. 272]

Die Wiener Gasometer als Teil des Gaswerks Simmering sind die imposantesten Zeugnisse aus der Zeit von Wiens Industrialisierung. Bis in die 1970er-Jahre standen über die Bezirke verteilt noch etliche dieser Industrie-Kolosse. Lediglich die vier Simmeringer Gasometer haben überlebt, wenn auch architektonisch leicht umgeformt. Die Backsteinbauten sind formschöne Industriedenkmäler und bilden einen urbanen Mix aus Wohnungen, Einkaufszentrum und Unterhaltungsbetrieben.

Auch wenn die Gasometer rein praktischen Zwecken dienten, wurden sie Ende des 19. Jahrhunderts – genauer gesagt zwischen 1896 und 1899 – als schmucke Ziegelsteinbauten errichtet; als ob die Erbauer damals schon geahnt hätten, dass die gewaltigen Rundbauten einst unter Denkmalschutz stehen und

Tief im Süden: Friedhöfe, Gasometer und ein Mini-Prater

neben der großen Zentralfriedhofskirche (s. S. 187) noch immer als **Wahrzeichen des 11. Bezirks Simmering** fungieren würden.

Bei den rund 70 Meter hohen und 60 Meter breiten Gasometern handelte es sich technisch gesehen um sogenannte Niederdruckspeicher für das aus Kohle gewonnene Stadtgas. Das Simmeringer Gaswerk war um 1900 das größte seiner Art in ganz Europa. Als man in Wien ab den 1970er-Jahren vom kohlenmonoxidhaltigen Stadtgas zum ungiftigeren Erdgas wechselte, hatten die Gasometer in ihrer alten Form ausgedient und wurden 1984 stillgelegt. Zu ihrem Glück und dem der interessierten Besucher hatte man sie bereits drei Jahre zuvor unter Denkmalschutz gestellt. Ansonsten gäbe es sie wohl nicht mehr.

Vor ihrer **Revitalisierung** dienten die vier Kolosse als Eventhalle für Techno-Raves in den 1990er-Jahren und als beliebte Drehortkulisse – unter anderem für die österreichische Kultserie „Kottan ermittelt" und den James Bond Film „Der Hauch des Todes". Im Rahmen der Neugestaltung erarbeiteten schließlich vier Architektenbüros ein Umgestaltungskonzept, wobei jedes für einen Gasometer verantwortlich war. Die Umbaukosten zwischen 1999 und 2001 betrugen insgesamt fast 200 Millionen Euro. Ihrer Innereien entledigt, blieben von den Gasometern letztlich nur Ziegelmauern und Dachstuhl übrig. Die gewohnte äußere Gesamtansicht konnte somit erhalten werden. Auf 220.000 Quadratmetern entstand eine **Stadt in der Stadt** mit Wohnungen, Büros, Einkaufszentrum,

Entdeckungen in Simmering

Die Gegend um die Endhaltestelle der U3 zählt sicher nicht zu den Top-Sehenswürdigkeiten Wiens, vermutlich nicht einmal zu den Sehenswürdigkeiten allgemein. Wer sich aber auf der Durchreise Richtung Zentralfriedhof ⑫ befindet, kann dennoch einige spannende Entdeckungen machen: So steht die kleine **Altsimmeringer Kirche Sankt Laurenz** als ehemalige Dorfkirche beispielhaft dafür, dass auch der Arbeiterbezirk Simmering ursprünglich ländlich geprägt war und nur aus kleinen Dörfern bestand. Das Kirchlein wurde im Jahr 1267 erstmals urkundlich erwähnt und zählt damit zu den ältesten Gotteshäusern Wiens.

Zwei **gastronomische Entdeckungstipps** der urig authentischen Art: Nahe der U3-Station Zippererstraße befindet sich mit dem **Weinhaus Hochmayer** ein fast unverändert erhalten gebliebenes Weinhaus aus den 1920er-Jahren. Touristen wird man hier ebenso wenig antreffen wie in der **Wein-Schenke Fabigan** nahe der ehemals verrufenen Hasenleitensiedlung, wo man sehr günstig essen und trinken kann.

Daneben gibt es in Simmering noch das empfehlenswerte **Gasthaus Stern** in der Braunhubergasse 6 (s. S. 30).

★**167 Altsimmeringer Kirche Sankt Laurenz**, U3 Simmering, Zugang von der Simmeringer Hauptstraße über Müchgasse/Kobelgasse

🕐**168** [K9] **Weinhaus Hochmayer** €, U3 Zippererstraße, Simmeringer Hauptstraße 42, geöffnet: Di.–Fr. 8.30–21, Sa./So. 8.30–13 Uhr

🕐**169 Wein-Schenke Fabigan** €, Hasenleitengasse 82, von der U3-Station Simmering 10 Minuten Fußweg bis zum Kreisverkehr an der Schemmerlstraße, von hier noch 50 Meter weiter, geöffnet: Di.–Sa. 15–23 Uhr

Tief im Süden: Friedhöfe, Gasometer und ein Mini-Prater

Gastronomie- und Entertainmenteinrichtungen sowie der zweitgrößten Veranstaltungshalle Wiens. Als modernen Kontrast zur Industriefassade erhielt **Gasometer B** den sogenannten **Schild**, einen asymmetrisch-futuristischen Anbau.
> U3 Gasometer

🏷 Böhmischer Prater ★ [S. 272]

Rummelplatz-Nostalgiker werden hier oben am Laaer Berg auf ihre Kosten kommen. Der kleine Bruder des berühmten Wurstelpraters 🏷 hatte in seiner Geschichte stets Mühe, nicht unter die Räder zu kommen. Durch den Idealismus und die Beharrlichkeit der Schausteller und Gaststättenbesitzer einerseits und die Treue der Stammgäste andererseits hat der Vergnügungspark im 10. Bezirk bis heute überlebt und freut sich über jeden Besucher.

Der Böhmische Prater existiert bereits seit 1883; das Areal des heutigen Naherholungsgebiets Laaer Wald gehörte damals noch zu Niederösterreich und nicht zum neu geschaffenen Bezirk Favoriten mit seinen großen Ziegelfabriken, von denen heute noch die Ziegelteiche erhalten sind. Die Arbeiter in diesen Fabriken, die den Rohstoff für den Bau der Ringstraße und den Bauboom in ganz Wien lieferten, waren größtenteils zugewanderte **Tschechen aus Böhmen und Mähren** – sogenannte Ziegelbehm bzw. Ziegelböhmen. Sie frequentierten in ihrer spärlichen Freizeit gerne die Gaststätten am Laaer Berg und so bildete sich nach und nach ein neuer Prater mit Ringelspielen, Schießbuden, einem Kasperltheater für die Kinder sowie Bier- und Weinschänken für die Erwachsenen. An Feiertagen spielten Musikkapellen auf und langsam sprach es sich auch in Simmering und Meidling und anderen Bezirken herum, dass man am Böhmischen Prater ebenso viel Spaß haben kann wie am Wurstelprater – und das zu niedrigeren Preisen.

Spaß kann man bis heute haben, wenngleich an manchen Fahrgeschäften und Buden der Zahn der Zeit nagt. Aber vielleicht verleiht ihnen gerade das jenen **nostalgischen Charme**. Unterkriegen ließ man sich trotz schwieriger Zeiten nie: Im Zweiten Weltkrieg brannte der kleine Prater ab und wurde wieder aufgebaut; in den 1960er- und 1970er-Jahren drohte die Schließung, doch mit dem Zusammenschluss einiger Schausteller zum „Club Mente Laa" konnte die liebenswerte Institution gerettet werden.

Attraktionen sind eine historische **Karussellorgel** aus dem Jahre 1913 und gleich daneben das ebenfalls über hundert Jahre alte **Karussell Raupe**. Auch ein **kleines Riesenrad** gibt es. Zur Einkehr empfiehlt sich das traditionsreiche Lokal **Zum Werkelmann** mit seinen berühmten Grillhendln, Surschnitzeln und einem kalten Buffet (Laaerwald 218, Tel. 6887106, geöffnet Mo.–Fr. 15–23 Uhr, Sa./So. und feiertags 10–23 Uhr, von Weihnachten bis Anfang März geschlossen). Der Namen Werkelmann ist ein Synonym für Drehorgelspieler beziehungsweise Leierkastenmann.

Werkelmänner aus ganz Europa treffen sich einmal im Jahr im Böhmischen Prater.
> U1 Reumannplatz, danach Bus 68A (Haltestelle Amalienbad) bis Station Urselbrunnengasse, von hier ca. 10 Minuten Fußweg; Alternative: S7 bis Geiselbergstraße und Fußweg hinauf zum Laaer Wald

Spaziergang zwischen Stadt und Land: vom Böhmischen Prater nach Unterlaa

Dieser Routenverlauf entspricht einem Teilabschnitt des Wiener **Stadtwanderwegs Nr. 7** (www.wien.gv.at/umwelt/wald/freizeit/wandern/wege/wanderweg7.html); insofern kann man sich auch an den Wegweisern orientieren. Der Spaziergang führt in den Süden Wiens über den Laaer Berg und ein kleines Weinbaugebiet hinunter in das weite Land an der Stadtgrenze zu Niederösterreich. Naturgenuss und schöne Weitblicke verbinden sich mit Kultur. Es geht großteils bergab, allerdings auch über ungeteerte Feldwege, weshalb gutes Schuhwerk von Vorteil ist. Für die Wanderung benötigt man etwa 2 Stunden; mit Anfahrt (siehe Böhmischer Prater ⓫), Rückfahrt, Besichtigungen und Einkehr sollte man etwa einen halben Tag einplanen.

Route: Gleich hinter dem Böhmischen Prater beginnt das Naherholungsgebiet am Laaer Berg. Zunächst wandert man in südlicher Richtung durch das Freizeitgebiet **Löwygrube**. Zur Linken genießt man eine herrliche Aussicht auf Simmering mit seinen Gasometern ❿ und bei guter Sicht bis in die slowakischen kleinen Karpaten. Hier gibt es auch Picknickplätze und einen Spielplatz. Man überquert die Bitterlichstraße und ist für kurze Zeit wieder auf urbanem Gebiet, ehe der Weg den Wanderer in die ländliche Weite zwischen Laaer Berg und Ostbahn verschlägt.

Über Feld und Flur gelangt man durch das Weinbaugebiet **Goldberg** mit Blick auf den Zentralfriedhof ⓬ und seine markante Friedhofskirche bis zu einer Wegkreuzung mit einem markanten Kruzifix, dem **Roten Kreuz**. Es gibt unterschiedliche Theorien über den Ursprung dieser in Österreich verbreiteten Marterln (Bildstöcke). Möglicherweise handelt es sich um Plätze, an denen einst ein Unglück passierte. Spekuliert wird aber auch darüber, dass die Kreuze ehemalige Bezirksgrenzen und Gerichtsstätten markierten, möglicherweise sogar vorchristliche Kult- und Opferplätze anzeigen beziehungsweise auf uralten geomantischen Kraftlinien liegen. Wie dem auch sei: Auf jeden Fall sind die Roten Kreuze ein volkskundlich noch wenig erforschtes Phänomen. An der Weggabelung in Oberlaa scheint tatsächlich eine ganz eigentümliche Atmosphäre zu herrschen – doch das möge jeder für sich selbst beurteilen.

Wer den Stadtwanderweg hier beenden möchte, folgt dem Schild nicht weiter durch die dunkle Unterführung auf die andere Seite der Bahngleise, sondern erreicht entlang der Gleise in wenigen Minuten das **Kurzentrum Oberlaa**. Wer seine Badesachen dabei hat, kann der **Therme Wien** einen Besuch abstatten (s. S. 239). Hier endet auch die Straßenbahnlinie 67.

Wer die Unterführung passiert hat, erreicht über einen Feldweg in etwa 10 Minuten die Liesingbachbrücke in Unterlaa mit der Statue des heiligen Nepomuk. Der **Brückenwirt** eignet sich für eine ausgiebige Einkehr. Hier kann man hervorragend schlemmen und nach so viel frischer Luft und Bewegung bewältigt man eventuell die großen Portionen. Insbesondere am Wochenende sollte man sicherheitshalber reservieren.

Spaziergang vom Böhmischen Prater nach Unterlaa

Vor der Einkehr empfiehlt es sich jedoch, noch ein paar Hundert Meter dem Liesingbach flussabwärts bis zur kleinen **Johanneskirche** zu folgen. Dieser bezaubernde Platz ist ein schönes Beispiel eines wohl schon seit Jahrtausenden bestehenden Kultortes. Am Platz des Kirchleins stand einst ein römischer Tempel; das legen die Ausgrabungen im archäologischen Schauraum und das erhaltene Mauerwerk nahe. Möglicherweise wurde der Ort sogar schon vor den Römern kultisch verehrt – schließlich belegen Bodenfunde eine Besiedelung der Gegend bis in die Jungsteinzeit. Von Mai bis Oktober findet jeden ersten Sonntag im Monat um 14 Uhr eine Führung statt. Treffpunkt ist vor der Kirche. Auch die Kirche selbst stammt ursprünglich aus dem 10. oder 11. Jahrhundert und wäre damit prinzipiell sogar älter als die Ruprechtskirche im Herzen Wiens, die allgemein als ältestes Gotteshaus der Stadt angesehen wird. Allerdings muss man bedenken, dass die Gemeinde bis ins 20. Jahrhundert zu Niederösterreich gehörte. Hier fühlt man sich auch eher auf dem Land. In die Stadt zurück gelangt man mit dem Bus 17A von hier oder von der Liesingbachbrücke aus (bis Per-Albin-Hansson-Siedlung und von dort weiter mit der Straßenbahn 67 zur U1 Reumannplatz).

Natürlich kann man auch den gesamten Stadtwanderweg 7 zu Fuß bewerkstelligen (ca. 14 Kilometer, 4 Stunden). Er beginnt und endet am Alten Landgut (Straßenbahnlinie 67) und ermöglicht auch einen Blick auf das Horrstadion, in dem der Fußballklub Austria Wien seine Heimspiele bestreitet.

170 *Brückenwirt* €€, Unterlaaer Straße 27, U1 Reumannplatz, dann Bus 271 (Station hinter dem Amalienbad) bis Station Liesingbachbrücke, Tel. 6883883, www.brueckenwirt-wien.at, geöffnet: Di.–So. 10–23 Uhr. Der Brückenwirt am äußersten Stadtrand Wiens lohnt einen Besuch aufgrund der hervorragenden österreichischen Küche und der großen Portionen.

> *Im Böhmischen Prater* 71

Wien entdecken
Tief im Süden: Friedhöfe, Gasometer und ein Mini-Prater

🄵 Zentralfriedhof ★★★ [S. 272]

Wer Friedhöfe mag, wird den Wiener Zentralfriedhof lieben. Der Gottesacker ganz im Süden Wiens ist nicht nur einer der größten der Welt, er ist Freilichtmuseum und Naturraum, in Stein manifestierte Geschichte und Spiegel der Wiener Seele. Die alte jüdische Abteilung strahlt eine ganz besondere Atmosphäre von Melancholie, Wildwuchs und Ruhe aus; im Bereich der Ehrengräber kann man den Wiener Berühmtheiten einen Besuch abstatten – von Johann Strauss bis Falco.

Als der österreichische Liedermacher Wolfgang Ambros in den 1970er-Jahren mit der 71er-Straßenbahn am Zentralfriedhof vorbeifuhr, fiel ihm ein Schild mit der Aufschrift „100 Jahre Zentralfriedhof" auf. Der Gedanke, dass ein Friedhof Geburtstag feiert, faszinierte den Wegbereiter des Austropop dermaßen, dass er ihn am gleichen Tag seinem Freund und Kollegen Joesi Prokopetz mitteilte, welcher daraus einen der bis heute populärsten Songs Österreichs komponierte: **Es lebe der Zentralfriedhof!**

Der Friedhof der Superlative im Südosten Wiens gehörte und gehört zu den größten Anlagen Europas. Hier liegen mehr Menschen begraben als die Stadt Einwohner hat. Längst hat sich der Zentralfriedhof zu einem Touristenmagnet entwickelt. Besonders in den **Herbstmonaten um Allerheiligen** macht ihn das bunte Laub besonders attraktiv. Auch Tierliebhaber kommen auf ihre Kosten: Vom Eichhörnchen über diverse Krähenarten bis hin zu Rehen tummelt sich allerhand Getier innerhalb der Friedhofsmauern und verleiht der Totenstadt eine liebenswerte Lebendigkeit. Im Untergeschoß der Aufbahrungshalle 2 beim Haupteingang (Tor 2) befindet sich seit 2014 das neu gestaltete **Bestattungsmuseum** (s. S. 48).

Als Wien bereits Mitte des 19. Jahrhunderts – als zeitweise eine der größten Städte der Welt – rasant auf zwei Millionen Einwohner hin zusteuerte, beschloss der Gemeinderat 1863 die Errichtung einer riesigen Friedhofsanlage, die noch in ferner Zukunft Kapazitäten haben sollte und bis heute hat.

Bei der Bevölkerung stieß das trostlose Areal tief im Südosten anfangs auf wenig Begeisterung; schließlich musste man für den Besuch der verstorbenen Angehörigen eine halbe Weltreise in Kauf nehmen. Auch die Organisation und Logistik der unzähligen Leichentransporte im Hochsommer oder im Winter bei starkem Schneefall verursachte Kopfzerbrechen, ganz abgesehen davon, dass die Anrainer nicht gerade begeistert waren ob der dauernden Trauerzüge vor ihrer Haustür. Doch wie so oft in Wien hat sich die Bevölkerung nach und nach an die neue Institution gewöhnt; längst vergessen sind die wütenden Vorbehalte konservativer Kreise gegen den interkonfessionellen Charakter des Friedhofs, der auch der jüdischen Gemeinde einen größeren Bereich zur Verfügung stellte. Zum positiven Image hat sicherlich die Errichtung der **Ehrengräberanlage** im Jahr 1881 beigetragen, verbunden mit der Überführung solch prominenter Gebeine wie jene der Komponisten Ludwig van Beethoven oder Franz Schubert, deren Ehrengräber bis heute vor allem asiatische Touristen in ihren Bann ziehen.

Ein weiterer Glanzpunkt war die Einweihung der **Friedhofskirche zum Heiligen Karl Borromäus**, ehemals Dr.-Karl-Lueger-Gedächtniskirche, die zwischen 1908

Wien entdecken
Tief im Süden: Friedhöfe, Gasometer und ein Mini-Prater

- 1 Gräber Torberg und Schnitzler
- 2 Grab Anzengruber
- 3 Grab Bürgermeister Prix
- 4 Grab Thonet
- 5 Bundespräsidentengruft
- 6 Grab Bruno Kreisky
- 7 Grab Udo Jürgens
- 8 Romagräber
- 9 Mahnmal für die Opfer des Faschismus
- 10 Falcos Grab
- 11 Musiker-Hain

128 Bestattungsmuseum
171 Schloss Concordia

und 1910 errichtet wurde und Elemente aus Jugendstil, Historismus und ägyptischer Baukunst vereint. Gewisse Ähnlichkeiten zur Jugendstil-Kirche am Steinhof 66 sind kein Zufall. Zwischen dem Haupteingang (Tor 2) und der Kirche trifft man auf prunkvolle Grabdenkmäler und Grüfte aus der Belle Epoque um 1900 mit teils überlebensgroßen Engelsdarstellungen und kunstvoller Jugendstil-Dekoration. Doch auch bei den Ottonormalgräbern sind der Fantasie kaum Grenzen gesetzt: Schlichte Grabsteine findet man ebenso wie wahre Meisterwerke der Steinmetzkunst oder kitschig anmutende Orte der Erinnerung und Verehrung. Sogar das eine oder andere Lieblingsauto als Prestigeobjekt durfte mit auf den Grabstein.

Neben der großen katholischen Abteilung existieren eine neue und eine alte jüdische Abteilung sowie ein evangelischer, ein orthodoxer, ein mormonischer, ein islamischer und ein buddhistischer Bereich. Daneben gibt es etliche Gedenkstätten und Kriegsgräberanlagen. In der Präsidentengruft liegen alle Staatsoberhäupter der Zweiten Republik.

Die **Ehrengräber und ehrenhalber gewidmeten Gräber** gehören zu Personen wie Paul Hörbiger, Hans Moser, Curd Jürgens, Bruno Kreisky, Helmut Zilk, Adolf Loos, Johannes Brahms, Johann Strauss, Arnold Schönberg, Gerhard Bronner oder Helmut Qualtinger. Jeder Besucher kann seinen persönlichen Liebling aus Kunst und Kultur, Wissenschaft und Technik oder Politik mit der dazugehörigen Gruppe im Internet bei Wikipedia unter „Liste gewidmeter Gräber auf dem Wiener Zentralfriedhof" finden. Auch die Urne des 2014 überraschend verstorbenen Sängers **Udo Jürgens** ist in einem Ehrengrab bestattet. Im Wiener Rathaus 43 nahmen Tausende Abschied von dem Ausnahmekünstler, der Österreich mit dem Titel „Merci Chérie" 1966 einen Erfolg beim Grand Prix Eurovision bescherte.

Wer ein bis zwei Stunden Zeit mitbringt, dem sei folgende grobe Route durch den Zentralfriedhof empfohlen:

Die Legende Falco

Von den jüngeren Gräbern auf dem Wiener Zentralfriedhof 12 hat sich keines zu einer ähnlichen Wallfahrtsstätte entwickelt wie jenes von Hans Hölzel, der als Popstar Falco Weltruhm erlangte. Songs wie „Der Kommissar", „Rock me Amadeus" und „Jeanny" machten ihn zum Star in Deutschland, England und den USA. Sein von einem schweren Gewitter begleitetes Konzert auf dem Donauinselfest 1993 vor 150.000 Zuschauern genießt Kultstatus. Der frühe Tod mit 40 Jahren bei einem Autounfall in der Dominikanischen Republik bescherte ihm im Februar 1998 ein letztes großes Spektakel auf dem Zentralfriedhof. Tausende Fans nahmen Abschied von Österreichs größtem Popstar, dessen Grabstätte - ein Obelisk und eine Glasplatte mit dem Bildnis Falcos - bis heute von Fans geschmückt wird. Seit 2014 ruht Mutter Maria Hölzel neben ihrem Sohn (Gruppe 40, Grab Nr. 64). Aus dem Wiener Nachtleben ist Falcos Musik bis heute nicht wegzudenken; seine Popularität ist ungebrochen: Die wichtigste Hymne an der Donau ist das in Deutschland weniger bekannte Stück „Ganz Wien".

Tief im Süden: Friedhöfe, Gasometer und ein Mini-Prater

⌐ *Nicht nur wegen seiner Ehrengräber ist der Zentralfriedhof einen Besuch wert*

EXTRATIPP

Steinmetz-Atelier für Hungrige: Schloss Concordia

Im revitalisierten Kontor eines bedeutenden Steinmetzunternehmens des 19. Jahrhunderts – direkt gegenüber von Tor 1 des Zentralfriedhofs und unschwer an der monumentalen Christus-Statue zu erkennen – kann man nach ausgiebiger Friedhofsbesichtigung mit **kreativen Schnitzelkreationen** seinen Hunger stillen. Von außen wirkt das Atelier unheimlich und verwunschen, auch im Inneren sorgen Spiegel, ein knarzender Holzboden und flackerndes Kerzenlicht für einen **morbid-nostalgischen Charme**. Doch keine Angst: Sowohl das Ambiente als auch die Speisen begeistern – beispielsweise das Concordia-Schnitzel, mit Linsen gefüllt.

🕮**171 Schloss Concordia**, Simmeringer Hauptstraße 283, Straßenbahn 71 Zentralfriedhof Tor 1, Tel. 7698888, geöffnet: So.–Do. 10–23, Fr./Sa. 10–1 Uhr

Man beginnt den Besuch am Haupteingang (Tor 2), passiert die monumentalen Ehrengräber in Richtung Friedhofskirche und hält sich dann schräg links Richtung Aufbahrungshalle und Ehrenhain (mit Falco-Grab in Gruppe 40). Über das Areal von Kirche und Präsidentengruft geht es danach in nordwestlicher Richtung bis in den Bereich des **Alten jüdischen Friedhofs**. Dieses leicht verwilderte Areal mit teils schiefen Grabsteinen, viel Efeu und seiner ganz speziellen Ausstrahlung entführt in die selbstbewusste und facettenreiche Epoche des Wiener Judentums um 1900. Mit etwas Glück läuft dem Besucher hier das eine oder andere Reh über den Weg. Über das Tor 1 verlässt man den Zentralfriedhof.

❯ U3 Simmering, weiter mit Straßenbahnlinie 71 oder 6: Zentralfriedhof 2. Tor (Haupteingang), 1. Tor (Alter jüdischer Friedhof), 3. Tor (Evangelische Abteilung), Straßenbahn 6: 4. Tor (Neue Israelitische Abteilung, Besuch nur mit Kopfbedeckung); Öffnungszeiten: 3. Nov. bis Ende Feb. 8–17, März und Okt. bis 2. Nov. 7–18, Apr.–Sept. 7–19, Do. von Mai bis Aug. 7–20 Uhr

Wien entdecken

Tief im Süden: Friedhöfe, Gasometer und ein Mini-Prater

⓻ Friedhof der Namenlosen und Alberner Hafen ★ [S. 272]

Erstens: Wien liegt an der Donau. Zweitens: Wien ist bekannt für seine Morbidität. Drittens: In Wien gibt es Dinge, die es sonst nirgends auf der Welt gibt. Es wäre einfach zu behaupten, dass diese drei Prämissen allein schon schuld daran sind, dass tief im Süden Wiens, am tiefsten Punkt der Stadt, kurz vor den Industrieanlagen und dem Flughafen von Schwechat dieser weltweit einzigartige Gottesacker existiert: ein liebevoller Gedenkort für tragische Schicksale der Vergangenheit, für Ermordete und Selbstmörder, für die erkalteten Opfer der Donau – ein Friedhof für Wasserleichen!

Denn weder Morbidität noch Donau noch Wien an sich hätten diesen magischen Platz erschaffen können. Es waren Männer aus Simmering, die ihn geschaffen und gepflegt haben: unter ihnen der Bezirksvorsteher Albin Hirsch und der Totengräber Josef Fuchs.

Doch der Reihe nach: Im 19. Jahrhundert wurden durch einen Wasserwirbel der Donau regelmäßig bis zur Unkenntlichkeit verunstaltete Leichen ans Ufer südlich des Alberner Hafens gespült. Dort hat man sie dann auch eingegraben, doch die Gräber wurden regelmäßig vom Hochwasser weggespült. Deshalb entschlossen sich der Tischlermeister und christlichsoziale Politiker Albin Hirsch und weitere Simmeringer Bürger zum Bau eines neuen Friedhofs der Namenlosen hinter dem Damm. An den alten Friedhof mit mehreren Hundert Toten erinnert bis heute ein Kreuz.

Liebevoll gepflegt wurde der Friedhof bis zu dessen eigenem Tod 1996 über Jahrzehnte vom Totengräber Josef Fuchs, an den eine Gedenktafel erinnert. Seit 1935 existiert am Friedhofseingang die runde Auferstehungskapelle.

Im Gegensatz zu anderen Friedhöfen sind am Friedhof der Namenlosen alle gleich, alle haben das gleiche kleine gusseiserne Kreuz mit der silbernen Christusfigur über sich stehen. Allerdings sind nicht alle namenlos: Einige Leichen konnten identifiziert werden – teils anrührende Schicksale eröffnen sich auf den Erinnerungstafeln. Seit einigen Jahren werden insbesondere die Kindergräber geschmückt und verehrt.

Trotz aller Traurigkeit strahlt der Platz auch Friede und Geborgenheit aus. Hier scheinen besonders viele Vögel zu zwitschern und man kann sich des Eindrucks nicht erwehren, dass die Toten ihre Schicksale längst hinter sich gelassen haben. Wenn es dunkel wird, kann es trotzdem ein bisschen unheimlich werden; so manches Geistwesen wurde angeblich schon gesichtet. Da flüchtet man lieber in das altertümliche Gasthaus, das allerdings zugegebenermaßen auch ein wenig wie ein österreichisches Pendant zum „Wirtshaus im Spessart" wirkt. Seit einigen Jahren regiert im Sommer einmal pro Jahr der Geist des Austropop auf der nahe gelegenen Wiese. Beim **Alberner Hafenfest** (s. S. 16) treten neben Newcomern Urgesteine wie Wolfgang Ambros und Ulli Bäer auf. Eine besondere Ausstrahlung hat auch der **Alberner Hafen selbst** mit seinen monumentalen Speicheranlagen aus den 1940er-Jahren. Schon länger gilt er als Geheimtipp für Fotografen, hat aber durch Sanierungsmaßnahmen in den letzten Jahren ein wenig von seiner Industrie-Morbidität verloren.

❯ U3 Enkplatz, danach Bus 76A bis Alberner Hafen, reine Busfahrzeit: 21 Minuten

Wien jenseits der Donau: Entdeckungen in Transdanubien

Früher wurde der Name Transdanubien etwas verächtlich für die östlich der Donau liegenden Bezirke Floridsdorf (21. Bezirk) und Donaustadt (22. Bezirk) verwendet. Obwohl es im wilden Osten Wiens auch heute noch hässliche Plattenbausiedlungen und öde Vororte gibt, hat das Stadtgebiet in den vergangenen Jahren enorm an Popularität gewonnen und zieht immer mehr neue Bewohner in die Gegend jenseits der Donau. Schuld an diesem Boom sind auch die neu entstandenen Linien der U1 und insbesondere der nagelneuen U2 in Richtung Seestadt Aspern, welche eine gute Anbindung an die Innenstadt ermöglichen.

Wer etwas länger Zeit hat, Wien zu erforschen, sollte sich einen Ausflug nach Transdanubien nicht entgehen lassen. Besonders Natur- und Wasserliebhaber kommen auf ihre Kosten. In der Lobau existiert ein einzigartiges Naturschutzgebiet; in **Kaisermühlen** stehen die höchsten Gebäude Wiens und in Stammersdorf am Bisamberg kann man noch authentische Weinbaukultur erleben. Die Alte und die Neue Donau bieten im Sommer echte Bade- und Urlaubsfreuden.

74 Donau City ★★ [K3]

Die Donau City als Teil des 22. Bezirks (Donaustadt) erstreckt sich zwischen Neuer und Alter Donau im Bereich der Reichsbrücke. Sie hat sich in den vergangenen circa 50 Jahren als multifunktionaler und moderner Stadtteil entwickelt – inklusive markanter Wolkenkratzer-Skyline, die sich mit jenen der Londoner City und des Frankfurter Bankenviertels messen kann.

Rund um das im Volksmund lapidar als UNO-City errichtete Vienna International Centre 76, das in den 1970er-Jahren hier das erste bauliche Großprojekt bildete, entstanden in den darauf folgenden Jahrzehnten nach und nach neue Büro-, Kongress- und Wohngebäude. Charakteristische Hochhäuser sind neben dem nagelneuen DC Tower und den geschwungenen VIC-Gebäuden (siehe unten) der 130 Meter hohe IZD-Tower mit seiner nasenähnlich hervorstehenden Spitze und das 150 Meter hohe Hochhaus Neue Donau, das an ein großes weißes Segelschiff erinnert. Direkt an der U1-Station VIC-Kaisermühlen steht der moderne Kubus der römisch-katholischen Donaucity-Kirche.

Einen Kontrast zur futuristischen Architektur der Donau City bildet das traditionelle **Arbeiterviertel Kaisermühlen**, das sich südöstlich der Wagramer Straße erstreckt; nördlich grenzt der Donau Park an.

Die Donau City steht symbolisch für Wiens Aufbruch ins 21. Jahrhundert und die Entwicklung zu einer zentraleuropäischen Metropole nach dem Fall des Eisernen Vorhangs.

› U1 VIC-Kaisermühlen

▷ Österreichs höchster Wolkenkratzer: die imposante Fassade des DC Towers

Wien entdecken
Wien jenseits der Donau: Entdeckungen in Transdanubien

75 DC Tower ★★ [K3]

Wenn es in Wien ein neues Wahrzeichen zu definieren gilt, steht der DC Tower, Österreichs höchster Wolkenkratzer, sicherlich ganz oben auf der Agenda und bildet im wahrsten Sinne des Wortes einen Höhepunkt in der jüngeren Architekturgeschichte der Stadt.

Von den Aussichtspunkten des Ersten Bezirks oder vom Haus des Meeres 48 aus betrachtet, wirkt Österreichs höchster Wolkenkratzer gar nicht so spektakulär – eher wie ein fantasielos hinaufgezogener schwarzer Monolith. Seine Eleganz und Schönheit erschließt sich erst bei näherer Betrachtung. Insbesondere die Südost-Fassade mit ihrer wellenartig abgestuften Struktur macht den vom französischen Architekten Dominique Parrault entworfenen, 250 Meter hohen Turm einzigartig.

Wie seit Jahrhunderten bei vielen neuen Gebäuden, so gilt auch hier: gemosert wird immer. Doch bereits 2014, im ersten Jahr seiner Existenz, hat sich der DC (Donau City) Tower zu einem viel fotografierten **Wahrzeichen Transdanubiens** gemausert. Von der Aussichtsplattform im 58. Stockwerk genießt man einen **atemberaubenden Blick** über das Wiener Becken, die Altstadt und zum zweiten großen Riesen, dem Millennium-Tower in der Brigittenau, der mit seinen 202 Metern Höhe nur mehr Platz 2 in der Wiener Hochhaus-Rangliste belegt.

Wer sich den Liftpreis sparen will, kann zumindest einen Blick in die Lobby des nagelneuen Hotels Melia werfen; auch im Bereich der Innenarchitektur wurden weder Kosten noch Mühen gescheut.

Ursprünglich sollte der DC Tower noch einen 168 Meter hohen kleinen Bruder erhalten. Ob dieses Projekt jemals ausgeführt wird, steht derzeit noch in den Sternen. Es wäre nicht das erste Mal in der Geschichte Wiens, dass ein groß angelegtes Architekturensemble nur teilweise vollendet worden ist: Auch das geplante Kaiserforum am Heldenplatz 30 und der Nordturm des Stephansdoms 2 blieben letztlich unvollendet.

› Donau-City-Straße 7, Tel. 20501120, www.dctowers.at, Besucherplattform tägl. 10–18 Uhr, letzte Auffahrt 17.30 Uhr, Tickets: 9,50 € (7,50 € ermäßigt, Schüler und Studenten 6,50 €)

Wien jenseits der Donau: Entdeckungen in Transdanubien

🔟 Vienna International Centre (UNO-City) ★ [K3]

Vor der Jahrtausendwende war der Gebäudekomplex des VIC – im Volksmund meist lapidar und unkorrekt als UNO-City bezeichnet – das architektonische Highlight am Ufer der Neuen Donau.

Mittlerweile sind die markant **geschwungenen Bürogebäude in Ypsilon-Form** in den Schatten der deutlich höheren Nachbarn wie DC Tower 🔟 und IZD Tower gerückt und versprühen angesichts ihrer hypermodernen Umgebung den nostalgischen Charme der 1970er-Jahre, in denen sie entstanden sind.

Gebaut wurden die sechs Kolosse mit einer Gesamtgeschossfläche von 230.000 Quadratmetern nach Plänen des Architekten Johann Staber für das United Nations Office at Vienna (UNOV) und für weitere internationale Institutionen. Das VIC genießt übrigens einen exterritorialen Status.

Mediale Aufmerksamkeit genoss in den vergangenen Jahren angesichts des Atomkonflikts zwischen dem Westen und dem Iran vor allem die **Internationale Atom-Energieorganisation IAEO**. Besucher können sich im Rahmen von Führungen ein Bild über die Aktivitäten der ansässigen Organisationen machen.

In den 1980er-Jahren entstand in unmittelbarer Nachbarschaft das Kongresszentrum **Austria Center Vienna (ACV)** mit seinem futuristisch geschwungenen Eingangstor.

› Vienna International Centre, Visitors Service, Wagramer Straße 3–5, Haupteingang Gate 1, Tel. 26060–3328, www.unis.unvienna.org, Führungen Mo.–Fr. 11, 14 und 15.30, Juli/August auch 12.30 Uhr, Eintritt: 10 € (7 € ermäßigt, Schüler 4 €)

🔟 Donaupark und Donauturm ★ [K2]

Gleich hinter der UNO-City 🔟 beginnt Donaupark und erstreckt sich zwischen der Autobahn A22 und der Arbeiterstrandbadstraße [K/L2] über ein 800.000 Quadratmeter großes Areal. In die Freizeitlandschaft mit Spiel- und Sportplätzen bohrt sich der 252 Meter hohe Donauturm mit Aussichtsplattform und Restaurant.

Was auf den ersten Blick idyllisch klingt, blickt auf eine ganz und gar nicht idyllische Vorgeschichte zurück: Bis 1945 existierte hier ein Schießplatz, auf dem durch die Nationalsozialisten Exekutionen durchgeführt worden sind; nach dem Krieg diente das Gelände teilweise als Müllhalde.

Die Uno-City vor dem Kaiserwasser in Kaisermühlen

Schauplatz Kaisermühlen: (Bade-)Spaziergang zwischen Neuer und Alter Donau

„I steh auf's Gänsehäufel, auf Italien pfeif i." Mit dieser Textzeile aus dem Song „Strada del Sole" machte der Sänger Reinhard Fendrich Wiens Strandbad an der Alten Donau über die Grenzen der Alpenrepublik bekannt. Berühmt geworden ist der kleine Stadtteil (wienerisch: Grätzel) Kaisermühlen auch durch die beliebte ORF-Fernsehserie **Kaisermühlen Blues** von Autor Ernst Hinterberger (s. S. 232), der dem Arbeiterviertel ein filmisches Denkmal setzte. Im Folgenden wird ein kleiner Spaziergang zwischen Gemeindebau und Freizeitidyll geschildert (im Sommer die Badekleidung nicht vergessen!):

Ausgangspunkt ist die U-Bahn-Station Alte Donau (U1), von der die Arbeiterstrandbadstraße zunächst in südöstlicher Richtung unter der Wagramer Straße hindurchführt und in die Straße Fischerstrand mündet. Von hier geht es eine ganze Weile immer an der Alten Donau entlang zum idyllischen Ausflugslokal „Zur Alten Kaisermühle" (s. S. 198). Der Name Kaisermühlen stammt übrigens noch aus der Zeit vor der Donaubegradigung, als hier im natürlichen Strömungsgebiet der Donau **Schiffsmühlen** existierten. Weiter geht es den Fischerstrand entlang (nicht den Fischerweg!), der sich zwischen Schrebergartenhäusern und kleinen Villen hindurchwindet. Auf Fußgängerbrücken werden kleine Altwasserarme überquert, danach geht es den Laberlweg entlang, vorbei am Restaurant „Zum Schinakl" bis zum Ernst-Sadil-Platz, an dem man sich links hält und in wenigen Minuten die Brücke zum Strandbad **Gänsehäufel** (s. S. 238) erreicht. Die kleine Insel inmitten der Alten Donau wurde im Jahr 1900 vom Naturheilkundler Florian Berndl entdeckt, der den Wienern die Badekultur näherbrachte. 1907 wurde das Gelände von der Stadt übernommen und das Strandbad der Commune Wien am Gänsehäufel eröffnet. Das über hundert Jahre alte Bad mit gepflegten Liegewiesen, altem Baumbestand, einem Nacktbadebereich, einem Swimmingpool und einem breit gefächerten Gastronomieangebot hat bis heute nichts von seiner Schönheit verloren und sich seinen historischen Charme bewahrt. Am angenehmsten ist ein Besuch im Früh- oder Spätsommer; an heißen Hochsommertagen kann es schon mal eng werden. Und keine Angst vor der Alten Donau: Das Wasser ist angenehm und sauber. Selbst in der etwas kühleren Neuen Donau wird im Hochsommer gebadet.

Die Route führt über die Moissigasse - benannt nach dem um 1900 berühmten albanisch-österreichischen Schauspieler Alexander Moissi, dem in einer Grünanlage ein modernes Denkmal errichtet wurde - in Richtung Schüttauplatz, dem Zentrum Kaisermühlens mit der **Herz-Jesu-Kirche** und einem frei stehenden Campanile aus Beton im Zentrum.

Die Moissigasse führt dann weiter zum Kaisermühlendamm (Rudolf-Nurejew-Promenade) an der Neuen Donau. Auch dieser Seitenarm dient den Wienern als Naherholungsgebiet, egal ob zum Rollerbladen, Schwimmen, Joggen oder Radfahren. Wer möchte, kann von hier einen

Wien entdecken
(Bade-)Spaziergang zwischen Neuer und Alter Donau

Wien entdecken
(Bade-)Spaziergang zwischen Neuer und Alter Donau

Abstecher über die Kaisermühlenbrücke auf die Donauinsel machen (eignet sich besonders für Radfahrer). Wer möchte, kann hier Kaisermühlens ältestem und architektonisch durchaus ansprechenden Gemeindebau, dem **Schüttauhof,** *einen Besuch abstatten. In seinen Innenhöfen wurde die berühmte Serie hauptsächlich gedreht (Am Kaisermühlendamm 55–61, Schiffmühlenstraße 58–64). In nordwestlicher Richtung geht es ansonsten ein Stück an der Neuen Donau entlang, ehe man den Damm wieder verlässt und über die Bellegardegasse oder die Jungmaisstraße die Schüttaustraße erreicht, die man überquert und ihr ebenfalls in nordwestlicher Richtung etwa 100 Meter folgt, ehe man auf den monumentalen Haupteingang des* **Goethehofs** *stößt. Der nach dem deutschen Dichterfürsten benannte Gemeindebau wurde 1928 bis 1930 in der Zeit des Roten Wiens errichtet. Wie der Karl-Marx-Hof* ❻❷ *und andere große Gemeindebauten aus den 1920er-Jahren war auch der Goethehof als Arbeiterfestung während der bürgerkriegsähnlichen Kämpfe 1934 ein Zentrum der Kampfhandlungen. Durch den Goethehof kann man laufen und gelangt auf der dem Haupteingang gegenüberliegenden Seite zum Donausportplatz und zum links davon gelegenen Kaiserwasser. Hier bietet sich noch einmal ein kostenloses Bad an, ehe der Spaziergang an der U-Bahn-Station Kaisermühlen VIC (U1) endet.*

Dauer: *circa 2 Stunden; mit Badepause im Sommer oder Einkehr dementsprechend länger.* **Einkehrmöglichkeiten:** *Zur Alten Kaisermühle oder Schinakl (s. S. 198).*

Eine lohnenswerte Erweiterung wäre eine Fahrt vom Kaisermühlendamm mit Bus 92 Richtung Donaustadtbrücke (U2): Dort kann man den Wakeboardern auf der Neuen Donau in der Strandbar wake up bei ihren Kunststücken zuschauen und nebenbei ganz hervorragende Burger verdrücken.

❼**172 *wake up,*** Am Wehr 1,
U2 Donaustadtbrücke,
Tel. 2025123, www.wakeup.at

▱ Idylle im Schatten der Hochhäuser: das Kaiserwasser in Kaisermühlen

Wien jenseits der Donau: Entdeckungen in Transdanubien

Zu buchstäblich neuer Blüte gelangte es erst durch die Internationale Gartenschau 1964 (WIG 64). Damals beförderte ein Sessellift die Besucher über das Gelände, der leider schon lange nicht mehr existiert. Stattdessen kann man den Park heute mit einer 3,3 Kilometer langen Schmalspurbahn befahren (März bis Oktober, www.liliputbahn.com/donaupark.htm, Rundfahrt: 4 €, Kinder 2,50 €).

Im Park befinden sich die große **Papstwiese** mit dem überdimensionalen Papstkreuz, das an den Wien-Besuch Papst Johannes Pauls II. 1983 erinnert sowie der hübsche Irissee mit seinen alten Silberpappeln. Daneben stößt man laufend auf **Denkmäler** – vom Gedenkstein für den Mystiker und Arzt Paracelsus bis hin zur Bronzebüste des südamerikanischen Revolutionärs Che Guevara. Daneben gibt es Spielplätze, Sportstätten und eine Bühne, auf der im Sommer kostenlose Konzerte stattfinden. Bedeutendstes Bauwerk ist der insgesamt 252 Meter hohe **Donauturm**. Er wurde zwischen 1962 und 1964 im Rahmen der WIG errichtet und ist seitdem Österreichs höchstes Bauwerk – davor hatte dieses Privileg noch der Stephansdom ❷ inne.

Er wurde grundsätzlich **als Aussichtsturm geplant und war niemals ein Fernsehturm,** wie manche denken; lediglich einige Radiosender werden von der Antenne ausgestrahlt. Der ORF sendet sein Fernsehprogramm von der wesentlich höher gelegenen Sendeanlage am Kahlenberg ❻❹. Als reinen Besucherturm in dieser Zeit und in diesen Ausmaßen kann man den Donauturm durchaus als Prestigeprojekt für Höhenluft-Luxus bezeichnen. Insofern sollte man sich diesen Luxus auch gönnen, wenn man schon mal in der Gegend ist. Der Blick reicht weit über das Wiener Becken hinaus bis in die Alpen oder in Richtung Bratislava. Der Turm beherbergt auch ein **360-Grad-Restaurant** und ein **Kaffeehaus**.

> Donauturmstraße 4, U1 VIC-Kaisermühlen oder Alte Donau, Tel. (auch Tischreservierungen) 2633572, www.donauturm.at, geöffnet: tägl. 10–24 Uhr (letzte Auffahrt), Restaurant: tägl. 11.30–15 und 18–24 Uhr, Eintritt: 7,40 € (5,90 € ermäßigt; Kinder 6–14 Jahre 5,20 €, verschiedene Kombitickets erhältlich, unter anderem mit Riesenrad: 13,10 €/Kinder: 7,35 €

Kulinarisches

An der **Alten Donau** gibt es etliche nette Terrassenlokale. Hier drei Klassiker:

🍴**173** [J1] **Strandgasthaus Birner** €, An der Oberen Alten Donau 47, U6 Neue Donau, Tel. 2715336, www.gasthausbirner.at, geöffnet: tägl. 9–24 Uhr (im Winter bis 22 Uhr). Hier sitzt man wunderschön am Ufer der Alten Donau. Ordentliche Hausmannskost.

🍴**174** [L3] **Zur Alten Kaisermühle** €, Fischerstrand 21A, U1 Alte Donau, Tel. 2633529, www.kaisermuehle.at, geöffnet: März bis Mitte/Ende September (je nach Wetterlage) tägl. 11.30–23.00 Uhr. Auch hier sitzt man herrlich am Wasser. Auf der Speisekarte stehen einige Fischgerichte.

🍴**175** [L3] **Zum Schinakl** €€, Laberweg 19, U1 Alte Donau, Tel. 2633656, www.schinakl.at, geöffnet: Apr.–Sept. tägl. 11–23 Uhr, Okt.–März Mo., Di. Ruhetag (außer Dez.), So. 11–20 Uhr. Sehr gutes, nicht ganz billiges Lokal direkt an der Alten Donau; auch Fischspezialitäten.

▷ Blick auf Klosterneuburg
mit seiner markanten Stiftskirche

Entdeckungen im Wiener Umland

78 Stift Klosterneuburg ★★★ [S. 272]

Die Stadt Klosterneuburg grenzt nördlich von Döbling direkt an Wien und lässt sich mit der S-Bahn schnell und unkompliziert erreichen. Auf einer Anhöhe über der Donau thront das imposante Ensemble des Stifts Klosterneuburg. Hier treffen Mittelalter, Barock und Moderne zusammen – ein absolut lohnenswertes Ausflugsziel für Geschichtsinteressierte, Kunstliebhaber und Romantiker!

Romantisch ist allein schon die Gründungslegende des Klosters, die sogenannte **Schleier-Legende:** Am Tage der Vermählung des **Babenbergers Leopold III.** von Österreich mit **Agnes von Waiblingen** im Jahr 1105 riss ein Windstoß den Brautschleier mit sich, als das frisch vermählte Paar den Söller der Burg auf dem Leopoldsberg betrat. Man deutete dies als schlechtes Omen und Leopold gelobte, an der Stelle, an der man den Schleier wiederfinden würde, ein Kloster zu errichten. Die Jahre zogen ins Land, doch während einer Jagd hinunter in die Donau-Auen bellten die Hunde plötzlich laut an einem **Holunderbaum** – und siehe da: Der Schleier hing unversehrt in den Ästen. Voller Glückseligkeit erfüllt, machte der edle Herrscher sein Gelübde wahr. Noch heute kann man Schleier und Holzstücke des Baumes in der Schatzkammer des Stifts bewundern. Ob sich die Legende wirklich so zugetragen hat, sei dahingestellt. Vermutlich war der Platz des heutigen Stifts schon Jahrhunderte früher besiedelt. Der Baum könnte auf ein altes keltisch-germanisches Baumheiligtum hindeuten, das im frühen Mittelalter christianisiert wurde. Immerhin verband man mit dem Holunder noch bis in die Neuzeit hinein die Vorstellung, er stehe in Verbindung zur Unterwelt; auch der Sagenschatz der Frau Holle wird volkskundlich teilweise in diese Richtung gedeutet und letztlich lassen auch die weißen Blüten des Holunders Assoziationen mit einem Brautschleier zu.

Wien entdecken
Entdeckungen im Wiener Umland

Möglicherweise plante der tief gläubige Babenberger in Klosterneuburg die Errichtung eines Bischofssitzes, was jedoch nie verwirklicht wurde.

Wie dem auch sei – lassen wir die Spekulationen und wenden uns den geschichtlichen Fakten zu: 1133 übernahmen die **Augustiner-Chorherren** die Leitung des Stifts, 1136 wurde die Stiftskirche geweiht. Abwechselnd mit Wien war Klosterneuburg zwischenzeitlich Residenz des Babenberger Herrschergeschlechts. Zur kulturellen Blüte gelangte das Kloster Anfang des 14. Jahrhunderts durch Probst Stephan von Sierndorf, der die Anlage nach einem schweren Brand im gotischen Stil wiedererrichten ließ. In den darauf folgenden Jahren entwickelte sich das Stift zu einem europaweit anerkannten geistigen Zentrum und konnte sich einer umfangreichen Bibliothek rühmen. Obwohl Leopold III. bereits kurz nach seinem Tode stark verehrt wurde, fand seine Heiligsprechung erst 1485 statt; er trägt seither den Beinamen „der Heilige". Bis heute ist er **Schutzpatron Österreichs**, insbesondere Niederösterreichs; am Leopolditag, dem 15. November, haben die Kinder dort schulfrei.

Gegen Ende des Mittelalters wurde es unruhig: Türkenbelagerung, Reformation und Gegenreformation machten auch vor dem Stift keinen Halt. In Zeiten schwerster Bedrängnis wurde der Klosterschatz stets nach Passau in Sicherheit gebracht.

Im 17. Jahrhundert begann die barocke Umgestaltung der Stiftskirche, im 18. Jahrhundert wollte der habsburgische Kaiser Karl VI., der Vater Maria Theresias, die Anlage zu einem **österreichischen Escorial**, einer gewaltigen barocken Klosterresidenz umgestalten. Verwirklicht wurde letztlich aber nur ein Viertel des Mammutprojekts; nach dem Tode des Kaisers konzentrierte sich die Tochter in bautechnischer Hinsicht mehr auf Schloss Schönbrunn ❻❼.

Während der Napoleonischen Kriege und der Zeit des Nationalsozialismus kamen nochmals schwere Zeiten auf das Stift zu, das sich in der Nachkriegszeit jedoch langsam erholen konnte und seit einigen Jahren frisch renoviert in neuem Glanz erstrahlt.

Das Chorherrenstift ist heute nicht nur ein religiöses Zentrum Niederösterreichs, sondern auch ein **bedeutendes Wirtschaftsunternehmen**; insbesondere durch Forstwirtschaft, Weinbau und Tourismus erzielt man Einnahmen, von denen ein nicht unerheblicher Teil sozialen Projekten zugutekommt.

Einen halben Tag sollte man für einen Klosterneuburg-Besuch mindestens einplanen, besser einen ganzen Tag. Es gibt viel zu besichtigen: Die **Stiftskirche Maria Geburt** ist ein barockes Schmuckkästchen und beherbergt eine der kostbarsten Orgeln des 17. Jahrhunderts. Aus dem Mittelalter hat sich der **Kreuzgang** erhalten. Im Rahmen der **Sakralen Tour** kann man auch die **Leopoldskapelle mit dem Reliquienschrein** des Heiligen und den berühmten **Verduner Altar** besichtigen. Letzterer, benannt nach dem Künstler Nikolaus von Verdun, gilt mit als eins der besterhaltenen Goldschmiedearbeiten des Mittelalters und besteht aus einzelnen Emailplatten mit Szenen aus dem Alten und Neuen Testament. Im ehemaligen **Brunnenhaus** steht ein **siebenarmiger Leuchter** (um 1135), der an den Holunderbaum der Gründungslegende erinnern soll und in den Holz des Gewächses eingearbeitet wurde.

Wien entdecken
Entdeckungen im Wiener Umland

> **Kleine Pause im Stadtbeisl**
> **176 Stadtbeisl** €, Hofkirchnergasse 15, Tel. 02243 32454, geöffnet: Mo.–Sa. 10–23, So. 10–18 Uhr. Nettes Lokal mit sehr gutem Essen und freundlichem Service unweit vom Stift Klosterneuburg.

Wunderbare Kunstwerke sind in der **Schatzkammer** ausgestellt, für deren Besichtigung man im Rahmen einer Audioguide-Führung etwa eine Stunde benötigt. Zu den wertvollsten Exponaten zählen neben der **Schleier-Reliquie** und dem **Erzherzogshut** aus dem Jahr 1616 auch grandiose **Werke aus Elfenbein**, wie die Darstellung eines Jüngsten Gerichts mit unzähligen winzigen geschnitzten Figuren. Wer noch etwas mehr Zeit mitbringt, kann im Rahmen der **Imperialen Tour** auch Einblicke in die barocke Klosterresidenz Karls VI. gewinnen. Sehenswert sind die unvollendete **Sala Terrena**, die als Grotte geplant war, der **Marmorsaal mit Deckenfresko** „Glorie des Hauses Österreich" und die **Kaiserzimmer**.

› Stiftsplatz 1, 3400 Klosterneuburg, **Anreise:** S-Bahn Linie 40 vom Franz-Josephs-Bahnhof, Spittelau (U4/U6) oder Heiligenstadt (U4), Tel. 02243 4110, www.stift-klosterneuburg.at, **geöffnet:** Wintersaison (17. November bis 30. April) 10–17 Uhr, Sommersaison (1. Mai bis 16. November) 9–18 Uhr; 24. Dezember bis 12 Uhr, 25., 26. und 31. Dezember geschlossen, 1. Januar ab 13 Uhr geöffnet. **Führungen/Eintritt:** Stiftsticket (beinhaltet alle am jeweiligen Tag angebotenen Touren) 17 €, Schatzkammer mit Audioguide, Dauer ca. 60 Min. 11 €, Sakrale Tour, Dauer ca. 60 Min. 11 €, Imperiale Tour, Dauer ca. 80 Min. 14 €, jeweils inklusive 4 Stunden kostenfreiem Parken

79 Stift Heiligenkreuz ★★★ [S. 272]

Das mitten im Wienerwald 15 Kilometer südwestlich von Wien gelegene Zisterzienserkloster ist ein kulturhistorisches Schatzkästchen. Schon allein die Tatsache, dass im Stift seit seiner Gründung 1133 bis heute ohne Unterbrechung die hochmittelalterliche Tradition des Ordens gelebt wird, ist bemerkenswert. Auf ihrer Internetseite bezeichnet sich die Zisterzienserabtei selbst als mystisches Herz des Wienerwalds, als Harmonie von Natur und Kultur, als Einheit von Mittelalter und Barock und als Symphonie von Geschichte und Spiritualität.

Hier pflegt man die uralten Traditionen. Als Besucher kann man im Rahmen der Chorgebete selbst in den Genuss der **gregorianischen Choräle** kommen und spürt dann noch mehr die tiefe Spiritualität dieses Ortes im Wald, den Papst Benedikt XVI. anlässlich seines Besuchs 2007 explizit als „Ort der Kraft" bezeichnet hat. Obwohl der Verkehr der Autobahn nur wenige Hundert Meter vom Stift vorbeirauscht, scheint an diesem entrückten Platz die Zeit stehengeblieben zu sein.

Gründung und Bedeutung des Stifts sind untrennbar verbunden mit dem altösterreichischen **Herzogsgeschlecht der Babenberger** – gestiftet wurde es von keinem Geringeren als dem **heiligen Leopold III.**, dem Landespatron Niederösterreichs. 1182 schenkte Herzog Leopold V. dem Stift einen handgroßen **Holzpartikel vom Kreuze Christi**, den er selbst vom Kreuzzug aus Jerusalem mitgebracht hatte und nach dem Stift und Ortschaft benannt sind. Die heilige Reliquie wird in einem Glasschrein in der modernen Kreuzkirche aufbewahrt.

Wien entdecken
Entdeckungen im Wiener Umland

Keinesfalls verpassen sollte man die einzelnen Bereiche der Abtei, welche man im Rahmen von regelmäßigen Führungen besichtigen kann: Die **Abteikirche** verfügt über ein wunderbar erhaltenes romanisches Langhaus aus dem 12. Jahrhundert sowie ein hochgotischen Hallenchor aus dem 13. Jahrhundert. Dort befinden sich auch das kunstvoll gearbeitete barocke Chorgestühl von Giovanni Giuliani sowie die Orgel von Ignaz Kober. In der Sakristei sind Rokokofresken und die wertvollen Intarsienschränke der Laienbrüder Lucas Barth und Caspar Wiler zu bewundern.

Der **frühgotische Kreuzgang** bildet das Zentrum der Anlage. Im ehrwürdigen **Kapitelsaal** haben bedeutende Familienmitglieder aus dem Adelsgeschlecht der Babenberger ihre letzte Ruhestätte gefunden, unter anderem der schon erwähnte Leopold V. oder Friedrich II., genannt „der Streitbare", für den ein eindrucksvolles Hochgrab errichtet worden ist.

Im Rahmen der Führung passiert man unter anderem auch die makaber-barocke Totenkapelle, die original erhaltene **mittelalterliche Fraterie** – einen der vollkommensten romanischen Räume weltweit – sowie das prachtvolle gotische Brunnenhaus.

› 2532 Heiligenkreuz im Wienerwald, Anfahrt über die Wiener Außenring Autobahn A21 bis Ausfahrt Heiligenkreuz, von hier nur wenige Kilometer bis zum Stift (beschildert), Tel. 02258 87030, www.stift-heiligenkreuz.org, Führungen tägl. 11, 14, 15 und 16 Uhr (Mo.–Sa. auch 10 sowie tägl. um 17 Uhr nach Voranmeldung ab 6 Personen), Führungsgebühr: 8 € (Erwachsene), 7 € (ermäßigt), 4 € (Schüler und Studenten)

80 Karmel Mayerling ★ [S. 272]

Nur wenige Kilometer von Stift Heiligenkreuz 79 entfernt liegt das **ehemalige Jagdschloss Mayerling**. Oberflächlich betrachtet liegt es in ähnlich idyllischer Landschaft wie die Abtei. Doch im Gegensatz zu deren positiver Energie scheint über Mayerling ein dunkler Schatten zu liegen.

Dieser reicht zurück bis 1889, als sich im Schloss eine der größten Tragödien der ausgehenden Habsburgermonarchie ereignete. Bis heute zieht das traurige Ende von Kronprinz Rudolf und Mary Vetsera Besucher in ihren Bann: In der Nacht zum 30. Januar 1889 soll der österreichische Thronfolger zunächst seine siebzehnjährige Geliebte und danach sich selbst erschossen haben. Aufgrund etlicher Ungereimtheiten und Vertuschungsversuche seitens des Wiener Hofes sind die genauen Umstände des angeblichen Doppelselbstmords bis heute nicht eindeutig geklärt, weshalb der **Mythos Mayerling** noch immer Anlass für diverse Spekulationen und Verschwörungstheorien bietet.

Kaiser Franz Joseph ließ den Unglücksort seines Sohnes kurz danach in ein Kloster verwandeln, das noch heute vom Orden der unbeschuhten Karmeliterinnen betreut wird und offiziell Karmel Sankt Josef heißt. Das Sterbezimmer wurde dabei in eine Kirche verwandelt. Teile des renovierungsbedürftigen Klosters wurden in den vergangenen Jahren aufwendig umgestaltet und beherbergen unter anderem eine Ausstellung, die über die geschichtlichen Hintergründe der Tragödie informiert. Zu sehen ist auch der ursprüngliche Sarg von Mary Vetsera, der nach dem Zweiten Weltkrieg Grabschändern zum Opfer fiel.

Wien entdecken
Entdeckungen im Wiener Umland

> Mayerling 3, 2534 Alland, Anfahrt über die Wiener Außenring Autobahn A21 bis Ausfahrt Mayerling, Tel. 02258 2275, www.karmel-mayerling.org, geöffnet: April–Oktober tägl. 9–17 Uhr, im Winter nur Sa./So. und feiertags, Eintritt: 5,70 € (3 € ermäßigt)

81 Schloss Orth ★ [S. 272]

Nicht nur das Schloss, sondern auch der herrliche Nationalpark Donau-Auen ist von Wien aus ein beliebtes, nicht weit entferntes Ausflugsziel. Die viertürmige Wasserburg stammt ursprünglich aus der Babenbergerzeit und wurde 1201 erstmals urkundlich erwähnt.

Im 15. Jahrhundert in allerlei kriegerische Wirrnisse verwickelt und während der Ersten Türkenbelagerung 1529 zerstört, wurde die Burg zunächst im Stil der Renaissance wiedererrichtet und später im Barock noch einmal erweitert. Als habsburgischen Familienbesitz hat Kronprinz Rudolf das Jagdschloss im 19. Jahrhundert neu ausgestattet.

Seit Schloss Orth 2005 aufwendig renoviert wurde, ist es ein echtes Schmuckkästchen, beherbergt das **Nationalpark-Zentrum Donau-Auen** ein Museum, die Ausstellung Donauräume sowie das **Au-Erlebnisgelände Schlossinsel** mit Unterwasserbeobachtungsstation. Von Schloss Orth als dem Tor zur Au werden auch unterschiedliche Exkursionen in das einzigartige Auwaldgebiet angeboten, welches wie ein grünes Band zwischen Wien und Bratislava Heimat unzähliger Pflanzen und Tiere ist.

> schlossORTH Nationalpark-Zentrum, die öffentliche Anreise in den Nationalpark Donau-Auen erfolgt am Nordufer der Donau über die ÖBB-Postbus-Linie 391. Abfahrt bei der U2 Aspernstraße, Wonkaplatz Süd, Fahrtrichtung Hainburg, Station Orth an der Donau. Tel. 02212 3555, www.donauauen.at, geöffnet: 21. März–30. Sept. 9–18, Okt. 9–17 Uhr, Eintritt: 11 € (ermäßigt 9 €, Kinder und Jugendliche 6 €)

Kulinarisches

◯ **177 Humer's Uferhaus** €€, Uferstraße 20, 2304 Orth an der Donau, Tel. 0664 1800322, www.uferhaus.at, geöffnet: tägl. 10–24 Uhr, von Okt. bis April Di. und Mi. Ruhetag. Was könnte besser zu den Donau-Auen passen als ein Fischrestaurant! Von Orth an der Donau aus erreicht man das Uferhaus in herrlicher Landschaft direkt an der Donau über eine kleine Seitenstraße (Beschilderung). Spezialitäten sind unter anderem die klassischen Karpfenkreationen.

82 Carnuntum ★ [S. 272]

Der Archäologische Park Carnuntum umfasst ein rund zehn Quadratkilometer großes Areal in der Umgebung der Ortschaften Petronell und Bad Deutsch-Altenburg in Niederösterreich nahe der slowakischen Grenze, auf dem bislang erst circa 0,5 Prozent der Bausubstanz der einstigen Römersiedlung ausgegraben sind. Sein Zentrum befindet sich im sogenannten **Spaziergarten des Schlosses Petronell**. Zehn Gehminuten entfernt liegt das **Amphitheater**. Wahrzeichen der Region ist das weitere zehn Fußminuten entfernte Heidentor mitten in einem Feld (Beschilderung und Parkplatz). Es ist das größte und beeindruckendste römische Monument in ganz Österreich und kann das ganze Jahr über kostenlos besichtigt werden, der Archäologische Park mit einem zweiten Amphitheater kostet Eintritt. Darüber hinaus informiert das **Museum Carnuntinum** in Bad Deutsch-

Wien entdecken
Entdeckungen im Wiener Umland

Altenburg über die römische Geschichte der Region; dort sind wertvolle Funde aus Bernstein ausgestellt.

Carnuntum war in der Antike eine der bedeutendsten Metropolen des Römischen Reiches. Neueste wissenschaftliche Erkenntnisse zur Bedeutung und zum zivilisatorischen Niveau des römischen Carnuntum flossen in die Präsentation der Überreste der ehemaligen Großstadt ein. Weltweit einmalig wurden im **Archäologischen Park Carnuntum** die wesentlichsten architektonischen Typen eines römischen Stadtviertels am Originalstandort funktionstüchtig mit den Mitteln der experimentellen Archäologie rekonstruiert: ein Bürgerhaus, ein römisches Stadtpalais und eine öffentliche Thermenanlage öffnen ein Zeitfenster in die Zeit des frühen 4. Jahrhundert n. Chr.

› Freilichtmuseum Petronell – Archäologischer Park Carnuntum, 2404 Petronell-Carnuntum, Hauptstraße 1a, Tel. 02163 33770, www.carnuntum.co.at, geöffnet von 21. März bis 15. Nov. tägl. 9–17 Uhr, Eintritt: 11 € (ermäßigt 9 €, Kinder 11–14 Jahre 6 €), Anfahrt von Wien: A4 (Richtung Budapest/Flughafen), Ausfahrt Fischamend/Bratislava, B9 (Pressburger Bundesstraße, Richtung Hainburg an der Donau) bis Petronell-Carnuntum oder Bad Deutsch-Altenburg, Fahrzeit: ca. 35 Minuten

Monumentales Zeugnis aus römischer Zeit: das Heidentor in Carnuntum

Bratislava (Pressburg)

Nirgendwo kann man eine zweite europäische Hauptstadt so leicht und unkompliziert besuchen als von Wien aus. Bratislava ist vom Wiener Hauptbahnhof aus in gut einer Stunde zu einem unschlagbar günstigen Preis erreichbar.

In der warmen Jahreshälfte verkehren auch regelmäßig Schiffe über die Donau. Ein Tagesausflug oder auch ein paar Tage lohnen sich bei Wiens kleiner Schwester auf jeden Fall. Die **quirlige slowakische Metropole** besticht durch eine hübsche Altstadt, eine belebte Fußgängerzone und ein breites kulinarisches Angebot sowie durch einen aufregenden Kontrast zwischen Moderne und verstaubtem österreichisch-ungarischen Charme. Nicht versäumen sollte man einen Besuch auf der Burg. Obwohl die Hauptstadt eines der kleinsten EU-Länder – in dem man übrigens mit dem Euro zahlt – insgesamt knapp 500.000 Einwohner zählt, haben sich im Innenstadtbereich und speziell in der Altstadt eine Beschaulichkeit und Gemütlichkeit ohne Hektik und Lärm erhalten. Bratislava ist im Vergleich zu anderen europäischen Hauptstädten eine sichere Stadt, eine junge Stadt mit buntem Nachtleben und gutem Bier, einfach eine Stadt zum Wohlfühlen. Die meisten Sehenswürdigkeiten sind bequem zu Fuß erreichbar.

Nicht weit vom Zentrum entfernt befinden sich zwei ganz besondere Ausflugsziele: Die Burg Devín ⑩, eine Art slowakisches Nationalheiligtum auf markantem Felssporn an der Mündung der March in die Donau sowie der Sandberg ⑪ am Thebener Kogel – eine geologisch einzigartige Besonderheit mit markanten Sandfelsen, Höhlen, uralten Fossilienfunden und prähistorischen Siedlungsspuren.

Zur Not kann man Devín ⑩ und Bratislava zusammen an einem Tag besuchen. Wer etwas mehr Zeit hat, plant besser eine Übernachtung in Bratislava ein (s. S. 216).

Uraltes Siedlungsgebiet mit bewegter Geschichte

Die Gegend rund um Bratislava kann gut und gerne als **vorzeitliche Keimzelle Mitteleuropas** bezeichnet werden. Kontinuierliche Besiedelung ist am Thebener Kogel ⑪ und am Burgberg bis in die prähistorische Zeit nachweisbar. Die Burg Devín ⑩ wird als Wiege der Slowakei bezeichnet. Hier an der March standen sich über Jahrtausende feindliche Heere gegenüber und unzählige Völkerschaften haben ihre Spuren hinterlassen: Römer, Kelten, Germanen, Awaren, Türken, Ungarn, Slowaken und viele andere mehr. Lange Zeit war die Slowakei ein Teil der österreichisch-ungarischen

---

EXTRATIPP

Stadtplan in der Tourist-Info besorgen!

Um sich innerhalb der Innenstadt von Bratislava zielgerichtet zu orientieren, empfiehlt es sich, den kostenlosen Stadtplan zu ergattern. Diesen erhält man unter anderem bei der Touristen-Information in der Klobučnícka 2 in der Fußgängerzone nahe dem Primitialpalast. Dort kann man sich auch über freie Unterkunftsmöglichkeiten erkundigen.

❶ **178** [S. 210] **Tourist-Info Bratislava,** Klobučnícka Ulica 2, geöffnet: Mo.–Sa. 9–18, So. 10–18 Uhr

Bratislava (Pressburg)

Doppelmonarchie und gehörte zum Königreich Ungarn. Nach Ende des Ersten Weltkriegs wurde Bratislava Teil des neu gegründeten Staates Tschechoslowakei. Während des Zweiten Weltkriegs war die Stadt kurzzeitig Hauptstadt eines slowakischen Nationalstaates, ehe sie nach Kriegsende in die sowjetisch besetzte Tschechoslowakei eingebunden wurde. Stets stand Bratislava in der Folgezeit im Schatten der Zentralhauptstadt Prag, ehe sich die Slowakei nach der samtenen Revolution 1989 im Jahre 1993 für unabhängig erklärte und Bratislava zur Hauptstadt des neuen europäischen Staates werden sollte, der bald darauf in die EU aufgenommen wurde.

Seitdem hat sich das Stadtbild deutlich verändert. Wenngleich große Plattenbausiedlungen, etwa das rechts der Donau gelegene Petržalka, noch immer große Teile Bratislavas prägen, wurden große Teile der Altstadt renoviert und neue Denkmäler entstanden, die zur Identitätsstiftung der jungen Republik beitragen sollen. Auch der Kontakt zwischen Wien und Bratislava hat sich in diesen Jahren wieder intensiviert. Täglich findet ein kleiner Grenzverkehr zwischen den beiden Donau-Hauptstädten statt. Zwar sind die Preise für westeuropäische Touristen immer noch vergleichsweise günstig, die einfache Bevölkerung kann sich die Annehmlichkeiten und den Luxus der neuen Zeit aber nur schwer leisten, weshalb viele Slowaken ihr Glück in Österreich suchen und dort arbeiten.

Beliebtes Fotomotiv: Blick vom Burgberg auf den Kirchturm des Martinsdoms

Wien entdecken
Bratislava (Pressburg)

Anreise von Wien nach Bratislava
Mit der Eisenbahn:

Eine bequeme und günstige Anreise vom Wiener Hauptbahnhof [H9] aus bietet das **EU-Regio-Ticket Slowakei (Bratislava-Ticket)** der ÖBB. Das Ticket gilt am ersten aufgedruckten Geltungstag für die Hinfahrt nach Bratislava und dort zugleich als **Tageskarte für den öffentlichen Stadtverkehr** (MHD) bis 1 Uhr des Folgetages (am 1. Januar bis 6 Uhr). Die Hin- und Rückfahrt von und nach Wien zum **Preis von nur 15 Euro** (Kinder von 6–14 Jahren 7,50 Euro) kann binnen einer **Geltungsdauer von vier Tagen** erfolgen. Die Tickets können direkt an den ÖBB-Automaten gekauft werden (Bratislava-Ticket).

Vom Hauptbahnhof in Bratislava (Bratislava hlavná stanica bzw. Bratislava hl.st.) kommt man innerhalb von 15 Minuten ins Stadtzentrum oder man nimmt die Buslinie 93 (Ausstieg 2. Haltestelle Hodzovo nam. neben dem Präsidentenpalast oder 3. Haltestelle Zochova und durch die Unterführung zu Fuß ins Zentrum). Ebenso kann man die Buslinie X13 verwenden (Ausstieg 3. Haltestelle Namestie SNP am Rande der Fußgängerzone). Vom zweiten von Wien aus angesteuerten Bahnhof im Stadtteil Petržalka fährt man mit der Buslinie 80 ins Stadtzentrum – Ausstieg 5. Haltestelle Zochova.

● **179** Hauptbahnhof Bratislava

Auch die **Buslinien** nach Devín ❾⓿, zum **Sandberg** ❾❶ und zum Grenzbahnhof nach Devínska Nová Ves gehören zum öffentlichen Stadtverkehrsnetz und können mit dem Bratislava-Ticket am ersten Tag ebenfalls kostenlos benutzt werden.

Mit dem Auto:

Von Wien fährt man auf der A4 Richtung Budapest bis Knoten Bruckneudorf und danach weiter auf die A6 bis zur Staatsgrenze. Beim Knoten Krizovatka Jarovce geht es auf die slowakische Autobahn D2 (Brno, Bratislava) und dann weiter über die D1 Richtung Centrum. Über die Donaubrücke erreicht man die Innenstadt. Für slowakische Autobahnen ist eine Vignette nötig; für die 10-Tages-Vignette zahlt man aktuell 10 €. Diese Kosten kann man umgehen, indem man auf der österreichischen A6 noch vor der Grenze die Ausfahrt Kittsee nimmt, Richtung Hainburg an der Donau fährt und beim Kreisverkehr die Landstraße nach Bratislava nimmt. Achtung: Nach dem Grenzübertritt muss man aufpassen, sich nicht sofort auf die Autobahn (blaue Beschilderung) zu verirren, sondern man hält sich geradeaus Richtung Petržalka und folgt dann der Beschilderung Richtung Centrum. Auch in diesem Fall gelangt man über die SNP-Brücke ❽❽ in die Innenstadt.

❽❸ Bratislavaer Burg (Bratislavský hrad) ★★★ [S. 210]

Besiedelt war der Burghügel bereits von den Römern und danach in der großmährischen Periode des frühen Mittelalters. 907 ist die Burg urkundlich benannt. Zur Blüte entwickelte sie sich als Krönungsstätte des Ungarischen Reichs. Hier befanden sich auch die ungarischen Krönungsjuwelen.

Bereits der Weg vom Martinsdom hinauf zur Burg durch die kleinen, kopfsteingepflasterten Gassen besticht mit seinen pittoresken Häusern. Auf dem steil zur Donau abfallenden Ausläufer der Kleinen Karpaten thront Bratislavas stolze Feste.

Bratislava (Pressburg)

Auf dem Burgplateau angekommen, genießt man im Rahmen einer Verschnaufpause die **herrliche Aussicht** auf die Donauebene, den modernen Plattenbau-Stadtteil Petržalka sowie in Richtung Österreich und Ungarn. Alle möglichen Völker haben an diesem Sporn über der für Europa so bedeutenden Handelsroute ihre Spuren hinterlassen: Kelten, Römer, Slawen, Germanen und viele andere mehr. 907 ist die Burg erstmals offiziell in den Salzburger Annalen erwähnt. Ihre heutige unverwechselbare Form, die auch die slowakische 10, 20 und 50-Cent-Münzen ziert, erhielt sie im 16. und 17. Jahrhundert, wobei erwähnt werden muss, dass sie nach einem verheerenden Brand 1811 für 150 Jahre ein Dasein als Ruine fristete.

Zwischen 1953 und 1968 hat man sie wiedererrichtet und seit den 2008 begonnenen Renovierungsarbeiten präsentiert sie sich den Touristenströmen in gleißend hellem Weiß. Auf dem Vorplatz reckt seit wenigen Jahren der legendäre **König Svatopluk I.** sein Schwert in die Höhe. Das **Reiterstandbild** erinnert an einen großmährischen Herrscher aus dem 9. Jahrhundert und wurde bei seiner Enthüllung 2010 aufgrund der nationalistischen Symbolik kritisch betrachtet.

Die Burg selbst dient heute als **Repräsentationsgebäude** und **Museum** mit Schatzkammer. Nordwestlich hinter der Burg beginnt ein hübsches Villenviertel, durch das man in ca. einer dreiviertel Stunde hinüber zum Slavín ❽❾ mit dem sowjetischen Ehrenmal spazieren kann.

❭ **Historické múzeum**, Busstation Staré Mesto, Nové SND, von dort 10 Minuten zu Fuß, Tel. +421 220483110, www.snm.sk, geöffnet: Di.–So. 9–17 Uhr, Eintritt: alle Ausstellungen 7 €/4 € ermäßigt; nur Schatzkammer: 2 €/1 €)

❭ *Im quirligen Zentrum von Bratislava wird es nicht langweilig*

❍ *Strahlend weiß: die Burg von Bratislava mit Reiterstandbild*

Spaziergang durch die Altstadt zur Burg

*Vom Hauptbahnhof gelangt man mit der Buslinie X13 zur Haltestelle **Namestie SNP** (3. Haltestelle) und zum gleichnamigen Platz mit seinem auffälligen Hochhaus. Über die Klobučnícka, die hier beginnt, sind es nur wenige Minuten zur Tourist-Info von Bratislava (Klobučnícka 2), in der man sich mit einem kostenlosen Stadtplan eindecken kann.*

*Geradeaus gelangt man über den **Primitialpalast** (Primaciálne námestie) zum **Hauptplatz** (Hlavné námestie)* ❽❼ *mit dem Alten Rathaus. Hier folgt man rechter Hand dem anschließenden langgezogenen Franziskanerplatz (Františkánske námestie) und biegt nach etwa 50 Metern halblinks in die Zámočnícka ein, worauf man in wenigen Minuten das Michaelertor (Michalská brána) mit seinem historischen Museum erreicht.*

*Über die Altstadtgasse Michalská und dann links haltend die Sedlárska gelangt man wieder zurück zum Hauptplatz, passiert den Rolandsbrunnen und gelangt geradeaus zum **Glotzer** (Čumil), einem beliebten Fotomotiv (s. S. 214). Geradeaus weiter über die Rybárska brána ist es von hier nur noch einen Katzensprung zur **Promenade** (Hviezdoslavovo námestie)* ❽❺ *mit dem Slowakischen Nationaltheater, das die Szenerie beherrscht. In südwestlicher Richtung durchschreitet man die **Promenade** mit ihren Denkmälern und Brunnen bis zum Ende und sieht links die **Brücke des Slowakischen Nationalaufstandes** (SNP Most)* ❽❽. *Rechter Hand erreicht man über den Platz Rybné námestie den gotischen **Martinsdom*** ❽❹. *Durch eine Autobahn-Unterführung am Rybné námestie gelangt man schließlich hinüber zum steilen Burgberg mit der berühmten **Burg*** ❽❸, *den man entweder über etliche Stufen oder über die kopfsteingepflasterte Gasse Beblavého erklimmt. Vom Busbahnhof unter der Stadtautobahnbrücke (SNP Most) kann man öffentlich entweder zur **Burg Devín*** ❾❿ *oder zurück zum Bahnhof gelangen.*

Zentrum Bratislava

© Reise Know-How 2015 — 1 cm = 80 m — 200 m

210

Streets and places:
- Timravina, Galandova, Godrova, Marhiňho, Palisády, Štefánikova, Grasalkovič palác
- Žrinského, Šulekova, Godrova, Palisády, Palisády, Hodžovo námestie
- Panenská, Štetinová, Lyceína, Malý kostol, Velký kostol
- Kozia, Panenská, Drevená
- Baptistický kostol, Palisády, Konventná, Suché mýto
- Bradlianska, Podjavorinskej, Veterná
- Zochova, Kozia, Trinitárov sv. Jána z. Mathy, Hurbanovo nám.
- Partizánska, Pilárikova, Staromestská
- Svoradova, sv. Štefana
- Škarniclova, Kapucínska, Michalská brána, 183, Zámocnícke
- Korenicova, Palisády, Zámocká, Skalná, Baštová, Klariská, kostol Klarisiek, Michalská, Biela
- Krátka, Zámocká, Na vŕšku, Farská, Podjazd, Sedlárska
- Mikulášska, Univerzitná knižnica, Hlavné námestie
- Strelecká, sv. Mikuláša, Kapitulská, Prepoštská, Ventúrska, Zelená, Hauptplatz (Hlavné námestie und Altes Rathaus / Stará radnica)
- Námestie Alexandra Dubčeka
- Viedenská brána, **Bratislavaer Burg (Bratislavský hrad)** 83, Martinsdom (Dóm svätého Martina) 84, Hviezd.
- Leopoldova brána, Rudnayovo námestie, Panská, Pálffyho palác, Stratená
- Zigmundova brána, Beblavého, 184, Zámocké schody, Hviezdoslavovo, Paulínyho, Rigeleho, Lodná, Riečna
- Žižkova, Vodná veža, Židovska, Rybné námestie, 187
- Nábrežie arm. gen. L. Svobodu, Dvořákovo nábrežie, Rázusovo

Dunaj *(Donau)*

SNP-Brücke (Brücke des Slowakischen Nationalaufstands, Most SNP) 88

Most SNP

Tyršovo, 185, Viedenská cesta

Zentrum Bratislava

211

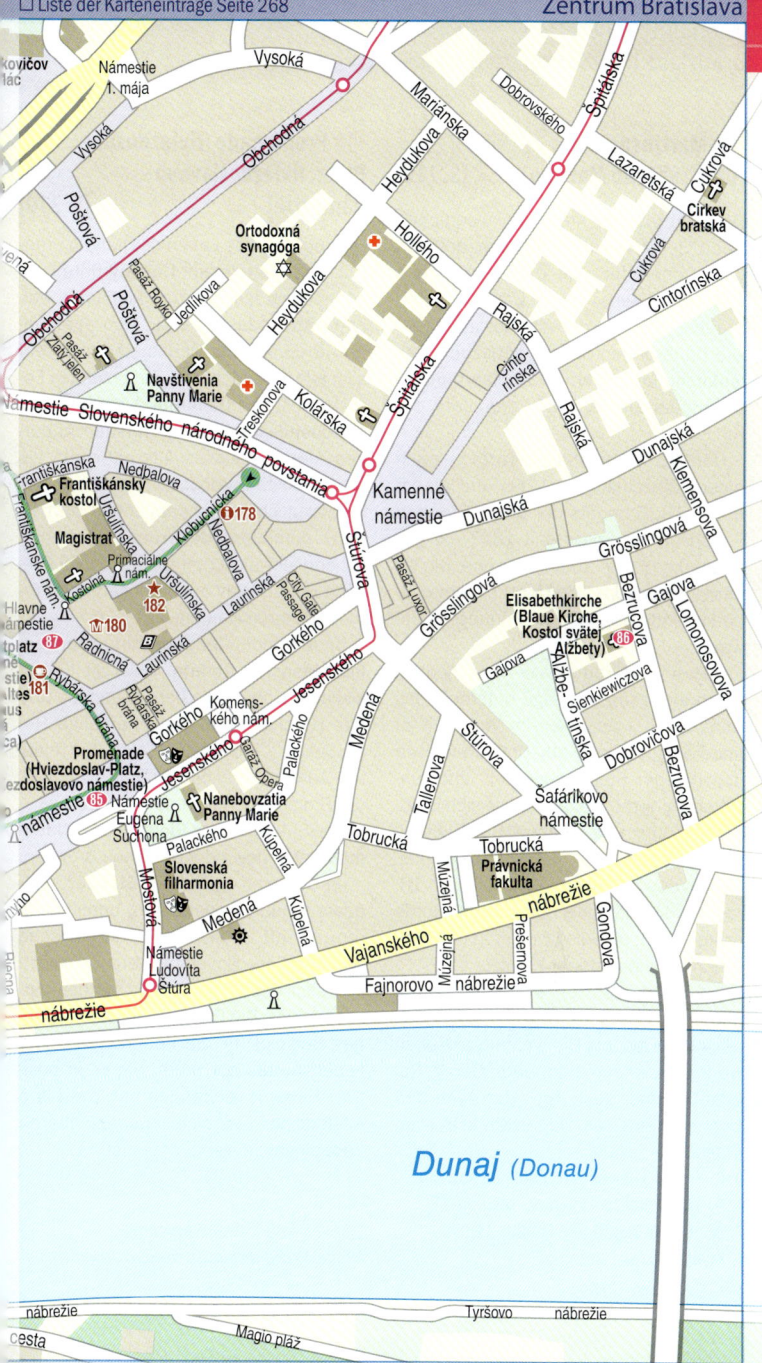

🟥84 Martinsdom (Dóm svätého Martina) ★★ [S. 210]

Der Martinsdom steht am westlichen Rand der Altstadt, nicht weit entfernt vom Donauufer und direkt unterhalb des Burghügels; einst war er in die Stadtbefestigung der Altstadt integriert. Die Bauarbeiten an der **gotischen Hallenkirche** begannen im 13. Jahrhundert und dauerten bis 1452, dem Jahr der Kirchweihe.

Den 85 Meter hohen Turm – nach einem Blitzeinschlag 1760 und einem Brand 1835 bereits der dritte Turmbau – ziert an der Spitze seit 1847 die goldene ungarische Stephanskrone. Sie erinnert daran, dass der Martinsdom eine bedeutende ungarische Krönungskirche war.

Während die Kathedrale – auch bedingt durch ihre geduckte Lage unterhalb des Burgberges – äußerlich im Vergleich zu anderen gotischen Kathedralen wie etwa dem Wiener Stephansdom ❷ eher unscheinbar wirkt, präsentiert sie sich im Innern mächtig und erhaben. Das Kircheninnere war im Laufe der Jahrhunderte einigen Veränderungen ausgesetzt: Im 18. Jahrhundert großteils barockisiert, wurde es im 19. Jh. teilweise wieder in den gotischen Originalzustand versetzt.

Der Kirchenpatron steht als monumentale Reiterstatue im östlichen Seitenschiff. Das aus Blei gestaltete Kunstwerk wurde vom Bildhauer Georg Raphael Donner gestaltet, der auch den Donnerbrunnen am Neuen Markt in Wien entwarf.

> Rudnayovo námestie 1, geöffnet: Mo.–Sa. 9–11.30 und 13–17 (Nov.–März bis 18), So. 13.30–16.30 Uhr, Eintritt: 2 € (inkl. Krypta)

🟥85 Promenade (Hviezdoslav-Platz, Hviezdoslavovo námestie) ★★ [S. 210]

Hier pulsiert das Leben der jungen europäischen Hauptstadt. Die begrünte Fußgängerzone lädt ein zum Flanieren, etliche Kaffeehäuser reihen sich aneinander, Brunnen und Denkmäler wechseln sich alle paar Meter ab. Ein beliebtes Fotomotiv ist das **Denkmal des dänischen Märchendichters Hans Christian Andersen**, der Bratislavas Altstadt einst als die schönste Europas bezeichnet haben soll. Deutlich monumentaler fällt das den Platz dominierende Brunnen-Denkmal für den slowakischen Dichter **Pavol Országh Hviezdoslav** aus, welchem die Promenade ihren Namen verdankt.

Bedeutende Gebäude sind die **neoklassizistische Reduta**, in der die Slowakische Philharmonie beheimatet ist, und das Hotel Carlton, das ehemalige Hotel Savoy – immer noch eine der feinsten Adressen der Stadt. Den Abschluss der Promenade bildet das im Neorenaissance-Stil errichtete **Slowakische Nationaltheater**, davor der Ganymed-Brunnen.

Im Sommer werden an Ständen regionale Produkte angeboten, unter anderem der oft unterschätzte slowakische Wein; ab Ende November vergnügen sich Einheimische und Touristen auf dem Adventsmarkt. Die Promenade ist ein schönes Beispiel für die Lebendigkeit und Lebensfreude der Stadt, die es in positiver Hinsicht verstanden hat, dass ihre Altstadt nicht zu einer austauschbaren Shoppingmeile verkommen ist.

▷ Die blaue Elisabethkirche ist ein Werk des ungarischen Jugendstils

Bratislava (Pressburg)

86 Elisabethkirche (Blaue Kirche, Kostol svätej Alžbety) ★★ [S. 210]

Nicht nur die zartblaue Farbe der Kirche, auch der zylindrische – an ein Minarett erinnernde – Kirchturm und die reich verzierte Außenfassade machen das katholische Gotteshaus zu einem Unikat. Die im Slowakischen Kostol svätej Alžbety genannte Kirche ist ein **Werk des ungarischen Jugendstils** und wurde 1908 nach Plänen des Budapester Architekten Ödön Lechner verwirklicht – wohl auch ein wenig beeinflusst vom spanischen Architekten Antoni Gaudí.

Sie liegt etwas versteckt in der Altstadtstraße Bezručova ulica 4. Über dem Haupteingang ist ein rundes Mosaik angebracht, auf dem das Rosenwunder der heiligen Elisabeth von Ungarn (in Deutschland Elisabeth von Thüringen genannt) dargestellt ist: Als Elisabeth gerade dabei ist, den Armen trotz Verbot und Strafandrohung Brot zu geben, wird sie zur Rede gestellt und das Brot unter ihrer Schürze verwandelt sich in Rosen. Auch im Kircheninneren dominiert ein blauer Pastellton, mit dem auch die Kirchenbänke bemalt sind. Bei den Einwohnern von Bratislava ist die Elisabethkirche traditionell eine beliebte Hochzeitskirche.

› Bezručova ulica 4, Blick ins Innere zumindest durch das Eingangsgitter möglich

87 Hauptplatz (Hlavné námestie) und Altes Rathaus (Stará radnica) ★★★ [S. 210]

Der Hauptplatz Hlavné námestie ist Bratislavas gute Stube und das Zentrum der Altstadt. Neuere archäologische Untersuchungen legen nahe, dass sich hier bereits ein keltisches Oppidum (befestigte Siedlung) befunden haben könnte.

Wien entdecken
Bratislava (Pressburg)

Markanter Blickfang ist das **Alte Rathaus**, ein Konglomerat verschiedener Baustile, das ursprünglich aus dem 14. Jahrhundert stammt. Charakteristisch sind der Turm und der Erker über dem Eingang mit seinem bunten Ziegeldach. Im Alten Rathaus ist heute das Museum der Stadt Bratislava untergebracht, das die Geschichte der Stadt von der Vorzeit bis in die Moderne dokumentiert.

180 [S. 210] **Múzeum mesta Bratislavy**, Tel. +421 259205111, www.muzeum.bratislava.sk, geöffnet: Di.–Fr. 10–17, Sa./So. 11–18 Uhr, Eintritt: 5 €

Weitere bedeutende Bauwerke des Platzes sind das **Rokoko-Palais Kutscherfeld (Palais Esterházy)**, in dem der russische Pianist und Komponist Anton Rubinstein lebte und in dem sich heute die französische Botschaft befindet sowie das im Secessionsstil errichtete noble **Stadtpalais Roland** mit dem **Maximilian-Brunnen** (besser bekannt als **Rolandsbrunnen**). Von dem Ritter auf der Säule berichtet die Legende, dass er sich in der Neujahrsnacht umdreht und am Karfreitag das Schwert als Beschützer der Stadt in alle vier Himmelsrichtungen schwingt. Sehen können diese Bewegungen allerdings nur Stadtbürger, die reinen Herzens sind. Falls sich der Ritter vor den Augen eines Touristen bewegt, könnte es aber auch an einem Übermaß des süffigen slowakischen Bieres liegen. Zu den neueren Skulpturen zählt ein über eine Bank gebückter **Napoleonischer Soldat** aus Bronze, der als beliebtes Fotomotiv herhalten muss. Nicht nur hier zeigt sich der oft spitzbübische Humor, den die Einwohner der Stadt an den Tag legen. Zu einer skurrilen Hauptsehenswürdigkeit hat sich **der Glotzer (Čumil)** entwickelt: ein Kanalarbeiter, der aus einem Gulli herausschaut (Rybárska brána/Ecke Panská).

Gastro-Tipp: Ein Besuch des traditionsreichen Kaffeehauses Mayer.

181 [S. 210] **Kaffee Mayer**, Hlavné námestie 4, Tel. +421 254411741, www.kaffeemayer.sk, geöffnet: tägl. 9.30–22 Uhr

Hier noch **weitere Sehenswürdigkeiten der Altstadt von Bratislava**, die allesamt nicht weit vom Hauptplatz entfernt sind und bequem zu Fuß erreicht werden können: Mit dem Hauptplatz verwachsen ist der Franziskanerplatz mit der Franziskanerkirche. Ebenfalls nur einen Steinwurf entfernt liegt der **Primitialpalast** (Primaciálne námestie 1). In der ursprünglich erzbischöflichen Residenz wurde 1805 der Friede von Pressburg zwischen Österreich und Frankreich nach der Schlacht von Austerlitz unterzeichnet.

Heute dient der Palast als Sitz des Bürgermeisters und beherbergt eine **kostbare Tapisserien-Serie**. Die Gobelins wurden in der königlichen Tapisserie-Manufaktur im englischen Mortlake bei London zwischen 1630 und 1640 in der Technik der Bildwirkerei gefertigt.

Als einziges Stadttor der mittelalterlichen Befestigungsanlagen hat das **Michaelertor** aus dem 14. Jahrhundert am Ende der Straße Michalská überlebt. Die Spitze des 51 Meter hohen barocken Turms ziert eine Statue des Erzengels Michael. Von der darunter gelegenen Besucherplattform genießt man einen wunderbaren Blick über die Stadt. Außerdem beherbergt der Turm ein **Museum mit historischen Waffen**.

Die SNP-Brücke mit ihrem „UFO" auf den Brückenpfeilern

Wien entdecken
Bratislava (Pressburg)

★**182** [S. 210] **Primitialpalast,** Primaciálne námestie 1, Tel. +421 2/593 563 94, geöffnet: Di.–So. 10–17 Uhr

★**183** [S. 210] **Michaelertor,** Michalská, Waffenmuseum geöffnet: Di.–Fr. 10–17, Sa./So. 11–18 Uhr, Eintritt: 4 €

88 SNP-Brücke (Brücke des Slowakischen Nationalaufstands, Most SNP) ★★ [S. 210]

Sie ist die markanteste Sehenswürdigkeit des modernen Bratislava, wobei man richtigerweise sagen muss, dass die eigentliche Sehenswürdigkeit der futuristische Brückenpfeiler ist. Die Architekten der zwischen 1967 und 1972 errichteten Brücke Jozef Lacko und Arpád Tesar entschieden sich dafür, die Prestigekonstruktion lediglich an einem Brückenpfeiler aufzuhängen. Auf der Spitze des 80 Meter hohen Pfeilers scheint ein **UFO** gelandet zu sein. Im Inneren der markanten Konstruktion befindet sich ein Restaurant, von dem aus man den vermutlich schönsten Blick über die Stadt genießt (s. S. 216).

Die 432 Meter lange Donaubrücke verbindet die Altstadt und die Burg 83 mit der gegenüberliegenden Plattenbausiedlung **Petržalka.** Hier kann man architektonisch in die Zeit des real existierenden tschechoslowakischen Sozialismus eintauchen. Über 100.000 Menschen leben in den riesigen Plattenbausiedlungen und machen den Stadtteil zum Gebiet mit der höchsten Bevölkerungsdichte in der gesamten Slowakei. Auch die Preise sind teilweise noch sozialistisch: Während man in der Altstadt in Restaurants und Cafés durchaus westliche Preise zahlt, kann man hier teilweise sehr günstig essen und trinken. Allerdings gehören jene Zeiten, in denen Bratislava bei manchen Wienern den etwas herabwürdigenden Spitznamen Gratislava erhalten hat, mittlerweile auch hier der Vergangenheit an. Für die Bewohner sind Mieten und Lebenshaltungskosten ebenfalls gestiegen.

Bratislava (Pressburg)

🅮 Slavín ★

Das gewaltige **sowjetische Kriegerdenkmal mit Friedhof** hoch über der Stadt erinnert an die 6845 Soldaten der Roten Armee, die während der Schlacht um Bratislava im April 1945 ihr Leben lassen mussten. Eine Ähnlichkeit mit dem sowjetischen Denkmal am Wiener Schwarzenbergplatz 🅲 ist nicht zu verleugnen. Auch hier steht auf einem 39 Meter hohen Obelisken eine 11 Meter hohe Soldatenstatue. Darunter bildet ein symbolischer, von Säulen umgebener Marmorsarkophag, zu dem man über mehrere Stufen gelangt, einen zentralen Erinnerungsraum.

Trotz seines Symbolcharakters als Stätte, die an die Befreiung von den Nationalsozialisten erinnert, versinnbildlichte das zwischen 1957 und 1960 entstandene Denkmal für etliche Slowaken auch die sowjetische Unterdrückung der Tschechoslowakei – insbesondere seit der gewaltsamen Niederschlagung des Prager Frühlings 1968. Egal wie man zu dem Denkmal stehen mag: Mittlerweile ist es auch ein geschichtliches Denkmal, ein unübersehbares **Wahrzeichen der Stadt** und ein **wunderbarer Aussichtsplatz**. Über eine steile Treppe (Puškinova) gelangt man flott hinunter zur Hauptstraße Štefánikova, von wo es nicht mehr weit zum Hauptbahnhof Bratislavas hlavná stanica (Bratislava hl.st.) ist.

Kulinarisches

🗺 **184** [S. 210] **Modra Hviezda** €€, Beblavého 14, Tel. +42 1948703070, http://modrahviezda.sk/de, geöffnet: tägl. 11–23 Uhr. Das urige Wirtshaus liegt in einer kleinen Gasse, die hinauf zur Burg führt; im romantischen Felsengewölbe kann man den Gaumen von hervorragender slowakischer Küche verwöhnen lassen. Saisonale Gerichte und großartige Weine. Nicht günstig, aber für die Qualität und das Ambiente ein ordentliches Preis-Leistungs-Verhältnis. Kulinarischer Geheimtipp! Es gibt auch einen sprechenden Papagei, der verschiedene Sprachen beherrscht.

🗺 **185** [S. 210] **UFO-Restaurant auf dem Brückenpfeiler** €€, Most SNP, unterhalb der Stadtautobahn verläuft ein Fußweg über die Donaubrücke zum Eingang bzw. Lift, Tel. +42 1262520300, www.redmonkeygroup.com, geöffnet: tägl. 12–23 Uhr. Ein besonderes Erlebnis: Bratislavas Brückenpfeiler-Restaurant mit dem großartigen Blick über Altstadt, Burg und Donau. Natürlich zahlt man diesen Luxus mit; insgesamt guter Service und ordentliche Küche; besonders die Vorspeisen sind zu empfehlen. Unbedingt reservieren (Internet)!

Übernachten

🏨 **186 Hotel Apollo** €–€€, Dulovo nám. 1, Tel. +421 255968922, www.apollohotel.sk. Dieses westlich der Altstadt gelegene Hotel mit viel Charme atmet noch immer den Geist der 1950er-Jahre, wurde aber erst kürzlich komplett renoviert und bietet beste Qualität zu annehmbaren Preisen; und nebenbei von den höheren Stockwerken aus auch einen wunderbaren Blick.

🏨 **187** [S. 210] **Hotel Devín** €€, Riečna 4, Tel. +421 259985111, www.hoteldevin.sk. Sehr schönes Hotel, zentral und direkt an der Donau gelegen. Freundlicher Service.

LITERATURTIPP

Literaturtipp

› **Kauderwelsch Slowakisch Wort für Wort,** John Nolan, Reise Know-How Verlag, 7,90 €

Wien entdecken
Bratislava (Pressburg)

Medizinische Versorgung
● 188 **Krankenhaus des heiligen Michal (Nemocnica Svätého Michala)**, Železná studnička, Cesta na Červený most 1, BA (Endstation Trolleybus 212), Hauptnotarzt: +421 259351300 oder +421 917751395, www.nsmas.sk. Vertragskrankenhaus der deutschen Botschaft.
› **Notruf:** 112

Öffentlicher Nahverkehr
Die meisten Sehenswürdigkeiten befinden sich im Stadtzentrum und sind zu Fuß von der Altstadt aus zu erreichen. Im öffentlichen Nahverkehr von Bratislava (MHD) verkehren Busse und Straßenbahnen täglich bis etwa 23 Uhr, morgens fahren die ersten ab etwa 4.20 Uhr. Zwischen 23.30 und 5 Uhr fahren mehrere Nachtbusse (mit „N" gekennzeichnet), von welchen die meisten vom Hauptbahnhof losfahren. Nach dem Einstieg muss man den vorher gekauften Fahrschein in einem der roten Entwerter in Türnähe abstempeln. Fahrscheine sind in Kiosken und Automaten erhältlich für: eine 15-Minuten-Fahrt, Einzelfahrt 0,70 €, eine 60-Minuten-Fahrt, Umsteigefahrt 0,90 €, 24-Stunden-Karte 4,50 €, 48-Stunden-Karte 8,30 €, 72-Stunden-Karte 10 €, Wochenkarte 15 €. Das EU-Regio-Ticket Slowakei (Bratislava-Ticket) der ÖBB gilt am ersten aufgedruckten Geltungstag als Tageskarte für den öffentlichen Stadtverkehr (MHD) bis 1 Uhr des Folgetages. Offizielle Seite des öffentlichen Nahverkehrs: www.dpb.sk/de.

Hotel mit Retro-Charme: das Apollo liegt etwas außerhalb der Altstadt

Bratislava (Pressburg)

Entdeckungen außerhalb des Zentrums von Bratislava

🅐 Burg Devín
(Hrad Devín) ★★★ [S. 272]

Die deutsche Bezeichnung für Devínsky hrad lautet Burg Theben, woraus sich schon der Symbolcharakter dieses für die Slowaken so bedeutsamen Ortes andeutet. Der Name wird von manchen Autoren vom slawischen Wort für Magd oder Mädchen hergeleitet, andere verbinden ihn mit der altslawischen Göttin Deva, was den Platz als vorchristliche Kultstätte ausweisen würde. Vielleicht steht der Name aber auch mit Ausblick in Verbindung – einen großartigen Ausblick genießt man auf jeden Fall. Seit 1961 ist die Burg Devín ein (tschecho-)slowakisches Nationaldenkmal.

Sicherlich spielte die exponierte Felsnadel bereits seit Jahrtausenden eine bedeutende Rolle, gerade angesichts der geografisch wichtigen Flussmündung, welche die **Grenze zwischen der Slowakei und Österreich** bildet. Bis 1989 verlief hier mitten im Fluss der Eiserne Vorhang, heute tauschen sich die Fischer über die Ufer hinweg aus oder man besucht sich kurz mal mit dem Fischerboot.

Inwieweit die Burg Devín das Herz eines frühmittelalterlichen Großmährischen Reiches und somit gleichzeitig die Keimzelle des slowakischen Volkes darstellt, wie es der **Nationalmythos** gerne für sich in Anspruch nimmt, ist wissenschaftlich umstritten. Ebenso wie auf der Burg von Bratislava dürften aber auch hier verschiedene Völker Ausschau nach Feinden gehalten haben und die Bewohner wechselten sich über die Jahrhunderte immer wieder ab.

◺ *Eindrucksvolle Ruine an der Mündung der March in die Donau: die Bury Devín*

Bratislava (Pressburg)

Gesicherter wird die Quellenlage erst mit Beginn der ungarischen Herrschaft über die Region ab ca. 1000 n. Chr.; bedeutende Adelsgeschlechter machten es sich hoch über der Donau bequem. Schuld daran, dass die Thebener Burg heute nur noch aus Ruinen besteht, sind napoleonische Truppen, welche die Anlage 1809 in die Luft sprengten. Vielleicht verleiht aber gerade dieses etwas verwitterte Ruinen-Ensemble der Burg ihren romantischen Charme. Besonders das Türmchen auf einer dünnen, nur wenige Meter breiten Felsnadel, der sagenumwobene **Jungfrauenturm**, ist ein beliebtes Fotomotiv und diente bereits in früheren Jahrhunderten als romantische Vorlage berühmter Maler.

Der im Sommer etwas schweißtreibende Aufstieg lohnt sich: Alleine schon die fantastische Aussicht ist den Eintritt wert, wenngleich einige Bereiche derzeit wegen Einsturzgefahr saniert werden und deshalb nicht betreten werden können.

Zum Burgareal gehören auch ein kleines Museum und die Fundamente einer frühchristlichen Kirche.

❯ **Hrad Devín,** Muránská, Tel. +421 265730105, Burganlage geöffnet: Mai–Sept. Di.–Fr. 10–17, Sa./So. 10–19, Okt.–April Di.–So. 10–17 Uhr, Eintritt: 4 €

Unterhalb der Burg gibt es **zwei Kioskgaststätten,** in denen man bei einem süffigen slowakischen Bier seinen Durst stillen kann. In der Saison wird an einem kleinen Stand auch der selbst gemachte Ribiselwein (Johannisbeerwein) aus der Region angeboten. Man kann auch unterhalb des Felsens schön an March und Donau entlangspazieren. Obwohl der Ort an der Marchmündung mitten in der Natur liegt, gehört er ebenso wie der Grenzort Devínska Nová Ves offiziell zum Stadtgebiet von Bratislava, weshalb auch die Busfahrt dorthin zumindest am ersten Tag im **Bratislava-Ticket der ÖBB** enthalten ist (s. S. 207). Zur Not kann man Devín und Bratislava zusammen an einem Tag besuchen, dann sollte man aber von Wien aus schon sehr früh starten. Idealerweise fährt man am ersten Tag nach Devín, am Nachmittag oder Abend dann weiter nach Bratislava und plant dort eine Übernachtung ein, um vom dortigen Hauptbahnhof wieder nach Wien zurückzukehren (Geltungsdauer des Tickets für Züge: 4 Tage, davon der erste Tag für Busse und Straßenbahnen).

❯ **Anreise:** Man erreicht die Station Devín (nicht in Devín-záhrady aussteigen!) und den Sandberg **91** mit dem Bus 28 entweder vom Grenzbahnhof Devínska Nová Ves aus (Vorsicht: zwei Bushaltestellen) oder vom zentralen Omnibusbahnhof in Bratislava (Staré Mesto, Nové SND), der sich unterhalb der Martinskirche an der Donaubrücke befindet.

91 Sandberg ★★ [S. 272]

Geheimtipp für Natur- und Wanderfreunde: Nicht weit entfernt von Burg Devín **90** am Westhang des 514 Meter hohen **Thebener Kogels** (Devínska Kobyla), der einen Teil der Kleinen Karpaten bildet, liegt der **Sandberg** – eine einzigartige, unter Naturschutz stehende Landschaftsformation. Besonders an sonnigen Tagen im Frühling und Sommer bilden die klippenartigen Sandfelsen mit ihren von der Natur geformten Dünen und Höhlen einen faszinierenden Kontrast zum bunten Blütenteppich und den dunkelgrünen Sträuchern rundherum. Der Sandberg ist ein **wahres Schatzkästchen der Erdgeschichte.** Die 15 Millionen

Bratislava (Pressburg)

Jahre alten Gesteinsschichten aus dem Tertiär brachten Fossilien von über 300 Tierarten zum Vorschein.

Doch nicht nur die Natur hat diesen Ort geprägt, auch Menschen besiedelten den Thebener Kogel seit Jahrtausenden. Somit gehört die Anhöhe über der March-Donau-Mündung zu einem der ältesten Siedlungsgebiete Mitteleuropas. Wenn man den Sandberg schließlich erklommen hat (**Vorsicht**: steile Abbrüche und keine Sicherungen oder Absperrungen!), kann man nachvollziehen, warum unsere Vorfahren sich hier wohlfühlten. Es ist einfach ein paradiesisches Fleckchen Erde mit **herrlichem Weitblick** auf das Marchfeld, auf Schloss Hof und bei guter Sicht bis nach Wien; in südlicher Richtung fließt die March in die Donau und man erspäht die Burg Devín ⑨⓪ auf ihrem Felssporn. Einen Kontrast zu dieser Urlandschaft bilden die Plattenbauten von Devínska Nová Ves, dem modernen Vorort von Bratislava.

Es existiert übrigens ein blau markierter **Wanderweg**, der den Sandberg mit der Burg Devín verbindet (ca. eine Stunde Gehzeit). Ebenfalls in einer Stunde erreicht man über eine Fußgänger- und Radfahrerbrücke über die March (Landesgrenze) Schloss Hof – ein monumentales barockes Marchfeldschloss, das einst als Residenz für Prinz Eugen von Savoyen diente (www.schlosshof.at).

› Anreise: Ebenfalls **Bus 28**, von Burg Devín aus vier Stationen in Richtung Devínska Nová Ves/Opletalova. Aussteigen bei Station Na hriadkach (nicht Station Sandberg!). Von hier aus die Straße Primoravská hinauf bis zur Pension Helios und rechts abbiegen in die Straße Slovinec, die bis zum Naturschutzgebiet führt.

Beeindruckende Landschaftsformation unweit von Bratislava: der Sandberg

PRAKTISCHE REISETIPPS

An- und Rückreise

Mit dem Flugzeug

Wer auf das Flugzeug angewiesen ist, landet am Flughafen **Wien-Schwechat (VIE)**, der etwa 16 Kilometer vom Zentrum Wiens entfernt liegt. Neben der Lufthansa-Tochter Austrian Airlines und **Lufthansa** selbst fliegen unter anderem folgende Airlines Wien direkt an: Air Berlin, FlyNiki, German Wings und Swiss International Airlines. Innerhalb von nur 16 Minuten fährt man mit dem **City Airport Train CAT** ins Stadtzentrum (Bahnhof Wien Mitte, Anschluss zur U3 und U4, einfache Fahrt für Erwachsene: 11 €, Kinder bis 14 Jahre kostenlos). Etwas länger braucht man mit der **Schnellbahnlinie S 7**, dafür kostet die einfache Fahrt (zwei Zonen inklusive Fahrten im gesamten Wiener Liniennetz) nur 4,40 €.

Die dritte Möglichkeit ist eine **Busfahrt** mit den Vienna Airport Lines zu den wichtigen Knotenpunkten (Westbahnhof, Meidling, Schwedenplatz, Kagran) für 8 €. Natürlich fahren auch Taxis vom Flughafen nach Wien, allerdings muss man hier je nach Ziel mit Kosten von 30 bis 50 € rechnen.

◁ *Vorseite: Blick auf den Donaupark und den Donauturm* ⓱

▷ *Die meisten Züge fahren zum neuen Wiener Hauptbahnhof*

Mit dem Auto

Wer von Deutschland aus mit dem Auto anreist, kommt entweder über **München und Salzburg** (via deutsche A8) oder über **Passau** (via deutsche A3 und österreichische A8) auf die **Westautobahn (A1)** in Richtung Wien. Am Knoten Steinhäusl teilt sich die Autobahn; über die A1 gelangt man auf direktem Weg in den Westen Wiens und von dort weiter ins Zentrum, über die A 21 geht es durch den Wienerwald in den Südwesten Wiens und weiter Richtung Budapest und Graz.

Von Kärnten und der Steiermark gelangt man über die A2 nach Wien, von der Wachau und dem Weinviertel aus über die A22.

Mit der Eisenbahn

Bis vor Kurzem kamen alle Züge aus Deutschland am Westbahnhof und alle Züge aus dem Süden am Südbahnhof an. Nachdem der Südbahnhof abgerissen wurde und stattdessen der **neue Hauptbahnhof** im Herbst 2014 eröffnet worden ist, fahren fast alle wichtigen Fernverbindungs-Züge nur mehr diesen Bahnhof an.

Speziell von Süddeutschland aus gilt: Alle Wege führen nach Wien. Innerhalb von 4 Stunden fährt man mit dem **ÖBB-Hochgeschwindigkeitszug railjet** vom Münchner Hauptbahnhof zum Wiener Hauptbahnhof. Eine direkte ICE-Verbindung besteht von Frankfurt am Main aus über Regensburg und Passau. Nachtzüge (teils mit Umsteigen) verkehren von Hamburg, Berlin, Karlsruhe, Dortmund, Frankfurt am Main und München aus.

Eine schnelle, bequeme und günstige Verbindung (Tickets im Zug!) zwischen

Salzburg und Wien Westbahnhof bietet die private **westbahn**. Von der Schweiz aus bestehen regelmäßige direkte Bahnverbindungen nach Wien von Basel und Zürich aus.
› **Österreichische Bundesbahnen:** www.oebb.at
› **Deutsche Bahn:** www.bahn.de
› **Schweizer Bundesbahnen:** www.sbb.ch
› **westbahn:** www.westbahn.at

Autofahren

Prinzipiell ist man in Wien nicht auf das eigene Fahrzeug angewiesen. Fast alle beschriebenen Sehenswürdigkeiten sind mit öffentlichen Verkehrsmitteln zu erreichen. Große Bereiche der Innenstadt lassen sich auch gut zu Fuß erobern. Selbst einige außerhalb Wiens gelegene Ziele wie Klosterneuburg 78 sind gut an den öffentlichen Nahverkehr angebunden und auch die slowakische Hauptstadt Bratislava (s. S. 205) erreicht man am

> **KURZ & KNAPP**
>
> ### Der neue Hauptbahnhof [H9]
> Während der alte Wiener Südbahnhof mit seiner einzigartigen Bahnhofshalle zum Leidwesen vieler Wiener dem Erdboden gleichgemacht worden ist, erfolgte 2010 der Spatenstich zur größten Baustelle Europas: dem neuen Hauptbahnhof. Auf 109 Hektar entstand und entsteht rund um den Bahnhof ein komplett neues Stadtviertel mit Wohn- und Bürogebäuden, die teils in herbem Kontrast zu den alten Mietshäusern im Bezirk Favoriten stehen. Zusätzlich gibt es unter den Bahnsteigen ausgedehnte Einkaufs- und Imbisspassagen. Im Vergleich zum aufwendig sanierten West- und ehemaligen Südbahnhof – beide Sackbahnhöfe – ist der neue Hauptbahnhof ein Durchgangsbahnhof. Architektonisch ist das milliardenschwere Prestigeprojekt nicht besonders spektakulär. Am auffälligsten ist das 31.000 Quadratmeter große **gezackte Rautendach,** für das etwa 7.000 Tonnen Stahl verbaut wurden, was in etwa der Menge des Pariser Eiffelturms entspricht.

Praktische Reisetipps
Autofahren

günstigsten und ohne Stress mit dem Bratislava-Ticket der ÖBB (s. S. 207). Lediglich für die Gegend um Orth an der Donau und Carnuntum ❷ erscheint das eigene Auto die praktikabelste Lösung.

Generell sei von ausgiebigen Autofahrten in Wien auch deshalb abgeraten, da es speziell auf den Ein- und Ausfallstraßen, am Gürtel und insbesondere auf der Tangente fast täglich zu nervenaufreibenden Staus kommt – besonders am Morgen und während des Feierabendverkehrs. Autolenkern mit dünnem Nervenkostüm könnte auch der teilweise hektische und manchmal leicht aggressive Fahrstil in Wien Probleme bereiten, wenngleich man sich nicht aus der Ruhe bringen lassen sollte. Besonders auf ausländische Kennzeichen wird mehr Rücksicht genommen als auf inländische – angehupt wird man allerdings gerne einmal.

Wer in kleinere Gassen einbiegt, muss sich teilweise auf ein heilloses Gewirr von Einbahnstraßen einstellen. Bei den **Ampeln** muss man sich auf eine Besonderheit einstellen: Bevor sie auf Gelb und Rot umschalten, blinken sie einige Zeit lang grün. In dieser Zeit kann man noch fahren. Bei Gelb sollte man aber auf jeden Fall schon zum Stehen kommen.

An den **Tankstellen** erhält man die üblichen europäischen Kraftstoffe, allerdings gibt es E10 nicht überall, sondern in der Regel das klassische Super 95. Die Spritpreise sind in Österreich etwas günstiger als in Deutschland.

› **Autobahnvignette:** In Österreich muss man beim Befahren fast aller Autobahnen eine Vignette an die Frontscheibe kleben. Sie ist bei Automobilklubs oder an Raststätten und Tankstellen im Grenzgebiet erhältlich, beispielsweise an der Tankstelle vor dem Grenzübergang Kiefersfelden – Kufstein. Die Jahresvignette kostet 82,70 €, die 2-Monats-Vignette 24,80 € und die 10-Tages-Vignette 8,50 € (Motorräder: 32,90 €/12,40 €/4,90 €).

› **Brenner-Autobahn (A13):** Die Autobahn von Innsbruck zur italienischen Grenze ist eine Sondermautstrecke. Für Autos und Motorräder gilt hier keine Vignettenpflicht, stattdessen muss für eine einfache Strecke 8,50 Euro bezahlt werden. Wer die Autobahn an der Ausfahrt Schönberg verlässt, zahlt deut-

Viele Wiener Bezirke fungieren als Kurzparkzonenbereiche

Praktische Reisetipps
Autofahren

lich weniger. Die Bundesstraße zum Brenner ist kostenfrei.
› **Warnweste:** In Österreich müssen Automobillenker eine Warnweste mitführen, die an Tankstellen und Raststätten sowie bei Automobilklubs erworben werden kann.
› **Geschwindigkeitsbegrenzungen:** In Ortschaften 50 km/h, außerorts 100 km/h, auf Autobahnen 130 km/h
› **Pannennotrufnummer ÖAMTC:** Tel. 120
› **Tanken:** Die Benzinpreise in Österreich sind etwas günstiger als in Deutschland. Es gibt alle üblichen Spritsorten mit Ausnahme des Kraftstoffs E10.

Parken

Parken ist für Touristen in Wien so eine Sache. Die meisten Wiener Bezirke sind mittlerweile **kostenpflichtige Kurzparkzonen**, in denen nur Anwohner mit Berechtigung dauerhaft stehen dürfen (s. r.). Für auswärtige Autofahrer ist ein längerfristiges kostenloses Parken in Wien dadurch mittlerweile schwierig, jedoch nicht unmöglich geworden. Wenn die Unterkunft keinen eigenen Parkplatz hat, fragt man am besten an der Rezeption nach der Tagesparkkarte.

In den Wiener **Park-&-Ride-Garagen** parkt man relativ günstig für 3,40 Euro pro Tag. Alle Park-&-Ride-Parkhäuser sind direkt an eine U-Bahnlinie angebunden. Für all jene, die von Deutschland oder Westösterreich über die Westautobahn anreisen, empfiehlt sich das Park-&-Ride-Parkhaus in Wien-Hütteldorf.

Die letzten Oasen für kostenloses Dauerparken sind unter anderem noch (keine Gewähr!) der 11. Bezirk (Simmering) im Süden und der 13. Bezirk (Hietzing) im Westen. **Tipp für Autofahrer**, deren Hotel in einer Kurzparkzone liegt und nicht über einen eigenen Parkplatz verfügt: Wer über die Westautobahn anreist, kann sich beispielsweise im 13. Bezirk in der Nähe einer der U-Bahn-Stationen der Linie U4 einen Parkplatz suchen (beispielsweise Station Braunschweiggasse), um danach mit dem ÖPNV zum Unterkunftsziel weiterzufahren beziehungsweise zunächst sein Gepäck abliefern, um danach einen „sicheren" Parkplatz zu suchen. Ähnliches gilt für die Anreise vom Süden bzw. Südwesten. Hier würde sich ein Parkplatz in der Nähe der Simmeringer U3-Stationen (u. a. Zipperer Straße, Enkplatz oder Endstation Simmering) anbieten.

In der Innenstadt gibt es natürlich auch eine Vielzahl von normalen **Parkhäusern**, die allerdings nicht günstig sind.
› www.parkeninwien.at

KURZ & KNAPP: Vorsicht: Kurzparkzonen

Die Wiener Altstadt und umliegende Bezirke sind gebührenpflichtige Kurzparkzonen, für die folgende Regelung gilt: Die Bezirke 1. bis 9. und 20. sind montags bis freitags (außer feiertags) von 9 bis 22 Uhr gebührenpflichtige Kurzparkzonen. Seit einigen Jahren gibt es auch in weiteren Bezirken in Gürtelnähe Kurzparkzonen. Seither sind auch der 12., 14., 15., 16., und 17. Bezirk montags bis freitags (außer Feiertag) gebührenpflichtige Kurzparkzonen, allerdings nur bis 19 Uhr (gesonderte Regelung rund um die Stadthalle).
In Geschäftsstraßen können Gültigkeitstage und Parkdauer abweichen; man sollte deshalb die jeweiligen Verkehrszeichen beachten. Kurzparkscheine erhält man in den meisten Tabak-Trafiken, in Tankstellen, bei den Vorverkaufsstellen und Fahrscheinautomaten der Wiener Linien und bei den Autofahrerorganisationen ARBÖ und ÖAMTC.

Barrierefreies Reisen

Wien hat in den vergangenen Jahren viel dafür getan, dass Menschen mit Behinderung einen angenehmen Aufenthalt in der Stadt genießen können. Auch wenn es immer noch einiges in diesem Bereich zu tun gibt, wurde seitens der Stadtverwaltung einiges erreicht: vom abgeschrägten Gehsteig bis zu Leitlinien für blinde Menschen in U-Bahn-Stationen.

Diese Verbesserungen beginnen bereits bei der **Anreise**: Am Wiener Flughafen Schwechat ist der neue Terminal 3 durchgängig barrierefrei ausgebaut. Passagiere mit Handicap müssen ihren Hilfsbedarf dem Reiseunternehmen oder der Fluglinie mindestens 48 Stunden vor der für den Flug veröffentlichten Abflugzeit melden.

Viele frequenzstarke **Bahnhöfe** in Wien wie der Westbahnhof, Wien-Floridsdorf und Wien-Meidling sind für mobilitätseingeschränkte Reisende barrierefrei zugänglich. Die Bahnsteige neun bis zwölf des neuen Wiener **Hauptbahnhofs** [H9] sind über zwei Eingänge erreichbar: bei der Karl-Popper-Straße und über den Vorplatz Süd bei der Sonnwendgasse. Barrierefreie WCs, Parkplätze und induktive Höranlagen sind vorhanden. Mobilitätseingeschränkte, sehbehinderte und blinde Personen müssen zum Teil Umwege in Kauf nehmen, um barrierefrei zu den Bahnsteigen zu gelangen.

Auf nahezu allen **Straßen- und Buslinien** in Wien sind auch **Fahrzeuge in Niederflur-Bauweise** unterwegs, um mobilitätseingeschränkten Personen das Ein- und Aussteigen zu erleichtern. Ausnahme ist die Linie 30, die jedoch nur ein Verstärkerzug einer regulären Linie ist. Sehr gut gerüstet für Fahrgäste mit Behinderung und speziellen Bedürfnissen ist das Wiener **U-Bahn-Netz**. Alle U-Bahn-Stationen und Züge sind für Rollstuhlfahrer nahezu barrierefrei erreichbar. In fast allen Stationen weisen Taststreifen blinden und sehbehinderten Menschen den Weg zu Stiegen, Rolltreppen und Aufzügen.

Thema Parken: Gäste mit Behinderung sind von der Parkgebühr in Kurzparkzonen befreit, sie parken dort kostenlos und unbegrenzt (Ausweis hinter die Windschutzscheibe legen!). Generell sind im gesamten Stadtgebiet auch spezielle Behindertenparkplätze ausgewiesen.

Kontakt- und Informationsadressen

Einen umfassenden Überblick für Menschen mit Behinderung bietet die Wiener **Tourist-Info** (s. S. 229). Sämtliche Tipps können als Dokument auf der Internetseite www.wien.info/de/reiseinfos/wien-barrierefrei heruntergeladen werden.

Das Informationsmaterial umfasst ausführliche Listen über behindertengerechte Sehenswürdigkeiten, Kultureinrichtungen sowie Gaststätten, Heurigenlokale, Cafés und Bars. Daneben findet sich auch eine umfangreiche Zusammenstellung behindertengerechter **Hotels**, eine Liste öffentlicher Toiletten sowie spezialisierte **Stadtführerinnen und Stadtführer** für Gäste mit Behinderung.

Weitere Kontaktadressen:

› **Flughafen:** Flughafen-Infos inklusive Übersichtspläne mit Angabe der behindertengerechten WCs sowie Informationen über den Mobilitätsservice für Personen mit Behinderung oder eingeschränkter Mobilität, Blinde, Gehörlose findet man unter www.viennaairport.com/handicap.

Praktische Reisetipps

Diplomatische Vertretungen, Geldfragen

❶190 [K5] **Behindertenberatungszentrum BIZEPS**, Schönngasse 15-17/4, Tel. 5238921 Mo.-Do. 10-15, Fr. 10-13 Uhr, www.bizeps.or.at. Hier findet man auch den BIZEPS-Lokalführer „Essen mit wenigen Hindernissen" zum Herunterladen (www.bizeps.or.at/shop/lokale.doc).

› **Informationsplattform barrierefreier Tourismus in Österreich (IBFT)**: www.ibft.at
› **Blinden- und Sehbehindertenverband Österreich (BSVÖ)**, Hietzinger Kai 85, Tel. 9827584201, www.blindenverband.at. Selbsthilfeorganisation blinder und sehbehinderter Menschen.
› **Österreichischer Gehörlosenbund (ÖGLB)**, Waldgasse 13/2, Tel. 6030853, www.oeglb.at

Diplomatische Vertretungen

●191 [H7] **Botschaft der Bundesrepublik Deutschland**, Gauermanngasse 2-4, U1, U2, U4 Karlsplatz, Tel. +431 711540, www.wien.diplo.de, geöffnet: Mo.-Fr. 9-13 Uhr, Mo.-Do. 13.30-16, Fr. 13.30-15 Uhr
●192 [G7] **Schweizerische Botschaft**, Kärntner Ring 12, U1/U2/U4 Karlsplatz, Tel. +431 79505, www.eda.admin.ch/wien, geöffnet: Mo.-Fr. 9-12 Uhr

Geldfragen

Die **Preise** in Wien sind zwar nicht günstig, im Vergleich zu anderen europäischen Metropolen wie London oder Paris jedoch vergleichsweise erschwinglich. In der Regel bekommt man in Wien für sein Geld **ordentliche Qualität** – insbesondere im Gastronomie- und Hotelge-

Wien preiswert

Mit der **Wien-Karte** für 48 oder 72 Stunden kann man mit öffentlichen Verkehrsmitteln kreuz und quer durch ganz Wien fahren und genießt gleichzeitig die Vergünstigungen vieler Museen, Sehenswürdigkeiten und sonstiger Einrichtungen, wenngleich die Preisnachlässe nicht gerade üppig ausfallen (s. S. 248).

Man sollte sich generell gut überlegen, was man alles besichtigen möchte. Teilweise kann man mit **Kombi-Tickets** statt Einzeltickets einiges an Geld sparen. Solche Kombinationsangebote gibt es beispielsweise für die unterschiedlichen Attraktionen in Schönbrunn ❻❼ oder in der Hofburg (s. S. 112). Auch Riesenrad ❻❼ und Donauturm ❶❼ lassen sich gemeinsam günstiger genießen.

Apropos Genießen: Obwohl Restaurants in der Inneren Stadt rund um den Stephansplatz ❶ nicht unverschämt teuer sind und in der Regel ein ordentliches Preis-Leistungs-Verhältnis bieten, kann man in den etwas außerhalb gelegenen Bezirken oft vergleichsweise günstig essen und trinken. Besonders **Weinliebhaber** kommen in Wien auf ihre Kosten: Wer nicht gerade die Touristenheurigen, sondern die authentischen Weinschenken ansteuert, erhält zum Teil großartige Tropfen zu günstigen Preisen.

Manche Festivals wie das berühmte Donauinselfest oder das Hafenfest am Alberner Hafen ❼❸ sind kostenlos (s. S. 16).

Wasserratten können an der Alten Donau teilweise kostenlos schwimmen; auch die Bäder sind nicht übertreuert.

werbe. Die Speisen in den Restaurants sind preislich mit denen in Deutschland vergleichbar. Bier ist etwas teurer, dafür kann man in Wien vergleichsweise günstig Wein trinken. Insbesondere die nicht touristischen Heurigen (s. S. 36) bieten teils hervorragende Tropfen zu günstigen Preisen. Preiswerte Hotels sind leider etwas dünn gesät, nach oben gibt es hier hingegen keine Grenzen.

Seit vielen Jahren hat der Schilling ausgedient und man kann bequem mit **Euro** bezahlen. Die kleinen **österreichischen Münzen** haben als Motiv den Enzian (1 Cent), das Edelweiß (2 Cent) und die Alpenschlüsselblume (5 Cent). Die mittleren Münzen sind der Architektur gewidmet: Stephansdom (10 Cent), Schloss Belvedere (20 Cent) und Wiener Secessionsgebäude (50 Cent). Auf der Ein-Euro-Münze ist das Porträt des Komponisten Wolfgang Amadeus Mozart abgebildet, die Zwei-Euro-Münze ziert die Pazifistin und Friedensnobelpreisträgerin Bertha von Suttner.

Mit dem **Wiener Philharmoniker** existiert auch eine Goldmünze als Anlagemünze, die in größeren Bankhäusern erworben werden kann (auch als Halb- oder Viertel-Philharmoniker). Auch als Silbermünze ist der Philharmoniker erhältlich.

Die Bezahlung mit EC-Karten (**Maestro, V Pay**) funktioniert in Österreich in der Regel problemlos.

Informationsquellen

Infostellen zu Hause

› **Österreich Werbung Deutschland**, Klosterstraße 64, 10179 Berlin, Tel. 030 2191480, geöffnet: Mo.–Fr. 9–17 Uhr, www.austria.info/de_b2b
› **Urlaubsservice der Österreich Werbung**, Tel. 00800 40020000 (kostenfreie Nummer aus Deutschland, Österreich und der Schweiz), www.austria.info, Prospekte können unter „Service" bestellt werden.

Informationsquellen

Infostellen in der Stadt

❶ **193** [G7] **Tourist-Info Wien,** Albertinaplatz/Maysedergasse, U1/U2/U4 Karlsplatz, Tel. +431 24555, www.wien.info, geöffnet: tägl. 9–19 Uhr. Nach der intensiven Umgestaltung im Sommer 2014 verzeichnet Wiens zentrale Tourist-Info jährlich rund 450.000 Besucher. Neben einer Vielzahl an Informationsmaterialien und Prospekten erhält man hier auch einen kostenlosen Stadtplan von Wien.

› **Tourist-Info Flughafen Wien,** in der Ankunftshalle, geöffnet: tägl. 7–22 Uhr
› **Tourist-Info Hauptbahnhof Wien** [H9], im InfoPoint der ÖBB, tägl. 9–17 Uhr

● **194** [E9] **Zentraler Fundservice,** Siebenbrunnenfeldgasse 3, Straßenbahn 6, 18, 62 Wien Eichenstraße (Tiefgeschoss), Tel. +431 40008091, www.wien.gv.at/verwaltung/fundservice, geöffnet: Mo.–Mi., Fr. 8–15.30, Do. 8–17.30 Uhr. Die 19 Magistratischen Bezirksämter sowie der zentrale Fundservice nehmen persönlich Fundgegenstände entgegen.

❶ **195** [E6] **Cello Ö1 Kartenservice,** Lerchenfelder Straße 12, U2/U3 Volkstheater, Tel. +431 4006060, www.viennaticket.at, geöffnet: Mo.–Fr. 9.30–17.30 Uhr. Der Kartenservice hat eine Vielzahl an Karten für diverse Kulturveranstaltungen in Österreich wie Opern, Operetten oder Theaterstücke im Angebot.

‹ Österreichische Institution: in der Trafik erhält man neben Tabakprodukten auch Zeitungen, Fahrkarten und andere Kleinigkeiten

Die Stadt im Internet

› **www.wien.info:** Wien – Jetzt oder Nie lautet das Motto des offiziellen Online-Reiseführers der Wiener Tourist-Info. Auf der Seite werden Sehenswürdigkeiten vorgestellt und aktuelle Trends präsentiert; es gibt jede Menge Tipps in Sachen Einkaufen, Essen und Trinken, Lifestyle und Szene sowie zu aktuellen Veranstaltungen, daneben Hoteltipps sowie eine Liste aller Unterkünfte und Buchungsmöglichkeiten.

› **www.wien.gv.at:** Offizieller Internetauftritt der Stadt Wien. Neben Bürgerinformationen gibt es umfangreiche Infos zu Kultur und Freizeit – unter anderem eine Rubrik, welche die Bedeutung von Wiener Straßennamen erläutert.

› **www.stadt-wien.at:** Umfangreiche Informationen zu Sehenswürdigkeiten, Veranstaltungen, Sport, Boulevard, Horoskop und vielem mehr.

› **www.wien-konkret.at:** Das private Internetportal informiert über aktuelle Events und politisch-gesellschaftliche Entwicklungen ebenso wie über Museen, öffentliche Verkehrsmittel, die aktuelle Parksituation und vieles mehr.

› **www.falter.at:** Das ursprünglich links-alternative Stadtmagazin hat sich längst zu einem Liebling des Bildungsbürgertums entwickelt. Auf der Internetseite findet man gut recherchierte wienspezifische Hintergrundgeschichten.

› **www.standard.at:** Wirtschaftsliberale Tageszeitung, deren Internetauftritt insbesondere wegen seines Forums große Beliebtheit genießt. Manche Artikel – auch mit Wienbezug – generieren innerhalb weniger Stunden teils mehrere Hunderte bis Tausende Kommentare.

› **www.stadtbekannt.at:** Unterhaltsames Portal in Sachen Lifestyle und Gastroszene.

Informationsquellen

Daneben Stadtspaziergänge, Stadtteiltipps (Grätzeltipps) und die unterhaltsam-informative Rubrik „Unnützes Wienwissen".
› www.diezeitschrift.at: facettenreiche Reportagen über Dinge, die die Wiener bewegen, Kultur und Lebensart
› www.dasrotewien.at: Weblexikon der Wiener Sozialdemokratie mit geschichtlich und architektonisch informativer Beschreibung aller bedeutender Wiener Gemeindebauten

Publikationen und Medien

› **Falter:** Das kritisch-investigative Wochenblatt mit einem ausführlichen Wien-Teil erscheint jeden Mittwoch. Neben der Wochenzeitung werden im Falter-Verlag auch teils sehr beliebte und unpolitische Bücher mit Wien-Bezug verlegt (www.falter.at).
› **Kurier:** klassische österreichische Tageszeitung mit ausführlicher Berichterstattung über Wien und die Welt (www.kurier.at).
› **Augustin:** Mit dem Kauf des monatlich erscheinenden Magazins unterstützt man Menschen in sozialen Schwierigkeiten. Der Name erinnert an den Lieben Augustin, seines Zeichens Lebenskünstler und legendäre Wiener Sagengestalt (www.augustin.or.at).
› **Heute:** Kostenloses Boulevardblättchen, das an Bahnhöfen und Haltestellen aufliegt. Allzu viel Niveau und Tiefgang darf man sich nicht erwarten, allenfalls ein wenig Information und Unterhaltung während der Fahrt (www.heute.at).
› **Krone:** Die Kronenzeitung, ansatzweise mit der deutschen Bild-Zeitung zu vergleichen, hat die höchste Auflage der Alpenrepublik und erscheint täglich im Kleinformat. In Österreich gebührt ihr eine nicht zu vernachlässigende gesellschaftspolitische Macht. Der Kriminalität in Wien wird traditionell hohe Aufmerksamkeit beigemessen (www.krone.at).

Smartphone-Apps

› **Wien isst:** Die umfangreichste Wiener Lokalführer-App für iOS und Android verschafft Einheimischen und Stadtbesuchern einen Überblick über die Lokalszene der Stadt. In der aktuellen Version finden Sie mehr als

In den Wiener Kaffeehäusern liegen traditionell Zeitungen auf

Meine Literaturtipps

› *Nur in Wien. Ein Reiseführer zu einzigartigen Orten, geheimen Plätzen und ungewöhnlichen Sehenswürdigkeiten.* Duncan J. D. Smith, Brandstätter Verlag. Unterhaltsames und raffiniert erzähltes Buch als Ergänzung zu diesem Reiseführer.

› *Die Wien: Vom Kaiserbrünndl bis zur Donau.* Josef Holzapfel, Sutton Verlag. Der in ein Betonbett verbannte kleine Wienfluss, Drehort im Film Der dritte Mann, kommt hier zu neuen Ehren. Eine historisch gut recherchierte Reise von der Quelle im Wienerwald vorbei an Schloss Schönbrunn ❻❼ und Naschmarkt ❹❾ bis zur Mündung in den Donaukanal bei der Urania.

› *Wein und Wien.* Florian Holzer, Falter Verlag. 10 Routen durch Wien als Hauptstadt des Weins: Weinbars, Vinotheken, Heurigen, Buschenschenken (s. S. 34) und Weinberge werden vorgestellt.

› *Lexikon der Wiener Gemeindebauten.* Ursula Schwarz, Peter Autengruber, Pichler Verlag. Wer sich näher mit den Wiener Gemeindebauten beschäftigen möchte, findet in diesem Bildband viele Informationen.

› *Der Blöde und der Gscheite. Ein comicbuch von Reinhard Trinkler.* Amalthea Verlag. Die Texte der Doppelconférencen von Hugo Wiener entstanden im legendären Wiener Kabarett Simpl und sind längst unsterblich geworden. Neben Karl Farkas und Ernst Waldbrunn werden Publikumslieblinge wie Maxi Böhm, Hans Moser, Heinz Conrads und Peter Alexander zeichnerisch liebevoll in Szene gesetzt. Feiner Wiener Humor zum Schmunzeln!

› *Kassbach.* Helmut Zenker, Der Drehbuchverlag. Eindrucksvolles und zeitloses Porträt eines kleinbürgerlichen Wiener Gemüsehändlers, den sexuelle Obsessionen und der Hang zu einer rechtsradikalen Vereinigung zum Kriminellen werden lassen.

› *Radetzkymarsch.* Joseph Roth, DTV. Der Romanklassiker ist ein eindrucksvolles, vielschichtiges und sentimentales Requiem auf die Zeit des untergehenden Kaiserreichs und seiner Hauptstadt.

5000 Lokale inklusive Telefonnummern, Öffnungszeiten, Website usw. Neben der kostenpflichtigen Vollversion (5,49 € pro Jahr) gibt es eine kostenlose Version.

› **scotty Mobil:** Kostenloser Routenplaner der Österreichischen Bundesbahnen (ÖBB) für öffentliche Verkehrsmittel, erhältlich für alle gängigen Handymodelle, BlackBerry, iPhone und Android

› **quando:** mobile Fahrgastinformation der Wiener Linien und des Verkehrsverbundes Ost-Region mit Fahrplanauskunft für jede Route durch die Stadt, Abfahrtszeiten aller Straßenbahn- und Autobuslinien, Handyticket für die Wiener Linien, City-Infos zu Sehenswürdigkeiten, Restaurants usw., Umgebungspläne, Informationen zu Störungen (kostenlos für iOS und Android).

› **wetter.at:** aktuelle Wetterinformationen, -daten und -prognosen für jeden Ort Österreichs. Zusätzliche Features (z. B. Orte als Favoriten speichern oder die Wetterprognose für den per GPS ermittelten Standort. Kostenlos für iOS.

Die schönsten Wiener Filme und Serien

› *Kottan ermittelt.* Die komplette Serie (8 DVDs). In den 1970er- und 1980er-Jahren erlangten der Wiener Kiberer (Polizist) Adolf Kottan, seine Kollegen Schrammel und Schremser sowie der verrückte Polizeipräsident Heribert Pilch nicht nur in Österreich Kultstatus. Waren die ersten Folgen noch sozialkritische Sittengemälde der Wiener Seele, entwickelte sich die Serie in späteren Jahren zum anarchistischen Spaß.

› *Kaisermühlen Blues.* Die komplette Serie auf 17 DVDs. Ganz Wien saß in den 1990er-Jahren vor den Fernsehgeräten, wenn die Bewohner des kleinen Grätzels zwischen Alter und Neuer Donau (siehe Stadtspaziergang S. 195) ihre Alltagsprobleme zu bewältigen hatten. Ein bisschen wie Lindenstraße, aber mit viel Wiener Schmäh und skurrilen Darstellern.

› *Trautmann.* Die komplette DVD auf 5 DVDs. Der beliebte Charakter aus dem Kaisermühlenblues bekam seine eigene Krimiserie und entwickelte sich zum Straßenfeger. Der raubeinige und volksnahe Trautmann (Wolfgang Böck) schlägt sich durch den Sumpf des Rotlicht- und Schurkenmilieus im Zweiten Bezirk. Aufgrund des ausgeprägten Dialekts lief die Serie nicht wie ursprünglich geplant als Tatort.

› *Der dritte Mann.* Arthaus-DVD. Zeitloser Schwarzweiß-Klassiker aus dem Jahr 1948, teils an Nachkriegsdrehorten gedreht. Berühmt sind die Verfolgungsszene in der Kanalisation und die Zithermusik von Anton Karas.

› *Before Sunrise.* Romantischer Liebesfilm rund um die beiden Hauptdarsteller Ethan Hawke und Julie Delpy, die eine Nacht lang durch Wien spazieren.

› *Der Herr Karl.* Hoanzl. Das Ein-Personen-Stück des genialen Kabarettisten Helmut Qualtinger ist eine bissige Abrechnung mit der österreichischen Nachkriegsgesellschaft.

› *Alltagsgeschichten.* 4 Folgen auf einer DVD. Eindrucksvoll skurrile Dokumentationen von Elisabeth T. Spira über ganz normale und weniger normale Wienerinnen und Wiener in den 1990er-Jahren. Die Folgen haben in Österreich längst Kultstatus erreicht.

› Eine umfangreiche Sammlung hochwertiger österreichischer Filme liefert die DVD-Filmsammlung *Der österreichische Film – Edition Der Standard* mit mittlerweile weit über 200 Filmen (www.hoanzl.at).

◁ *Helmut Qualtinger ruht auf dem Wiener Zentralfriedhof* ⓬

Internet und Internetcafés

Fast alle großen Hotels bieten mittlerweile kostenloses **WLAN** und auch Pensionen ziehen nach. Auch etliche öffentliche Einrichtungen wie Restaurants oder Cafés besitzen WLAN-Hotspots. Dadurch und durch die Verbreitung von Smartphones sterben Internetcafés langsam aus. Mittlerweile sind WLAN-Hotspots in der Stadt weit verbreitet und das Netz wird immer dichter. Eine Übersicht über alle Punkte in Wien erhält man unter www.freewave.at/hotspots.

Medizinische Versorgung

Die Europäische **Krankenversicherungskarte EHIC** (gilt auch für die Schweiz und Liechtenstein) ersetzt seit 2004 den Auslandskrankenschein. Mit ihr kann man in Österreich medizinische Versorgung in Anspruch nehmen; die anfallenden Kosten werden von der gesetzlichen Krankenkasse des Patienten erstattet. **Vorkasse** ist generell nicht nötig, wird aber in Einzelfällen dennoch verlangt. Die Karte ist kostenlos bei der Krankenkasse des Versicherten erhältlich. Wer zum Zwecke einer ärztlichen Behandlung nach Wien reist, muss für die Kostenübernahme vorher die Zustimmung des zuständigen Krankenversicherungsträgers einholen. Die Karte ersetzt keine Auslandsreisekrankenversicherung, da vor allem der Krankenrücktransport in die Heimat nicht mitversichert ist. Deshalb ist der Abschluss einer Zusatzversicherung für den Auslandsaufenthalt überlegenswert.

✪196 [D5] **Allgemeines Krankenhaus der Stadt Wien (AKH),** Währinger Gürtel 18–20, U6 Michelbeuern-AKH, Tel. 404000, www.akhwien.at

Apotheken haben montags bis freitags von 8 bis 18 Uhr – meist ohne Mittagspause – und samstags von 8 bis 12 Uhr geöffnet. Außerhalb dieser Zeiten steht in der ganzen Stadt rund um die Uhr ein Apotheken-Bereitschaftsdienst zur Verfügung. Den Hinweis auf die nächste diensthabende Stelle findet man an jeder Apotheke ausgehängt oder über die telefonische Auskunft (Tel. 1455).
› www.apothekenindex.at

Notfälle

› **Notruf:** Tel. 112
› **Polizei:** Tel. 133
› **Feuerwehr:** Tel. 122
› **Rettungsdienst:** Tel. 144
› **Ärztenotdienst:** Tel. 141
› **ViennaMed Ärzte-Hotline für Gäste:** Tel. 0043 15139595
› **Zahnärztlicher Nacht- und Wochenenddienst (Tonbanddienst):** Tel. 0043 15122078
› **Nacht- und Sonntagsapotheken:** Tel. 1455
› **ÖAMTC-Notdienst** (Österreichischer Automobilklub): Tel. 120
➤197 [G5] **Stadtpolizeikommando Innere Stadt,** Deutschmeisterplatz 3, U2/U4 Schottenring, Tel. 3131021201

Kartensperrung

Bei **Verlust der Debit-(EC-)** oder der **Kreditkarte** gibt es für Kartensperrungen eine **deutsche Zentralnummer** (unbedingt vor der Reise klären, ob die eigene Bank diesem Notrufsystem angeschlossen ist). **Aber Achtung:** Mit der telefonischen Sperrung sind die Karten zwar für die Bezahlung/Geldabhebung mit der PIN gesperrt, nicht jedoch für das **Lastschriftverfahren mit Unterschrift.** Man sollte daher auf jeden Fall den Verlust zusätzlich **bei der Polizei zur Anzeige bringen**, um gegebenenfalls auftretende Ansprüche zurückweisen zu können.

In der **Schweiz** gibt es keine zentrale Sperrnummer, daher sollten sich Besitzer vondort ausgestellten Debit-(EC-) oder Kreditkarten vor der Abreise bei ihrem Kreditinstitut über den zuständigen Sperrnotruf informieren.

Generell sollte man sich immer die **wichtigsten Daten** wie Kartennummer und Ausstellungsdatum **separat notieren**, da diese unter Umständen abgefragt werden.

› **Deutscher Sperrnotruf:** Tel. +49 116116 oder Tel. +49 3040504050
› **Weitere Infos:** www.kartensicherheit.de, www.sperr-notruf.de

Skurrile Läden gehören zum Stadtbild

Öffnungszeiten

Die meisten Wiener **Museen** öffnen täglich ihre Pforten. Manche haben einmal pro Woche geschlossen, oft am Montag oder Dienstag. Die täglichen Öffnungszeiten sind unterschiedlich; generell kann man davon ausgehen, dass ein Museum zwischen 10 und 17 Uhr geöffnet hat. Teilweise gibt es einen langen Museumstag pro Woche, meist der Donnerstag.

Die **Geschäfte** sind in der Regel Mo. bis Fr. von 9 bis 18 oder 19 Uhr, Sa. bis 17 oder 18 Uhr geöffnet. Einige Einkaufszentren haben auch länger geöffnet. Einkaufsmöglichkeiten an Sonn- und Feiertagen gibt es in den großen Bahnhöfen, am Flughafen und in den Museums-Shops. Einige Souvenir-Shops in der Inneren Stadt haben ebenfalls am Sonntag geöffnet.

Die meisten **Banken** haben in Wien von Montag bis Freitag von 8 bis 12.30 Uhr und von 13.30 bis 15 Uhr geöffnet, an Donnerstagen zusätzlich bis 17.30 Uhr. Im 1. Bezirk halten fast alle Banken auch über Mittag offen.

Post

Standardbriefe und Postkarten ins europäische Ausland kosten **70 Cent Porto**. Normalerweise kommen Ansichtskarten ins Ausland innerhalb weniger Tage beim Empfänger an.

Die **Öffnungszeiten** der Wiener Postämter liegen meist zwischen 8 und 18 Uhr. Außerhalb des Stadtzentrums sind etliche Poststellen über die Mittagszeit geschlossen. Täglich geöffnet haben in Wien folgende zwei Postämter:

✉ **198** [H6] **Postamt 1010 Wien**, Fleischmarkt 19, U1/U4 Schwedenplatz, geöffnet: Mo.–Fr. 7–22, Sa./So. und feiertags 9–22 Uhr

✉ **199** [D7] **Postamt 1150 Wien**, BahnhofCity Wien West, Europaplatz, U3/U6 Westbahnhof, geöffnet: Mo.–Fr. 7–19, Sa. 9–18, So. und feiertags 9–14 Uhr

103wi-io©mikulopm

Radfahren

Konnte man Wien bis vor 10 Jahren noch nicht unbedingt als die fahrradfreundlichste Stadt bezeichnen, so hat sich in den vergangenen Jahren einiges getan. Wien verfügt mittlerweile über **1200 Kilometer Radwege**, Radfahrstreifen und Radrouten durch verkehrsarme Zonen. Im hektischen Straßenverkehr ohne Fahrradwege sollten Radfahrer allerdings vorsichtig fahren und im Sinne der eigenen Sicherheit nicht auf ihr Recht pochen. Auch auf Fußgänger, speziell auf andere Touristen, sollte man Rücksicht nehmen.

Einige Fahrradstrecken entführen ins Grüne. Der **Donauradweg** von Deutschland nach Ungarn führt an Wien vorbei. Um vom Donauradweg ins Zentrum zu gelangen, biegt man in Nussdorf am nördlichen Stadtrand Wiens in den **Donaukanal-Radweg** ab und radelt auf diesem bis zur Urania (s. S. 104) im Zentrum. Dort stößt man übrigens auf den **Ring-Rund-Radweg**, der an den bedeutenden Sehenswürdigkeiten der Ringstraße vorbeiführt.

In entgegengesetzter Richtung kann man auf dem Donauradweg bis hinauf zum idyllischen Kahlenbergdorf oder noch weiter bis Klosterneuburg ⑱ fahren. Sehr schön lässt es sich auch auf der **Donauinsel** zwischen Donau und Neuer Donau oder in der **Lobau** radeln. Zwischen dem westlichen Stadtrand am Auhof und der Kennedybrücke in Hietzing existiert der kleine, aber feine Wienfluss-Radweg. **Mountainbiker** werden noch weiter in den bergigen Wienerwald vordringen – sollten sich aber an die für Radfahrer genehmigten Wege halten.

Fahrradverleih

● **200** [J5] **Fahrradverleih Prater**, Prater Parzelle 94 (neben Liliputbahn-Einstiegsstelle), U1/U2 Praterstern, www.fahrradverleih-prater.at, geöffnet: 15. März–31. März, Okt. 9.30–19, April–Sept. 9.30–20 Uhr. Fahrräder und

Schwule und Lesben

Im eher konservativ geprägten Österreich hatten und haben es Schwule und Lesben nicht überall leicht, selbstbewusst ihre Sexualität zu leben. Dies galt lange Zeit auch für Wien. Zwar gibt es in der österreichischen Hauptstadt schon seit langer Zeit eine homosexuelle Subkultur; dieser haftete aber lange Zeit der anrüchige Ruf des Halbwelt-Milieus an.

Erst in den vergangenen zwei Jahrzehnten hat sich die schwul-lesbische Community in Wien emanzipiert und tritt mittlerweile selbstbewusst im Stadtbild auf. Die jährliche **Regenbogenparade** ist ein viel beachtetes Event, dem auch Tausende Heterosexuelle beiwohnen. Für internationale Aufmerksamkeit sorgt auch der **Life Ball** im Mai als weltweit größte und schrillste Charity-Veranstaltung im Kampf gegen Aids.

Zu einem Aushängeschild der Bewegung für die Rechte und die gesellschaftliche Anerkennung der LGBT-Gesellschaft wurde 2014 die Dragqueen **Conchita Wurst** alias Tom Neuwirth, die für Österreich den Eurovision Song Contest gewann.

Infostellen und Internetseiten

Umfangreiche Informationen für die schwul-lesbische Szene gibt es auf der Internetseite der Wien-Info unter www.wien.info/de/wien-fuer/schwul-lesbisch. Hier kann man auch den Gay & Lesbian Guide herunterladen.
- **202** [F8] **Homosexuelle Initiative Wien (HOSI),** Heumühlgasse 14/1, U4 Kettenbrückengasse, Tel. 2166604, www.hosiwien.at

---

> **EXTRATIPP**
>
> **Citybike ausleihen**
> Als öffentliches Verkehrsmittel bietet das Citybike die Möglichkeit, in ganz Wien Distanzen mit dem Fahrrad zurückzulegen. Die Citybikes können an öffentlichen Bikestationen innerhalb Wiens entliehen und an jeder beliebigen Station zurückgegeben werden. Wie viele Räder an welcher Station verfügbar sind, kann nicht nur an den Terminals, sondern auch unter www.citybikewien.at (mobile Website: cbw.at) abgefragt werden. Es gibt über **110 Stationen**, die sich verkehrsgünstig, meist in der Nähe von U-Bahn-Stationen, befinden.
>
> Die **Anmeldung erfolgt im Internet** unter www.citybikewien.at oder direkt am **Citybike-Terminal** mit Kreditkarte (Master Card, Visa, JCB). Einmalige Anmeldegebühr: 1 Euro (nur ein Rad pro Kreditkarte).
>
> Die Entleihdauer beginnt mit Entnahme des Citybikes aus der Bikebox und endet mit dem Einstellen. Die erste Stunde ist gratis, dann wird eine Nutzungsgebühr verrechnet: 2. Stunde: 1 € pro angefangener Stunde, 3. Stunde: 2 € pro angefangener Stunde, 4. bis 120. Stunde: 4 € pro angefangener Stunde, Pauschalentgelt bei Überschreitung sowie bei Verlust des Rades: 600 €.
> › Citybike-Info-Hotline: 0043810500500, www.citybikewien.at

---

Rikschas zur Erkundung der Prater-Auen. Ein weiterer Verleih existiert bei der Hochschaubahn, Höhe Schweizerhaus (www.radverleih-hochschaubahn.com).
- **201** [J5] **Pedal Power,** Ausstellungsstraße 3, U1/U2 Praterstern, Tel. 7297234, www.pedalpower.at, geöffnet: tägl. 8.30–19 Uhr. Der professionelle Radverleih bietet auch organisierte Touren an. Zusätzlich Segway-Verleih.

Treffs

203 [F5] **Café Berg,** Berggasse 8, Straßenbahn 37, 38, 40, 41, 42 Schwarzspanierstraße, Tel. 3195720, www.cafe-berg.at, geöffnet: Mo.–Sa. 10–24, So. 10–23 Uhr. Seit rund 20 Jahren ist das Café fester Bestandteil der Wiener Lesben-, Schwulen- und Transgender-Community. Auch gute Küche. Angeschlossen ist die schwul-lesbische Buchhandlung Löwenherz (www.loewenherz.at).

204 [G6] **Why Not Clubdisco,** Tiefer Graben 22, U3 Herrengasse, Tel. 9204714, www.why-not.at, geöffnet: Fr./Sa. und vor Feiertagen 10–4 Uhr. Klassische Schwulendisco seit 1980 mit drei Bars und einem Dancefloor.

Sicherheit

Wien ist im Vergleich zu anderen europäischen Städten wie Brüssel oder Paris eine **sichere Stadt.** Aufpassen auf seine Habseligkeiten sollte man allerdings trotzdem, speziell in der Innenstadt. In den belebten Einkaufsmeilen Kärntner Straße ⓳ und Mariahilfer Straße ㊼ und überall dort, wo sich Touristen ballen, treiben auch Taschendiebe ihr Unwesen. Insbesondere in den Einkaufsstraßen wird man auch häufig angebettelt. Falls man sich von aufdringlichen Bettlern oder Verkäufern belästigt fühlt: entweder ignorieren oder auf selbstbewusst-höfliche Art eine Absage erteilen.

Überhaupt merkt man in einigen Stadtteilen, auf Plätzen und Bahnhöfen, dass in Wien soziales Elend und luxuriöser Wohlstand oft recht nahe beieinander liegen und die Schere zwischen Arm und Reich wie überall in Europa auch hier weiterhin auseinandergeht. Alkohol- und **Drogenprobleme** lassen sich auch in Wien nicht leugnen. Lange Zeit galt der Karlsplatz als wichtigster Treff von Heroinsüchtigen und als Drogenumschlagplatz – mittlerweile hat sich die Szene verlagert zur U-Bahn-Station Josefstädter Straße am Gürtel.

Dort am Gürtel blühte bis vor einigen Jahren auch das **Rotlichtgewerbe** ebenso wie im Zweiten Bezirk in der Gegend um den Prater. Mittlerweile wurden aber viele der klassischen Wiener Bordelle von modernen Laufhäusern verdrängt und auch dem Straßenstrich hat man zumindest in dicht besiedelten Bezirken den Garaus gemacht; teilweise blüht er jedoch immer noch an den Stadträndern auf.

Zweifellos gibt es ein paar Gegenden Wiens, in denen ein etwas rauerer Wind weht: beispielsweise in Teilen Favoritens (10. Bezirk), der Gegend um den Westbahnhof und einigen Ecken des 2. Bezirks (Leopoldstadt). Doch Angst um Leib und Leben muss man in der Regel selbst hier weder tagsüber noch nachts haben. Wer sich in der Gegend seiner Unterkunft dennoch etwas unwohl fühlt, sollte nachts sicherheitshalber mit dem Taxi nach Hause fahren.

Sport und Erholung

Frei- und Strandbäder

205 [J1] **Angelibad,** Birnersteig/Arbeiterstrandbadstraße, U6 Neue Donau, geöffnet: Mai–Mitte Sept. 9–19 Uhr bzw. 20 Uhr (Hochsommer), Eintritt: 5,50 € (ermäßigt: 4,10 €, Jugendliche 3 €, Kinder 1,80 €). Das kleine Wiener Sommerbad an der Alten Do-

Praktische Reisetipps
Sport und Erholung

nau ist besonders gut für Familien mit Kleinkindern geeignet. In direkter Nachbarschaft liegt am Romaplatz das **Dragonerhäufel**, ein frei zugänglicher Badestrand mit altem Baumbestand.

- **206** [H6] **Badeschiff**, Am Donaukanal zwischen Schwedenplatz ⓰ und Urania, U1/U4 Schwedenplatz, Tel. 0660 3124703, geöffnet: Mo.-Fr. 16-1 Uhr, Sa./So. und Feiertag 10-1 Uhr, Eintritt: 5 €, Kinder bis 12 Jahre 2,50 €. Etwas Besonderes: ein Schwimmbecken auf einem alten Lastkahn auf dem Donaukanal.
- **207 Krapfenwaldlbad**, Krapfenwaldgasse 65-73, U4 Heiligenstadt, Bus 38 A Krapfenwaldgasse, von hier 10 Min. Fußweg, Tel. 3201501, geöffnet: 2. Mai-Mitte Sept. 9-19 bzw. 20 Uhr (Hochsommer), Eintritt: 5,50 € (ermäßigt: 4,10 €, Jugendliche 3 €, Kinder 1,80 €). Nostalgisches Grinzinger Freibad hoch über Wien mit einem herrlichen Blick über die Stadt vom Pool und der Liegewiese aus.
- **208 Strandbad Gänsehäufel**, Moissgasse 21, U1 Kaisermühlen/VIC, Bus 90A oder 92A bis Schüttauplatz, Tel. 2699016, www.gaensehaeufel.at, geöffnet: 2. Mai-20. Sept. bis 9-19 bzw. 20 Uhr (Hochsommer), Eintritt: 5,50 € (ermäßigt: 4,10 €, Jugendliche 3 €, Kinder 1,80 €). Wiens berühmte Freibad-Insel auf der Alten Donau ist speziell in der Vor- und Nachsaison ein echtes Idyll (siehe auch s. S. 195).
- **209 Strandbad Stadlau**, Am Mühlwasser 6, U2 Hardeggasse, Bus 92A Strandbad Stadlau, Tel. 2823211, www.strand-domizil.at. Authentisches, etwas außerhalb gelegenes Wiener Strandbad an einem ehemaligen Donau-Seitenarm.

Im Strandbad Gänsehäufel gibt es auch Umkleidekabinen für Frauen

Praktische Reisetipps — Sport und Erholung

Hallenbäder und Therme

- **210 Amalienbad**, Reumannplatz 23, U1 Reumannplatz, Tel. 6074747. Das architektonisch beeindruckende Hallenbad war ein Aushängeschild des Roten Wiens der 1920er-Jahre.
- **211** [C5] **Jörgerbad**, Jörgerstraße 42–44, U6 Alserstraße, Tel. 4064305. Wunderschönes historisches Hallenbad im 17. Bezirk Hernals, das 2014 seinen 100. Geburtstag feiern konnte.
- **212 Therme Wien**, Kurbadstr. 14, U1 Reumannplatz, Bus 68A Oberlaa-Therme, ab ca. 2016 U-Bahn bis Oberlaa, Tel. 680099600, www.thermewien.at, geöffnet: Mo.–Sa. 9–22 Uhr, Eintritt: drei Stunden ab 17 € (Kinder 11 €). Moderner Thermen-Komplex mit Sauna und Solewelt.

> **EXTRATIPP**
>
> **Fußball schauen auf der Hohen Warte**
>
> Freilich: Wer ein Fan von **Rapid Wien** oder der **Wiener Austria** ist, sollte sich natürlich eines der Spiele dieser beiden Platzhirsche anschauen – eventuell sogar deren hasserfülltes Derby. Allen anderen sei ein Besuch der Hohen Warte, Spielstätte des **First Vienna Football Club**, angeraten. Hier befindet sich das älteste Fußballstadion mit erhaltener Naturtribüne, von der man nicht nur die Heimspiele der Vienna verfolgen kann, sondern auch einen einzigartigen Blick über Wien genießt.
>
> - **213** [F1] **Stadion Hohe Warte**, www.firstviennafc.at, U4 Heiligenstadt

Wandern in Wien

In Wien kann man wunderbar wandern – egal ob im Wienerwald, am Bisamberg oder am Laaer Berg im Süden. Auf über 500 Kilometern verlaufen die Stadtwanderwege. Wer gerne am Wasser entlang läuft oder radelt, wird sich am **Wiener Wasserweg** *wohlfühlen. Er führt rund um die Obere und Untere Alte Donau und man erfährt anhand 21 ausgesuchter Plätze Wissenswertes über Geschichte, Fauna, Flora und das Ökosystem. Auf Sportliche wartet der mehr als 120 Kilometer lange Rundumadum-Wanderweg, der in 24 leicht zu bewältigenden Etappen die Stadt umrundet. Nähere Infos unter: www.wien.info/de/sightseeing/grueneswien/stadtwandern.*

▣ *Idyllische Wege führen durch die Weinberge im Wiener Norden*

107wi-se

Sprache

Was wäre Wien ohne seinen Dialekt? Für die meisten Touristen klingt das Wienerische wie Musik in den Ohren und auch der berühmt-berüchtigte Wiener Schmäh ist ohne die typische Wiener Mundart nicht denkbar. Was viele Wiener selbst nicht wissen: Das Wienerische ist ursprünglich ein **ostmittelbairischer Dialekt**, also sprachverwandt mit dem Bairischen.

Über die Jahrhunderte haben sich jedoch etliche **Komponenten aus den Kronländern** der Monarchie wie etwa das **Jiddische** und das **Tschechische** in die Sprache eingeschlichen und die Wiener Mundart zu dem gemacht, was sie heute ist: einem liebevollen – manchmal etwas derben – Dialekt, der in seinem Facettenreichtum so abwechslungsreich und vielschichtig ist wie die Stadt selbst. Bis heute hat sich in Österreich und speziell in Wien ein **eigener Wortschatz** erhalten. Hier einige Beispiele:

Haberer	Freund
Kiberer	Polizist
Jänner	Januar
Grätzel	Stadtteil
Tschocherl	üble Kneipe
Beisl	einfaches Wirtshaus
Paradeiser	Tomaten
Kren	Meerrettich
Karfiol	Blumenkohl
Blunzn	Blutwurst
Faschiertes	Hackfleisch
fett	betrunken
blunznfett	sehr betrunken
blaad	dick
gestopft	reich
leiwand	wunderbar, super
Pfosten	Idiot, Trottel
Hapfn	Bett

Stadttouren

Busrundfahrten

› **Vienna Sightseeing**, Weyringergasse 28A–30, Eingang Goldeggasse 29, U1 Hauptbahnhof, Tel. 71246830, www.viennasightseeing.at. Mehrere Routen werden angeboten, unter anderem die klassische Stadtrundfahrt sowie Fahrten ins Wiener Umland. Das Unternehmen bietet auch **Hop On Hop Off**, www.viennasightseeing.at/hop-on-hop-off. Die Gäste haben an bis zu 37 Haltestellen die Möglichkeit, so oft sie wollen ein- und auszusteigen – mit einem Ticket, das den ganzen Tag gültig ist. Es gibt insgesamt vier Routen in großteils offenen Bussen oder Doppeldeckerbussen. Man kann die Rundfahrten auch mit einer Schifffahrt auf der Donau oder dem Donaukanal verbinden.
› **Redbus Citytours**, Kärntner Straße 25, U1/U3 Stephansplatz, Tel. 5124030, www.redbuscitytours.at. Hop-on-hop-off-Touren durch Wien auf zwei Routen in 23 Sprachen.
› **Big Bus Tours**, Franz-Josefs-Kai 13, 1. Stock, U1, U4 Schwedenplatz, Tel. 90591000, deu.bigbustours.com/vienna/home.html. Das internationale Unternehmen bietet auch Busrundfahrten in Wien an.

› *Mit einer Busrundfahrt kann man sich einen guten Überblick verschaffen*

Stadttouren

Fiaker

Nicht gerade die günstigste, aber mit Sicherheit die schönste und stilvollste Art, Wien zu erkunden, ist die Fahrt mit einem Fiaker, den berühmten **zweispännigen Kutschen**, die aus dem Stadtbild Wiens nicht wegzudenken sind. Ende des 19. Jahrhunderts waren mehr als 1000 Fiaker in Wien unterwegs. Die Kutscher galten als stadtbekannte Originale. Der wohl berühmteste Kutscher war Josef Bratfisch, der Leibfiaker von Kronprinz Rudolf, der dessen Geliebte Mary Vetsera 1889 nach Mayerling ⑳ brachte, wo das Leben der beiden tragisch zu Ende ging. Tipp: Als besonders romantisch gilt die sogenannte **Porzellanfuhre**, die beim Fiaker geordert werden kann – eine besonders ruhige und gleichmäßige Fahrt.

Fiakerstandplätze findet man an verschiedenen Orten im Stadtzentrum: Stephansplatz ❶, Heldenplatz ㉚ (teilweise Michaelerplatz), Albertinaplatz ㉓, Petersplatz [G6] und Burgtheater ㊷. Die **kleine Rundfahrt** (circa 20 Minuten durch die innere Altstadt) kostet 55 €, die **große Rundfahrt** (circa 40 Minuten über die Ringstraße und durch die Altstadt) 80 €. Außerdem kann man individuelle Rundfahrten direkt bei den Fiakerunternehmen buchen.

Eine Liste der Fiakerunternehmen findet man unter folgendem Link: www.wko.at/Content.Node/branchen/w/TransportVerkehr/BefoerderungPKW/Fiaker.html.

Schifffahrt

Wien vom Wasser aus erkunden: Zwischen April und Oktober bietet die **DDSG Blue Danube** auf sechs Schiffen **Sightseeing-Rundfahrten** auf Donaukanal und Donau an – darunter auch Themenfahrten wie eine Heurigenfahrt mit Wiener Liedern oder Fahrten in die Wachau. Die **Donaukanalrundfahrt** kann man sogar in

EXTRATIPP

Rikscha-Service
- Die Wiener Innenstadt kann außer mit dem traditionellen Fiaker auch mit der Rikscha erkundet werden. Die Fahrzeuge bieten zwei Personen samt Handgepäck Platz.
- Bei **Velocityline** (www.velocityline.at, Tel. 4408800) sind derzeit 20 Rikschas auf verschiedenen Routen in der Wiener Innenstadt im Einsatz. Spezialfahrten sind auf Anfrage möglich. Eine 20-minütige Fahrt kostet 28 €.
- Das Fahrrad-Taxi **Faxi** (www.faxi.at, Tel. 0699 12005624) ist mit 12 Rikschas in Wien unterwegs. Innerhalb des ersten Bezirks zahlt man für eine Fahrt zu einem beliebigen Ziel 10 €. Für weitere Strecken, wie zum Beispiel nach Schloss Schönbrunn oder zum Zentralfriedhof, muss man 49 € pro Stunde zuzüglich An- und Abfahrtskosten bezahlen.
- Bei **Three Wheely** (www.three-wheely.at, Tel. 2364561) kann man aus drei verschiedenen Stadtrundfahrten wählen. Individuelle Routenwünsche können mit dem Fahrer vereinbart werden – 10 Minuten kosten pro Person 5 €. Die Fahrzeuge findet man auf belebten Innenstadtplätzen wie zum Beispiel am Stephansplatz.

Mit dem Fiaker über den Zentralfriedhof
Seit dem Frühjahr 2012 sind Fiakerfahrten im **Zentralfriedhof** ⓬ möglich: Der Standplatz beim Tor 2 ist von Donnerstag bis Sonntag von 10 Uhr bis circa 16.30 Uhr besetzt. Gefahren wird von Anfang April bis Ende September. Die Tour beinhaltet zahlreiche Ehrengräber prominenter Wiener Persönlichkeiten (Mozart, Schubert, Beethoven, Hans Moser, Falco usw.). Die kleine Rundfahrt (30 Minuten) kostet 40 €, die große (60 Minuten) 70 € pro Kutsche (für 4 Personen). Reservierungen sind von Montag bis Mittwoch unter Tel. 0699 18154022 möglich.

---

den Herbstmonaten November und Dezember mit der MS Blue Danube bestreiten. Die Schiffe der DDSG Blue Danube legen entweder bei der Reichsbrücke, in der Marina Wien oder bei der Schiffsstation „Wien City" am Donaukanal ab. Hier ankern auch die beiden Schnellkatamarane des **Twin City Liner**, die einen schnellen Shuttleservice von Wien nach Bratislava bieten (Tel. 58880, www.twincityliner.com).

- ●**214** [K4] **DDSG Blue Danube (1)**,
  Schifffahrtszentrum Reichsbrücke,
  Handelskai 265, Tel. 588800,
  www.ddsg-blue-danube.at
- ●**215** [H6] **DDSG Blue Danube (2)**,
  Schiffsstation Wien City, Schwedenplatz an der Marienbrücke, Tel. 588800,
  www.ddsg-blue-danube.at

Telefonieren

Die **Ländervorwahl für Österreich** lautet **0043**. Die **Vorwahl von Wien** ist die **01**. Wer von einem nicht österreichischen Handy oder vom Ausland aus eine Wiener Festnetznummer anrufen möchte, wählt zunächst die 0043 und lässt dann die 0 der Ortsvorwahl weg. Wer von Österreich aus nach **Deutschland** telefonieren möchte, wählt die 0049, die **Ländervorwahl der Schweiz** lautet 0041.

Besitzer von Smartphones sollten darauf achten, dass das **Datenroaming** deaktiviert ist, da ansonsten zusätzliche Gebühren anfallen können.

Die kostenlose **Notrufnummer** lautet **112**.

Praktische Reisetipps
Unterkunft

Unterkunft

In Wien stehen Unterkunftsmöglichkeiten in allen Preisklassen zur Verfügung. Von einfachen Jugendherbergen und **günstigen Hotels** bis hin zu den **Luxusunterkünften** sind den jeweiligen Bedürfnissen der Besucher kaum Grenzen gesetzt. Besonders in der touristischen Hauptsaison im Sommer, aber auch zu Ostern, Pfingsten und im Herbst kann es teilweise eng werden, was freie Kapazitäten betrifft. Es ist deshalb ratsam, rechtzeitig vor Beginn der Reise zu **reservieren**. Hotels und Pensionen können unter **www.wien.info/de/hotels** gebucht werden. Den telefonischen **Buchungsservice** der offiziellen Tourismusorganisation der Stadt Wien erreicht man unter Tel. +43 124555. Einen **Katalog** mit über 400 Hotels kann man ebenfalls auf der Internetseite der Tourist-Information downloaden (www.wien.info/de/reiseinfos/hotel-unterkunft/hotelguide). WLAN ist mittlerweile in fast allen Hotels vorhanden, auch in etlichen Pensionen.

Unterkunftstipps

Die im Anschluss aufgeführten Hotels befinden sich größtenteils zentrumsnah, teilweise aber auch über das gesamte Wiener Stadtgebiet verteilt. In der Regel besteht durch das gut ausgebaute Netz der öffentlichen Verkehrsmittel auch hier eine gute Anbindung ans Zentrum.

Gut und günstig

216 [D8] **Hostel Ruthensteiner** €, Robert-Hamerlinggasse 24, U3/U6 Westbahnhof, Tel. 8934202, www.hostelruthensteiner.com. **Top-Hostel seit 1968:** Die sympathische Herberge befindet sich in der Nähe des Westbahnhofs. Es werden auch Einzel- und Doppelzimmer vermietet.

217 [E7] **Hotel am Brillantengrund** €, Bandgasse 4, Straßenbahn 49 Westbahnstraße/Zieglergasse, Tel. 5233662, www.brillantengrund.com. **Hübscher Innenhof inklusive:** trotz der zentralen Lage in Wiens Szeneviertel und unweit des MuseumsQuartiers eine ruhige und preisgünstige Adresse.

218 [I5] **Hotel Praterstern** €, Mayergasse 6, U1/U2 Praterstern, Tel. 2140123, www.hotel-praterstern.at. **Gleich beim Riesenrad:** Günstiges, etwas hellhöriges Hotel in der Nähe des Praters mit leicht angestaubtem Charme. Die Einzelzimmer sind sehr klein, das Frühstück ist ordentlich.

219 [C9] **Kolpinghaus Wien-Meidling** €, Bendlgasse 10–12, U4/U6 Längenfeldgasse, Tel. 8135487, www.kolpinghauswien12.at. **Einfach und ordentlich:** Neben Mehrbettzimmern stehen auch etliche Doppel- und Einzelzimmer zur Verfügung. Die Zimmer sind einfach, aber sauber. Das Frühstück ist ausreichend. Verkehrsgünstig gelegen zwischen Schloss Schönbrunn und der Innenstadt.

220 [G9] **Vienna City Hostel,** Dampfgasse 8, U1 Keplerplatz, Tel. 5058843, www.viennacityhostel.at. **Sauber und zweckmäßig:** Hostel in der Nähe des neuen Hauptbahnhofs im Multikulti-Bezirk Favoriten.

Für die ganze Familie

221 Club Hotel Cortina €€, Hietzinger Hauptstraße 134, U4 Ober St. Veit, Tel. 8777406, www.clubhotelcortina.at. **Elegante Gegend:** im ruhigen und gediegenen Stadtteil Hietzing im Wiener Westen gelegenes angenehmes Hotel. Für Autofahrer positiv: Noch kein Kurzparkzonenbereich!

222 [E8] **Pension Kraml** €, Brauergasse 5, U4 Pilgramgasse, Tel. 5878588, www.pensionkraml.at. **Charmanter Geheimtipp:**

Unterkunft

> **Preiskategorien**
> Die angegebenen Preiskategorien gelten für zwei Personen im Doppelzimmer mit Frühstück. Die Preise können sich jedoch schnell ändern und sind deshalb ohne Gewähr.
> € bis 100 Euro
> €€ 100–180 Euro
> €€€ über 180 Euro

Familiäre Pension in Naschmarkt-Nähe mit gutem Frühstück.

223 [E7] **Pension Primavera** €, Mariahilfer Straße 72, U3 Neubaugasse, Tel. 0699 13130001, www.pensionprimavera.at. **Zentral und freundlich:** Die Familienpension verfügt neben Einzel-, Doppel- und Mehrbettzimmern auch über mehrere Appartements.

Wohlfühlen und genießen

224 [D9] **Hotel Fabrik** €€, Gaudenzdorfer Gürtel 73, U4 Margaretengürtel, Tel. 8132800, www.hotel-fabrik.at. **Wohnen in der Fabrik:** Das zwischen Schloss Schönbrunn und der Innenstadt am Gürtel gelegene, angenehme Hotel ist in einer ehemaligen Wäschefabrik untergebracht.

225 [G6] **Hotel König von Ungarn** €€€, Schulerstraße 10, U1/U3 Stephansplatz, Tel. 515840, www.kvu.at. **Im Schatten des Stephansdoms:** Zentraler und altehrwürdiger kann man in Wien kaum anderswo nächtigen als hier im Schatten des Stephansdoms. Die Lage und die Tradition seit 1746 haben natürlich ihren Preis.

226 [F5] **Hotel Regina** €€–€€€, Rooseveltplatz 15, U2 Schottentor, Tel. 404460, www.kremslehnerhotels.at. **Logieren an der Ringstraße:** Das direkt neben der Votivkirche gelegene Viersternehotel befindet sich in einem prächtigen Stadtpalais aus dem Jahre 1877.

227 [F4] **Hotel und Palais Strudlhof** €€, Pasteurgasse 1, Straßenbahn 5, 37, 38, 40, 41, 42 Spitalgasse/Währinger Straße oder Straßenbahn D Bauernfeldplatz, Tel. 3192522, www.strudlhof.at. **In romantischer Umgebung:** solides Mittelklassehotel direkt neben der berühmten Strudlhofstiege.

› **Hotel Sacher** €€€ (s. S. 39). **Der Wiener Klassiker:** Mit der Fernsehserie „Hallo, Hotel Sacher … Portier!" hat Fritz Eckhardt dem Hotel ein Denkmal gesetzt. Die Sachertorte tut ihr Übriges, um den Ruhm des Sacher auch weiterhin aufrechtzuerhalten.

› **Meliá Vienna** €€€, im DC Tower **75**, Tel. 190104, www.melia.com/de/hotels/austria/viena/melia-vienna/index.html. **Wohnen mit Fernblick:** Das Meliá Vienna befindet sich in Österreichs neu entstandenem höchsten Gebäude, dem DC Tower. Alle Zimmer sind mit großen Fenstern ausgestattet und bieten einen spektakulären Ausblick auf die Donau und die Stadt.

228 [G6] **Park Hyatt Vienna** €€€, Am Hof 2, U3 Herrengasse, Tel. 227401234, www.vienna.park.hyatt.com. **Nagelneuer Luxuspalast:** Der jüngste Luxustempel Wiens in der ehemaligen Länderbank-Zentrale am Hof wurde 2014 eröffnet und zieht Betuchte aus aller Welt an. Sehr schöne Eingangshalle!

Ruhig und persönlich

229 **Frühstückspension Alexandra Kasper** €–€€, An der Hölle 27, U1 Reumannplatz, Straßenbahn Per Albin Hansson Zentrum, Bus 17A Station Franzosenweg, Tel. 0650 2325262, www.pensionkasper.at. **Im ländlichen Süden:** Trotz des Straßennamens schläft man hier am südlichen Stadtrand himmlisch ruhig. Der Weinbauort Obarlaa ist ländlich geprägt; ins Zentrum ist es ein gutes Stück. Praktischer Self-Check-In mit Code.

230 [C9] **Hotel/Pension Riede** €, Niederhofstraße 18, U6 Niederhofstraße, Tel.

Praktische Reisetipps
Unterkunft

8138576, www.hotelriede.at. **Charmanter Geheimtipp**: In einem hübschen alten Jugendstilhaus im Bezirk Meidling befinden sich moderne Zimmer zu annehmbaren Preisen.

231 Pension Anzengruber €, Anzengruberstraße 59, U4 Hütteldorf, weiter mit Bus 249 Josef-Ressel-Straße, Tel. 9792214, www.pension-anzengruber.at. **Vorstadt-Idylle im Grünen**: Die gemütliche Pension im Landhausstil verfügt im Garten über einen Swimmingpool. Auch für Familien geeignet.

232 [D7] **Schreiners Wohnen** €€, Westbahnstraße 42, U6 Burggasse-Stadthalle, Tel. 0676 4754060, www.schreiners.cc. **Traumhafter Garten mitten in der Stadt**: Fünf gemütliche und ruhige Zimmer, die an eine Gastwirtschaft angeschlossen sind, stehen zur Verfügung. Freundlicher Service.

Besonders gut gelegen

233 [F6] **Benediktushaus** €, Freyung 6a, U3 Herrengasse, Tel. 53498900, www.benediktushaus.at. **Christliche Preise**: Gepflegtes und preisgünstiges Gästehaus in bester Altstadtlage, das vom katholischen Schottenstift betreut wird.

234 Hotel an der Wien €, Keißlergasse 24, U4 Hütteldorf, Tel. 9142114, www.hotelanderwien.at. **Leicht erreichbar im Wiener Westen**: Das im Westen direkt am Bahnhof Hütteldorf gelegene einfache Hotel lässt sich mit dem Auto von Deutschland aus über die Westautobahn unkompliziert erreichen. Ebenso unkompliziert kommt man mit der U4 nach Schönbrunn und in die Innenstadt.

235 [D8] **Hotel Fürstenhof** €, Neubaugürtel 4, U3 Westbahnhof, Tel. 5233267, www.hotel-fuerstenhof.at. **Leicht verstaubt mit Charme**: Direkt am Westbahnhof gelegenes, etwas in die Jahre gekommenes Hotel mit nostalgischem Charme. Die Zimmer zum viel befahrenen Gürtel sind nicht ganz leise.

236 [G6] **Pension Nossek** €€, Graben 17, U1/U3 Stephansplatz, Tel. 53370410, www.pension-nossek.at. **Zentraler geht's nicht**: Direkt am Graben im Herzen Wiens bietet die in einem Jugendstilhaus befindliche Pension ein großartiges Preis-Leistungs-Verhältnis – gerade angesichts der Tatsache, dass man hier zentraler nächtigt als im Sacher.

237 [G5] **Schweizer Pension** €-€€, Heinrichsgasse 2, U2/U4 Schottenring, Tel. 5338156, www.schweizerpension.com. **Mitten im 1. Bezirk**: Die Pension liegt zwischen der Kirche Maria am Gestade und dem Donaukanal.

Ausgefallene Konzepte

238 [H7] **Hotel Goldene Spinne** €€, Linke Bahngasse 1A, U3/U4 Landstraße – Wien Mitte, Tel. 7131742, www.goldenespinne.at. **Verruchte Vergangenheit**: Das ehemalige Stundenhotel aus den 1970er-Jahren hat sich längst zu einer ordentlichen Herberge gemausert – mit etwas Fantasie spürt man noch das erotische Knistern der Vergangenheit. Beste Lage in Stadtparknähe.

239 [I6] **Hotel Urania** €€, Obere Weißgerberstraße 7, U1/U4 Schwedenplatz, Straßenbahn 1 und O Radetzkyplatz, Tel. 7131711, www.hotel-urania.at. **Jedes Zimmer ein Unikat**: Das zentrumsnah gelegene, originelle Hotel bietet Design-Zimmern und gutes Frühstück.

240 [E7] **Rosa Linde** €-€€, Lindengasse 43/13–14, U3 Neubaugasse, Tel. 0664 4602023, www.rosalinde.at. **Zu Gast bei Wittgenstein, Freud und Goedel**: Das Bed & Breakfast bietet drei individuelle, nach bedeutenden Österreichern benannte und stilvoll eingerichtete Zimmer.

Aktiv und sportlich

241 Hostel Schlossherberge Wien, Savoyenstraße 2, U3 Otterkring, von dort Bus 46B Schloss Wilhelminenberg, Tel. 4810300,

Praktische Reisetipps
Verhaltenstipps

www.hostel.at. **Wienerwald und Weitblick:** Das Hostel am Wilhelminenberg (westlicher Stadtrand von Wien) verfügt über 41 Zimmer mit insgesamt 164 Betten. Alle Zimmer sind mit eigener Dusche und WC ausgestattet. Darüber hinaus verfügen die meisten Zimmer über eine Terrasse und bieten einen fantastischen Blick über Wien. Von hier aus bieten sich Wanderungen im Wienerwald an.

242 Strandhotel Alte Donau €€, Wagramer Straße 51, U1 Alte Donau, Tel. 2044040, www.strandhotel-alte-donau.at. Sehr schönes Hotel am Naherholungsgebiet Alte Donau. Mit der U1 ist man schnell in der Innenstadt. Im Sommer kann man vor der Haustüre baden.

Gayfreundlich und offen

243 [E6] **Pension Wild** €, Lange Gasse 10, U3 Volkstheater, Tel. 4065174, www.pension-wild.com. Freundliche Pension in guter Lage.

Campingplätze

244 Aktiv Camping Neue Donau, Am Kleehäufel, U2 Donaustadtbrücke, Tel. 2024010, www.campingwien.at, geöffnet: Mitte April bis Ende September. Idealer Campingplatz für Wasserratten nahe den Erholungsgebieten Lobau, Donau-Auen (s. S. 54) und der Donauinsel. Mit der U2 ist man in Windeseile im Prater oder in der Innenstadt.

245 Camping Wien Süd, Breitenfurter Straße 269, U6 Alterlaa, Tel. 8673649, www.wiencamping.at, geöffnet: Juni–August. Angenehmer Campingplatz im Südwesten Wiens.

246 Camping Wien West, Hüttelbergstraße 80, U4 Hütteldorf, Bus 52A Campingplatz Wien-West, Tel. 9142314, www.campingwien.at. Der Platz liegt am Rande des Wienerwaldes in unmittelbarer Nähe von Wander- und Mountainbikewegen; die öffentliche Verkehrsanbindung an die Innenstadt ist vorhanden. 25 Bungalows für bis zu vier Personen.

Verhaltenstipps

In Wien sollte man sich prinzipiell nicht anders verhalten wie überall auf der Welt. Allerdings wird in der Donaumetropole etwas mehr Wert auf **Höflichkeitsformen** gelegt als dies teilweise in Deutschland der Fall ist. Wer es vom Skiurlaub in Tirol gewohnt ist, die einheimische Bevölkerung zu duzen, sollte dies in Wien lieber unterlassen. Den Kellner im Wirtshaus oder den Herrn Ober im Kaffeehaus spricht man mit Sie an. Beim Weggehen und zu später Stunde am Würstelstand wird diese Regel dann oft nicht mehr so eng gesehen.

Falls man sich anhand der Wiener Begriffe und des Dialekts (s. S. 240) überfordert fühlt, nur keine Panik: **In der Ruhe liegt die Kraft.** In der Regel wird alles übersetzt und man wird sich bemühen, Hochdeutsch zu sprechen. Touristen sollten nicht den Fehler machen, mit den Wienern Wienerisch zu sprechen, außer sie beherrschen den Dialekt wirklich. Ansonsten wirkt der Piefke (leicht abschätzig für Deutscher) schnell peinlich.

Bei Taxifahrten sollte man schon vor Beginn der Fahrt fragen, wie viel es ungefähr kosten wird; nicht dass am Ende das böse Erwachen kommt.

▷ Klassische Wiener Straßenbahn vor dem österreichischen Parlament

Verkehrsmittel

Das **Netz** der Wiener Linien ist im Vergleich zu anderen europäischen Metropolen **hervorragend ausgebaut**, sodass man auf das Auto in Wien problemlos verzichten kann. Die für Touristen wichtigsten Verkehrsmittel sind U-Bahn, Straßenbahn und Busse. Auf S-Bahnen und Nahverkehrszüge ist man selten angewiesen – es sei denn, man besucht Ziele im Umland oder Bratislava.

Speziell mit den **U-Bahnen** kann man große Teile der Stadt in Windeseile durchkämmen. Insgesamt besteht das Liniennetz derzeit aus den fünf wichtigen Linien U1, U2, U3, U4 und U6. Die **U1** ist Wiens älteste Linie und verbindet den Stephansplatz mit Donauinsel, Alter Donau und der Endstation Leopoldau im Nordosten und dem Reumannplatz als Zentrum des 10. Bezirks Favoriten im Süden. Leider hat die alte U1-Station am Stephansplatz aufgrund bestimmter Baumaterialien ein permanentes Geruchsproblem. Zum Glück verkehren die U-Bahnen aber tagsüber im **5-Minuten-Takt**, wodurch unangenehm lange Wartezeiten die Ausnahme sind. Die **U2** orientiert sich vom Karlsplatz [G7] aus über die Ringstraße bis zum Schottenring und verläuft dann Richtung Prater und Stadlau. In den vergangenen Jahren wurde die Linie bis zur neu entstehenden Seestadt Aspern verlängert und stellt somit eine wichtige Anbindung an ehemals schwer erreichbare Stadtteile im äußersten Südosten dar. Die **U3** verläuft von Ottakring im Wiener Westen über den Westbahnhof und den Stephansplatz und führt von dort weiter nach Simmering. Etwas südlicher im Wienerwald-Vorort Hütteldorf beginnt die **U4** als eine der touristisch wichtigsten Linien. Ihr Verlauf erstreckt sich über Schloss Schönbrunn und das Wiental bis zu Karlsplatz und Schwedenplatz, um von hier weiter nach Heiligenstadt im Norden zu führen. Die teils oberirdische **U6** schließlich verläuft in weiten Strecken am Gürtel auf den Gleisen der ehemaligen Stadtbahn. Ihre Endhaltestellen sind im äußersten Südwesten Siebenhirten und im Nordosten Floridsdorf. Die **U5** ist gerade im Bau und die bereits bestehenden Linien werden derzeit teilweise verlängert, so beispielsweise die U1 im Süden bis nach Oberlaa.

Die vergleichsweise geringe Anzahl an Linien macht das Wiener U-Bahn-Netz übersichtlich. Die wichtigsten Verkehrsknotenpunkte sind neben Stephansplatz, Schwedenplatz und Karlsplatz der Westbahnhof, der Praterstern und der Schottenring.

Ergänzend zur U-Bahn verkehren in Wien viele **Straßenbahnlinien**. Man sollte sie als Tourist nach Möglichkeit nutzen, da die Tram einerseits selbst längst zu einer Wiener Sehenswürdigkeit geworden ist – wer Glück hat, erwischt noch einen der nostalgisch-historischen Wagen. Andererseits sieht man so mehr von der Stadt. Die Linien führen meist von der Ringstraße aus sternförmig in alle Himmelsrichtungen. Teilweise stellen sie auch Verlängerungen der U-Bahnstrecken dar – beispielsweise verkehrt ab der U3-Endhaltestelle Simmering die Straßenbahn weiter Richtung Zentralfriedhof.

Selbst die geografisch abgelegenen Ziele Wiens – für Touristen jedoch nicht die uninteressantesten – wie die Weinbaudörfer, der Kahlenberg oder die Lobau, sind mit öffentlichen Verkehrsmitteln zu erreichen. Dafür sorgen die unzähligen **Buslinien**, die ebenfalls zum öffentlichen Verkehrsnetz gehören, das von den Wiener Linien betreut wird.

> *Die Alte Donau bietet Urlaubsidylle mitten in der Stadt*

EXTRATIPP

Wien-Karte: Öffis inklusive Vergünstigungen

Die Wien-Karte ist in erster Linie eine **Fahrkarte für die öffentlichen Verkehrsmittel** (freie Fahrt mit U-Bahn, Bus und Tram). Daneben eröffnet sie über **200 Vorteile bei Museen und Sehenswürdigkeiten, Theatern und Konzerten, beim Einkaufen, in Cafés, Restaurants und beim Heurigen**. Man erhält sie für 48 oder 72 Stunden für 18,90 beziehungsweise 21,90 Euro in Hotels sowie in der Tourist-Info Albertinaplatz (täglich 9–19 Uhr), der Tourist-Info am Hauptbahnhof (s. S. 229) und der Tourist-Info Flughafen sowie bei Verkaufs- bzw. Informationsstellen der Wiener Linien (z. B. Stephansplatz, Karlsplatz, Westbahnhof, Landstraße/Wien Mitte). Gültig ist sie ab Ausstellungsdatum. Der inkludierte Fahrschein der Wiener Linien gilt nach Entwertung für 48 oder 72 Stunden. Ermäßigungen mit der Wien-Karte können jedoch noch am gesamten letzten Tag der Gültigkeit in Anspruch genommen werden. Eine Gebrauchsanweisung für die Wien-Karte findet man im **120-seitigen Kuponheft**, das jeder Käufer der Wien-Karte kostenlos erhält. Weitere Infos unter www.wien.info/de/reiseinfos/wien-karte.

Praktische Reisetipps
Verkehrsmittel

U-Bahnen verkehren täglich von circa 5 Uhr früh bis circa Mitternacht; Straßenbahnen und Busse beenden ihren Betrieb meist früher. Die Wiener U-Bahnlinien sind **Freitagnacht, Samstagnacht** und in den Nächten vor Feiertagen **24 Stunden** in Betrieb. Die Züge verkehren dann im 15-Minuten-Takt. Mehrere **Nachtbusse** fahren täglich von 0.30 bis 5 Uhr im 30-Minuten-Intervall. Am Wochenende ist der Fahrplan dem durchgängigen U-Bahn-Betrieb angepasst.

> www.wienerlinien.at

Tarife im öffentlichen Nahverkehr

Auch hier kann man Wien keine Vorwürfe machen: Im Vergleich zum Tarifdschungel vergleichbarer mitteleuropäischer Städte wie München ist das Wiener Tarifsystem relativ einfach zu durchschauen. Zwar sind auch hier die Preise in den vergangenen Jahren etwas in die Höhe gegangen – im Vergleich zu Paris oder London bewegt man sich in Wien aber **günstig durch die Stadt.**

Die **Fahrkarten** gelten in allen Straßenbahnen, Bussen und U-Bahnen der Wiener Linien. Jeder entwertete Fahrschein ist bis zum Erreichen des Fahrtziels inklusive Umsteigen (auch mehrmals) gültig. Ein **Einzelticket** für das gesamte Wiener Stadtgebiet kostet 2,20 € (Kinder 1,20 €), die 24-Stunden-Netzkarte 7,60 €, die 48-Stunden-Netzkarte 13,30 €, die 72-Stunden-Netzkarte 16,50 €, die Wochenkarte (nur gültig von Montag bis Montag 9 Uhr) 16,20 €.

Wer mit der S-Bahn ins Umland fährt, muss zusätzliche Zonen erwerben (z. B. einfache Fahrt nach Klosterneuburg: Kernzone plus eine Außenzone: 4,40 €). Man kann den gewünschten Ort am Automaten eingeben.

Einzelfahrscheine sind auch in Straßenbahnen und Bussen gegen einen geringen Aufpreis für 2,30 € (Kinder: 1,20 €) erhältlich. Sie sind für eine Fahrt inklusive Umsteigen gültig. Kinder bis 6 Jahre fahren kostenlos.

Taxis

In Wien sind sehr viele Taxis unterwegs und es ist in der Regel auch nachts nur eine Frage von Minuten, ein freies Taxi zu bekommen. Hier drei Internetadressen und Telefonnummern von Wiener Taxiunternehmen:

> **www.taxi60160.at,** Tel. 60160
> **www.taxi31300.at,** Tel. 31300
> **www.taxi40100.at,** Tel. 40100

Wetter und Reisezeit

Das Wetter in Wien ist vergleichbar mit anderen mitteleuropäischen Großstädten. Klimatisch liegt das Wiener Becken im Übergangsbereich von atlantischem und zentraleuropäischem Klima. Während es im Wienerwald regnet, scheint möglicherweise in der Lobau die Sonne. Zum Teil dringen atlantische Tiefausläufer bis nach Ostösterreich vor, teilweise liegt Wien jedoch auch wochenlang in einem osteuropäischen Hochdruckgebiet.

Der **Winter** kann in Wien sehr kalt werden. Teilweise schneit es auch stark, wobei der Schnee in den vergangenen Jahren nur noch selten lange liegen blieb. Im Spätherbst und Winter herrscht, begünstigt durch die Donau, häufig Hochnebel über Wien. Dieses oft wochenlange Grau in Grau schlägt sich auch auf die Mentalität der Bevölkerung nieder. Die Wiener wirken dann trotz der Bälle Anfang des Jahres oft selbst etwas grau und melancholisch.

Auch im Advent hat Wien seine hübschen Ecken, als klassisches Vorweihnachtsziel kann man die Stadt jedoch nicht bezeichnen.

Im **Frühling** um Ostern blüht die Stadt regelrecht auf. Im April im Prater die Bäume und spätestens ab Mai auch die Menschen; sie verlassen ihre Wohnungen und genießen die Sonne im Freien. Allerdings kann es im Frühling gelegentlich regnen.

Ab Juni beginnt in Wien der **Sommer** und im Juli und August kann es in Wien richtig heiß werden. Dann ist es in der staubigen Hitze der Innenstadt mit all ihren Massen an Touristen oft nicht mehr ganz so angenehm. Erholsame Oasen der Entspannung bieten dann die Bäder an der Alten Donau (s. S. 238) oder Ausflüge in den kühlen Wienerwald. Allerdings haben die **Wiener Sommernächte** ihren eigenen Reiz: In den Straßenschluchten riecht es eher mediterran und südosteuropäisch und wer in einer lauen Hochsommernacht in einem Wiener Weinberg den Grillen bei einem Glas Wein zuhört, der will gar nicht mehr weiter nach Süden reisen.

Wien hat sicherlich das ganze Jahr über seine speziellen Reize. Museumsliebhaber werden speziell die kühleren Monate schätzen, in denen die Sehenswürdigkeiten weniger stark frequentiert sind. Speziell die Monate **Oktober und November** sind gute Reisemonate, wenn sich im Prater oder im Zentralfriedhof das Laub der Bäume verfärbt und es noch wunderbar sonnige Tage gibt. Manche Wien-Kenner halten den Herbst sogar für die schönste Jahreszeit, da auch die Touristenströme langsam weniger werden und die Wiener Gemütlichkeit wieder Einzug hält. Die klassische Reisezeit für Wien sind allerdings die Monate von April bis September.

ANHANG

Das komplette Programm zum Reisen und Entdecken von
REISE KNOW-HOW

- **Reiseführer** – alle praktischen Reisetipps von kompetenten Landeskennern
- **CityTrip** – kompakte Informationen für Städtekurztrips
- **CityTrip^PLUS** – umfangreiche Informationen für ausgedehnte Städtetouren
- **InselTrip** – kompakte Informationen für den Kurztrip auf beliebte Urlaubsinseln
- **Wohnmobil-Tourguides** – alle praktischen Reisetipps für Wohnmobil-Reisende
- **Wanderführer** – exakte Tourenbeschreibungen mit Karten und Anforderungsprofilen
- **KulturSchock** – Orientierungshilfe im Reisealltag
- **Kauderwelsch Sprachführer** – vermitteln schnell und einfach die Landessprache
- **Kauderwelsch plus** – Sprachführer mit umfangreichem Wörterbuch
- **world mapping project™** – aktuelle Landkarten, wasserfest und unzerreißbar
- **Edition REISE KNOW-HOW** – Geschichten, Reportagen und Abenteuerberichte

Zu Hause und unterwegs – intuitiv und informativ
▶ www.reise-know-how.de

- **Immer und überall** bequem in unserem Shop einkaufen
- Mit **Smartphone, Tablet** und **Computer** die passenden Reisebücher und Landkarten finden
- **Downloads** von Büchern, Landkarten und Audioprodukten
- Alle **Verlagsprodukte** und **Erscheinungstermine** auf einen Klick
- **Online** vorab in den Büchern **blättern**
- Kostenlos **Informationen, Updates** und **Downloads** zu weltweiten Reisezielen abrufen
- **Newsletter** anschauen und abonnieren
- Ausführliche **Länderinformationen** zu fast allen Reisezielen

Weitere Titel für die Region von REISE KNOW-HOW

CityTrip Innsbruck

Sven Eisermann
978-3-8317-2481-9
11,95 Euro [D]

CityTrip Salzburg

Margit Brinke, Peter Kränzle
978-3-8317-2642-4
11,95 Euro [D]

Mit begleitendem Service für Smartphones, Tablets & Co.:
→ GPS-Daten aller beschriebenen Örtlichkeiten
→ Stadtplan als GPS-PDF

Viele reisepraktische Infos | Sorgfältige Beschreibung der interessantesten Sehenswürdigkeiten | Historische Hintergründe der Stadt | Geschichte der Region Detaillierte Stadtpläne | Empfehlenswerte Unterkünfte | Restaurants aller Preisklasse Erlebnisreiche Stadtrundgänge | Mit City-Faltplan zum Herausnehmen | 144 Seiten

www.reise-know-how.de

Register

A
Abendgestaltung 40
Alberner Hafen 191
Albertina 113
Albertinaplatz 115
Alltag 66
Alte Donau 195
Alterlaa 51
Altes Rathaus, Bratislava 213
Am Hof 96
Ankeruhr 98
Anreise 222
Antiquitäten 20
Apps 230, 276
Archäologischer Park Carnuntum 203
Architektur 50
Arsenal 140, 152
Arzt 233
Augarten 154, 162
Augustin 105
Augustinerkirche 116
Ausflüge 199
Ausgehen 40
Außenministerium 90
Autofahren 223
Awaren 61

B
Baiern 61
Barnabitenkirche 142
Bars 40
Baumgartner Höhe 172
Beethoven, Ludwig van 49
Belvedere 150
Blaue Kirche, Bratislava 213
Blutgasse 107
Bobos 69
Böhmischer Prater 184
Botschaften 227
Bratislava 205
Bratislavaer Burg 207
Bratislava-Ticket 207
Bratislavský hrad 207
Brücke des Slowakischen Nationalaufstands 215
Bücher 21, 231
Burg Devín 218
Burggarten 124
Burgtheater 135
Bus 248
Busrundfahrten 240

C
Cafe Korb 100
Cafés 38
Café Sacher 39
Camping 246
Carnuntum 203
Christkindlmärkte 16
Citybike 236

D
DC Tower 193
Delikatessen 21
Denkmal der Roten Armee 148
Der Dritte Mann 146
Devínska Kobyla 219
Dialekt 240
Diplomatische Vertretungen 227
Diskotheken 42
Dollfuß, Engelbert 64
Domschatz 86
Dóm svätého Martina 212
Donau 192
Donau City 192
Donauinselfest 16
Donaupark 194
Donauturm 194
Dornauszieher 81
Dreimäderlhaus 140
Dürer, Albrecht 115

E
Einkaufen 19
Einkaufsviertel 19
Einkaufszentren 22
Eisenbahn 222
Elisabeth-Kapelle 160

Register

Elisabethkirche, Bratislava 213
Entspannung 52, 237
Ernst Fuchs Museum 173
Ernst-Happel-Stadion 155
Ernst-Hinterberger-Hof 166
Essen und Trinken 25
Eugen von Savoyen 150
EURegio-Ticket Slowakei 207
Events 14

F
Fahrrad 235
Falco 189
Feiertage 15
Feldhase 115
Festivals 14
Fiaker 241
Filme 232
First Vienna Football Club 239
Flaktürme 163
Flohmärkte 25, 145
Flughafen 222
FPÖ 67
Franz Ferdinand 64
Franz-Josephs-Gruft 113
Franz-von-Assisi-Kirche 159
Freibäder 237
Fremdenverkehrsamt 229
Freyung 91
Friedensreich Hundertwasser 153
Friedhof der Namenlosen 191
Fußball 239

G
Galerien 22, 48
Gartenpalais Liechtenstein 141
Gasometer 182
Geisterbahnen 157
Geldfragen 227
Gemeindebau 59
Geschichte 61
Geschichte, Bratislava 205
Gold Pass 179
Graben 87
Griechengasse 105

Grinzing 167
Gruft von Sankt Michael 90
Grüner Prater 154
Gürtel 140

H
Habsburger 62
Hafen Open Air 16
Hallenbäder 239
Hauptbahnhof 223
Hauptplatz, Bratislava 213
Haus des Meeres 143
Heeresgeschichtliches Museum 152
Heiligenkreuz 201
Heldenplatz 123
Hermesvilla 54
Herr Karl 70
Heuriger 34, 168, 180
Historické múzeum, Bratislava 208
Hlavné námestie 213
Hofburg-Komplex 112
Hofreitschule 119
Hoher Markt 98
Homosexualität 236
Hostels 243
Hotel Orient 93
Hotels 243
Hrad Devín 218
Hundertwasserhaus 153
Hviezdoslav-Platz 212

I
IAEO 194
Informationsquellen 228
Innereien 29
Internationale Atom-Energieorganisation 194
Internet 229, 233
Internetcafés 233

J
Jagdschloss Mayerling 202
Judenplatz 94
Jüdisches Museum 110
Jugendliche 55
Jürgens, Udo 189

Register

K

Kabarett 45
Kaffeehäuser 38
Kahlenberg 169
Kaiserappartements 120
Kaiser Franz Joseph 64
Kaisergruft 112
Kaiserliche Schatzkammer 122
Kaisermühlen 192, 195
Kalender 14
Kapuzinergruft 112
Karl-Marx-Hof 165
Karlsgruft 113
Karlskirche 146
Karmelitermarkt 160
Karmel Mayerling 202
Kärntner Straße 110
Kartensperrung 233
Katakomben 86
Kathedrale zum Heiligen Nikolaus 149
KHM 126
Kinder 55
Kinos 45
Kirche am Hof 96
Kirche am Steinhof 172
Kirche Sankt Leopold 172
Kleeblattgasse 98
Kleinkunst 45
Klima 250
Klosterneuburg 199
Klubs 42
Kneipen 40
Kohlmarkt 88
Konzerte 43
Kornhäuselturm 100
Kostol svätej Alžbety 213
Krankenhaus 233
Kronprinzengarten 177
Küche, österreichische 25, 27
Kultur 46
Kunst 46
Kunsthalle Wien 133
Kunsthistorisches Museum 126
Kursalon Hübner 109
Kurzparkzonen 225

L

Lainzer Tiergarten 53
Langobarden 61
Leopold Museum 132
Leopoldsberg 169
Lesben 236
Lieber Augustin 105
Literaturtipps 231
Lobau 54
Lokale 27
Luxusshops 20

M

Mahnmal gegen Krieg und Faschismus 116
Maria am Gestade 93
Mariahilfer Straße 142
Maria-Theresien-Denkmal 128
Märkte 24
Martinsdom 212
Mauer 180
Mayerling 202
Meidlinger L 182
Menschen mit Behinderung 226
Mentalität 68
Mexikoplatz 159
Michaelerkirche 89
Michaelertrakt 119
Minoritenplatz 90
Mölker Bastei 139
Most SNP 215
Mozarthaus 107
Mozart, Wolfgang Amadeus 49
mumok 132
Museen 46
Museum Judenplatz 111
MuseumsQuartier 130
Musical 43
Musik 43
Musikerwohnungen 49

N

Nachtleben 40
Nachwuchs 55
Nahverkehr, öffentlicher 249
Naschmarkt 144

Register

Nationalbibliothek 118
Nationalpark Donau-Auen 54
Nationalrat 134
Naturhistorisches Museum 129
Neidhart-Fresken 98
Neidhartgrab 83
Neue Donau 195
Neuer Markt 110
NHM 129
Nino aus Wien 161
Notfälle 233
Notruf 233
Nussberg 170

O

Öffnungszeiten 234
Oper 43
Opernball 15
Orth 203
Österreichische Nationalbibliothek 118

P

Palais Collato 96
Palais Kinsky 92
Palais Liechtenstein 90
Palais Schwarzenberg 149
Palais Starhemberg 90
Palmenhaus 124, 178
Parken 225
Parks 53
Parlament 133
Pasqualatihaus 140
Passagen 22
Pestsäule 88
Peterskirche 97
Pkw 223
Polizei 233
Prater 154
Pressburg 205
Promenade 212

Q, R

Qualtinger, Helmut 70
Radfahren 235
Raucher 28

Restaurants 27
Reuenthal, Neidhart von 98
Reumannhof 166
Riesenrad 154, 156
Rikschas 242
Ring 140
Ringstraße 72
Ringstraße, westliche 125
Römer 61
Rotes Wien 64, 166
Rudolf I. 62
Ruprechtskirche 101

S

Sachertorte 39
Sandberg 219
Schatzkammer 122
Schifffahrt 241
Schloss Belvedere 150
Schloss Concordia 190
Schloss Orth 203
Schloss Schönbrunn 173
Schmetterlinghaus 124
Schönbrunn 173
Schottenstift 91
Schuhgeschäfte 23
Schwarzenbergplatz 148
Schwechat 222
Schwedenplatz 103
Schwule 236
Secession 145
Servitenviertel 140, 141
Shopping 19
Shoppingmalls 22
Sicherheit 237
Silberkammer 120
Simmering 183
Sisi-Museum 120
Slavín 216
Slawen 61
SNP-Brücke 215
Souvenirs 24
Spanische Hofreitschule 119
Sparen 227
Spaziergänge 78, 105, 170, 185, 195, 209

Spittelberg 132
Sport 237
Sprache 240
Staatsoper 125
Stadtbezirke 60
Stadtpark 108
Stadttempel 100
Stadttouren 240
Stará radnica 213
Starhemberg-Bankerl 83
Steffl 80
Stephansdom 80
Stephansplatz 76
Stift Heiligenkreuz 201
Stift Klosterneuburg 199
St. Michael 89
Stock im Eisen 76
Strandbäder 237
Straßenbahn 125
Strauss, Johan 49
Strauss, Johann 109
Strudlhofstiege 141
Synagoge 100

T
Tankstellen 224
Taxis 249
Telefonieren 242
Termine 14
Theater 43
Thebener Kogel 219
Theodor-Herzl-Platz 105
Therme 239
Tiefer Graben 92
Tiergarten Schönbrunn 180
Tourist-Info, Bratislava 205
Tourist-Info, Wien 229
Türkenbelagerung 63
Türkenschanzpark 54

U
U-Bahnen 247
Übernachten 243
UNO-City 194
Untergrund 102

Unterkunft 243
Unterlaa 185
Urania 104

V
Vegetarier 32
Verhaltenstipps 246
Verkehrsmittel 247
Vermählungsbrunnen 99
Vienna International Centre 194
Viennale 16
Virgilkapelle 77
Volksgarten 134
Vorwahl 7, 242
Votivkirche 138

W
Wagner, Otto 172
Wandern 170, 185, 239
Wasser 109
Weihnachtsmarkt 16
Wein 24, 34, 165
Weindorf Mauer 180
Werkbundsiedlung 51
Wetter 250
Wienerisch 240
Wienerlied 161
Wiener Neustädter Altar 85
Wiener Oktoberrevolution 64
Wiener Rathaus 136
Wiener Süden 182
Wiener Westen 172
Wiener Würstel 116
Wien Museum 148
WLAN 233
Wotrubakirche 180
WU-Campus 158
Wurstelprater 156
Wüstenhaus 180

Z
Zahnwehherrgott 86
Zeitungen 230
Zentralfriedhof 187
Zeughaus 96

Der Autor

Sven Eisermann hat sich in Wien verliebt, als er als kleiner Junge das erste Mal im Prater mit einer Geisterbahn fahren durfte. In den darauffolgenden Jahrzehnten hat der gebürtige Bayer große Teile seiner Freizeit in Wien verbracht. Neben intensiver Beschäftigung mit der Wiener Geschichte und Mentalität sowie tiefgehenden Recherchen zu Hauptsehenswürdigkeiten wie Stephansdom und Schloss Schönbrunn begab er sich regelmäßig auf Spaziergänge abseits der ausgetretenen Touristenrouten. Dabei lernte er aufregende Seiten der Stadt kennen, die sonst nur den Wienern vorbehalten sind. Der Autor lebt mittlerweile am Stadtrand von Wien und kennt Stadt und Umland wie seine Westentasche. Von ihm sind im REISE KNOW-HOW Verlag auch Reiseführer über München und Innsbruck erschienen.

Schreiben Sie uns

Dieses Buch ist gespickt mit Adressen, Preisen, Tipps und Daten. Unsere Autoren recherchieren unentwegt und erstellen alle zwei Jahre eine komplette Aktualisierung, aber auf die Mithilfe von Reisenden können sie nicht verzichten. Darum: Teilen Sie uns bitte mit, was sich geändert hat oder was Sie neu entdeckt haben. Gut verwertbare Informationen belohnt der Verlag mit einem Sprachführer Ihrer Wahl aus der Reihe „Kauderwelsch".

Kommentare übermitteln Sie am einfachsten, indem Sie die Web-App zum Buch aufrufen (siehe Umschlag hinten) und die Kommentarfunktion bei den einzelnen auf der Karte angezeigten Örtlichkeiten oder den Link zu generellen Kommentaren nutzen. Wenn sich Ihre Informationen auf eine konkrete Stelle im Buch beziehen, würde die Seitenangabe uns die Arbeit sehr erleichtern. Unsere generellen Kontaktdaten siehe Impressum.

Impressum

Sven Eisermann

CityTrip^PLUS Wien

© REISE KNOW-HOW Verlag
Peter Rump GmbH
1. Auflage 2015

Alle Rechte vorbehalten.

ISBN 978-3-8317-2598-4
PRINTED IN GERMANY

Druck und Bindung:
 Media-Print, Paderborn

Herausgeber: Klaus Werner
Layout: amundo media GmbH
 (Umschlag, Inhalt),
 Peter Rump (Umschlag)
Lektorat: amundo media GmbH
Karten: Ingenieurbüro B. Spachmüller,
 amundo media GmbH
Anzeigenvertrieb: KV Kommunalverlag GmbH & Co. KG, Alte Landstraße 23, 85521 Ottobrunn, Tel. 089 928096-0, info@kommunal-verlag.de
Kontakt: Osnabrücker Str. 79, 33649 Bielefeld, info@reise-know-how.de

Alle Angaben in diesem Buch sind gewissenhaft geprüft. Preise, Öffnungszeiten usw. können sich jedoch schnell ändern. Für eventuelle Fehler übernehmen Verlag wie Autor keine Haftung.

Bildnachweis

Umschlagvorderseite: Fotolia.com © pure-life-pictures | Umschlagklappe rechts: Sven Eisermann
Soweit ihre Namen nicht vollständig am Bild vermerkt sind, stehen die Kürzel an den Abbildungen für die folgenden Fotografen, Firmen und Einrichtungen. Christian Kadluba: ck | fotolia.de: fo | M. Tretera: mt | Sven Eisermann: se

Cityatlas

Detailkarte Grinzing

1 cm = 280 m
0 600 m

Detailkarte Schönbrunn

1 cm = 150 m
0 400 m

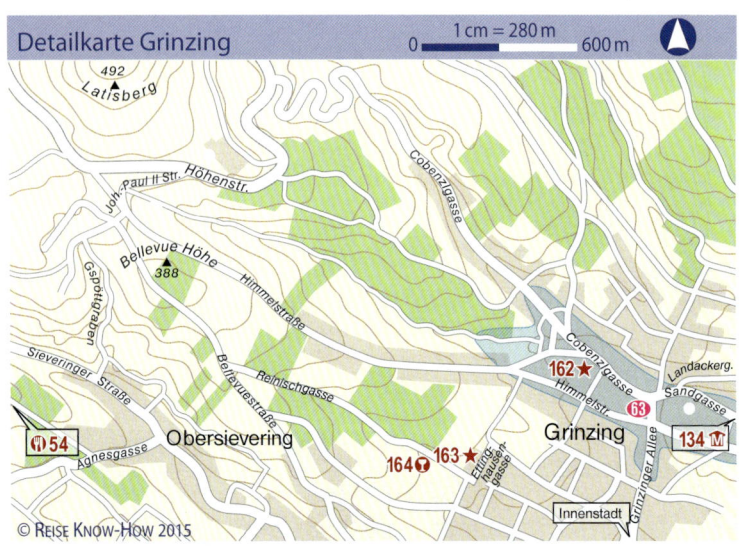

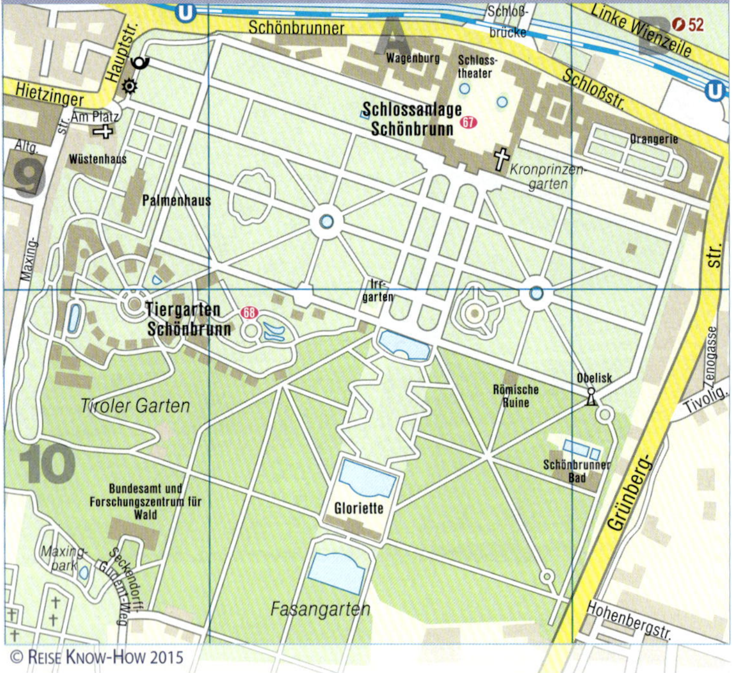

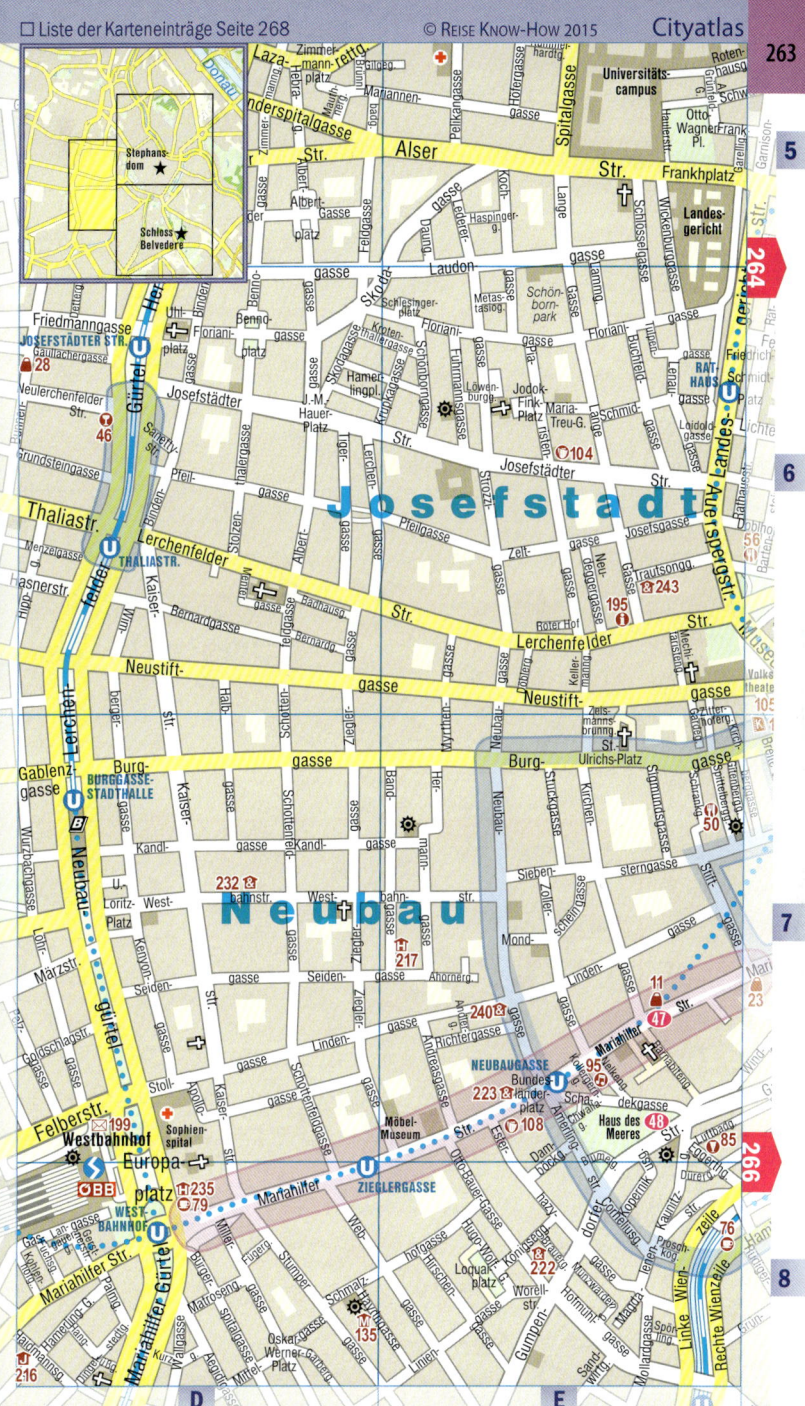

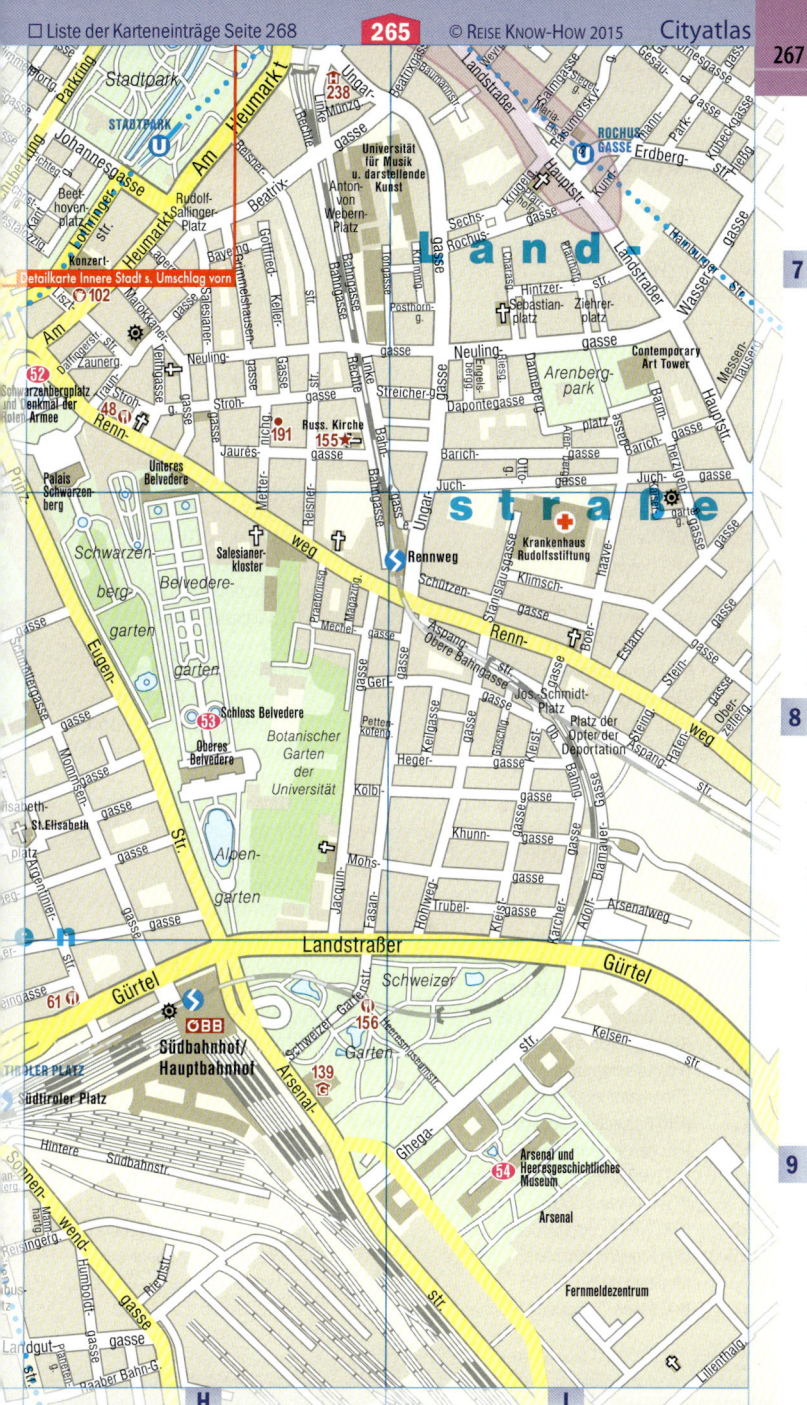

Liste der Karteneinträge

- ❶ [G6] Stephansplatz S. 76
- ❷ [G6] Stephansdom S. 80
- ❸ [G6] Graben S. 87
- ❹ [G6] Michaelerkirche S. 89
- ❺ [F6] Minoritenplatz S. 90
- ❻ [F6] Rund um die Freyung S. 91
- ❼ [G6] Tiefer Graben und Hohe Brücke S. 92
- ❽ [G6] Maria am Gestade S. 93
- ❾ [G6] Judenplatz S. 94
- ❿ [G6] Am Hof S. 96
- ⓫ [G6] Peterskirche S. 97
- ⓬ [G6] Neidhart-Fresken S. 98
- ⓭ [G6] Hoher Markt und Ankeruhr S. 98
- ⓮ [G6] Rund um den Kornhäuselturm S. 100
- ⓯ [G6] Ruprechtskirche S. 101
- ⓰ [H6] Schwedenplatz S. 103
- ⓱ [G6] Mozarthaus S. 107
- ⓲ [H6] Stadtpark S. 108
- ⓳ [G6] Kärntner Straße und Neuer Markt S. 110
- ⓴ [G6] Jüdisches Museum S. 110
- ㉑ [G6] Kaisergruft (Kapuzinergruft) S. 112
- ㉒ [G7] Albertina S. 113
- ㉓ [G7] Albertinaplatz S. 115
- ㉔ [G6] Augustinerkirche S. 116
- ㉕ [G6] Prunksaal der Österreichischen Nationalbibliothek S. 118
- ㉖ [F6] Michaelertrakt S. 119
- ㉗ [G6] Spanische Hofreitschule S. 119
- ㉘ [F6] Kaiserappartements, Silberkammer, Sisi-Museum S. 120
- ㉙ [G6] Kaiserliche Schatzkammer S. 122
- ㉚ [F6] Heldenplatz S. 123
- ㉛ [G7] Burggarten und Schmetterlinghaus (Palmenhaus) S. 124
- ㉜ [G7] Wiener Staatsoper S. 125
- ㉝ [F7] Kunsthistorisches Museum (KHM) S. 126
- ㉞ [F7] Maria-Theresien-Denkmal S. 128
- ㉟ [F6] Naturhistorisches Museum (NHM) S. 129
- ㊱ [F7] MuseumsQuartier S. 130
- ㊲ [F7] mumok S. 132
- ㊳ [F7] Leopold Museum S. 132
- ㊴ [F7] Kunsthalle Wien S. 133
- ㊵ [F6] Parlament S. 133
- ㊶ [F6] Volksgarten S. 134
- ㊷ [F6] Burgtheater S. 135
- ㊸ [F6] Wiener Rathaus S. 136
- ㊹ [F5] Votivkirche S. 138
- ㊺ [F6] Mölker Bastei S. 139
- ㊻ [F4] Strudlhofstiege und Servitenviertel S. 141
- ㊼ [E7] Mariahilfer Straße S. 142
- ㊽ [E7] Haus des Meeres S. 143
- ㊾ [F7] Naschmarkt S. 144
- ㊿ [G7] Secession S. 145
- ㊑ [G7] Karlskirche S. 146
- ㊒ [H7] Schwarzenbergplatz und Denkmal der Roten Armee S. 148
- ㊓ [H8] Schloss Belvedere S. 150
- ㊔ [I9] Arsenal und Heeresgeschichtliches Museum S. 152
- ㊕ [I6] Hundertwasserhaus S. 153
- ㊖ [J6] Prater (Grüner Prater) S. 154
- ㊗ [I5] Wurstelprater und Riesenrad S. 156
- ㊘ [K5] WU-Campus S. 158
- ㊙ [J4] Franz-von-Assisi-Kirche (Mexikoplatz) S. 159
- ㊚ [H5] Rund um den Karmelitermarkt S. 160
- ㊛ [G4] Augarten S. 162
- ㊜ [F1] Karl-Marx-Hof S. 165
- ㊝ [S. 262] Grinzing S. 167
- ㊞ [S. 272] Kirche am Steinhof und Baumgartner Höhe S. 172
- ㊟ [A9] Schlossanlage Schönbrunn S. 173
- ㊠ [A10] Tiergarten Schönbrunn S. 180
- ㊡ [S. 272] Weindorf Mauer und Wotrubakirche S. 180
- ㊢ [S. 272] Gasometer S. 182

Cityatlas
Liste der Karteneinträge

- ㊶ [S. 272] Böhmischer Prater S. 184
- ㊷ [S. 272] Zentralfriedhof S. 187
- ㊸ [S. 272] Friedhof der Namenlosen und Alberner Hafen S. 191
- ㊹ [K3] Donau City S. 192
- ㊺ [K3] DC Tower S. 193
- ㊻ [K3] Vienna International Centre (UNO-City) S. 194
- ㊼ [K2] Donaupark und Donauturm S. 194
- ㊽ [S. 272] Stift Klosterneuburg S. 199
- ㊾ [S. 272] Stift Heiligenkreuz S. 201
- ㊿ [S. 272] Karmel Mayerling S. 202
- ⑧¹ [S. 272] Schloss Orth S. 203
- ⑧² [S. 272] Carnuntum S. 203
- ⑧³ [S. 210] Bratislavaer Burg (Bratislavský hrad) S. 207
- ⑧⁴ [S. 210] Martinsdom (Dóm svätého Martina) S. 212
- ⑧⁵ [S. 210] Promenade (Hviezdoslav-Platz, Hviezdoslavovo námestie) S. 212
- ⑧⁶ [S. 210] Elisabethkirche (Blaue Kirche, Kostol svätej Alžbety) S. 213
- ⑧⁷ [S. 210] Hauptplatz (Hlavné námestie) und Altes Rathaus (Stará radnica) S. 213
- ⑧⁸ [S. 210] SNP-Brücke (Brücke des Slowakischen Nationalaufstands, Most SNP) S. 215
- ⑨⁰ [S. 272] Burg Devín (Hrad Devín) S. 218
- ⑨¹ [S. 272] Sandberg S. 219

- ▲1 [G6] Augarten Flagshipstore S. 20
- ▲2 [G6] Kirsch Antiquitäten S. 20
- ▲3 [G6] Palais Dorotheum S. 20
- ▲4 [G6] Buchhandlung Frick S. 21
- ▲5 [G6] Morawa S. 21
- ▲6 [F7] Phil S. 21
- ▲7 [G6] Altmann & Kühne S. 21
- ▲8 [H6] Böhle – Delikatessen und Bistro S. 21
- ▲9 [G6] Julius Meinl am Graben S. 21
- ▲10 [G6] Manner-Shop S. 21
- ▲11 [E7] Gerngross S. 22
- ▲12 [G6] Steffl S. 22
- ▲13 [F6] Ferstel-Passage S. 22
- ▲14 [G7] Ringstraßen Galerien S. 22
- ▲17 [F7] Anukoo S. 23
- ▲18 [G6] Emis Modegalerie S. 23
- ▲19 [F7] FLO Vintage S. 23
- ▲20 [H6] Herzilein S. 23
- ▲21 [G6] Knize S. 23
- ▲22 [G6] Mühlbauer Hutmanufaktur S. 23
- ▲23 [F7] Humanic Megastore S. 23
- ▲24 [F6] Ludwig Reiter Schuhmanufaktur S. 23
- ▲25 [C4] Original Wiener Schneekugelmanufaktur S. 24
- ▲26 [H6] Wiener Rosenmanufaktur S. 24
- ▲27 [C8] Weinhandlung Rudolf Polifka S. 24
- ▲28 [D6] Brunnenmarkt und Yppenmarkt S. 25
- ▲29 [G3] Hannovermarkt S. 25
- ⓘ31 [G6] Gasthaus Pöschl S. 27
- ⓘ32 [G6] Gastwirtschaft zu den 3 Hacken S. 28
- ⓘ33 [G6] Kolar-Beisl S. 28
- ⓘ34 [H6] Plachutta S. 28
- ⓘ35 [B6] Bierfink S. 29
- ⓘ36 [K9] Barbanek S. 29
- ⓘ37 [H2] Gasthaus Kopp S. 29
- ⓘ38 [C8] Gasthaus Quell S. 29
- ⓘ40 [B7] Heidingers Gasthaus S. 29
- ⓘ41 [E8] Gasthaus Woracziczky S. 30
- ⓘ42 [F5] Rebhuhn S. 30
- ⓘ44 [A4] Weinhaus Arlt S. 30
- ⓘ45 [B4] Wein- und Bierhaus Brandstetter S. 30
- ⓘ46 [D6] Weinhaus Sittl (Pelikanstüberl) S. 31
- ⓘ47 [F7] On Market S. 31
- ⓘ48 [H7] Phó & Saigon Market S. 31
- ⓘ49 [G6] Sushi Bada S. 31
- ⓘ50 [E7] Amerlingbeisl S. 32
- ⓘ51 [G6] Bio Bar von Antun S. 32
- ⓘ52 [B9] Hollerei S. 32

Cityatlas
Liste der Karteneinträge

- **53** [F6] yamm! S. 32
- **54** [S. 262] Häuserl am Stoan S. 33
- **55** [H5] Le Loft S. 33
- **56** [F6] Cantina Osteria Friulana S. 31
- **57** [H6] Da Capo S. 31
- **58** [H6] Ristorante Al Borgo S. 31
- **59** [G6] Ristorante Fratelli S. 31
- **60** [H4] Am Nordpol 3 S. 34
- **61** [H9] Böhmerwald S. 34
- **62** [J7] Lubin S. 34
- **63** [J8] O'connors Old Oak Pub S. 34
- **64** [H5] smokey's S. 34
- **70** [G6] Café Bräunerhof S. 38
- **71** [F6] Café Central S. 39
- **72** [G6] Cafe Korb S. 39
- **73** [F6] Café Landtmann S. 39
- **74** [G6] Café Leopold Hawelka S. 39
- **75** [H6] Café Prückel S. 39
- **76** [E8] Café Rüdigerhof S. 39
- **77** [G7] Café Sacher S. 39
- **78** [F7] Café Sperl S. 40
- **79** [D8] Café Westend S. 40
- **80** [G6] Bonbonnière Bar S. 40
- **81** [G6] Eden Bar S. 41
- **82** [G6] Gutruf S. 41
- **83** [F7] If Dogs Run Free S. 41
- **84** [G6] Kaffee Alt Wien S. 41
- **85** [E7] Schaltwerk S. 41
- **86** [H5] Tachles S. 41
- **87** [G6] Weinorgel S. 42
- **88** [H6] Wunderbar S. 42
- **89** [H5] Bricks S. 42
- **90** [G7] Club U im Otto-Wagner-Pavillon S. 42
- **91** [C9] Diskothek U4 S. 42
- **92** [G5] Flex S. 42
- **93** [I5] Fluc und Fluc Wanne S. 42
- **94** [J5] Pratersauna S. 42
- **95** [E7] Tanzcafé Jenseits S. 42
- **96** [H7] Konzerthaus S. 43
- **97** [G7] Musikverein S. 44
- **98** [D8] Raimund Theater S. 44
- **99** [G6] Ronacher S. 44
- **100** [F7] Theater an der Wien S. 44
- **101** [E4] Volksoper S. 44
- **102** [H7] Akademietheater S. 44
- **103** [J8] Rabenhof Theater S. 44
- **104** [E6] Theater in der Josefstadt S. 44
- **105** [F6] Volkstheater S. 44
- **106** [H6] Kabarett Simpl S. 45
- **107** [B5] Kulisse S. 45
- **108** [E7] Stadtsaal S. 45
- **109** [K9] Arena S. 45
- **110** [G8] ORF RadioKulturhaus S. 45
- **111** [C7] Wiener Stadthalle S. 45
- **112** [E4] WUK S. 45
- **113** [H6] Porgy & Bess S. 45
- **114** [F7] Bellaria S. 45
- **115** [A7] Breitenseer Lichtspiele S. 45
- **116** [H6] Gartenbaukino S. 45
- **118** [G6] Metro Kinokulturhaus S. 46
- **119** [H2] UCI Kinowelt Millennium City S. 46
- **120** [G6] Dommuseum S. 46
- **122** [H6] MAK – Österreichisches Museum für angewandte Kunst/Gegenwartskunst S. 47
- **123** [G6] Römermuseum S. 47
- **124** [G6] Uhrenmuseum S. 47
- **125** [G7] Otto Wagner Pavillon S. 47
- **126** [H4] Porzellanmuseum im Augarten S. 47
- **127** [B8] Technisches Museum S. 47
- **129** [F8] Dritte Mann Museum S. 48
- **130** [H5] Kriminalmuseum S. 48
- **131** [E5] Pathologisch-anatomische Sammlung im Narrenturm S. 48
- **132** [I5] Pratermuseum S. 48
- **133** [F6] Beethoven Pasqualatihaus S. 49
- **134** [S. 262] Beethoven Wohnung Heiligenstadt S. 49
- **135** [D8] Haydnhaus S. 49
- **136** [I5] Johann Strauss Wohnung S. 49
- **137** [E4] Schubert Geburtshaus S. 49
- **138** [F8] Schubert Sterbewohnung S. 49
- **139** [H9] 21er Haus S. 48
- **141** [F6] MUSA Museum Startgalerie Artothek S. 48

Cityatlas
Liste der Karteneinträge

- ●144 [C3] Türkenschanzpark S. 54
- ◐146 [J5] Original Wiener Praterkasperl S. 56
- ❶147 [F7] wienXtra-Kinderinfo S. 56
- 🏛148 [F7] ZOOM Kindermuseum S. 56
- ❶149 [G6] Trześniewski S. 88
- ★150 [H6] Urania S. 104
- ❶151 [G6] American Bar S. 110
- ★152 [F4] Gartenpalais Liechtenstein S. 141
- 🍴153 [F7] Zur Eisernen Zeit S. 144
- 🏛154 [G7] Wien Museum S. 148
- ★155 [H7] Kathedrale zum Heiligen Nikolaus S. 149
- 🍴156 [H9] Klein Steiermark S. 153
- 🏛157 [I6] Kunst Haus Wien S. 154
- 🍴159 [J5] Gösser-Eck S. 158
- ★160 [E9] Reumannhof S. 166
- ★161 [E9] Ernst-Hinterberger-Hof S. 166
- ★162 [S. 262] Grinzinger Pfarrkirche S. 168
- ★163 [S. 262] Kaasgrabenkirche S. 168
- ❶164 [S. 262] Zawodsky S. 168
- ❶168 [K9] Weinhaus Hochmayer S. 183
- 🍴173 [J1] Strandgasthaus Birner S. 198
- 🍴174 [L3] Zur Alten Kaisermühle S. 198
- 🍴175 [L3] Zum Schinakl S. 198
- ❶178 [S. 210] Tourist-Info Bratislava S. 205
- 🏛180 [S. 210] Múzeum Bratislavy S. 214
- ◐181 [S. 210] Kaffee Mayer S. 214
- ★182 [S. 210] Primitialpalast S. 215
- ★183 [S. 210] Michaelertor S. 215
- 🍴184 [S. 210] Modra Hviezda S. 216
- 🍴185 [S. 210] UFO-Restaurant auf dem Brückenpfeiler S. 216
- 🏨187 [S. 210] Hotel Devín S. 216
- ❶190 [K5] Behindertenberatungszentrum BIZEPS S. 227
- ●191 [H7] Deutsche Botschaft S. 227
- ●192 [G7] Schweizerische Botschaft S. 227
- ❶193 [G7] Tourist-Info Wien S. 229
- ●194 [E9] Zentraler Fundservice S. 229
- ❶195 [E6] Cello Ö1 Kartenservice S. 229
- ✚196 [D5] Allgemeines Krankenhaus der Stadt Wien (AKH) S. 233
- 🚓197 [G5] Polizei Innere Stadt S. 233
- ✉198 [H6] Postamt 1010 Wien S. 235
- ✉199 [D7] Postamt 1150 Wien S. 235
- ●200 [J5] Fahrradverleih Prater S. 235
- ●201 [J5] Pedal Power S. 236
- ❶202 [F8] Homosexuelle Initiative Wien (HOSI) S. 236
- ◐203 [F5] Café Berg S. 237
- ⊕204 [G6] Why Not Clubdisco S. 237
- ●205 [J1] Angelibad S. 237
- ●206 [H6] Badeschiff S. 238
- ●211 [C5] Jörgerbad S. 239
- ●213 [F1] Stadion Hohe Warte S. 239
- ●214 [K4] DDSG Blue Danube (1) S. 242
- ●215 [H6] DDSG Blue Danube (2) S. 242
- 🏨216 [D8] Hostel Ruthensteiner S. 243
- 🏨217 [E7] Hotel am Brillantengrund S. 243
- 🏨218 [I5] Hotel Praterstern S. 243
- 🏨219 [C9] Kolpinghaus S. 243
- 🏨220 [G9] Vienna City Hostel S. 243
- 🏨222 [E8] Pension Kraml S. 243
- 🏨223 [E7] Pension Primavera S. 244
- 🏨224 [D9] Hotel Fabrik S. 244
- 🏨225 [G6] Hotel König von Ungarn S. 244
- 🏨226 [F5] Hotel Regina S. 244
- 🏨227 [F4] Hotel und Palais Strudlhof S. 244
- 🏨228 [G6] Park Hyatt Vienna S. 244
- 🏨230 [C9] Hotel/Pension Riede S. 244
- 🏨232 [D7] Schreiners Wohnen S. 245
- 🏨233 [F6] Benediktushaus S. 245
- 🏨235 [D8] Hotel Fürstenhof S. 245
- 🏨236 [G6] Pension Nossek S. 245
- 🏨237 [G5] Schweizer Pension S. 245
- 🏨238 [H7] Hotel Goldene Spinne S. 245
- 🏨239 [I6] Hotel Urania S. 245
- 🏨240 [E7] Rosa Linde S. 245
- 🏨243 [E6] Pension Wild S. 246

Hier nicht aufgeführte Nummern liegen außerhalb der abgebildeten Karten. Ihre Lage kann aber wie die von allen Ortsmarken im Buch mithilfe der kostenlosen Web-App angezeigt werden (s. S. 276).

Cityatlas
Wien, Umgebung

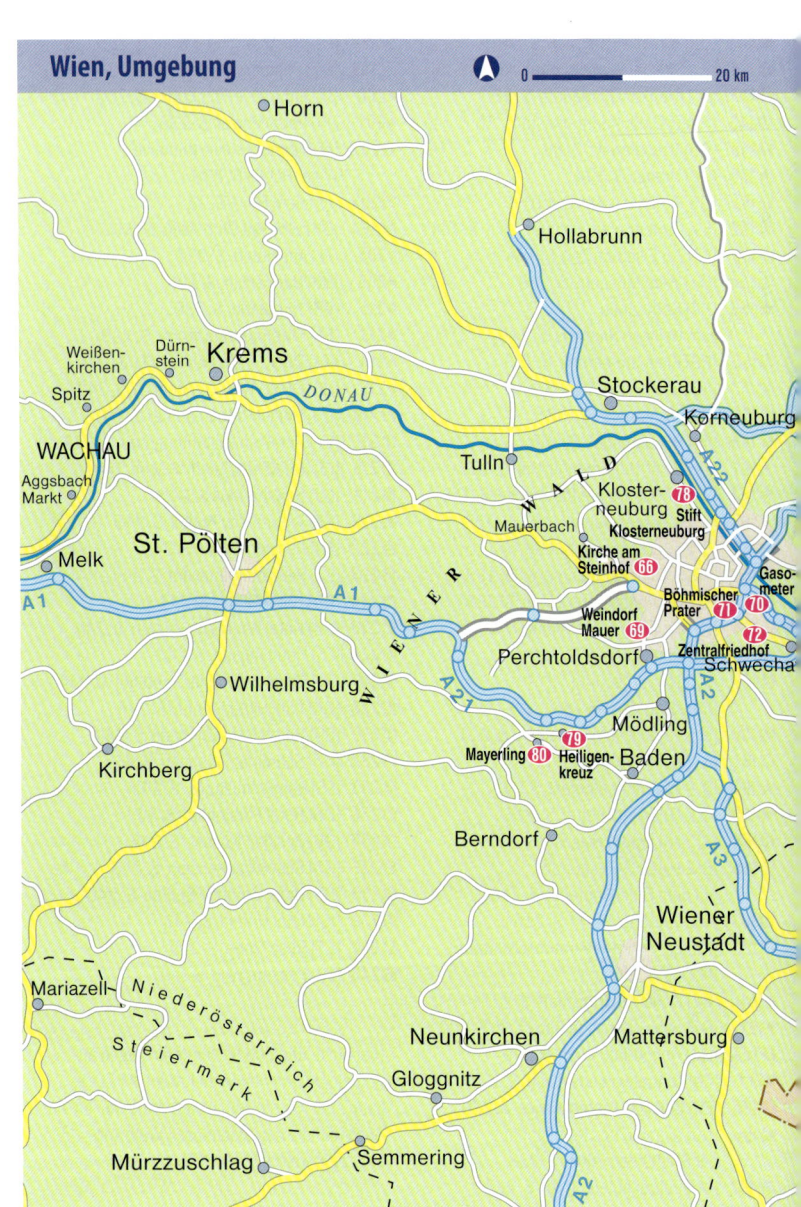

Cityatlas
Zeichenerklärung

Zeichenerklärung

- **❶** Hauptsehenswürdigkeit, fortlaufend nummeriert
- **[L6]** Verweis auf Planquadrat im Cityatlas
- ✚ Arzt, Apotheke, Krankenhaus
- ÖBB Bahnhof
- Bar, Klub
- Bibliothek
- Biergarten, Kneipe, Pub
- Café, Kaffeehaus, Eiscafé
- Denkmal
- Fischlokal
- Galerie
- Geschäft, Kaufhaus, Markt
- Heuriger, Weinlokal
- Hotel, Unterkunft
- Imbiss
- Informationsstelle
- Jugendherberge, Hostel
- Kino
- Kirche
- Lokalbahn Wien – Baden
- Museum
- Musikszene, Disco
- Parkplatz
- Pension, Bed and Breakfast
- Polizei
- Postamt
- Restaurant
- S-Bahn-Station
- Sehenswürdigkeit
- Sonstiges
- Synagoge
- Theater
- U-Bahn-Station
- Vegetarisches Lokal
- ——— Stadtteilspaziergänge
- Shoppingareale
- Gastro- und Nightlife-Areale

Der Plan der schnellsten

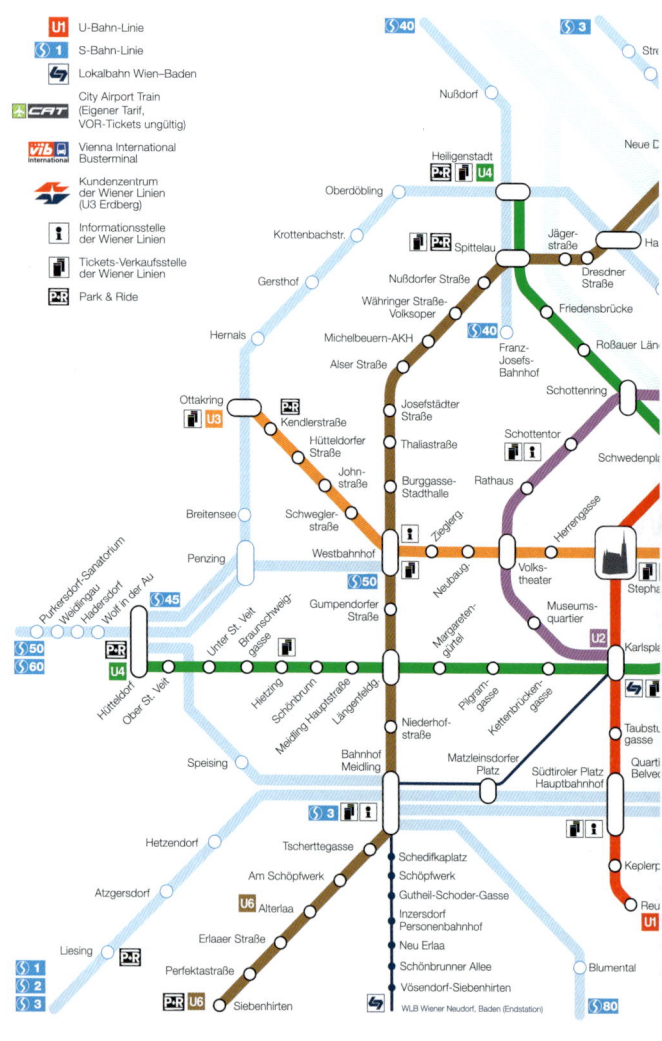

www.wienerlinien.at

Wege.

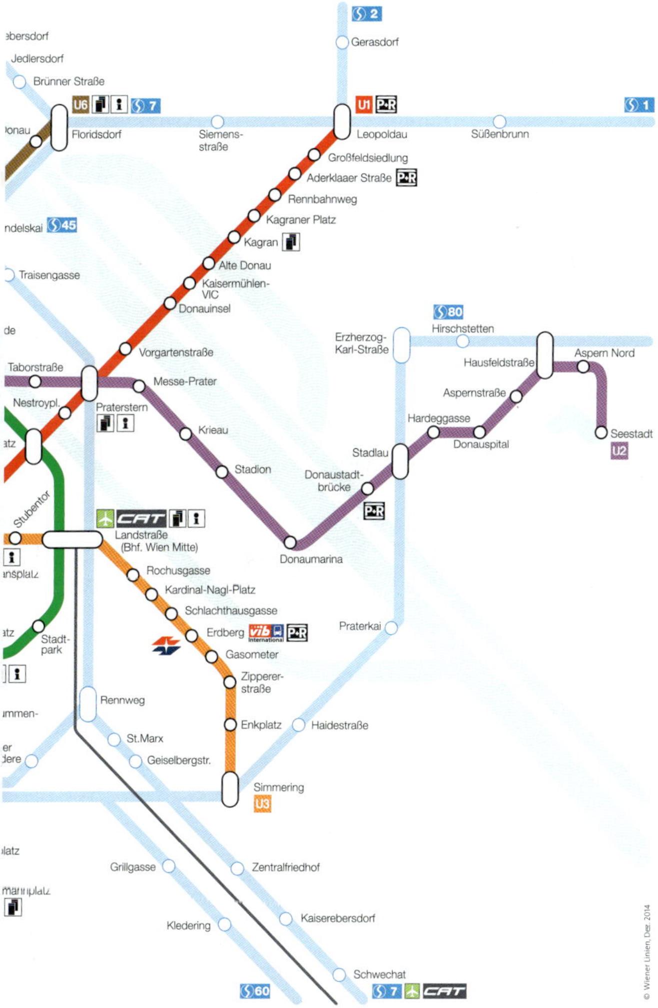

S 2
Gerasdorf
Jedlersdorf
Brünner Straße
U6
S 7
Floridsdorf
Siemens-
straße
U1
P+R
Leopoldau
S 1
Süßenbrunn
Großfeldsiedlung
Aderklaaer Straße
P+R
Rennbahnweg
Kagraner Platz
Kagran
S 45
Traisengasse
Alte Donau
Kaisermühlen-
VIC
Donauinsel
S 80
Erzherzog-
Karl-Straße
Hirschstetten
Vorgartenstraße
Taborstraße
Hausfeldstraße
Aspern Nord
Messe-Prater
Nestroypl.
Praterstern
Aspernstraße
Hardeggasse
Krieau
Seestadt
U2
Donauspital
Stadlau
Stadion
Donaustadt-
brücke
P+R
Stubentor
CAT
Landstraße
(Bhf. Wien Mitte)
Donaumarina
Rochusgasse
Kardinal-Nagl-Platz
Schlachthausgasse
Praterkai
Erdberg
vib
International
P+R
Stadt-
park
Gasometer
Zipperer-
straße
Rennweg
Enkplatz
Haidestraße
St.Marx
Geiselbergstr.
Simmering
U3
Grillgasse
Zentralfriedhof
Kledering
Kaiserebersdorf
Schwechat
S 60
S 7
CAT
© Wiener Linien, Dez. 2014

Wien mit PC, Smartphone & Co.

QR-Code auf dem Umschlag scannen oder **www.reise-know-how.de/citytrip-plus/wien15** eingeben und die **kostenlose Web-App** aufrufen (Internetverbindung zur Nutzung nötig)!

- ★ **Anzeige der Lage und Satellitenansichten** aller beschriebenen Sehenswürdigkeiten und touristisch wichtigen Orte
- ★ **Routenführung** vom aktuellen Standort zum gewünschten Ziel
- ★ **Exakter Verlauf** der empfohlenen Stadtspaziergänge
- ★ **Audiotrainer** der wichtigsten Wörter und Redewendungen
- ★ **Aktuelle Infos** nach Redaktionsschluss

GPS-Daten zum Download
Auf der Produktseite dieses Titels unter www.reise-know-how.de stehen die GPS-Daten aller Ortsmarken als KML-Dateien zum Download zur Verfügung.

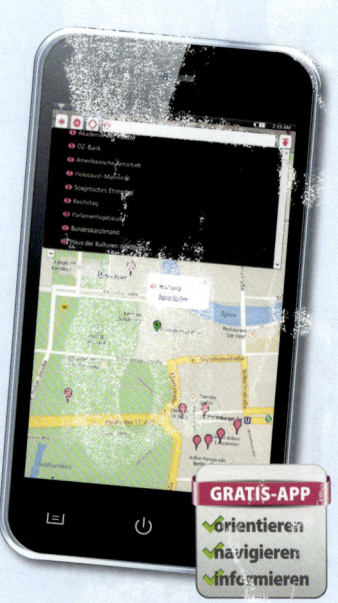

Stadtplan für mobile Geräte
Um den Stadtplan auf Smartphones und Tablets nutzen zu können, empfehlen wir die App „PDF Maps" von Avenza™. Der Stadtplan wird aus der App heraus geladen und kann dann mit vielen Zusatzfunktionen genutzt werden.

Unsere App-Empfehlungen zu Wien

› **Wien isst:** Die umfangreichste Wiener Lokalführer-App für iOS und Android verschafft Einheimischen und Stadtbesuchern einen Überblick über die Lokalszene der Stadt. In der aktuellen Version finden Sie mehr als 5000 Lokale inklusive Telefonnummern, Öffnungszeiten, Website usw. Neben der kostenpflichtigen Vollversion (5,49 € pro Jahr) gibt es eine kostenlose Version.
› **scotty Mobil:** kostenloser Routenplaner der Österreichischen Bundesbahnen (ÖBB) für öffentliche Verkehrsmittel, erhältlich für alle gängigen Handymodelle, BlackBerry, iPhone und Android
› **quando:** mobile Fahrgastinformation der Wiener Linien und des Verkehrsverbundes Ost-Region mit Fahrplanauskunft für jede Route durch die Stadt, Abfahrtszeiten aller Straßenbahn- und Autobuslinien, Handyticket für die Wiener Linien, City-Infos zu Sehenswürdigkeiten, Restaurants usw., Umgebungspläne, Informationen zu Störungen (kostenlos für iOS und Android)